内蒙古发展研究文库 2016

决胜“十三五”：增长与创新发展

JUESHENG SHISANWU ZENGZHANG YU CHUANGXIN FAZHAN

内蒙古自治区发展研究中心
内蒙古自治区经济信息中心 /著

人民出版社

本公共服务建设、提高城乡居民收入三方面，分析了影响因素，提出了对策建议；改革开放篇，多角度阐述了内蒙古改革创新驱动发展的路径选择；总结国内外土地草牧场制度改革的经验，结合内蒙古土地草牧场制度改革现状，提出今后发展的思路和对策建议，并围绕共同推进“中蒙俄经济走廊”建设，把握机遇，找准切入点，明确发展思路，加强战略对接，做到互利共赢；生态文明篇，以生态文明建设和适应气候变化能力建设为主题，探究存在的问题，提出应对性和适应性的具体举措。

2016 年，内蒙古自治区发展研究中心、内蒙古自治区经济信息中心将继续秉承“服务决策”的宗旨，围绕打造内蒙古新型特色高端智库目标，深入开展经济社会发展中的重点、热点和难点问题研究，切实做好政策咨询服务工作，更好地服务于自治区党委、政府和综合经济社会管理部门，为促进内蒙古经济社会持续健康发展提供高质量的智库支持成果。

目　　录

总　　论

经济发展

社会进步

改革开放

生态文明

总　　论

第 一 章

内蒙古“十二五”时期发展的成就和经验

“十二五”时期，是全面建成小康社会的关键时期，也是深化改革开放、加快转变经济发展方式的攻坚时期。面对错综复杂的国内外环境和艰难繁重的发展改革任务，内蒙古以邓小平理论和“三个代表”重要思想、科学发展观为指导，全面贯彻落实党的十八大和十八届三中、四中、五中全会精神，深入贯彻习近平总书记系列重要讲话和考察内蒙古重要讲话精神，紧紧围绕“四个全面”战略布局，主动适应、引领经济发展新常态，坚持稳中求进工作总基调，全面深化改革开放，强化创新驱动，统筹推进稳增长、调结构、促改革、惠民生等各项工作，着力开拓发展新空间、激发发展新动力，全区经济社会实现持续健康发展，为全面建成小康社会奠定了坚实基础。

一、内蒙古“十二五”时期的发展成就

（一）经济发展稳中有进，综合实力迈上新台阶

“十二五”时期，在国内外发展形势趋于复杂多变，经济结构进入深度调整期，以及经济增长动力接续转换背景下，内蒙古顶住经济下行压力，强化创新驱动，全面推进改革开放，经济结构渐趋优化，经济发展动力向多元化格局转换，经济发展方式绿色低碳特征显现，经济发展总体呈“稳中有进、稳中向好”发展态势，为“十三五”时期顺利开局和实现全面建成小康社会奋斗目标奠定了坚实基础。地区生产总值由 2010 年的 1. 17 万亿元增加到 2015 年的

1.8万亿元，年均增长10%，人均生产总值升至1.15万美元，跻身“一万美元”俱乐部，位居全国第6位，经济实力迈上新台阶。同期，一般公共预算收入达到1963.5亿元，年均增长12.9%。累计完成固定资产投资5.2万亿元，是“十一五”时期的2.6倍，年均增长18%。

（二）全力调整优化经济结构，发展质量稳步提升

“十二五”期间，内蒙古经济结构出现积极可喜变化。一是需求结构趋向改善。投资对全区经济增长主导作用显著，消费对经济增长的贡献率稳步提升，带动需求结构趋于合理。二是产业结构趋向均衡。农牧业现代化步伐成效显著。粮食产量由431.6亿斤增加到565.4亿斤，牲畜存栏由1.08亿头只增加到1.36亿头只，牛奶、羊肉产量居全国首位，农畜产品加工转化率由51%提高到58%。工业内部结构趋优。“十二五”时期，内蒙古加快推动传统产业新型化、新兴产业规模化，工业多元支撑格局逐步形成。装备制造、高新技术、有色金属和农畜产品加工业贡献率由31.7%上升到49%；电力装机由6458万千瓦增加到1亿千瓦，风电装机由968万千瓦增加到2316万千瓦，均居全国首位；稀土、风电、云计算、单晶硅产业规模保持全国第一。服务业发展提速升级。服务业比重明显提高，信息传输、金融业、旅游业等新兴服务业支撑力凸显，其中，全区实现旅游总收入2257.1亿元，年均增长25.3%。服务业的加快发展带动全区三次产业结构由2010年的9.5∶54.6∶35.9调整为2015年的9∶51∶40，初步形成了多元发展、多极支撑的产业格局。三是城镇化进展顺利。“十二五”时期，内蒙古加快人口布局调整和城市扩容改造，有序推进农牧业转移人口市民化，常住人口城镇化率由55%提高到60.3%。四是区域发展协调性增强。“十二五”时期，自治区将调整经济结构、优化生产力布局作为转变发展方式的主攻方向，通过主导产业的“再集约、再集聚、再配套”打造以呼包鄂为龙头的蒙西经济板块，以优势产业的“再布局、再融合、再互补”加快蒙东地区发展，蒙西、蒙东地区生产总值比由2010年的68.6∶31.4调整为2015年的66.9∶33.1。同期，全区城乡居民收入差距由3.1∶1缩小到2.8∶1，城乡区域发展协调性渐趋增强。

（三）基础设施水平全面跃升，经济发展基础更趋夯实

加快补齐内蒙古基础设施短板。交通、水利、能源、信息等基础设施建设步伐加快，高效、便捷的铁路网、公路网、航空运输网、城际铁路网、航道网逐渐形成。2015年末，30条出区高等级公路全部打通，高速公路总里程突破5000公里；铁路运营总里程达到1.35万公里，呼包高铁正式开行，结束了内蒙古没有动车组的历史；民用机场总数达24个。电网规模实现历史性突破，蒙西电网变电容量超1亿千伏安，锡林郭勒至济南特高压电力外送通道全面开工，农网改造升级项目全部完成。水资源保障能力稳步提升，黄河内蒙古段近期防洪工程竣工，海勃湾水利枢纽主体工程、呼伦湖生态治理工程基本完工。信息化水平全面提高，新一代移动通信网、下一代互联网、数字广播电视网、卫星通信等设施建设加快，逐步形成超高速、大容量、高智能的传输网络，三网互联互通和业务融合加速推进。此外，累计投资886亿元实施农村牧区“十个全覆盖”工程，全区84.4%的行政嘎查村实现全覆盖，农村牧区基本公共服务设施逐步健全，基本公共服务水平大幅提升。

（四）科技创新体系逐步健全，经济发展内生力渐趋增强

创新为内蒙古经济发展提供了可持续增长动力。“十二五”时期，内蒙古加快实施创新驱动发展战略，大力推动以科技创新为核心的全面创新，科技进步和创新能力明显增强。创新人才队伍不断壮大。认定和培育了数十个领导人才团队，启动博士基金项目，启用内蒙古高层次科技人才信息数据库，已入库专家300多名。创新载体建设逐步到位。建设了一批国家级高新技术产业开发区，建成2个国家级重点实验室、2个国家工程技术中心；白云鄂博稀土资源研究与综合利用国家重点实验室、特种车辆及其传动系统智能制造国家重点实验室上榜第三批企业国家重点实验室名单，实现了国家重点实验室零的突破，标志着内蒙古在系统研究和先进装备制造领域的科技创新能力和水平跻身国家行列。企业的技术创新主体地位增强，大众创业、万众创新活力持续迸发。关键共性技术攻关取得新突破。一批科技重大专项取得积极进展，贮氢合金材料工艺技术及设备、117升制冷装置试验成功，且均达国际先进水平；稀宝博为研发出国内首台集成型永磁磁共振影像系统；绘制完成世界首例蒙古族基因组序列图谱；研制完成世界最大的3.6万吨黑色金属垂直挤压机；煤炭开采和深加工、智能电网及非稳定电源接入、稀土新一代冶炼工艺及功能材料、生物制药及生物疫苗生产、大风机制造及太阳能热利用、多种类型区域生态治理技术等方面多项新技术已居全国第一。科技成果转化应用取得新进展。一大批高技术成果应用到经济领域，能源、化工、农畜产品加工等特色产业的技术装备水平高于全国平均水平，大型乳业、羊绒、稀土加工企业的部分工艺、设备达到世界领先水平，现代煤化工、氯碱化工、天然气化工项目规模与技术装备达到世界先进水平，钢铁、有色金属冶炼部分技术、工艺、装备达到国内先进水平，逐步形成以稀土、风电、生物发酵、重载汽车等产业为先导，新材料新能源、生物和装备制造业等产业为优势的高技术产业集群式发展格局。

（五）坚持保护与发展并重，生态环境建设成效显著

“十二五”时期，内蒙古扎实推进生态文明建设，生态文明制度、法律法规逐步健全，重点领域改革和重大生态工程建设全面推进。生态环境建设取得新成效。大力实施天然林保护、京津风沙源治理等重大生态工程，全区生态环境呈现“整体恶化趋缓、治理区明显好转”的良好局面。五大沙漠和五大沙地等区域锁边林带和阴山北麓农牧交错区绿色生态屏障基本形成，并逐步向腹地推进。启动了更大规模的植树造林、退耕还林还草等工程，森林面积由 3.6 亿亩增加到 3.8 亿亩。全面落实草原生态补奖政策，严格实行阶段性禁牧和草畜平衡制度，草原植被盖度由 37%提高到 44%。水土保持重点建设项目加快推进，水土流失治理面积以每年 650 万亩的速度递增，已实施综合治理的小流域 1000 多条。环境治理取得新进步。切实加强大气、水、重金属等污染防治，着力推进重点行业和重点区域大气污染治理。加强城镇环境综合治理，城区环境，城市园林面积和公共绿地面积逐年扩大，排污减污能力显著增强。大力发展循环经济，淘汰落后产能，加快推进节能减排，制定了《内蒙古自治区节能减排低碳发展行动方案》，单位地区生产总值能源消耗、工业增加值用水量、主要污染物排放等指标均实现规划目标。生态文明制度建设取得新进展。按照中央《生态文明体制改革总体方案》的顶层设计要求，重点在健全自然资源资产产权制度、建立国土空间开发保护制度、完善资源总量管理和全面节约制度、健全资源有偿使用和生态补偿制度、完善生态文明绩效评价考核和责任追究制度等方面制定配套实施方案，先行先试，严守生态保护红线、环境质量底线、严守资源消耗上限。

（六）民生持续改善，发展成果惠及群众

“十二五”时期，内蒙古坚定民生优先理念，着力保基本、兜底线、促公平，民生持续改善。就业形势保持稳定。在经济增速放缓背景下，全区城镇新增就业持续增加，累计新增城镇就业134万人，城镇登记失业率控制在4%以内。城乡居民收入持续增长。经济下行压力下，全区城乡居民收入实现逆势增长，城乡居民人均可支配收入由17698元、5781元分别升至30594元和10776元，年均增长11.1%和13.3%，跑赢GDP增速。物价保持基本稳定，人民生活水平进一步提升，交通通信、娱乐教育文化服务、住房消费、家庭装饰装潢、旅游等改善型消费支出增长提速，居民消费结构加速升级。覆盖城乡居民的社会保障体系日趋健全。社会事业和民生保障的财政支出逐年增大，养老、医疗、住房等社会保障水平稳步提高。2015年，全区城镇职工基本养老、基本医疗、失业保险参保人数分别达到579万、1008.1万和242.1万人，比2010年分别增加148.3万、121.7万和11.2万人。出台城乡养老保险制度衔接实施意见，新农合医保和贫困家庭低保基本实现应保尽保，居民医保政府补助和低保标准逐年提高。2015年，全区城乡低保标准达到人均月497元、人均年3454元，分别高于全国平均水平58元和394元。扶贫攻坚取得重大进展。截至2015年，实现全区192万贫困人口稳定脱贫，220万户城乡困难家庭改善了居住条件。

（七）社会事业成绩斐然，民生福祉大幅改善

“十二五”时期，内蒙古以增进民生福祉为目的，持续加大社会事业投入，全力推进基本公共服务均等化，科教文卫等各项社会事业全面进步。教育事业发展成果丰硕。学前教育规模逐步扩大，义务教育普及水平不断提高，全区102个旗县区全部实现“两基”达标，“普九”人口覆盖率达到100%。高中阶段教育加快发展，中等专业教育和职业高中教育基础能力建设进一步加强，在全国率先实现高中阶段免费教育。高等教育事业加快推进，新增两所本科高等院校。深入实施“民族教育发展水平提升工程”和“民族教育人才培养模式改革试点”，民族教育持续位居全国民族地区和西部地区先进行列。卫生事业蓬勃发展，公共卫生设施及服务体系日趋健全。2015年末，农村新型合作医疗参合率达到98%，大病保险制度覆盖参加基本医疗保险的所有城乡居

民,居民电子健康档案建档率达到83.4%,适龄儿童常规免疫接种率达到99.5%。蒙医药发展迅速,全区蒙中医医院达到122所,蒙中医专业技术人员达到2万余人。文化软实力日益提升。围绕把自治区"建成体现草原文化、独具北疆特色的旅游观光、休闲度假基地"要求,着力打造文化繁荣风景线。文化信息资源共享、苏木乡镇综合文化站建设、送书送戏下乡、博物馆纪念馆免费开放等文化惠民工程全面推进,全区基本公共文化服务均等化水平大幅提升。文艺创作根植群众、突出特色、日益活跃,已推出《北梁》等优秀剧目100多部,《草原情·中国梦》等主题晚会30多部。《草原记忆》等一批优秀剧目获国家级奖项,草原文化节、乌兰牧骑艺术节等文化活动成为品牌。元上都遗址申报世界文化遗产成功,实现全区世界文化遗产零的突破,红山文化、辽代上京城与祖陵和阴山岩刻遗址群列入"中国世界文化遗产预备名单",蒙古族长调、呼麦被列入人类非物质文化遗产代表作名录,呼麦、马头琴、安代舞等10大类49个项目列入国家级非物质文化遗产名录。出台文化产业中长期发展规划,支持重点文化产业项目和中小微文化企业发展,大力实施文化"走出去"战略,草原文化影响力日益提升。

(八)社会治理体系渐趋完备,社会更加和谐稳定

"十二五"以来,内蒙古创新社会治理,强法治、保稳定、促发展,社会治理能力得到极大提升,全社会更趋和谐稳定。民主法治建设日趋健全。全力推动普法规划实施,民众法治观念和遵纪守法的意识不断提升。及时出台实施多项安全法规,各类事故死亡人数持续下降。深入开展社会治安综合治理,健全社会治安防控体系,社会治安状况明显好转。民族团结巩固发展。全面落实中央支持少数民族和民族地区发展的政策措施,编制出台自治区扶持人口较少民族发展和少数民族社会事业发展规划,加快人口较少民族、少数民族聚居区和边境旗市经济社会发展。在全国率先实施惠牧补贴政策,各级财政每年安排惠牧补贴资金15亿元以上,牧民年人均受益千余元。实施差别化人口鼓励政策,蒙古族人口增长率高于全区平均水平。社会治理成效显著。深入实施"平安内蒙古"建设工程,加强社会治安综合治理,创新完善立体化社会治安防控体系,严厉打击违法犯罪活动,人民群众安全感持续提升。扎实开展"大接访"行动,全面排查化解社会矛盾,深入推进信访改革,信访形势平稳向好。集中对征地拆迁、涉农涉牧等 8 个重点领域进行专项整治，严肃惩处侵害群众利益行为。深入开展安全生产“打非治违”和各类专项整治，强化安全生产监管和风险防控，事故起数和死亡人数实现“双下降”。扎实开展食品药品安全整治，未发生系统性、区域性安全事故。防范和打击各种敌对势力的渗透破坏和颠覆活动，筑牢祖国北疆安全稳定屏障。法治内蒙古建设加快推进，法治思维和依法办事能力逐步提升，知法犯法、以言代法、以权压法和徇私枉法等现象受到压制，群众反映强烈的部分执法司法不公和腐败等问题得到有效整治和惩处。积极支持国防和军队现代化建设，深入开展国防教育和双拥共建，国防动员和后备力量建设取得新进展。

（九）全面深化改革开放，发展活力与动力齐头迸发

“十二五”以来，内蒙古全面深化改革开放，重点领域和关键环节改革取得积极进展，对外开放步伐明显加快，全方位、多层次、宽领域开放格局渐趋形成。全面深化改革迈出有力步伐。习近平总书记鼓励内蒙古先行先试的三项重点改革稳步推进，行政审批制度改革实现历史性突破，首次厘清并公布自治区本级执行的所有行政许可项目，首次实现全区各级政府行政审批依据和标准的统一化。水、天然气、石油等价格改革试点稳步推进，资源税费由从量计征改为从价计征。初步建立起规范完整的政府预算体系，74 个部门公开年度预算。文化、社会、生态文明体制和党的建设制度改革稳步推进，地方各级党和国家机关治理体系和治理能力现代化建设取得新进展。全方位对外开放取得新进展。坚持对外开放规模扩大与质量提升的双重要求，经济发展动力逐步增强。“十二五”以来，内蒙古深化与俄蒙务实合作，被国家纳入“丝绸之路经济带”建设范围，积极推进中蒙俄经济走廊建设，满洲里、二连浩特国家重点开发开放试验区建设加快推进，向北开放桥头堡建设迈出重要步伐。“十二五”时期，累计完成进出口总额 623.8 亿美元，是“十一五”时期的 1.64 倍。进一步加深与周边地区合作，健全完善京蒙合作机制，积极推进蒙粤科技合作活动周、蒙港澳经贸合作周和东北四省区行政首长联席会议，建设启动蒙晋冀长城金三角合作区，区域合作水平大幅提升。

二、内蒙古“十二五”时期取得的主要经验

“十二五”时期，面对极为严峻的内外部环境，内蒙古始终立足自治区欠发达的基本区情，牢牢抓住发展第一要务，不断创新发展理念，完善发展思路，探索出一条具有内蒙古特色的科学发展新路子，不仅在应对挑战中取得了卓越发展成果，而且也积累了复杂环境中推动经济持续健康的宝贵经验。认真总结这些经验，对提高实施“十三五”规划水平，更好地开创新常态下全区科学发展新局面，具有重大而深远的指导意义。

（一）审时度势主动适应新常态，牢牢把握发展主动权

“十二五”时期，世界主要发达经济体呈持续缓慢复苏态势，全国经济在艰难中保持平稳增长。受潜在增长率下降、市场需求回落、资源环境压力加大及传统成本优势趋弱等因素制约，内蒙古经济呈持续减速态势，经济发展中不平衡、不协调、不可持续问题日益凸现，发展要求的多元性、发展任务的多重性、发展环境的多变性前所未有。面对严峻复杂的内外部环境，内蒙古深化区情再认识，主动适应新阶段、新要求，一方面，立足自治区欠发达的基本区情，牢牢抓住发展第一要务，努力保持经济运行在合理区间；另一方面，遵循经济发展规律，在经济增速换挡中把握好调结构、转方式节奏，努力做到调速不减势、量增质更优。随着全国进入经济发展新常态，内蒙古经济也进入传统增长模式向新的增长模式转换、经济结构重构和发展动力重塑的新阶段。面对新趋势、新特征，自治区主动调整适应新常态，打破掣肘经济社会发展的“路径依赖”，全力转变以粗放高速增长换取业绩，以破坏生态环境为代价换取经济繁荣等发展方式，全面推进改革开放、强化创新驱动，以推动产业转型升级增加有效供给，以创新供给激发需求潜能，通过向传统引擎挖潜力，向新引擎要动力，推动全区经济在更高起点上实现有质量、有效益、可持续的发展。

（二）解放思想不断创新发展思路，与时俱进谋发展

“十二五”时期，自治区党委、政府综合分析复杂多变的国内外发展环境，按照中央各项决策部署，全区坚定自觉地在思想上、政治上、行动上同以习近平同志为总书记的党中央保持高度一致，坚持从区情出发，着力转变发展理

念，明确发展目标，找准发展定位，创新发展路径，强化发展举措，在继承和创新的基础上形成了“8337”发展思路。在坚持不懈学习贯彻习近平总书记系列重要讲话和考察内蒙古重要讲话精神的基础上，面对错综复杂的国内外形势，面对经济下行压力加大、结构性矛盾日益凸显的新挑战，以及加快富民强区进程、全面建成小康社会的新任务，自治区党委、政府准确把握新常态所带来的机遇和挑战，提出认识新常态、主动适应新常态、引领新常态发展的系统性思考，着眼于国家大局，与时俱进丰富和完善了自治区发展思路，提出了“四个发展”理念、打造“六道亮丽风景线”的目标，建设“五大基地、两个屏障、一个桥头堡”的定位，明确了推动科学发展、实现富民强区的“五个发展路径”和“七项发展举措”，进一步凝聚了加快建设现代化内蒙古的思想共识和工作合力，为我区在新常态下实现新跨越注入了强大动力，也为更高起点上推动全区经济社会持续健康发展指引了方向。正是由于发展思路的不断创新，全区发展才准确把握住了经济社会发展的内在要求，抓住了经济社会发展的薄弱环节，找到了发展动力和新的经济增长点，明确了发展中必须处理好的重大关系，对增强经济发展全局性、协调性、可持续性，推动全区经济持续健康发展起到了重要指导意义。

（三）树立质量效益优先的发展理念，坚持经济发展主攻方向，凝心聚力转方式调结构

经过多年的高速发展，内蒙古产业结构调整、城乡区域统筹发展、生态环境保护、创新驱动等方面取得较大实效，但全区经济不平衡、不协调、不可持续问题依然突出，产业结构单一和创新能力不足的问题仍然存在，经济发展和资源环境的矛盾日益凸显，经济发展方式粗放，经济结构不合理，是内蒙古经济发展长期存在的一个难题，也是经济发展诸多矛盾和问题的主要症结。这些问题不解决，将会严重制约全区经济的持续健康发展，加快转变经济发展方式已刻不容缓。“十二五”时期，内蒙古牢固树立质量效益优先的发展理念，坚持把经济结构战略性调整作为转变经济发展方式的主攻方向，坚定不移地调结构，脚踏实地地转方式，推动结构优化升级，促进经济有质量、有效益、可持续地增长。围绕“五大基地”建设，推动传统新型化、新兴产业规模化，支柱产业多元化，服务业占比稳步提升，能源、冶金等传统优势产业新型化步伐明显加快，农畜产品加工、装备制造、高新技术产业对工业增长的贡献率加快提升，带动工业结构调整有效推进。通过优结构、提效益扩大投资规模，通过促增收、强供给，激发消费潜能，需求结构逐步改善。大力推进城镇化建设，统筹城乡一体化发展，城乡结构逐步改善。进一步优化生产力布局，推进以呼包鄂为核心的西部地区率先发展。促进东部地区加快发展，区域发展格局逐步协调。大力发展县域经济和非公有制经济，经济发展活力逐步增强。通过一系列努力，逐步形成投资消费协调拉动、三次产业协同带动、城乡区域良性互动，产业结构加快调整的良好局面，经济发展的协调性、整体性进一步增强。

（四）全面推进生态文明建设，增强经济社会可持续发展保障力

只有坚持绿色发展，推动生态文明建设，加快构建资源节约型和环境友好型社会，才能引领经济社会可持续发展。“十二五”时期，面对生态环境日益恶化的严峻形势、经济社会发展既要“稳”又要“转”更要“进”的三重挑战，内蒙古立足区情实际和新常态下的阶段性特征，以建设美丽内蒙古为目标，牢固树立绿色发展理念，坚持节约优先、保护优先、自然恢复为主方针，把经济社会发展建立在自然条件和资源环境可承载的基础上，把生态文明建设融入到各项事业发展过程中，努力实现美丽与发展双赢。五年来，不断加大生态建设和环境保护力度，全面落实草原生态补奖政策，严格实行阶段性禁牧和草畜平衡制度。全面提高资源综合利用水平，认真落实京津冀及周边地区大气污染防治行动计划，推进重点流域水污染、重金属污染防治和重点区域环境综合治理，大力发展循环经济，加快淘汰落后产能，提前一年完成“十二五”节能降碳目标。以建立和完善制度为抓手，大力推进生态文明建设，构建科学合理的国土空间开发格局，建立健全自然资源资产管理体制机制，创新责任管理体制。一系列生态保护和环境治理政策措施的落地生效，为全区经济社会的可持续发展能力提供了根本保障。

（五）把保障和改善民生作为经济社会发展的出发点和落脚点，着力改善民生福祉

坚持富民导向，始终把保障和改善民生作为经济社会发展的出发点和落脚点，编织好保基本、兜底线、促公平、可持续的“安全网”，尽心竭力地为群众办实事、解难事，切实将发展成果落实到改善民生上，落实到增进福祉上。

"十二五"时期是内蒙古经济发展最为困难的时期，面对经济下行压力持续加大、财政收入增长放缓、收支矛盾日益加剧的困难局面，内蒙古始终把保障和改善民生作为优先方向，做到讲实际、求实效、办实事。2015 年，民生财政支出占一般公共预算支出的 66%，教育、医疗卫生与计划生育、社会保障和就业支出分别增长 12.9%、12.8%和 13.7%。2014 年，农村、城镇居民人均可支配收入增速均跑赢 GDP 增速。围绕民生突出问题和关键问题，抓好投入和落实，深入实施创业就业、扶贫开发、百姓安居工程，出台就业创业工作实施意见，大众创业、万众创新活力迸发；深入推进扶贫开发工作，建立率先脱贫开发财政投入稳定增长机制，实施领导干部联系扶贫点制度，形成集专项扶贫、行业扶贫和社会扶贫于一体的大开发格局；加大保障性住房建设力度，做好棚户区改造和利用存量商品住房衔接工作，加快推进保障性住房并轨管理，廉租住房全部纳入公共租赁住房。大力实施农村牧区"十个全覆盖"工程，村容村貌和农牧民精神发生巨大变化。坚持保基本、强基层、建机制，统筹推进各级各类教育发展，健全完善城乡医疗卫生服务体系，提高企业退休人员养老金和城乡居民医疗保险补贴标准、基础养老标准、最低生活保障标准，全区基本公共服务均等化和人民生活水平进一步提高。

（六）用好改革开放和创新驱动"两个动力"，增强经济社会发展永续力

"十二五"时期，内蒙古把改革开放和创新驱动作为经济持续健康发展的"源头活水"和根本动力，促进经济发展跃升到更高水平。以"改革"激发市场活力。以经济体制改革为牵引，不失时机深化重要领域和关键环节改革，多点突破、纵深推进，破解发展难题；坚持统筹谋划，形成改革任务台账、年度台账和试点台账 3 本台账管理模式；明确改革路线图、时间表和可检验成果形式，落实主体责任，形成协调有序改革工作框架；坚持问题导向，严把改革方案质量关，做实做细调查研究、征求意见、论证评估、审核把关、反馈调整等环节，确保改革举措出实效；充分发挥试点示范作用，出台试点工作意见，优化试点布局、提高试点质量、推广试点经验，形成多层次改革试点格局，促进经济发展活力集聚释放。以"开放"拓展市场空间。紧紧围绕建设我国向北开放的重要桥头堡和充满活力的沿边开发开放经济带，抓住国家优化经济发展空间格局的战略机遇期，主动融入国家"一带一路"、京津冀协同发展、环渤海经济圈等重大战略，深入同俄蒙互利务实合作，加强与东北三省、京津冀、环渤海地区、长三角、珠三角等区域合作，对外开放逐步由单一开放模式向全方位、宽领域、多层次开放模式转换，经济社会发展动力明显增强。以创新驱动打造转型发展新引擎。围绕“8337”发展思路，突出推进“科技计划与项目管理”和“科技投入与经费管理”两项改革，实施实用技术成果转化、重点领域关键技术攻关、科技创新平台载体建设三大工程，强化政策、制度、人才3个方面保障，深化院（校）地合作、区域合作、厅际合作、国际科技合作和部区会商等6个层面的合作，进一步夯实了经济内生增长基础，推动经济发展逐步由要素驱动向创新驱动转变。

第二章

内蒙古“十三五”增长潜力和动力

“十三五”时期，内蒙古经济新常态阶段性特征日趋凸显，在传统增长动力减弱、新增长点培育期，挖掘推动内蒙古经济增长的新潜能，释放经济增长新动力，实现新常态经济增长阶段平稳过渡至关重要。为此，需要内蒙古在科学认识、积极引领、主动适应新常态基础上，结合区情实际以及“十三五”时期内蒙古发展面临的内外部环境，努力突破发展瓶颈，打破掣肘经济发展的路径依赖，以挖潜力激活力，以强动力促发展，推动全区经济在新常态下实现持续、健康、平稳发展。

一、“十三五”时期内蒙古经济发展潜力分析

“十三五”时期，世界经济处国际金融危机后的深度调整期，复苏疲弱态势难有明显改观。我国经济发展步入新常态，经济发展内外部环境和条件发生重大变化。对此，要未雨绸缪，早做应对，深入挖掘新形势下产业、需求、创新、要素、区域等发展潜力，大力拓展经济增长新空间，促进经济“稳速增效”。

（一）产业发展潜力分析

近年，工业和服务业对全区经济贡献率分别在60%和30%左右，农牧业对经济增长贡献维持在4%左右。新常态，随着农牧业规模化、集约化、标准化和产业化进程加快，农牧业基础地位进一步巩固，但增长空间较为有限。因此，“十三五”时期，推动我区经济实现稳中有进仍需以工业和服务业为重点，在推动传统产业优化升级、培育战略性新兴产业、加快发展服务业中挖掘潜

力，形成支撑经济稳定增长的持久动力。

1. 工业主要领域发展潜力分析

“十三五”时期，是转方式、调结构关键期，迫切需要内蒙古加快传统产业改造升级，积极发展战略性新兴产业，重塑产业发展动力，提升产业对经济增长的支撑力。为此，新形势下，需围绕“五大基地”建设，以提高资源综合利用率和产业精深加工度为方向，以培育壮大新兴产业为战略支撑，深挖工业领域发展潜力。

清洁能源产业领域。面对能源需求变革、传统能源市场疲弱及其带来的环境问题，清洁能源将成为未来能源市场主导力量。我区是全国风、光资源最丰富和开发利用风、光能最早地区，加快发展风能和太阳能等清洁能源大有可为。风电方面，2014 年全区风电装机容量近 2300 万千瓦，但受地区用电增长放缓、电网接纳风电能力有限等因素制约，风电弃风率约为 20%，高于全国水平 5 个百分点。“十三五”时期，随着 4 条特高压电力外送通道和配套煤电基地项目投产，将新增外送电能力 3000 万千瓦，加上鼓励电力用户与风电企业直接交易、风电火电打捆发送、风电供暖等举措实施，将提升我区风电消纳能力，预计“十三五”末，内蒙古有望实现风电装机 5800 万千瓦装机能力，仍有 3500 万千瓦增长空间。太阳能发电方面，我区太阳能总辐射 1331—1722 千瓦时/(平方米·年)，居全国第二位。“十二五”以来，太阳能光伏产业在我区已得到了大力发展，能源行业“五大四小”企业均在我区建有太阳能电站项目，截至 2015 年上半年，全区累计光伏发电装机容量 403 万千瓦。但目前全区太阳能发电装机占电力装机比重不足 1.5%，低于国家水平近 1 个百分点。按照国家“十三五”新能源发展目标，2020 年太阳能装机容量将达到 10000 万千瓦，占电力装机比重将提高到 5%左右，作为全国五个太阳能发电大省之一，按太阳能发电装机占电力装机比重达到 6%测算，“十三五”末，我区太阳能发电装机总容量需达到 1800 万千瓦，仍有近 1400 万千瓦增长空间。

现代煤化工领域。近年，随着雾霾天气增加，京津冀、长三角、珠三角等区域都增加了对清洁能源的需求，煤转清洁能源和煤替代石化产品具备很大空间。预计 2020 年天然气总需求量约为 3000 亿—4000 亿立方米，供需缺口达 2000 亿—3000 亿立方米/年；2015 年我国乙烯生产能力预计为 2700 万吨，需求量预计为3500万吨，对外依存度30%；丙烯生产能力预计为2200万吨，需求量预计为2800万吨，对外依存度25%。“十三五”期间，石化产品结构性短缺情况仍将持续，发展现代煤化工以实现天然气等清洁能源及石化产品进口替代仍是我国重要战略选择。目前，全区已建立2个国家级现代煤化工工程中心，形成100多项现代煤化工专利技术，但从能源利用率看，2014年，全区煤炭就地转化率仅为32%，据此，“十三五”时期，延长煤炭产业链，提高就地转化率是现代煤化工主攻方向。按照“十三五”全区煤炭就地转化率达到50%目标测算，将带动现代煤化工产业新增工业产值约4000亿元。

冶金建材领域。新常态下，扩大内需和改善民生被放在更重要位置，基础设施建设和改善型住房需求仍然强烈，另外，随着城镇化推进、装备制造和消费品工业的加快发展，冶金建材仍具备较大市场潜力。钢铁领域，根据发达国家规律，人均产钢600公斤进入峰值平台，5年后开始大幅降至人均500公斤，进入严重过剩阶段。据此，我国人均产钢2013年已达600公斤，2018年需求将大幅下降，按人均500公斤计算，钢产量将下降到6.5亿至7亿吨之间，即缩减1亿至1.5亿吨。为此，近年我区钢铁行业加快结构调整，但步伐滞后市场要求，如：钢铁板带比值为42%，而发达国家则为70%左右；优质钢、特种钢等高端产品生产能力不足，占比仅30%左右。按“十三五”期末管材、板材等高附加值钢材比重提高到45%测算，带动工业增加值约500亿元。铝业领域，目前，中国铝加工业总产量位居全球第一，但年人均铝消费量为6.5公斤左右，与欧美发达国家年人均消费量30公斤相比，存在较大差距。此外，包装、电子、建筑材料等领域对铝加工产品需求不断增加，未来铝产品加工行业仍具备市场潜力。目前，我区铝产品延伸加工率仅在40%左右，且多为坯锭类低端产品。按“十三五”末全区铝产品延伸加工率达到60%测算，带动工业增加值约200亿元。

装备制造领域。“十三五”，随着我区交通、能源、城镇基础设施和新农村建设等重大工程继续实施，为装备制造业带来更大市场空间。除此，随着全区优势特色产业向更高层次发展，重型汽车、发电和输变电设备、化工冶金机械等自治区重点装备制造领域仍具较大市场需求。目前，我区装备制造产业规模仍然偏小，市场占有率低，2014年，规模以上装备制造业增加值仅占全区规

助力现代物流业进入快速发展期。三是市场需求广阔。内蒙古能源化工、冶金建材、农畜产品在全国具有重要地位，发展现代物流具备较好产业基础和市场空间。以农畜产品为例，我区生产加工的牛奶85%销往全国；马铃薯鲜薯60%销往华北地区、马铃薯原种90%销往华南地区；京津地区优质小麦加工产品和优质牛羊肉产品的50%以上来自内蒙古。另外，随着“一带一路”、“中蒙俄经济走廊”以及“五大基地”建设持续推进，将会带动我区工业品、消费品流通市场大发展，形成更大物流需求。按照国家《物流业发展中长期规划》提出，到2020年我国物流业增加值占国内生产总值比重7.5%目标测算，“十三五”末，我区物流业增加值将达到2100亿元左右。

金融业。当前，我区金融资源不够丰富，金融聚集程度不高，金融活动规模较小，金融支持地方经济发展力度亟待提升。2014年，全区社会融资规模仅占全国的1.7%。从内部结构看，银行存款增速低位运行。2014年末，全区金融机构人民币各项存款余额同比增长6.7%，低于全国同期2.5个百分点。保险业保险保障功能有待提高。2014年，全区实现保险保费收入约为全国保险规模的0.3%，增速低于全国平均水平8.3个百分点。证券市场规模小，上市公司数量少，募集资金总量小。2014年，全国共有证券公司120家，广东、上海和北京三地证券公司数量分别为23家、21家和19家，居全国前三位。而我区仅有2家法人证券公司。2014年末，我区上市公司仅占全国境内上市公司（A、B股）总数的1%，累计募集资金约为全国资金筹集额的2%。差距也是潜力所在，“十三五”时期，通过开展多层次资本市场融资，推进主板、新三板、区域性股权市场建设，直接融资规模将有效扩大。同时，积极创新发展互联网金融，金融业的潜力将得到进一步挖掘。按“十三五”末，全区金融业增加值占地区生产总值的比重达到10%的全国中等水平计算，金融业增加值将达到2700亿元左右，保费收入达到1300亿元左右。

信息服务业。近年，在国内外经济放缓背景下，我国信息技术服务业保持较快发展势头。2014年，全国软件和信息技术服务业同比增长达20.2%，远高于同期GDP增速。从市场看，巨大互联网需求为信息技术服务业发展带来重大机遇。百度、腾讯等国内互联网龙头企业业务规模越来越大，国外微软、亚马逊、IBM等互联网巨头也将业务向我国市场迁移。“十三五”期间，全球信息技术服务产业格局将随着产业发展不断调整，我国将占据更多的信息技术服务市场份额。从政策支撑看，近年助推信息技术服务业发展的利好政策连续出台。如：随着《关于促进智慧城市健康发展的指导意见》实施，“十三五”期间，智慧城市进入集中建设阶段，为信息技术服务业带来巨大市场。同时，智慧城市建设将带动物联网、云计算、大数据等领域信息化需求，加速新技术、新业态应用普及。从信息消费看，随着《关于促进信息消费扩大内需的若干意见》落实，信息技术服务产业作为与信息消费直接关联产业将受益匪浅，云计算、大数据、移动互联网等新兴信息技术服务将获得广泛应用。尤其是基于智能手机的移动电子商务、手机社交等个人信息消费将呈爆炸式增长态势，成为信息技术服务新增长点。预计到 2020 年，我国智慧城市、信息消费等领域投资达 6 万亿，个人和企业信息消费将出现“信息化与工业化融合”、“企业虚拟化”、“产业跨界创新”发展趋势，平均每用户每天至少需要消费 1G 字节流量。按“十三五”期末，全区信息消费规模占全国比重 1.8%测算，全区信息消费规模将达 1340 亿元左右。

生活性服务业领域。新常态，随着居民生活水平提高，消费观念转变，以旅游业、健康养老服务业为代表的服务消费将成为生活性服务业提质升级主攻方向，也是释放服务业增长潜力重点领域。

旅游业领域。“十三五”时期，旅游经济进入常态化发展阶段，成为城镇居民的日常生活方式，旅游业在国民经济中的重要性日渐显现。从旅游频度看，我国与发达国家尚有很大差距，目前发达国家居民人均每年出游 8 次以上，我国仅 2.6 次，消费潜力亟待挖掘。从旅游需求看，随着旅游消费结构升级，中高端旅游需求将加快释放，休闲游、度假游将成为居民旅游主题，旅游产品将从单一的观光旅游向休闲度假、生态旅游、文化旅游、探险旅游、健康旅游等中高端旅游方向发展，由此形成更为细分化的需求格局和多样化的产品格局，推动旅游业高端化、高附加值化发展。2014 年我国国内旅游消费总规模达 2.27 万亿元，近三年年均增长 20.7%。按照近三年年均增长速度测算，2020 年达到近 6 万亿。同期，我区旅游业总收入占全区 GDP 比重预计达 20%以上。

健康养老服务业领域。从养老需求看，2014 年全区 60 岁以上老年人约

450万人，占人口总数18%，高于全国平均2.5个百分点。随着人口老龄化加剧，失能、半失能老年人数量持续增长，人民群众养老服务需求日益增长。从政策支持看，为应对我国老龄化问题，国家出台系列扶持政策，基本目标是2020年全面建成以居家为基础、社区为依托、机构为支撑的功能完善、规模适度、覆盖城乡的养老服务体系，养老服务产品更加丰富，市场机制不断完善，养老服务业持续健康发展。随着政策落实，“十三五”时期，健康养老服务业将成为我区服务业新亮点，预计到2020年，生活照料、医疗护理、精神慰藉、紧急救援等养老服务覆盖所有居家老年人，全区96%老年人依托社区服务实现居家养老，4%老年人入住养老机构养老，全区养老服务机构床位数达每千名老人40张以上。

（二）需求发展潜力分析

习近平总书记指出，中国“十三五”时期要在保持经济增长和转变发展方式等方面取得明显突破，促进经济增长向依靠消费、投资、出口“三驾马车”协调拉动转变，这不仅强调投资、消费对经济增长重要作用，也强调了需求结构改善的内在要求。“十三五”时期，是传统增长模式向新增长模式转换、经济结构重构和发展动力重塑过程，在给我区需求增长带来压力同时，也倒逼全区需求侧内部结构趋于改善，并释放巨大潜力。

1. 投资潜力分析

长期以来，投资对内蒙古经济增长作用举足轻重。但受外需不足、传统投资品需求回落、自身投资结构单一及投资效益低下等因素制约，内蒙古投资呈结构性放缓态势，经济支撑力趋于减弱。新常态，我区经济增长新动力加快孕育，但短期内难以弥补传统动力减弱带来的影响。新旧动力转接阶段，仍需发挥投资对稳增长关键作用，在推动投资上规模的同时，更加注重优化投资结构、提升投资效益，以扩大有效投资力促全区经济持续健康发展。随着国内外市场需求变化、国家投资定向加力，新技术、新产业快速发展，全区产业转型升级、基础设施互联互通、生态环保和民生改善等领域仍存较大投资上升空间。

产业投资。鉴于传统重化工业及其领域投资均已相对饱和，农牧业投资占比小，对全区总投资贡献有限，未来产业投资空间主要集中在工业转型升级和现代服务业等领域。工业投资方面。受市场需求持续低迷、传统投资品产能过剩因素影响，工业经济及其投资均走向速度趋缓、结构趋优新常态，增速回落已是共同趋势，但结构性优化特征日趋明显。主要表现：制造业投资增长远高于传统投资品投资增长，制造业内部高科技行业投资增速快于传统制造业投资增速，同时，工业技术改造投资保持高速增长，而制造业、高新技术产业和传统资源品产业改造升级正是我区工业短板。2014 年，全区装备制造、高新技术产业占工业比重分别为 5. 1%和 2. 4%，能源重化工占比虽高，但行业科技含量普遍较低、产业链短，以煤化工为例，2012 年，现代煤化工占煤化工产能比重、煤炭转化量比重、产值比重分别仅为 6. 4%、13. 7%和 21. 7%，产业能源利用率最高仅为 50%左右。可见，顺应工业转型升级新趋势新要求，战略性新兴产业和传统产业改造升级将是我区工业发展的重点领域，并带动工业投资潜能的有效释放。

服务业投资。新常态，“四化”融合发展以及消费结构升级步伐加快，将推动我区服务业发展提速，有效激发服务业投资潜能。从生产性服务业看，新常态阶段是我区从工业化中期走向后期的关键期。国际经验表明该阶段基本走现代制造业和生产性服务业“双轮驱动”和融合发展道路，意味我们不能脱离工业孤立地发展生产性服务业，而是要在分工与互动中选择现代制造业与生产性服务业“双轮驱动”战略，特别要围绕实体经济大力发展生产性服务业，把高端服务元素坚实嵌入制造业中，通过生产性服务业促进制造业转型升级、推动竞争力提升。由此可见，新常态我区工业发展阶段及其工业转型升级要求对生产性服务业产生巨大市场需求，并将有效扩大生产性服务业投资规模。从生活性服务业看，新常态，居民消费由物质型向服务型升级，消费需求转换催生休闲旅游、文化教育娱乐、健康养老等服务业领域投资潜力。另外，城镇化推进进一步释放生活性服务业发展空间。初步测算，城镇化率每提高 1 个百分点，带动服务业增加值比重提高 0. 77 个百分点。据此，2020 年我区城镇化带动服务业比重提高 3. 85 个百分点，从而带动相关生活性服务业领域投资规模迅速扩容。

基础设施。根据国际经验，采用基础设施投资量和基础设施资本存量对投资增长空间进行预测。经济发展阶段的不同直接决定了人均基础设施资本存量的差异，经济发展水平越高的地区，基础设施资本存量占固定资本存量的比重越低，反之则越高。经测算，2014 年，东部地区实际人均的基础设施资本存量分别比中部和西部地区高出 50%和 60%左右。中西部人均基础设施资本存量与东部地区的差距，构成了“十三五”时期中西部地区基础设施投资的潜力。且随着国家“一带一路”、京津冀协同发展等国家区域总体发展战略的稳步推进，将促进内蒙古与相关地区的互联互通，为全区基础设施投资拓展空间。

生态环保。新常态资源短缺、环境污染、温室气体排放等对经济增长的硬约束日益凸显。2013 年，全区二氧化硫、氮氧化物、烟(粉)尘排放量分别居全国第 2 位、4 位和 3 位；全区森林覆盖率 21%，低于全国平均水平 0.6 个百分点，我区需以更大环保力度加快生态环境建设。在大气、水、土壤三个“十条”以及 PPP 等融资新模式的推动下，2020 年，全国环保总投资有望达 17 万亿元，占全国 GDP 比重 1.5%。鉴于内蒙古生态保护建设的艰巨性，生态环保投资潜力可观。

改善民生。当前，全区社会事业领域供给规模、服务质量与城乡居民日益提高的需求不相适应。2013 年每万人拥有医疗机构床位数 48.1 张，分别低于山东和陕西省 2.2 张和 1.1 张；医疗机构数仅为山东省、陕西省 30.8%和 62.6%。另外，覆盖农村牧区的道路、住房、饮水安全保障等基础设施仍待完善。新常态是全面建成小康社会的决胜阶段，随着民生保障加码、公共服务均等化水平提升将带动民生领域投资潜力释放。

2. 消费潜力分析

长期以来，内蒙古经济突出表现为投资率偏高、消费率偏低的需求失衡型特征。2014 年全区最终消费率为 40.3%，低于全国平均水平 11.1 个百分点。经济增长动力长期失衡致结构性矛盾愈加突出，加剧经济运行不稳定性。新形势下，推动经济增长的需求、供给条件，资源配置模式均发生深刻变化，以投资为主的传统增长引擎减弱，亟待挖掘消费潜能，提升消费对经济增长支撑力，推动经济发展模式由投资单轮驱动向投资和消费双轮驱动转型。为此，把握新一轮消费结构升级、居民收入水平提高、人口结构变化、城镇化带来的利好机遇，以创新供给激活消费需求，深度挖掘个性化、多样化消费潜能，打造消费升级版，推动全区经济持续健康发展。

从发展阶段看，进入人均 GDP 1 万美元发展阶段，服务业将实现较快发展，进而激发消费需求增长。当前，内蒙古已进入人均 GDP 1 万美元阶段，服务业的加快发展，尤其是商贸流通、休闲旅游、健康养老、医疗保健等新兴服务业的加快发展，将拓展消费增长空间。

从消费需求看，城镇化是扩大内需的最大潜力所在。据测算，城镇化率每提高 1 个百分点，将形成城镇居民年人均 384. 8 元消费需求。当前，我区仍处在城镇化快速发展阶段，预计 2020 年城镇化率达 65%，基于城镇化带来的城镇居民新增年消费规模将达 361. 4 亿元。

从消费群体看，根据消费行为理论，中等收入群体消费倾向相对较高，对消费扩容提质有重要推动作用。2020 年，我国中等收入群体占比预计达 40%以上，规模至 6 亿人左右。扩大中等收入群体比重是新常态下推进社会转型的重要内容，随着收入分配制度改革、补齐民生“短板”等一系列政策落地实施，将推动我区中等收入群体比重提升，有效促进消费上规模、上水平。

从消费领域看，随着居民收入提高，多样化、个性化消费理念兴起，以及信息化技术广泛应用，拓展了吃、穿、用等消费领域内涵和外延，有力推动信息、教育文体、医疗保健等新型消费热点发展。新常态，居民消费升级转变为买好房子、好汽车、好手机等高品质商品和现代化服务，消费结构将从商品消费转向服务消费，从传统消费转向新型消费。按照消费发展趋势，新常态交通和通信、医疗保健、文教娱乐等服务消费增速将快于食品类和衣着类，占总消费比重大幅上涨，服务消费成为拉动消费增长的主动力。同时，新型消费增长强劲，网络消费将成为居民消费重要渠道。

智慧生活消费方面。随着信息化技术在三次产业的广泛应用，智能化产品渗透到居民生活方方面面，智能手机、平板电脑、互联网电视消费量将稳步增加，可穿戴设备、智能家电等新兴信息产品将成为新消费热点。预计 2015 年，我国信息消费规模将超过 3. 2 万亿元，较 2014 年增长 20%以上。2014 年，全区信息消费规模已达 450 亿元，按 20%增速估计，2020 年，预计全区信息消费规模达 1340 亿元左右，带动经济总量增加约 4540 亿元，成为经济增长重要动力。

绿色环保消费方面。当前，社会对环境污染的持续关注将激发绿色健康消费快速增长,环保防护类产品以及绿色有机食品消费将保持较高增长速度,新能源汽车、环保型家居建材等消费热点凸显。以绿色家居建材消费为例,2009—2014年,全国绿色建筑年均倍增发展,绿色环保消费将成为推动消费上规模不可忽视的力量。

旅游消费方面。新常态随着居民生活水平提升、消费观念升级,旅游消费更加注重休闲、体验,旅游产品逐步由观光向观光、休闲、度假并重转变。消费结构中交通费用比重明显下降,住宿、餐饮、购物支出占比逐步提升。另外,随着个性化旅游消费需求逐年增加,体验式旅游快速升温。2014年,全区自驾车游客占比达45%,表明旅游潜力空间较大。另外,国家出台的升级旅游消费、落实职工带薪休假制度等一系列政策,将助推全区旅游消费扩容升级。预计“十三五”末,全区旅游业总收入占全区GDP比重达20%以上。

教育文体消费方面。2013年,全区城镇居民文教娱乐消费占消费支出10.6%,低于全国平均水平2.1个百分点,表明文体娱乐消费有较大上升空间。新常态政府逐步推进基本公共文化服务标准化、均等化,扩大公共文化设施免费开放范围,将推动教育、文化、体育产业加快发展。同时,信息化技术与教育文体的融合发展,教育文体消费趋于个性化、专业化、服务化和便捷化,将有效激发教育文体消费潜能。

健康养老及家政消费方面。随着人口老龄化加快、健康生活理念兴起,健康养老及家政领域面临极大发展潜力。从养老消费看,2020年,全区老年人口比例预计达20%,进入深度老龄化社会。与之伴随的是家庭小型化与“空巢家庭”增多,社会化养老需求将迅猛增长。“十三五”时期,随着养老服务设施不断完善,医疗康复、老年用品等养老服务供给加快,将有效释放我区养老消费潜力。从健康消费看,2014年,我国健康产业产值占GDP比重不足10%,远低于欧美发达国家20%的平均水平。健康产业发展滞后制约了健康消费提速,2014年,我区城镇居民医疗保健支出仅占生活性消费支出的10%左右。“十三五”时期,随着健康服务业体系完善、健康服务产品趋于丰富,健康消费规模将加快扩展。从家政消费看,人口老龄化、家庭小型化趋势将推动家政消费快速发展。相关数据显示,全国城市居民中约有70%居民有家政服务需求。“十三五”时期,随着家政行业逐步细化,家政服务网络平台不断完善，家政服务业将保持强劲增势。

3. 进出口潜力分析

十八届五中全会提出，推进“一带一路”建设，推进同有关国家和地区多领域互利共赢的务实合作，推进国际产能和装备制造合作，打造陆海内外联动、东西双向开放的全面开放新格局。新常态下，内蒙古将积极地融入国家开放战略，进一步扩大对外开放，全面加强区域经贸合作，释放全区经济发展的外需潜力。

从对外贸易看，内蒙古对外贸易总量偏低，外贸依存度小。2014 年，全区对外贸易规模居全国第 26 位，对外贸易依存度 5%，低于全国平均水平 36.5 个百分点。贸易结构单一，层次低，以货物贸易为主且多为初级产品，2014 年，全区加工贸易占贸易总额 1.8%，低于全国平均水平 33.2 个百分点。“十三五”时期，随着“一带一路”战略推进，内蒙古将加快交通、口岸基础设施建设，深化通关业务改革，同时，随着转方式、调结构步伐加快、我区将强化与国外在市场供需、产业合作等方面的对接，进一步拓展对外贸易深度与宽度，带动全区贸易规模扩大，贸易层次提升。

从利用外资看，全区实际利用外资规模偏小，2013 年，全区外商投资企业投资总额 229.1 亿美元，外资企业总注册资本 108.4 亿美元，均居全国第 25 位。利用外资中，香港、台湾等亚洲地区占比较高，欧美等发达国家占比甚微。从地区看，鄂尔多斯和包头实际利用外资占比 50%以上，其他盟市利用外资较少。“十三五”时期，借力“一带一路”发展战略，我区将进一步拓展国际发展空间，优化外商投资结构，扩大利用外资规模。

从经济合作看，内蒙古产业合作规模较小，合作范围较窄，合作水平层次低，靠政府推动的多，市场主导的少。合作国别主要集中在俄罗斯和蒙古国。另外，全区对外投资水平相对较低，2014 年，境外投资备案企业 64 家，仅为湖南省 44.4%，两个市场和两种资源利用效率不高。“十三五”时期，“一带一路”战略的深入实施，推动全区能源、装备制造、战略性新兴产业实现纵深合作。另外，随着满洲里、二连浩特国家重点开发开放试验区建设加快、基础设施逐步互联互通，以及投资政策逐步优化将推动区域合作便利化，释放全区经济合作潜力。

（三）科技创新潜力分析

新常态下，支撑经济发展的要素条件发生变化，单纯依靠传统要素低成本优势形成的要素投入型经济已难以为继，加快由要素投入型经济向创新驱动型经济转型，以创新驱动发展破解发展瓶颈制约，增强发展后劲，成为推动内蒙古经济持续健康发展的现实需要。“十三五”时期，国家科技创新投入力度持续加大，带动经济增长从要素驱动、投资驱动转向创新驱动，为我区优化要素结构、加快推进创新驱动战略创造良好条件。我区经济增长由资源拉动向创新驱动转轨，由资源型经济向创新型经济转型空间巨大。

科学技术是第一生产力，科技创新是推动经济持续健康发展的重要因素。但创新要素相对缺乏对我区经济转型升级、实现可持续发展形成较强制约。一是科技创新能力仍显不足。2013 年，根据经济社会发展水平综合评价结果，全区创新能力评价值为 0.0126，远低于全国平均水平，位居全国第 20 位；2011 年，全区综合科技进步水平指数为 42.89%，居全国第 18 位。二是创新产出能力低。2013 年，每万人发明专利拥有量仅为全国平均水平的 21.1%；科技成果奖励系数 0.5%，居全国第 28 位；专利授权数、技术市场成交额分别居全国 28 位和 22 位。三是科技人才转化率不高，结构也不尽合理。我区人才总量不足，高层次科技创新型人才、优秀企业经营管理人才和高技能人才缺乏，制约了全区创新水平提升。2013 年，全区科研人员 7.78 万人，直接投入的 R&D 人力 3.73 万人，居全国 23 位。人才资本对经济社会发展贡献率为 13.9%，居全国第 18 位，远低于全国 26.6%的平均水平。四是科技对经济增长支撑力较弱。发达国家科技进步对经济增长的贡献率都在 60%—80%，我区仅 40%左右，居全国中后位。产业发展的对外技术依赖程度高，远高于发达国家 30%以下水平。高新技术产业化水平不足 40%，战略性新兴产业增加值占地区生产总值比重仅为 5%左右。

新常态下，我区已经充分认识到新常态下动力转换的紧迫性、重要性和我区创新要素相对缺乏的现实状况。为此，2015 年以来，我区继续以提升科技创新能力为核心，全力打造创新平台载体，大力营造创新环境，努力提升创新要素对经济的贡献率。

一是创新发展环境更趋优化。新常态下，我区致力于打造资源齐备、活力迸发的创新环境。2014 以来，我区启动科技体制改革工作，印发了《自治区科技体制改革工作要点及分工方案》，科技治理体系和治理能力逐步现代化，企业技术创新主体地位逐步强化，技术创新市场导向机制不断深入，促进科技与经济紧密结合，为推动科技创新，释放创新驱动力提供了良好的发展环境。

二是创新驱动发展提上战略高度。从全局和战略高度出发，科学谋划实施创新驱动发展战略，2014 年以来，自治区出台《内蒙古自治区人民政府关于实施创新驱动发展战略的意见》和《内蒙古自治区创新驱动发展规划》，同时，内蒙古本级财政科技投入达 32 亿多元，是 2013 年的 3 倍之多。通过政策支持与资金投入的加大，全区科技创新能力和区域综合科技实力正在逐步增强，区域创新体系更加完善。预计到 2017 年，科技对经济增长的贡献率达到 46%，我区创新综合实力由现在的第三梯队靠后上升到第二梯队。争取到 2020 年，科技进步贡献达到 55%以上，高新技术产业产值占规模以上工业总产值比重达到 20%，战略性新兴产业增加值占地区生产总值比重达到 15%，劳动力质量和人力资本贡献率得到大幅度提升，使经济增长更多地依靠人力资本质量和技术进步，使创新成为驱动发展新引擎。

三是创新平台载体建设逐步到位。创新平台载体是聚集创新要素，整合创新资源、有效提升自主创新能力的重要基地。目前，全区已组建 16 家集产学研用为一体、以企业为主体的新型研发机构，90 家自治区重点实验室。内蒙古生命科技产业园成立，标志着内蒙古正在着力打造草原生命硅谷，随着创新平台建设逐步完善，孵化效应也日渐显现。

四是人口红利将加速向人力素质红利转换。近年，自治区建成近 600 家各类创新平台载体，成为集聚创新要素、凝聚人才队伍、提高自主创新能力的重要基地。目前，我区科技活动人员 7.87 万人，其中从事 R&D 活动人员 5.02 万人，人才支撑作用不断显现。预计到 2017 年，全区院士专家工作站将达到 60 个，到 2020 年，累计引进院士 100 位，组建院士领衔的创新团队 100 个以上。新常态下，内蒙古发展动力转换的趋势已初露端倪，依靠提升人力资本素质、技术创新带来新的增长点，成为驱动经济发展的新引擎。

（四）要素潜力分析

生产要素是进行社会生产所需的各种社会资源，是维系经济运行必备的基本因素。“十三五”时期,随着土地集约程度不断加深、资金使用效率逐步优化、交通设施布局持续完善、区域合作深入推进,将推动我区优化资源配置,全面提升全要素生产率,提高经济发展的质量和效益。

资本要素。长期以来,内蒙古依靠资本大量投入推动经济高速增长。2014年,内蒙古资本形成率达93.4%,高于全国平均水平46.9个百分点,资本投入产出系数0.652,资本对经济贡献可观。但金融资源不足、融资结构单一降低了资本对经济增长贡献率。“十三五”时期,融资渠道多元化将有效释放全区资本潜力。从资金总量看,2013年我区金融业增加值占GDP比重3.12%,低于全国平均水平2.58个百分点,金融业水平滞后制约了资金对经济增长贡献。“十三五”期间,随着多层次资本市场建立完善,利率市场化改革加快,对扩大我区资金规模形成利好。从融资结构看,2013年,我区直接融资占全区社会融资总额3%,低于全国平均水平17.8个百分点;2014年全区上市公司占全国上市公司总数1%,居全国第27位,直接融资水平低直接影响我区实体经济有效需求。新常态随着新型融资模式兴起,资本市场制度化逐步完善,全区直接融资占比将逐步提升,进而释放资本对经济增长贡献潜力。从民间资本参与度看,近年全区民间资本投资平稳增长,但制约民间资本进入的玻璃门、弹簧门、旋转门依然存在,民间资本投资意愿仍然不高。新常态,随着全面深化改革、强化驱动创新、加快结构调整将为民间资本进入带来新机遇。行政审批制度改革、混合所有制改革将进一步优化民间资本投资环境,新兴产业、基础设施、公共服务等领域进入政策更为宽松;“一带一路”、京津冀协同发展等国家区域总体发展战略推进也将为民间资本提供较大发展空间。随着民间资本参与度提高,将进一步优化全区资本结构,提高资本利用效率,增强资本对经济增长贡献。

土地要素。内蒙古土地资源占全国土地总面积12.3%,人均占有量是全国人均水平的6倍以上,丰富的土地资源为经济发展奠定了基础。但用地布局不合理、土地利用低效等问题一定程度降低了土地对经济增长贡献率。2014年,全区地均GDP为150.21万元/公顷,为全国平均水平的22.7%。新常态转方式、调结构步伐加快,生态文明建设力度加大将推动我区土地利用方式向集约型转变,有效提升土地利用效率,提高土地要素对经济的贡献率。从耕地利用看，我区人均耕地是全国人均耕地的3倍，但重用轻养，广种薄收现象突出，土地产出效率低。其中，中低产田占比70%以上，耕地自然质量等别、利用等别和经济等别均处全国中下等。鉴于全区耕地保证1.05亿亩耕地红线，“十三五”时期，在不扩大耕地面积情况下，需科学合理利用土地，从提高土地利用效率上挖潜力。经测算，通过提高耕地质量和产能，改进耕地使用效率，到2020年，可实现增产100亿斤商品粮的目标。从建设用地看，按照全区土地利用总体规划，2020年，全区建设用地总规模预期达162.28万公顷，但2013年底实际已达156.58万公顷，剩余空间仅为5.7万公顷。按每年需求量3万公顷计算，2015年后将无规划新增建设用地规模可用。目前，全区规划建设用地规模指标倒挂旗县25个，且呈增加趋势，土地利用总体规划底线受到挑战。另外，2015年我区单位建设用地面积带来的GDP为111万元/公顷左右，低于全国平均水平27.8万元/公顷。为此，“十三五”期间，在建设用地不扩张前提下，需进一步提升单位建设用地产出水平，挖掘存量建设用地效率。另外，生态环保力度加大，利好土地产出效率提升。目前，我区荒漠化总土地面积占全国荒漠化总土地面积25.1%，每年经济损失约135.8亿元。其中，退化草地约2503.7万公顷，造成经济损失约88.3亿元（全区牧草地单位面积产值为352.7元/公顷）。新常态下，随着生态文明建设的积极推进，土地科学开发利用水平逐步提升，土地荒漠化将有所改善，土地对经济增长的贡献率将有所提升。

交通、通信设施。从铁路、公路设施看，2013年，内蒙古铁路密度88公里/万平方公里，低于全国107.1公里/万平方公里的平均水平。全区公路密度1416公里/万平方公里，不到全国4428.5公里/万平方公里平均水平的1/3。初步预估，2013—2022年，全国新增铁路、公路基础设施投资需求分别为7.9万亿和18.3万亿，主要集中在中西部，交通设施的完善将进一步夯实经济发展基础。从通讯设施建设看，“十三五”时期，随着信息化加速向互联网化、移动化、智慧化演进，以信息经济、智能工业、网络社会、数字生活为主要特征的高度信息化社会将带动全区通信设施加快建设，并为全区产业转型升级提供创新支持。

（五）区域发展潜力分析

新世纪以来，内蒙古经济高速增长主要依靠城市经济带动、呼包鄂地区领跑实现。呼包鄂地区人口和国土面积仅占全区1/4和1/10左右，但2014年经济总量和地方财政收入分别达到全区的53.2%和57.8%。近年，呼包鄂等地区受产业结构、增长路径限制，已经处于结构调整阵痛期，继续依靠少数优势地区和城市经济已经难以支撑全区经济持续健康发展。因此，“十三五”期间，自治区应以培育区域增长极为突破口，挖掘区域发展潜力，在巩固优势地区发展态势的同时，注重扶持几个潜在的重点增长区域，形成更多区域增长极。

呼包鄂城市群。“十三五”时期，需进一步巩固提升呼包鄂地区增长潜力。一是主动融入“一带一路”发展战略。党的十八届三中全会提出，加快同周边国家和区域基础设施互联互通建设，形成全方位开放新格局。丝绸之路经济带建设这一国家战略的实施，有利于营造良好的周边发展环境，推进区域之间包括基础设施在内的各种互联互通，提高区域合作水平。近年来，呼包鄂经济区人流、物流主要向东、向南延伸，通过海上通道让产品走出去。丝绸之路经济带的建设，打破了现有发展模式，实现沿西北内陆通过陆路开展对外贸易、交流和合作，这将进一步拓宽呼包鄂经济区发展空间。把握机遇，全面推进连接丝绸之路的铁路、公路、航空、管道、通信和口岸等交通基础设施建设，进一步加强国际国内贸易往来与交流合作，呼包鄂地区有条件成为国家向西向北开发的战略高地。二是深入融入环渤海经济圈。以京—津—呼—包—银经济带建设为契机，争取“呼包鄂”地区进入国家重点优先开发区，这将为进一步加快“呼包鄂”经济区发展和推进一体化创造宽松的外围环境。此外，随着以京津为重心的环渤海经济圈崛起，我区也将享受环渤海经济圈对内蒙古尤其是对呼包鄂经济圈的带动辐射，尤其在推进与环渤海经济圈交通、产业、资金、技术、人才、市场对接，扩大呼包鄂地区能源、原材料、绿色食品、旅游等优势产品在环渤海经济圈的市场覆盖面，以及承接劳动密集型和高载能产业转移等方面潜力巨大。

锡赤通经济区。挖掘锡赤通地区增长潜力重点在于融入京津冀和东北三省地区发展。京津冀和东北三省经济较发达，市场需求大、产业体系先进、基础设施完善、科技教育水平高，对区域经济的带动、辐射、服务、保障能力均较高，且与锡赤通存在着广泛的互补性，为锡赤通地区建立与周边省区多领域的区域经济合作提供了广阔空间。一是能源、资源需求空间。新形势下，东北三省和京津冀地区的发展越来越受到资源枯竭的制约，而赤锡通地区煤炭、石油、天然气、风能、太阳能等资源优势明显，可成为东北、京津冀经济区能源、资源基地。二是产业转型升级空间。京津冀和东三省一些基础能源、原材料产业亟需在其他地区建立接续基地和积极寻求配套合作产业的现实，为锡赤通地区结合自身产业特点，积极引进一批大项目、大企业，通过产业转移的植入，推动地区产业转型升级提供了空间。三是承接要素转移空间。锡赤通资源优势明显，但由于人才、技术、资金等高级要素的短缺，经济发展受到严重的制约。京津冀和东三省人才、技术、资金优势突出，同时具有较高的对外开放程度，为锡赤通地区主动接受京津冀和东三省地区的人才、技术和资金等高级要素，提高区域研发能力和技术开发能力提供了空间。四是外送能力提升空间。随着锡赤通与周边地区在能源、矿产资源等方面合作的日益深入，通道建设也必然提上重大日程。因此，抓住与东北及京津冀地区进行能源、矿产资源等合作对接的机遇，推进锡赤通区域内部及与联结周边的公路、铁路、电网、管道和航空等基础设施建设，将极大改善锡赤通地区基础设施条件，尽快打通经济融合的瓶颈制约。

乌海及周边城市群。乌海及周边“小三角区域”位于华北与西北的交会处、“宁蒙陕”经济区和沿黄沿线经济带的西部中心。近年，随着城镇化和工业化快速发展，这一地区逐步建起公路、铁路、航空立体运输网络，区域内6个工业园区初具规模，形成了煤化工、氯碱化工、冶金、建材为主导的优势特色产业，成为区域工业经济的主要支撑。根据“小三角”地区现有的基础条件，结合“十三五”区内外经济社会发展趋势和环境，可以预期，未来一段时期“小三角”有巨大发展潜力。一是优势的资源基础。虽然个别地区会在一定时期存在着资源枯竭的压力，但区域总体上处于我国能源矿产资源富集区，通过创新协作机制，可以较好地提高资源保障能力和接续能力。二是广阔的市场前景。区域内主导产业主要以生产投资品为主，由于我国工业化、城镇化进程还未结束，在可以预期的时间内，产业结构升级、消费结构换代和大规模城乡基础设施建设对能源重化工产品仍然会保持刚性的市场需求。三是具有竞争优势的主导产业。目前区域内形成的主导产业和重点产业,以国有大企业为主,是优势资源与优秀企业的有机结合,具有较高的技术水平和生产效率,许多企业的生产技术水平在国内同行业甚至世界范围内处于领先地位。此外,自治区已将"环乌海湖"高新区建设提上日程,随着各项软硬件基础设施的日渐完善和区域内盟市沟通协作机制的建立,技术、项目、人才等创新资源将加快向"环乌海湖"区域集聚,"小三角区域"将成为内蒙古沿黄河沿交通干线新的经济增长极。

霍乌哈经济区。挖掘霍乌哈地区增长潜力,重点在于凭借资源优势、企业引领,通过东拓、西展、北伸,不断扩大对外开放局面。东拓,就是抓住东北、环渤海两个地区能源需求市场,加快能源基地建设,加快融入东北经济圈;西展,就是寻求与资源富集的周边盟市在能源开发、转换及煤化工领域的跨区域合作,推进区域经济一体化进程,不断提升区域经济竞争力和影响力;北伸,就是面向俄蒙打开一条通向世界的渠道,主动与珠恩嘎达布其口岸进行对接,把目光投向毗邻的俄蒙国际合作领域。

二、"十三五"时期内蒙古经济发展动力

"十三五"时期是内蒙古全面建成小康社会的关键期和冲刺期,内蒙古要把准创新、转型发展方向,以供给侧结构性改革为主线,在扩大总需求的同时,去产能、去库存、降成本、补短板、防风险,提高供给体系质量和效率、提高投资有效性,改造提升传统比较优势,加快培育新的发展动能,以结构调整带动经济增长,以经济增长促进结构调整,构筑以产业结构转型升级、"三驾马车"协调拉动、创新驱动为支撑的经济增长新动力体系,促进经济发展"稳速增效"。

(一)加快产业结构优化升级,提升经济增长驱动力

1. 推进"五大基地"建设,为经济增长提供坚实的产业支撑和内核

围绕建成保障首都、服务华北、面向全国的清洁能源输出基地,向能源产业转型升级要动力。一是以蒙西北、赤峰清洁能源基地和蒙西、蒙东清洁能源生产基地为重点,优化清洁能源开发布局。二是按照基地化、规模化、集约化发展模式,加快推进火电、风电、光电匹配发展的清洁电力输出基地建设,大力

推进能源高效清洁转化。三是坚持“集中式与分布式并举、本地消纳与外送相结合”，采取风电供热、光伏扶贫等措施，拓展本地消纳能力。依托4条特高压电力外送通道和赤峰、蒙西北等清洁能源基地，加大新能源上网比例，加快风电、太阳能发展。

围绕建成全国重要的现代煤化工生产示范基地，向推动煤炭资源综合利用、提高资源精深加工水平要动力。一是继续做大煤制油、煤制气、煤制烯烃等现代煤化工产业规模，延伸煤化工产品后续产业链。二是推动聚氯乙烯、焦化、电石等企业技术进步和升级换代，推动上下游企业联合重组，不断促进上下游产业融合发展。三是加快推进洁净煤技术的研发和利用，减少节能减排和能源结构调整对传统煤炭消费带来的不利影响。

围绕建设有色金属生产加工和现代装备制造等新型产业基地，以规模化、特色化、集群化和集约化发展为主线，突出“新型”，延伸有色金属加工产业链条。突出“特色”，扩大现代装备制造业规模。一方面，以提高资源综合利用水平、推动产业延伸和节能降耗为方向，以大企业、大项目、新技术为重点，推进钢铁企业联合重组和产品结构调整，提高特种钢和优质钢比重，推进煤电铝一体化发展，加快高铝粉煤灰提取氧化铝产业化，提高有色金属延伸加工比重和水平。以战略性新兴产业、高端制造业、现代国防科技工业需求等为导向，大力发展稀土永磁材料、稀土抛光材料、稀土催化、塑料助剂材料，开发稀土高新技术应用产品，培育壮大稀土新材料产业集群。另一方面，培育和引进一批具有核心竞争力的重点企业和重点产品，以运输机械、工程机械、农牧业机械、风电装备、矿山机械、乘用车、新能源汽车等为重点，着力突破一批关键技术，提升基础零部件、基础工艺、基础材料等配套水平。

围绕建成绿色农畜产品生产加工输出基地，向提高农畜产品精深加工水平和产品附加值，满足多样化、个性化消费需求要动力。一是大力振兴羊绒产业，不断提高行业产业集中度和品牌知名度，提升研发设计水平，制定羊绒产品标准，满足个性化需求，巩固市场占有率。二是保持乳业领先地位，推进乳品企业产业化、规模化、现代化和集团化发展，加快高品质液体乳和婴幼儿乳粉生产，积极开发功能性产品和特色乳产品，扩大产品市场占有率。三是适度扩张肉类深加工产业，重点调整肉类品质品种结构，增强精深加工水平，开发方便、安全的肉类产品，大力发展分割肉、低温保鲜肉，提高皮革、骨血及脏器综合加工利用水平。

2. 释放服务业发展新动力，拓展服务业发展新空间

加快改革创新，优化供给环境和制度保障。一是改革垄断性服务领域的体制，减少官办事业单位。二是进一步优化经营环境。加快营业税改革，完善财税体制。放宽服务业工商注册登记条件，取消对各类专营商品的限制。三是减少服务价格政府定价和指导价，完善价格形成机制。引导服务业实行差别化收费，体现优质优价。四是落实国家扶持现代物流业、文化产业、科技服务业、会展业、旅游业、金融业、软件业等税收优惠政策。

以信息技术催生服务业新业态，创造新供给。一是借助呼和浩特、包头、鄂尔多斯、乌海市创建“宽带中国”示范城市契机，打造内蒙古信息服务业集聚地。二是广泛应用信息化技术和科学管理理念，培育服务业新兴产业，加快发展电子商务、远程医疗、网络购物；鼓励电广传媒、出版集团创新传播方式，发展数字出版、网络出版；推广使用数字电视、交互式移动电视、网络电视和数字报刊等新兴传媒。三是推动云计算服务商业化运营，支持云计算服务创新和商业模式创新。四是面向公共管理需求，发展智能交通、智能电网、智能医疗、智能社区等。

围绕新型工业化，优先发展现代物流业、现代金融业等生产性服务业，形成现代服务业与内蒙古优势产业融合发展新格局。一是创新融资渠道，提升金融业服务实体经济能力。加快金融改革与创新，建立健全支持实体经济发展的地方金融体系。促进金融与信息化融合，大力发展科技金融和网络金融，培育衍生金融新业态和新型要素交易平台，拓展金融产业链。支持民间资本设立中小型银行、村镇银行，规范发展小额贷款公司、融资担保公司等准金融机构和金融中介，大力发展普惠金融。拓宽股票上市、企业债券、项目融资、产权置换等筹资渠道，建立上市后备企业资源库。制定鼓励股权投资发展措施，促进各类股权投资规范、健康发展。完善地方金融机构风险预警体系，建立风险预警、防范和处置工作机制。二是以提升服务能力为目的，加快发展现代物流业。整合资源，完善物流枢纽—物流园区—物流中心—物流配送中心等节点体系。广泛应用物联网、云计算等现代信息技术，加快建设集智能运输、卫

星定位于一体的公共物流信息平台，推进"内蒙古物流信息公共服务平台"建设，提高物流信息化保障水平。优化物流业发展环境，完善社会物流统计制度，有序推进标准化工作。

围绕居民消费水平升级，丰富服务性产品供给。一是推进"旅游+"，将旅游与文化、科技、体育等元素融合，深入挖掘旅游空间。积极发展特色旅游城镇、野外拓展训练基地、户外汽车露营地等旅游新业态，促进汽车租赁业、旅游装备业等关联产业发展。推动与丝绸之路经济带沿线国家、周边省区旅游业实现资源共享、品牌共建、线路互联、节会互参、市场互动，推进旅游业规模化、品牌化。二是倡导健康生活，创新服务模式，扩大健康养老、文化体育等市场规模。建立政府引导、社会参与、多元投入、市场运作的养老服务业。制定养老服务机构行业准入标准，建立健全面向未来的养老服务机制。立足内蒙古丰富中蒙药材资源开发新型保健品，提高内蒙古健康产品发展水平。转变政府职能，加快推进体育行业协会与行政机关脱钩，鼓励运动项目走职业化道路。突出地域特点抓好产业基地建设，规划建设国家级北方足球训练基地和北方青少年足球夏令营活动基地，打造以车、马、冰雪、那达慕为主题的体育项目品牌。将体育活动与健身休闲、文化旅游业相融合，形成共同发展、独具特色民族文化体育产业。

（二）千方百计扩内需，提升经济增长带动力

1. 优化投资主引擎，推动投资提质增效

围绕补短板、强基础，全面扩大有效投资。一是以高新技术产业和战略性新兴产业为重点，加大科技基础工程建设投资力度，加强技术市场平台、生产力服务中心、科技信息平台等高科技公共服务平台建设投资。以科技创新为动力、以新模式新业态为方向，谋划实施一批推动经济发展方式转变和产业结构优化升级的重大项目。二是围绕资源转化增值，延长资源型产业链条，加大对已有高污染、高耗能产能优化升级的投资力度。三是以扩大消费供给入手，引导资金流向健康医疗、文体娱乐、信息通信等新兴服务业。四是以提升居民生活质量为目标，加强公共基础设施和基本公共服务业均等化投入力度。认真研究国家产业政策以及投资导向，重点在地下综合管廊、高铁、地铁、保障性住房、防灾减灾设施、空气质量改善等领域下功夫。加大医疗保健基础设施投

入,完善社会养老服务体系。加强文化、教育、体育基础设施投资,加快大中小学校舍安全工程建设,加大图书馆、博物馆、科技馆及体育场馆等文教设施投入力度。推进棚户区改造和保障性住房建设,构建满足多层次需求的住房供应保障体系。五是立足建设我国北方重要生态安全屏障要求,围绕新能源替代、大气污染防治、污水处理及再生利用、垃圾回收、城市园林绿化、水土保护等投资领域拓空间。大力推动燃煤机组超低排放改造,深入开展燃煤锅炉综合整治,加大扬尘污染防治力度,构建大气污染防治长效机制。完善污水配套管网,推进污水处理设施建设和改造升级,加快提高污泥无害化处理处置和污水再生利用水平。加强生态环境保护,组织实施好天然林保护、京津风沙源治理等重点生态工程。加强水土资源保护,加大水土流失综合治理投入力度。

构建多层次资本市场,提高资金保障能力。一是抓住国家实施“一带一路”、“中蒙俄经济走廊”建设等重大机遇,积极争取国家财政专项资金、国债资金、产业发展专项资金等资金投入和项目安排。二是大力发展地方性中小银行,扩大小额贷款公司试点,稳步发展担保机构,拓宽间接融资渠道。扩大企业债券发行规模,大力支持企业上市融资和再融资,扩大直接融资比重。三是鼓励金融创新,发展信托、租赁融资、资产证券化等产品。四是积极发展创业投资、风险投资和私募股权基金,着力推动股权投资,设立区域性场外交易市场。五是深化农村信用社改革,扩大村镇银行试点,发展农业保险,创新农村金融产品,完善农村金融体系。六是放宽民间投资准入限制,规范投资准入门槛,推动准入标准公开化、透明化,鼓励民间资本参与国企改革和国有经济的战略调整,吸引民间资本投资铁路、民航、能源以及市政公用事业等领域。

2. 建立扩大消费的长效机制,有效激发消费潜能

提收入、强保障,稳定消费预期,提升居民消费能力。一是深化企业和机关事业单位工资制度改革,形成与经济增长速度相匹配的正常的工资增长机制,保障居民工资性收入稳定增长。二是认真落实中小企业和个体工商户税费减免政策,清理规范行政事业性收费,提高居民经营性收入。三是完善资源开发、征地拆迁补偿办法,保障和增加居民财产性收入。四是加大转移性支付力度,继续实施对口帮扶,提高困难地区转移支付性收入,实现居民多渠道增收。五是优化全民创业环境,扩大创业带动就业效应。六是进一步完善城乡

基本养老、基本教育、基本医疗和基本住房的社会保障体系，统筹推进社会救助体系建设，推动实现基本公共服务均等化，消除居民消费后顾之忧。七是调整公共财政支出结构，提高政府支出中用于民生领域比重。

激活需求、创新供给，更好地适应消费结构升级趋势。一是扩大智慧生活消费规模。依托“智慧城市”建设，深入实施“宽带内蒙古”战略，制定“互联网+”行动计划，打造“互联网+”产业生态圈，释放传统领域消费新潜力；实施大数据应用工程，推动政府、社会、企业数据融合应用。推动呼和浩特和乌海国家信息惠民、物联网等重大应用等试点示范工程，发展网络购物和农村牧区电商配送、开展国家省院合作远程医疗试点工程。借助呼和浩特市被列为国家电子商务示范城市契机，推动电子商务与我区优势产业融合发展。二是培育绿色消费。完善有利于绿色消费的法律法规和政策。强化环保准入、实施低碳清洁生产，加大绿色生态产品供给。引导消费者购买节能环保产品，促进消费向绿色化和可持续化转型。完善鼓励新能源汽车、节能环保产品消费优惠政策，实施城市停车设施及新能源汽车充电设施建设工程。三是提升旅游消费规模。加强旅游与文化、生态、科技融合，提升特色旅游供给能力。优化旅游消费环境，加快构建旅游产业链体系、旅游交通体系、旅游公共服务体系。落实职工带薪休假制度。鼓励旅游企业组建经营联合体，实施优惠套餐。实施旅游商品品牌建设工程，提高旅游商品消费比重。开发休闲旅游产品，加快汽车旅馆、自驾车房车营地等旅游休闲基础设施建设。四是加大多样化教育文体消费供给。实施城乡学前教育推进工程，支持在普惠性资源短缺地区新扩建公办幼儿园和普惠性民办幼儿园。支持职业院校、社会培训教育机构开展社会服务，满足公众多样化教育消费需求。放开民办学校收费政策，扩大中外合作办学规模。创新公共文化服务经费投入方式。五是扩大健康养老消费。加大财政资金支持力度，通过运营补贴、向特殊群体发放社会化养老消费补贴等方式，支持社会力量举办养老机构。加快健康服务体系建设，加快医疗保健器材、保健食品等产业发展，促进潜在健康需求转变为现实需求。培育龙头企业和中小专业型健康养老机构。加快信息化平台建设。

3. 全方位扩大开放，加快形成内陆开放发展新模式

完善对外开放格局。立足国家“一带一路”战略，把握内蒙古区域发展新

定位，积极参与“丝绸之路”战略部署，主动融入“中蒙俄经济走廊”建设，依托区位、特色优势产业，大力发展“临空”、“临港”和“临边”经济，构建以经济通道为主要支撑、以呼包鄂等经济腹地为核心、以沿边口岸为重要支点、以其他地区为重要组成的全方位开放格局，全面提升我区产品、技术、标准、服务的供给能级，提高利用境内境外两种资源、两个市场的供给能力。统筹布局跨境合作区、重点开发开放试验区等对外开放合作平台，形成境内外联动、科技创新与生产加工、商贸流通、中介服务紧密联系的经济聚集区。加强民生、文化、环境保护等方面交流，形成宽领域、多层次、广覆盖的人文社会交流新格局。

深化经济合作。依托五大基地建设，推动优势产品开拓国际市场。大力推动跨境电子商务发展，鼓励行业、企业实施创新驱动、智能转型、跨界融合，加快形成“互联网+”与制造业的新模式、新业态，带动货物贸易、服务贸易快速发展。在用好港澳合作平台基础上，加大向欧美日韩等发达国家的招商引资力度。完善企业“走出去”促进体系，鼓励海外并购，拓展境外市场，加大企业海外吸聚创新资源和要素的支持力度。

提升贸易自由化便利化水平。加快铁路、公路、航空水运、跨境管道皮带、电力和信息六大通道的基础设施互联互通建设，加强信息互换、监管互认、执法互助等海关合作，以及检验检疫、认证认可、标准计量等多双边合作。扎实推进满洲里、二连浩特国家重点开发开放试验区和呼伦贝尔中蒙俄合作先导区建设，创新和完善与俄蒙合作体制机制，将内蒙古打造成为中蒙俄经济走廊核心区。

（三）推进创新驱动，增强经济增长内生力

加快科技创新步伐，提高科技创新支撑力。围绕产业结构调整和转型升级，加大科技投入力度，引导高校、研发机构、中介机构以及政府、金融机构与企业构建创新链。同时，重视传统产业技术创新，实现前沿技术领域与传统领域创新的双轮驱动。

完善创新转化机制，推动万众创新，加快科技创新向生产力转化。加快发展技术交易市场和技术交易中介服务机构，推动创新创业资源对接聚合。鼓励政产学研开展多种形式的合作，加强高校、科研院所、战略投资商、中小企业之间成果项目的对接。建设支持创业的成果转化中试基地和加速器，加快资金与技术的融合，促进创新向创业转化，加速创新成果产业化进程。

强化模式创新，促进科技创新与产业发展深度融合。顺应全球化、互联网和新技术潮流，以制造业转型升级和现代服务业发展为重点，重塑传统优势产业的商业模式边界，促进创业与产业融合发展。积极推动科技创新与商贸流通、文化旅游、文体娱乐、节能环保等服务业，以及交通、医疗、城市管理等民生领域的融合发展，提供符合消费需求和民生导向的新业态、新模式，激发投资和消费需求，增强产业支撑力，培育经济新增长点。

加快区域创新合作，提高开放创新水平。积极构建适应创新驱动的开放型经济新体制，优化创新要素配置环境。系统设计科技对外开放目标框架，充分开发利用多部门科技交流合作资源，扩大合作领域，创新合作形式，提升合作层次。进一步扩大对内、对外开放力度，主动对接“一带一路”、环渤海经济圈、京津冀协同发展等战略，积极参与国内外科技合作，引进国外先进技术成果和创新资源，提升自主科技创新能力。

完善体制机制，优化创新环境。充分发挥政府“推手”作用，在完善创新激励政策、营造公平公正竞争环境上下功夫，为创新驱动发展提供完备的政策支撑，并形成有利于经济发展的市场环境、产权制度、投融资体制、分配制度、人才培养引进使用机制，以创新丰富供给侧模式，提升供给侧参与主体“质与量”。加大对基础性、战略性、前沿性研究和重大关键共性技术攻关支持。充分发挥市场作用，在研发方向、资源配置和经费使用、项目评审以及成果评价和应用等各个环节放手让市场“说话”，激发各类主体参与创新的积极性。积极搭建科技创新平台，鼓励大众创业、万众创新，激发创新活力。建立健全知识产权保护长效机制，深化收益分配制度和成果转化机制，提高创新要素配置效率。

推动“人口红利”向“人口素质红利”转变，提升人力资本对经济增长贡献。大力培养重点领域、重点产业、重点学科、重大项目创新人才，全面推进创新型科技人才队伍建设。依托自治区重点工程、重大科技项目、工程技术研究中心和高新技术园区，建设一批高层次创新创业人才培养基地。完善科技人才收入分配、股权激励等政策，建立有利于人才成长、流动和集聚机制，提高人才资源配置效率。依托“草原英才”、“百名高层次创新科技人才计划”、“草原硅谷”建设，实施更加开放的人才引进政策。营造人才配置市场化、人才培训专业化、创业环境人性化、服务保障系统化的人才环境。

（四）科学配置基本要素，夯实经济发展保障力

1. 优投向、拓渠道，提升资金利用效率

优化资金投向。以扩大有效投资、提升投资效益为着力点，使资金投向对支撑结构调整的产业转型升级、基础设施、自主创新能力、生态环保、民生事业领域，提高资金使用效率。围绕产业结构调整，加大对传统产业延伸升级及新兴产业项目投入力度，促进产业规模扩大和素质提升。围绕补短板，加大公路、铁路、机场、水利、市政领域的资金投入，谋划实施一批重点交通运输通道、能源外送通道和水利基础设施工程，增强基础设施保障能力。围绕促均衡、惠民生，加大生态环保、民生性、公共基础设施及教育文化、健康、旅游等消费领域投入力度，增进民生福祉。

拓宽融资渠道。以信贷融资和非信贷融资相结合、间接融资与直接融资相结合，全方位拓展融资渠道。加强银行与证券、保险、基金合作，量身打造综合性融资方案。加快普惠金融发展，加大对“三农”、小微企业金融支持。围绕产业转型升级，进一步拓展供应链金融、产业链金融业务，支持重点产业的配套完善、链条延伸和集聚发展。推进区域性股权市场建设，积极发展债券、基金市场，加大资本市场产品创新力度。

鼓励民间资本进入。降低民间资本进入门槛，优化民间投资布局。推广民营经济、国有经济以及外资经济进入同一竞争性领域的门槛标准化、统一化；简化民间投资项目审批步骤，培育带动民间投资的新项目；鼓励和引导民间资本投入到基础设施、公共事业领域、高新技术产业，以及教育、金融、电信等垄断性行业。另一方面，完善民间融资渠道。加快建立和完善为民间投资服务的金融体系，为各种类型的民企提供多种多样的配套服务。加大商业银行对民间投资的信贷支持力度，积极发展中小企业融资担保基金和创业投资基金。

推动资源资本化。促进资源与资本市场结合，通过资本市场为资源型企业提供各类金融服务。发挥特色资源优势，推动矿产资源、旅游资源、农牧业资源、林业资源等领域资源资本化。大力推动资源在高层次产业、高端资本带动下转化增值。建立健全产权交易体系，加快资源资本化进程。

加强金融风险防控。积极化解地方政府债务风险，促进政府融资平台市场化转型。加强重点行业企业债务违约风险的管理与防控，防止高负债企业“逃废债”。加强互联网金融风险规避和治理，规范各类融资行为，坚决遏制非法集资蔓延，防止区域性风险。

2. 推动节地水平和产出效益“双提升”，增强土地资源对经济增长贡献率

推动土地集约利用。加快旧城区、棚户区改造力度，建设高标准的城市建筑群。统筹区域、城乡土地利用，加快对闲置土地的流转和开发利用。优先安排社会民生建设用地，优先保障性住房、医疗教育、公益设施、环境保护等建设。优化城市产业结构和布局，推动产业集群式发展，提升土地集约化水平。落实最严格的节约用地制度，促进增量土地节约集约利用。探索土地市场机制配置土地资源机制，提高土地利用效率。

加强土地保护。加强耕地数量、质量、生态管护，推进农村建设用地整治。以基本农田示范县和耕地补偿机制建设为重点，全面推进高标准基本农田建设，提高耕地质量与产能。加大土地治理恢复。建立草原生态保护长效机制，加大草原生态工程建设力度，扩大京津风沙源治理工程的投入规模，保证生态和经济效益双提升。加大退牧还草工程实施力度，改善土地综合利用效率。

3. 完善交通、信息基础设施，坚实经济增长基础

加快城际、城镇、城乡交通基础设施建设，促进公路、铁路、航空客货运输无缝对接。加快推动呼和浩特、包头轻轨建设。以宽带普及提速和网络融合为重点，完善高速信息网，推进智慧城市建设，加快构建高速、融合、安全的新一代信息基础设施。

（五）加强区域共建，提升经济增长集聚力

1. 推进以呼包鄂为核心的西部地区率先发展

加快呼包鄂一体化进程，引导呼包鄂三市分工协作、协同发展，优先推进交通、通信、基本公共服务等领域先行先试，建设呼和浩特创新型首府城市，包头钢铁、装备制造业和稀土新材料产业基地，鄂尔多斯能源和新型化工基地，构建环呼包鄂 2 小时公路圈和 2 个环呼包鄂快速客运铁路圈，促进资金、技术、人才、管理等要素自由流动。在“呼包鄂”城市群建设基础上向东拓展，将

集宁纳入“呼包鄂”城市群,打造“呼包鄂集”一小时经济圈;将“集宁—大同—张家口”长城金三角与“呼包鄂”金三角连为一体,扩大区域增长极的范围、加强基础设施互联互通。促进“乌海及周边小三角区域”产业转型升级,加快沿黄、沿线经济带建设,重点推动产业集中区和工业园区发展,提升能源、新型化工、装备制造等产业发展水平,增强西部地区综合实力和竞争力。

2. 促进东部地区加快发展

着力打造“赤—锡—通”城市群经济带,加强与京津冀一体化的产业互补,重点推动工业集中区建设,培育呼伦贝尔能源化工、兴安盟农畜产品加工、通辽煤电铝、赤峰有色金属和化工、锡林郭勒清洁能源等一批产值超百亿元的产业集群,积极承接发展具有竞争优势的战略性新兴产业。规划建设一批交通、水利、清洁能源等重大基础设施工程,推进城区老工业区和独立工矿区改造搬迁,构建布局合理、配套衔接的现代化基础设施体系。加快打造“霍乌哈金三角经济区”,统筹产业、基础设施、生态环境等建设,整合水、土地、煤炭资源,逐步建立“水煤互补”等区域经济合作模式。

第三章

内蒙古“十三五”时期发展环境与总体思路

一、内蒙古“十三五”时期发展环境

从国际上看,“十三五”时期,世界经济仍将处于深刻调整期,经济全球化继续深入发展的大势未变,但对世界经济增长的支撑作用难以增强,全球经济增长率不会超过3%,国际贸易格局、投资和消费信心都发生变化,脆弱性、不确定性和不平衡性将成为世界经济发展的突出特征。

一是国际分工持续深化,区域合作组织不断涌现,各国纷纷寻求相互间的经济合作,各种区域一体化安排相互交织。2012—2014年全球新增自由贸易协定(FTA)数量达到56个,同时一些新型的区域合作模式也渐趋成型,尤其“一带一路”愿景与行动的提出,为促进全球经济要素有序自由流动,推动相关各国的基础设施互联互通和提升经贸技术合作水平创造更多机会和空间,将在基础设施、物流、农畜产品、文化旅游和能矿产业合作、新兴产业投资等领域为相关国家和地区提供大量机会。但另一方面,各种形式的区域合作机制和经贸规则难免出现相互矛盾的情况,相互融合需要一个过程,其间经济全球化的模式、动力、规则将出现复杂变化,对全球经济增长难以形成有力支撑。

二是世界科技革命步伐加快,移动互联网与云计算、人工智能、3D打印、新能源等技术领域取得突破,新技术和信息技术的广泛应用,特别是其与传统产业的深度融合正引发深刻的产业变革。一方面,新兴产业发展可期呈“小步快跑”之势,新兴技术继续向各领域渗透,并与传统产业实现融合,仍是可预见未来全球产业转型升级的主旋律。另一方面，具有重大牵动力和影响力、能够深刻改变生产生活模式的重大技术进步仍在孕育之中，新兴产业取代传统产业、新兴生产方式取代传统生产方式仍将是一个渐进而复杂的过程，加之全球产业布局深刻调整、各个层面的竞争趋强，综合判断，科技、产业进步将是推动未来全球经济增长的重要和持续动力，但“十三五”时期还难以对全球经济增长形成直接快速拉动。

三是能源技术革命将推动全球能源版图发生重大变化，页岩油、煤层气等开采技术的突破增加了能源产品供给，全球大气污染防治及节能减排约束抑制了煤炭等传统能源需求，煤、电、油、气市场压力加大。为应对气候变化，发达国家加大清洁能源开发利用力度，我国加快转变经济发展方式，以煤炭为主的一次性能源呈持续下降趋势，新能源特别是可再生能源成为未来发展趋势。

四是国际自由贸易和投资规则话语权争夺更加激烈，以美国为首的发达国家加速推进以 TPP 和 TTIP 为代表的“21 世纪贸易自由化”进程，其涉及的劳工、环保、知识产权等条款将成为一定意义上的国际新“标杆”，牵引多边贸易体制和国际经贸规则标准提高，制约 TPP 和 TTIP 外的广大新兴经济体参与经济全球化，中国发展所面临的国际环境将更具挑战性和不确定性。

最后，地缘政治博弈更趋激烈复杂。未来五年，这一趋势难以扭转，甚至不排除更加强化的可能，中东、东欧、东亚等地区形势仍复杂多变。地缘博弈及其引发的相关问题，对全球经济增长的影响力正在不断上升。

从国内看，“十三五”时期经济发展步入新常态，在“四个全面”战略布局及改革创新发展主线引领下，“十三五”期间将处于周期回升阶段，但这种回升并不意味着经济增速再次加快，而是表现在经济结构优化和效益的提升。

一是经济发展步入新常态。增长速度正由高速增长转向中高速增长，发展方式正由规模速度型粗放增长转向质量效率型集约增长，经济结构正由增量扩能为主转向调整存量、做优增量并存的深度调整，发展动力正由要素驱动、投资驱动转向创新驱动转变，科技创新将成为国家发展大局核心和培育新增长点抓手，国家在科技创新方面的投入力度将持续加大，带动经济增长从要素驱动、投资驱动转向创新驱动，为我区优化要素结构、加快推进创新驱动创造了良好条件。

二是“四个全面”战略布局协调推进。“四个全面”全方位谋划了未来中国的可持续发展路径，将释放出巨大的制度红利，激发新的发展动力。随着简政放权、财税体制改革、完善金融市场体系等方面的改革进一步深入，市场在资源要素配置中的决定性作用进一步明确，将为经济平稳较快增长提供持续动力。另外，落实全面建成小康社会、全面推进依法治国和从严治党的要求，将有效推进各项社会事业全面发展，不断提升社会治理能力和党的自身建设，利于更好地统筹社会力量、平衡社会利益、规范社会行为，形成更加包容、和谐的经济社会发展新局面。

三是供给侧结构性改革有序推进。以供给侧改革为着力点，调整存量，培育增量，推进新旧动能之间的平稳接续成为新常态下挖掘经济增长潜力，布局长远的关键之举。“十三五”时期工业化由中级阶段向高级阶段过渡，土地耗费型、环境污染型、产能过剩型产业比重将逐步下降，淘汰落后产能、改造优势产能将成为推进供给侧结构性改革，进而优化资源配置的重大任务。同时“增加”新供给，创造消费新动能将成为推动经济可持续发展的关键举措。为此，与发展质量、科技创新等密切相关的研发、金融、现代物流等生产性服务业以及旅游、教育、健康、文化等与消费升级密切相关的生活性服务业将加快发展，这类能够引领需求、创造需求的新产能为加快结构调整和转型升级步伐提供了契机，同时也对保持稳增长与调结构的平衡提出了挑战。

四是区域发展和对外开放深度推进。在继续实施西部大开发、振兴东北老工业基地等区域发展战略的基础上，未来，国家将重点实施“一带一路”、京津冀协同发展、长江经济带三大战略，区域发展和对外合作领域更广、更深，将成为我国拓展发展空间、提升发展质量、促进经济社会又好又快发展的重要途径。

从区内看，支撑我区经济快速发展的资源、成本等相对优势逐步减弱，但全区经济持续健康发展的新动力和新兴经济优势在加速集聚，传统优势将加快向新优势转换。

一是受能源原材料市场需求结构变化影响,我区部分传统产业靠能源、原材料工业支撑增长的产业优势在减弱。但随着近年全区交通、物流、优势特色产业集群发展和转型求变求升级意识增强,全区以工业开发区(园区)为支撑的集聚发展优势、以产业链延伸为核心的集约发展优势、以非资源型产业和战略性新兴产业为依托的多元发展优势正崭露头角且初具规模,集聚、集约、多元发展优势正在逐步增强。

二是随着政策环境和生产要素供需形势变化,我区能源、土地、劳动力等要素低成本竞争优势减弱。但生产要素的保障优势并没有丧失,特别是近年,自治区及时将重心从降低要素成本向提高要素保障转移,紧盯企业生产要素需求,着力解决土地、水、资金、人才等瓶颈制约,全区要素保障能力不断提高。

三是在经济增速和市场需求预期调整期,我区仍处于新型工业化、城镇化加速推进阶段,投资消费需求依然强劲。投资方面,民生性、公共消费型基础设施建设,已有产能优化升级,教育文化、健康、旅游等消费领域,以及生态环保建设投资都具备较大增长潜力。消费方面,家政服务、网络消费、文化体育、健康消费和特色消费,将开拓我区消费增长新空间。

四是开放平台不断完善,环境不断优化,承接产业和要素转移优势趋向明显。随着满洲里、二连浩特国家重点开发开放试验区和呼包鄂一体化协同发展及部分“小三角”区域承接产业转移基地建设的加快,以及基础设施互联互通,政策关联、文化提升等软硬环境优化,我区开放平台对周边地区产业和要素吸引力明显增强,承接产业和要素转移优势将进一步显现,生产加工、装备制造和产品输出潜力巨大。

五是区位优势赋予了优势转化发展新内涵。国家实施“一带一路”、京津冀协同发展、西部大开发、振兴东北等一系列战略,使我区区位概念由过去单纯的祖国北疆逐步转换成全国重点区域战略布局和经济辐射的交汇点、接合部和过渡带,且重要性日益凸显,为我们“十三五”加快从比较优势向竞争优势转化提供新机遇。

六是政策条件更加优越。全面深化产权制度、要素市场、财税体制、社会组织等基础性改革,将为我区经济社会发展提供制度保障;简政放权、投融资体制、商事制度改革将进一步提高政府效能、激发社会发展活力。全面依法治国深入推进，进一步强化法治力量，将为全区经济发展提供重要保障。中央决定对农村牧区和中西部地区发展继续实施扶持政策，对边疆地区、贫困地区和生态保护区等实行差别化区域政策，优化转移支付和对口支援等体制机制，将进一步放大国家对我区发展的政策支持效应。

二、内蒙古“十三五”时期发展总体思路

（一）总体思路

高举中国特色社会主义伟大旗帜，全面贯彻党的十八大和十八届三中、四中、五中全会精神，以马克思列宁主义、毛泽东思想、邓小平理论、“三个代表”重要思想、科学发展观为指导，深入贯彻习近平总书记系列重要讲话精神，全面贯彻“四个全面”战略布局，主动融入“三大战略”，深入实施自治区“8337”发展思路，牢固树立创新发展、协调发展、绿色发展、开放发展、共享发展理念，主动适应和引领经济发展新常态，坚持发展是第一要务，以改革创新为主题，以转型发展为主线，以提高发展质量效益为中心，通过创新驱动增强发展动力，通过协调发展促进发展整体性，通过绿色循环发展提高发展可持续性，通过开放发展激发发展活力，通过共享发展增进社会凝聚力，加快形成引领经济发展新常态的体制机制和发展方式，在兼顾扩大总需求的同时，把改善供给侧结构作为主攻方向，提高供给体系质量和效率，加快“五大基地”、“两个屏障”、“一堡一带”建设步伐，全面推进工业化、信息化、城镇化、农牧业现代协同发展，确保如期全面建成小康社会，把祖国北疆风景线打造得更加亮丽。

（二）发展目标

“十三五”时期是内蒙古转型升级的关键期，提出内蒙古这一时期在经济发展、科技创新、民生改善、资源环境、社会和谐五个方面的转型升级指标预期及目标，对于发挥目标的参考和导向作用，推动经济社会持续健康发展具有十分重要的意义。

1. 经济发展

提升经济发展的稳定性，持续优化经济结构，防范各类经济风险，加快经济转型步伐，千方百计提高经济增长的质量效益，推动经济持续、健康、平稳、

产总值的比重达2.2%，新增劳动力受教育年限从2015年的13.3年提高到13.5年。

——创新体制机制不断完善。“十三五”时期，内蒙古将建立健全知识产权运营公共服务平台，积极有效推进知识产权交易，全区知识产权交易更趋活跃。内蒙古将引导和推动创业孵化与高等院校、科研院所等技术成果转移相结合，高校、科研院所与企业间的科研合作更趋密切，企业创新能力得以增强，科技创新产出能力有望持续提升。预计到2020年，全区人均技术市场成交额达800元/人以上，年均增长3.3%，规模以上工业企业新产品销售收入占主营业务收入比重达5%以上，高技术产业产值占规模以上工业总产值比重达18%。

——科技综合实力稳步提高。“十三五”时期，内蒙古将强化创新体系建设，进一步发挥科学技术研究对创新驱动的引领和支撑作用，我区创新体制机制不断完善，创新的竞争环境更趋公平，科技成果转化速度有望进一步加快。同时，我区将继续实施人才强区战略，不断优化人才发展环境，创新人才培养模式，全区人才队伍建设取得明显成效。随着科技综合实力的提高，科技创新对全区经济发展的推动作用有望进一步提升。预计2020年，全区科技进步贡献率达55%。

3. 民生改善

始终把保障和改善民生作为发展的出发点和落脚点，不断提高城乡居民收入，进一步健全覆盖城乡居民的就业、社会保障等公共服务体系，总体实现基本公共服务均等化，着力实现共享发展。

——居民收入不断提高。“十三五”时期，内蒙古将加强就业创业服务体系建设，大力推进大众创业、万众创新，创业就业环境不断优化，城镇调查失业率有望控制在5%以内。自治区将进一步推动创业带动就业，开展企业工资集体协商，形成企业工资正常增长机制，建立健全职工福利待遇与社会平均工资动态调整制度，并进一步完善地区津贴制度，落实公务员工资正常调整机制；鼓励农牧民优化种养结构，加大农牧民转移就业工作力度，完善征地补偿和土地承包经营制度。随着一系列增收政策的实施和落地，我区城乡居民收入稳步提高。预计2020年，全区城镇常住居民人均可支配收入和农村牧区常住居民人均可支配收入分别达45400元和16500元，年均分别增长均为8%左右和9%左右。

从物价看，“十三五”时期，在国际国内环境条件面临诸多转折性变化的情况下，大宗商品国际市场价格温和回升，供给面劳动力成本持续上涨，成为推动我国商品价格上涨的重要因素。同时，国家将出台相关政策，有针对性地实施价格调控，促进中长期物价稳定。国家将通过提高人力资本利用效率缓解劳动力成本上升对物价的推动作用，拓展能源资源进口渠道缓解输入性因素对物价的推动作用，提高全要素生产率缓解成本上升向消费物价的传导。总体上，“十三五”时期，全国物价总水平将控制在3.5%以内。我区物价运行与全国有很强的相关性，根据全国情况判断，“十三五”时期，我区CPI将在3.5%以内的水平，总体温和可控。随着我区居民收入水平的不断提高，居民实际购买力持续提升。

——社会保障更加健全。“十三五”时期，内蒙古将全面实施全民参保登记计划，推进社会保险制度改革，社会保险制度进一步完善，保障水平不断提高。同时，内蒙古继续加大政府投入，建立健全稳定的筹资机制，完善基本养老金正常调整机制，医疗保险待遇水平和保障范围逐步提高。随着公共卫生服务体系进一步完善，基本公共服务水平不断提高，我区居民健康意识和自我保健能力逐步增强。此外，内蒙古将进一步健全医疗卫生服务体系，优化医疗服务资源配置，鼓励社会办医、发展健康保险及健康管理与促进业，我区健康服务供给增加。“十三五”时期，随着政府投入力度不断加大，内蒙古以棚户区改造为核心的保障性住房及配套基础设施建设加快推进。预计2020年，城乡居民养老保险参保率和基本医疗保险参保率达90%和95%以上，全区人口平均预期寿命达76岁，较2015年提高约1.2岁，每千名常住人口卫生机构床位数达6张，每千人口执业医师达到2.5人，全区城镇常住人口保障性住房覆盖率达25.5%。

——扶贫攻坚成效显著。“十三五”时期，内蒙古将按照“切实落实领导责任、切实做到精准扶贫、切实强化社会合力、切实加强基层组织”的总体要求，创新扶贫体制机制，实施“扶持生产和就业发展一批、移民搬迁安置一批、低保政策兜底一批、医疗救助扶持一批”行动计划，坚持精准扶贫，打好扶贫攻坚战,到2017年基本消除绝对贫困。

4. 资源环境

深入推进绿色循环低碳的生产方式,积极推行节约健康环保的生活方式,不断提高资源利用水平,加大生态环境治理力度,强化节能减排降碳,促进资源节约与永续利用,推动人与自然和谐共生。

——资源利用水平进一步提高。"十三五"时期,内蒙古将强化节能减排降碳,推进节能、节水、节地、节材,大幅降低资源消耗强度,促进资源节约与永续利用。同时,内蒙古将进一步推进"三废"综合利用、再生资源回收利用,提升资源综合利用水平。此外,内蒙古将进一步加强土地利用的规划管控、市场调节、标准控制和考核监管,严格土地用途管制,节地技术和模式推广取得实效。预计2020年,单位GDP能耗、二氧化碳排放分别较2015年下降16%和18%,万元工业增加值用水量较2015年降低20%,单位地区先产总值用水量较2015年下降25%,全区循环型生产方式广泛推行,绿色消费模式普及推广,覆盖全社会的资源循环利用体系初步建立,主要资源产出率比"十二五"末提高15%,全区土地产出率达1400元/亩,较2015年提高约30%。

——生态建设取得新成效。"十三五"期间,内蒙古将严守生态保护红线,加快建立源头严防、过程控制、损害赔偿、责任追究的生态文明制度体系,继续实施天然林资源保护、"三北"防护林、退耕还林还草等重点林业工程,开展重点区域绿化。同时,内蒙古将严格执行基本草原保护、草畜平衡和禁牧休牧轮牧制度,继续实施退牧还草等重点治理工程,每年减少草原"三化"面积3000万亩,草原退化沙化趋势得到有效控制。内蒙古将严格保护耕地和基本农田,加强耕地质量监测,优先保护耕地土壤环境,继续实施坡耕地水土流失综合治理、东北黑土区水土流失综合治理等国家水土保持重点治理工程,全区耕地保有量将保持"十二五"时期1.05亿亩的水平。预计2020年,全区森林覆盖率提高到23%,活立木蓄积量达到16亿立方米,草原植被盖度达48%以上。

——环境综合治理再上新台阶。"十三五"时期,内蒙古将严守环境质量底线,加大生态环境突出问题治理力度,推进大气、水、土壤综合防治。积极推进小三角地区、京津冀区域大气污染联防联控,开展多种污染物协同控制,重点解决人口集聚区域工业企业大气污染，推进城乡接合部大气污染综合治理，全区重污染天气天数有望减少，区域空气质量进一步好转。内蒙古将制定实施《水污染防治行动计划实施方案》，建立区域水污染防治联动机制，强化环境治理目标管理，深化污染物总量控制制度，严格入河（湖）排污管理。预计2020年，城镇污水处理率达到90%。坚持“无害化”、“减量化”、“资源化”原则，对建筑垃圾、电子废物、医疗废物、危险废物、污泥等实行分类管理，并重点推进重点镇垃圾无害化处理，统筹乡镇和农村的生活垃圾收集处理，地级以上城市空气质量达标率达75%，城市细颗粒物PM2.5浓度下降12%，全区基本实现县城以上城镇医疗废物得到无害化处置，城镇生活垃圾无害化处理率达到95%。

5. 社会和谐

全面推进依法治区，加快建设法治内蒙古，不断创新社会治理体系，增强社会自我调节功能，巩固发展民族团结、社会稳定、边疆安宁的良好局面，促进社会和谐稳定。

——社会治理水平不断提升。“十三五”时期，内蒙古将进一步健全社会管理和服务体系，构建社区综合管理和服务平台，积极拓展社会公众参与公共事务渠道，增强人民群众依法参与社会管理的意识和能力，促进社会组织健康发展，发挥社会组织积极作用，进一步加强社会组织在社会服务、反映利益诉求、规范成员行为、扩大公众参与等方面效能，构建信访、调解、综治“三位一体”的社会矛盾排查化解机制，妥善解决群众合法合理诉求，社会矛盾可以得到有效、及时化解。

——法治水平进一步提高。“十三五”时期，内蒙古将紧紧围绕“建设中国特色社会主义法治体系，建设社会主义法治国家”的总目标，全面推进依法治区，加快建设法治内蒙古。同时，进一步规范司法行为，构建开放、动态、透明、便民的阳光司法机制，大力推行立案等级制度。同时，随着法律服务队伍建设不断加强，我区法律服务体系进一步完备，社会律师、公职律师、公司律师等优势互补、结构合理的律师队伍建设取得较好成效。预计2020年，每千人法院立案登记数达22件，每万人口拥有律师数3人。

“十三五”时期内蒙古转型升级指标预测

类别	指　标	2014 年	2015 年预测	2020 年	年均增长
经济发展	地区生产总值(万亿元)		1. 91	27400	7. 5
	全社会劳动生产率	133953	143330	188400	
	服务业增加值占地区生产总值比重(%)	39	40	45	8
	社会消费品零售总额(万亿元)			1. 05	11
	常住人口城镇化率(%)			65	
	互联网普及率(%)		86. 8	95	
	农畜产品加工转化率(%)		59	65	
	旅游业总收入(亿元)		2232	5661	20. 55
	居民消费率(%)	36. 4	36. 6	38. 2	
	工业企业总资产贡献率(%)	13. 2	13	17	
科技创新	科技进步贡献率(%)		42	55	
	研究与试验发展经费支出占地区生产总值比重(%)	0. 86	1	2. 2	
	人力资本投资占地区生产总值比重(%)		13	16	
	高技术产业增加值占规模以上工业总产值比重(%)	13. 4	14. 8	≥18	
	每万人口发明专利拥有量(件/万人)		1. 5	3. 3	
	规模以上工业企业新产品销售收入占主营业务收入比重	3. 5	3. 9	≥5	
	新增劳动力平均受教育年限	13	13. 3	13. 5	
	人均技术市场成交额(元/万人)	655	680	800	

续表

类别	指　标	2014 年	2015 年预测	2020 年	年均增长
民生改善	城镇居民人均可支配收入(元)			45400	8 以上
	农村居民人均可支配收入(元)			16500	9 以上
	居民消费价格指数(CPI)(%)			≤3.5	
	城镇调查失业率(%)	5	4.9	<5	
	贫困发生率(%)			<0.5	
	新增劳动力平均受教育年限(年)	13	13.3	13.5	
	城镇常住人口保障性住房覆盖率(%)		20	>25.5	
	农村安全饮水普及率(%)			100	
	城镇新增就业人数(万人)		25	25	[125]
	城乡居民基本养老保险参保率(%)			≥90	
	城乡居民基本医疗保险参保率(%)			≥95	
	每千常住人口卫生机构床位数(张)			6	
	每千名老年人机构养老床位(张)			60	
	平均预期寿命(岁)		74.8	76	
资源环境	耕地保有量(亿亩)	1.05	1.05	1.05	
	万元 GDP 用水量(立方米)		109	82	
	单位 GDP 能耗降低(%)				[16]
	单位 GDP 二氧化碳排放降低(%)				[18]
	森林覆盖率(%)		21.5	23	0.28
	森林蓄积量(亿立方米)		14.84	16	
	地级及以上城市空气质量达标率(%)		68.5	75	
	地级及以上城市细颗粒物 PM2.5 浓度下降(%)		17	>12	
	草原植被盖度(%)	43.6	44.3	>48	
	城市生活污水集中处理率(%)			90	
	城市生活垃圾无害化处理率(%)			95	
	土地产出率(元/亩)	1004	1070	1400	

续表

类别	指　标	2014 年	2015 年预测	2020 年	年均增长
社会和谐	每万人口拥有律师数(人)		2.1	3	
	每千人口法院立案登记数(件)		15.4	22	

注:2015 年地级以上城市空气质量达标率数据是根据目前按照新环境空气质量标准(AQI 指数)评价的呼和浩特市、包头市、赤峰市和鄂尔多斯市四个城市全年平均达标天数情况预计;2015 年地级及以上城市细颗粒物 PM2.5 浓度下降数据是根据 2014 年呼和浩特(自治区其他盟市 2013 年为开展 PM2.5 监测,PM2.5 年均浓度及 2015 年前三季度各盟市)PM2.5 平均浓度预计。

(三)内蒙古转型发展中需处理好的五大关系

“十三五”时期,既要完成全面建成小康社会的历史重任,又要在新常态下实现转型升级,为此,根据我区发展基础和“十三五”期间需要解决的重大问题,针对新常态带来的机遇与挑战,推动我区“十三五”转型升级需要统筹处理好以下五组重大关系。

1. 处理好经济增长与质量效益的关系

经济增长质量和增长速度,是发展过程中相辅相成、相互促进的有机整体,我区与发达地区的差距虽然表现在科技创新能力、产业结构、城镇化水平等方面,但从根本上说是经济发展方式的差距。实现经济转型发展,关键是要处理好增长速度和质量效益的关系,实现经济发展方式从规模速度型粗放增长向质量效率型集约增长转变。习近平总书记指出:不要简单以国内生产总值增长率论英雄,不是说不要经济增长,我们这么大国家、这么多人口,仍然要牢牢坚持以经济建设为中心,合理的经济增长率一定是要有的。当前,我区已进入新的发展阶段,现在的发展是为了加快全面建设小康社会、提前基本实现现代化,既要注重“量”的扩大,更要追求速度、质量、效益的统一。要全面认识持续健康发展和生产总值增长的关系,今后的发展不唯 GDP,但仍需要保持一定的发展速度,要把两者的结合点放在增长的质量和效益上,努力做到好字为先、好中求快。要坚持稳中求进工作总基调,坚持以提高经济发展质量和效益为中心,主动适应经济发展新常态,保持经济运行在合理区间,坚持不懈推动经济发展提质增效升级。

2. 处理好投资与消费的关系

投资与消费的关系是“十三五”期间必须处理好的重要关系。习近平指出:要有效发挥投资消费对经济的双重拉动作用,引导符合消费需求和产业结构调整的适度投资,积极扩大居民消费需求,改变消费增长滞后于投资增长的趋势,着力形成协调、均衡的消费投资比例关系,是做好经济工作的重要方面。长期以来,投资一直是支撑我区经济平稳快速增长的重要动力,近几年来,由于我国出口需求遇到困难,投资需求也在放缓,国家把促进经济增长的重点放在激活国内消费需求上,这对于国家层面无疑是一种正确的战略选择。在此背景下,我区在经济调控导向上也出现了扩大消费需求的声音。但我区作为区域经济,不能把一些宏观经济的理论生搬硬套。首先,“三驾马车”的理论并不完全适用于区域经济,越是微观的区域越不适用。其次,消费需求不仅取决于个体消费水平,更取决于区域人口规模。我区人口规模较小,消费需求不可能对我区经济增长起到支撑作用。再次,我区的产业结构以满足中间需求的投资品为主,面向终端需求的轻工制造业发育不足,扩大消费需求的拉动作用并不体现在我区,形不成经济增长的内生动力。此外,从我区支出法 GDP 构成看,2014 年 GDP 增长的投资贡献率为 93. 4%,消费贡献率为 40. 9%,出口贡献率为-34. 3%,投资需求每下降 1 个百分点,需要消费提高 3. 5 个百分点才能弥补。因此,调整优化需求结构,挖掘市场需求新潜力,首先要继续发挥投资对经济增长的关键作用。我区传统产业大多属于产能过剩领域,房地产整体供大于求,但在交通运输体系、能源外送通道等基础设施、战略性新兴产业和民生社会事业等方面仍有较大的投资空间,一些新技术、新产品、新业态、新商业模式的投资机会大量涌现,关键是要创新投融资方式,最大努力吸引区外资金的注入,最大限度放开对民营企业投融资限制,最大限度提供民间投资便利,着力提高投资效益。同时,要不断提高消费对经济增长的贡献度,发挥消费对经济增长的基础作用。要紧紧抓住居民消费结构升级的机遇,适应个性化、多样化消费新趋势,着力打培育养老消费、健康消费、信息消费、旅游休闲消费、文化体育教育消费、绿色消费等新的消费增长点。进一步增加城乡居民收入,健全完善社会保障体系,积极建立扩大消费需求的长效机制,促使经济增长方式由投资单轮驱动型向投资与消费双轮拉动型转变。

3. 处理好产业发展与市场的关系

在需求导向的时代大背景下，适应、满足与创造市场需求对于产业转型升级的作用日益重要，离开市场需求的转型升级肯定是低效率的。党的十八届三中全会强调了全面深化改革的核心问题是，“处理好政府与市场的关系，使市场在资源配置中起决定性作用和更好发挥政府作用”。当前我区煤炭等传统产业供给能力大幅超出需求，实现产业转型升级仍然要坚持市场导向，瞄准市场需求和产业政策，按照传统产业新型化、新兴产业规模化、支柱产业多元化的要求，着力推进产业结构优化升级。煤炭业的出路在于清洁高效利用，要适应能源需求结构变化和国家环保战略调整趋势，加快煤炭行业的转型步伐，实施清洁燃煤发电技术改造工程，建设大型清洁电力生产基地，有序发展现代煤化工，促进煤炭从燃料向燃料与原料并举转变。要围绕“绿色”做强农畜产品加工业。适应市场和消费心理变化趋势，充分发挥我区纯天然无污染优势，大力发展绿色无公害畜产品和有机农畜产品，扩大绿色农畜产品规模，加大农畜产品地理标志认定，努力打造绿色品牌，增强产业竞争力。现在我国一般工业品供应充足甚至过剩，但服务业许多领域却供不应求。要把服务业作为调整产业结构的重点，尽快把旅游、文化、物流、健康、信息等成长性好、带动力强的产业做大做强，努力补齐服务业短板，加快培育新的经济增长点。同时，要顺应现代产业发展趋势，大力发展装备制造、云计算、稀土材料、电子制造、生物制药和林沙草等产业，努力打造更多支柱产业。

4. 处理好地区增长与竞争力培育的关系

区域竞争力，是指能支撑一个区域持久生存和发展的力量，其内涵是一个区域吸取资源能力的竞争。新常态下的竞争是区域经济一体化协同发展中的竞争，比的是谁的整体优势更突出、优势产业更多、经济实力更强，其本质就是一个集约要素、整合优势的过程。我区要实现转型发展，必须寻找与传统发展模式截然不同的发展动力，从而摆脱经济发展中的市场约束和对传统资源要素的严重依赖。无论从改革开放三十多年的实践，还是世界各国发展的现实都可证明，落后国家或地区完全能够通过努力，扬长避短，后来居上的。其中，区域核心竞争力成为影响区域经济发展的重要因素。区域竞争说到底是创新的竞争。适应要素的规模驱动力减弱和资源环境承载能力已经达到或接近上限的趋势性变化，必须努力让创新成为驱动发展新引擎，促进我区经济增长从资源驱动走向创新驱动、从粗放型走向集约型的轨道。为此要继续加大科技进步和自主创新的投入，启动一批重大科技专项和重点项目，集中力量在清洁能源、现代煤化工、高端装备制造、稀土新材料等重点领域和关键环节取得突破，提高产业核心竞争力。发挥企业创新主体作用，支持大中型企业建立研发机构和技术中心，鼓励企业在进行共性技术和关键技术的研发，促进科技型中小企业发展。加强对创新型人才的开发与激励，鼓励企业采取股权奖励、技术入股、提高薪酬等多种措施吸收国内外高水平专业技术和管理人才，为创新驱动提供人才支撑。与此同时，大力推进节约资源和环境保护，推动形成绿色低碳循环发展新方式。

5. 处理好发展定位与全国分工的关系

立足全国分工是推动我区转型发展大前提，没有全局统筹就没有局部发展。讲全局，就是要把我区的发展放在全国的框架下去考量，充分借力国家各项扶持政策，让现有产业的发展方向、发展路径、发展举措符合国家产业政策，符合国家整体规划布局，符合国家重大战略的部署与落实。《关于促进内蒙古经济社会又好又快发展若干意见》站在统筹全国区域协调发展的战略高度，明确了内蒙古在全国的战略定位，即：我国北方重要的生态安全屏障，国家重要的能源基地、新型化工基地、有色金属生产加工基地和绿色农畜产品生产加工基地，我国向北开放的重要桥头堡，团结繁荣文明稳定的民族自治区，这赋予了我区在全国产业分工、生态安全、民族事业发展和边疆繁荣稳定大局中应承担的重大使命。按照全国的分工定位要求，在谋划布局转型发展时就要认真落实国家和自治区关于节能减排、生态保护、淘汰落后产能、转型升级等一系列政策规定，做到有的放矢、重点突出。在产业招商、项目建设时就不会盲目好大，视野变得开阔，有效避免低水平重复建设。有了这种全局的观念，才能对经济发展规律予以正确的理解和认识，就会对盲目铺摊子平推式增长方式加以抵制和克服。

经济发展

第四章

内蒙古促进资源型产业转型升级的路径

目前在全区上下都在谋划"十三五"发展战略的关键时期,如何认识资源型产业在我区稳增长、调结构、促改革、惠民生的中的作用,"十三五"资源型产业面临着怎样的发展环境,结合供给侧结构性改革,我区如何在多重约束下推动资源型产业转型升级,是目前亟待解决的重大理论和现实问题。

一、我区资源型产业发展的成效和问题

进入新世纪以来,我区抓住国家工业化、城镇化加速的市场机遇和国家推进西部大开发等政策机遇,通过强力实施资源开发和转化战略,经济社会发展取得了辉煌成就。

(一)资源型产业对我区经济发展的贡献

资源开发效益。从采掘业贡献看,我区采掘业产值由2002年的121.95亿元增加到2013年的5958.44亿元,年均增长42.3%。2012年采掘业占全部工业产值的比重达到峰值,为31.35%。2011年采掘业税金及附加达到120亿元,占全部工业税金及附加的54%。由全部工业行业30%的采掘业职工创造了60%的工业利润,采掘业的职工人均利润率比其他工业人均利润率高出约1倍。仅从煤炭行业的贡献看,2002年,我区煤炭产量只有1.1亿吨,销售收入和利润分别为88.5亿元和4.2亿元,占工业总销售收入的9.4%和总利润的11.4%。2012年煤炭产量达到峰值10.7亿吨,销售收入4149.75亿元,利润858亿元,占全部工业销售收入和利润的23.1%和46.3%。2002—2012

年,煤炭采掘业对工业增长的贡献率达到28.2%,对GDP增长的贡献率达到14.8%。煤炭行业累计实现税收1974亿元,对地方财政总收入的贡献达15.6%,煤炭资源开发成为富煤地区收入的主要来源。

表1　我区采掘业各主要指标占全部工业指标情况

	2002	2005	2010	2011	2012	2013
采掘业产值(亿元)	121.95	490.12	3487.52	4969.25	5703.43	5958.44
全部工业产值(亿元)	994.75	2995.59	13406.11	17317.59	18192.03	20098.35
采掘业占比(%)	12.26	16.36	26.01	28.69	31.35	29.65
采掘业税金及附加(亿元)	2.5123	10.09	85.84	120.00	112.00	107.65
全部工业税金及附加(亿元)	14.50	37.41	210.45	222.15	239.52	280.78
采掘业占比(%)	17.32	26.99	40.79	54.02	46.76	38.34
采掘业分行业职工人数	16.48	20.02	35.66	36.02	38.48	36.63
全部工业行业职工人数	78.87	83.7	125.17	123.53	129.79	127.7
采掘业占比(%)	20.9	23.92	28.49	29.16	29.65	28.68
采掘业实现利润(亿元)	6.22	96.28	774.78	1045.48	1096.93	939.8
工业利润(亿元)	37.29	235.12	1688.44	2157.72	1855.69	1841.72
采掘业占比	16.69	40.95	45.89	48.45	59.11	51.03
采掘业人均利润额	3774.272	48091.908	217268.648	290249.861	285064.969	256565.657
工业人均利润额	4728.033	28090.800	134891.747	174671.740	142976.346	144222.396
采掘业人均利润占比(%)	80	171	161	166	199%	178

资料来源:《内蒙古统计年鉴》(2003—2014)

资源转化效益。2002年以来我区电力、化工、冶金、建材四大资源型产业产值占全部工业产值的45%—53%,其中,2004年达到最大值53.21%,2013年降为46.9%,12年间的平均占比为49.66%。

表2 我区电力/化工/冶金/建材行业产值占全部工业产值情况

（单位:亿元,%）

年份	电力	化工	冶金	建材	产值合计	全部工业	占比
2002	138.23	102.85	215.19	34.47	490.73	994.75	49.33
2003	176.62	132.64	320.63	47.76	677.65	1354.45	50.03
2004	323.28	207.09	512.33	72.61	1115.32	2095.94	53.21
2005	439.90	295.89	721.69	90.35	1547.84	2995.59	51.67
2006	605.20	391.15	1009.49	124.33	2130.16	4140.05	51.45
2007	838.91	565.45	1387.24	185.21	2976.81	5812.96	51.21
2008	1088.67	870.35	2131.24	284.13	4374.40	8576.81	51.00
2009	1329.49	1103.54	2456.31	422.82	5312.17	10699.44	49.65
2010	1693.91	1428.39	2688.36	558.70	6369.36	13406.11	47.51
2011	2050.11	2020.88	3530.41	685.87	8287.27	17317.60	47.85
2012	1850.05	2100.10	3718.05	711.35	8379.55	18192.03	46.06
2013	2064.95	2584.81	3962.23	814.64	9426.63	20098.35	46.90
平均	1049.94	983.60	1887.76	336.02	4257.32	8807.01	49.66

资料来源:《内蒙古统计年鉴》(2003—2014)

从行业新增投资贡献看,2002年以来,我区电力、化工、冶金、建材四个行业新增投资占全部工业新增投资的25%—35%,平均为32.02%。受次贷危机影响,2009年开始下降,目前仍然稳定在25%左右。

表3 我区电力/化工/冶金/建材行业投资占全部工业情况

（单位:亿元,%）

年份	电力	化工	冶金	建材	合计	工业投资总计	占比
2002	7.84	11.04	17.97	4.51	41.39	96.87	42.73
2003	124.36	8.58	47.58	4.21	184.74	528.97	34.93
2004	95.72	40.16	23.80	12.59	172.27	537.69	32.04
2005	170.69	32.06	56.90	19.17	278.82	1113.02	25.05
2006	307.34	93.83	123.71	61.86	586.75	1924.41	30.49
2007	613.56	135.60	150.85	71.72	971.74	2814.51	34.53

续表

年份	电力	化工	冶金	建材	合计	工业投资总计	占比
2008	667.88	143.50	150.94	72.78	1035.10	3059.26	33.84
2009	739.52	351.94	238.46	145.47	1475.39	4273.07	34.53
2010	863.34	339.87	426.66	161.57	1791.44	5333.43	33.59
2011	1181.86	416.44	351.57	214.06	2163.94	7084.56	30.54
2012	921.40	393.82	546.37	241.79	2103.38	8111.75	25.93
2013	989.29	631.15	565.46	274.46	2460.37	9462.83	26.00
平均	556.90	216.50	225.02	107.02	1105.44	3695.03	32.02

资料来源:《内蒙古统计年鉴》(2003—2014)

从工业税金及附加来看,除个别年份外,2002年以来,我区电力、化工、冶金、建材行业税金及附加占全部工业税金及附加的25%—40%,平均为33.84%。

表4 我区电力/化工/冶金/建材行业税金及附加占全部工业情况

(单位:亿元,%)

年份	电力	化工	冶金	建材	合计	全部工业	占比
2002	1.48	1.86	1.09	0.26	4.69	14.50	32.35
2003	1.86	2.25	1.75	0.32	6.18	17.94	34.44
2004	2.19	3.96	2.69	1.08	9.92	27.35	36.28
2005	3.66	3.17	3.17	0.60	10.61	37.41	28.36
2006	5.42	3.70	5.19	1.15	15.46	56.54	27.35
2007	7.40	7.65	22.41	2.21	39.67	95.50	41.54
2008	5.87	10.32	18.78	3.41	38.39	123.64	31.05
2009	7.41	56.06	17.34	3.38	84.18	156.48	53.80
2010	9.99	22.76	30.04	3.92	66.72	210.45	31.71
2011	9.97	23.58	20.83	3.80	58.19	222.15	26.19
2012	11.66	22.64	23.69	5.58	63.55	239.52	26.53
2013	10.34	60.53	25.11	6.46	102.45	280.78	36.49
平均	6.44	18.21	14.34	2.68	41.67	123.52	33.84

资料来源:《内蒙古统计年鉴》(2003—2014)

从行业职工人数占比来看，2002年以来，我区电力、化工、冶金、建材四个行业职工人数占全部工业职工人数的37%—47%，大部分年份在42%左右，平均为43.19%。

表5　我区电力/化工/冶金/建材行业职工人数占全部工业情况

（单位：万人，%）

年份	能源	化工	冶金	建材	合计	全部工业	占比
2002	8.4	6.26	11.13	3.81	29.6	78.87	37.53
2003	8.46	6.55	11.69	3.92	30.62	72.15	42.44
2004	8.83	8.09	13.83	4.66	35.41	81.44	43.48
2005	8.73	9.01	13.76	4.76	36.26	83.7	43.32
2006	9.58	8.9	15.66	4.85	38.99	90.72	42.98
2007	9.1	10.16	15.9	5.32	40.48	93.28	43.40
2008	10.05	11.32	16.81	6	44.18	104.58	42.25
2009	11.33	11.48	18.08	6.25	47.14	110.4	42.70
2010	12.81	14.41	19.12	7.06	53.4	125.17	42.66
2011	12.52	15.21	19.15	6.69	53.57	123.53	43.37
2012	13.33	16.12	23.32	7.73	60.5	129.79	46.61
2013	14.24	16.8	23.02	6.71	60.77	127.7	47.59
平均	10.62	11.19	16.79	5.65	44.24	101.78	43.19

资料来源：《内蒙古统计年鉴》（2003—2014）

从工业利润来看，2002年以来，我区电力、化工、冶金、建材四个行业利润占全部工业利润的26%—43%，平均为34.77%。其中：电力、化工、冶金三个行业的利润在2011年达到峰值，之后逐年下降，但仍高于平均值60%—130%。

表 6　我区电力/化工/冶金/建材行业利润占全部工业情况

(单位:万元,%)

年份	电力	化工	冶金	建材	利润合计	全部工业	占比
2002	1.26	2.64	6.21	1.54	11.64	37.29	31.22
2003	5.91	4.4	13.85	2.9	27.06	64.97	41.65
2004	19.65	9.67	21.23	6.6	57.16	142.19	40.2
2005	41.82	13.06	23.47	6.1	84.44	235.13	35.91
2006	58.07	14.66	49.32	6.94	128.99	348.69	36.99
2007	105.3	32.47	122.63	17.31	277.71	641.99	43.26
2008	41.44	62.37	87.23	21.44	212.49	771.44	27.54
2009	157.45	51.87	61.09	33.88	304.29	988.17	30.79
2010	245.44	118.15	196.34	48.7	608.64	1688.44	36.05
2011	371.63	170.35	229.13	54.26	825.37	2157.72	38.25
2012	153.42	110.04	187.24	44.84	495.53	1855.69	26.7
2013	183.27	129.47	156.49	59.03	528.25	1841.73	28.68
平均	115.39	59.93	96.19	25.30	296.80	897.79	34.77

资料来源:《内蒙古统计年鉴》(2003—2014)

综合以上分析看出,2002 年以来,我区电力、化工、冶金、建材四个行业以占全部工业 32.02%的新增投资、43.19%的职工人数创造了占全部工业 34.77%的利润、33.84%的税金及 49.66%的产值,这四个行业的投资利润率、人均产值均高于全部工业平均水平,对自治区经济增长、财税、就业、投资等方面均做出了重要贡献。

表 7　我区电力/化工/冶金/建材行业合计直接效益评价

(单位:万元,%)

平均数	单位	电力	化工	冶金	建材	合计	全部工业	占比(%)
产　值	亿元	1049.94	983.60	1887.76	336.02	4257.32	8807.01	49.66
新增投资	亿元	556.90	216.50	225.02	107.02	1105.44	3695.03	32.02
税金及附加	亿元	6.44	18.21	14.34	2.68	41.67	123.52	33.84
职工人数	万人	10.62	11.19	16.79	5.65	44.24	101.78	43.19
利　润	万元	115.39	59.93	96.19	25.30	296.80	897.79	34.77

资料来源:《内蒙古统计年鉴》(2003—2014)。

资源杠杆效益。2004 年以来，自治区政府出台了一系列政策意见，《关于加快发展能源重化工产业进一步推进煤炭资源优化配置的意见》（内政字〔2004〕281 号），《关于进一步完善煤炭资源管理的意见》（内政发〔2009〕50 号）明确提出，煤炭就地转化率要达到 50%。2011 年《煤炭兼并重组工作方案》，要求新上煤炭生产项目必须同步建设转化项目，以及高新技术、装备制造等配套项目。煤炭转化项目原煤就地转化率必须达到 50% 以上。从实际执行效果看，一是引进了大量国内（区外）资金落户内蒙古。二是主要矿产资源就地转化率提高，产品附加值提高，国网能源研究院研究表明，输煤、输电两种能源输送方式对当地 GDP 的贡献比约为 1∶6，就业拉动效应比大约为 1∶2。三是通过实施资源换产业，带动了其他产业落户内蒙古，如鄂尔多斯奇瑞汽车、华泰汽车等装备制造业项目的引进。四是便于综合利用资源，减少环境污染，提升综合效益。例如加大煤炭就地转化率，可最大限度地对煤矸石、低热值煤、劣质高硫煤集中循环利用，减少污染排放。国家电网数据显示，2020 年如果“三西”（山西、陕西、内蒙古西部）地区输煤输电比例由目前的 20∶1 优化到 4∶1，可减少向中东部输煤 5.5 亿吨，二氧化硫减排 62 万吨，每年减少环境损失 80 亿元。

（二）我区资源型产业发展中存在的突出问题

资源环境代价大。一是单位 GDP 的能耗水平较高，相对充裕的能源供应导致单位 GDP 能耗较高。2002—2013 年，内蒙古用占全国 3.2%—6% 的能源创造了 1.6%—3% 的 GDP，万元 GDP 能耗相当于全国平均水平的 1.7—2 倍。

二是污染物排放显著高于全国平均水平。2013 年，内蒙古亿元工业增加值的废气污染物排放量为 447.91 吨、固体废物未利用量达到 12709 吨、危险物未利用量 73.45 吨，分别比全国平均水平高出 116%、179% 和 35%，在全国各省市自治区中居于第 25 位、第 25 位和第 28 位，与其当年 GDP 总量处于全国第 15 位，人均 GDP 达 10915 美元的经济发展水平极不相称。

富民效应较弱。《中国经济周刊》旗下的智囊机构中国经济研究院，通过统计全国 31 个省份公布的经济数据，以“人均可支配收入”除以“人均 GDP”为公式，每年计算全国各个省区所谓的“GDP 含金量”并排名，我区一直排在

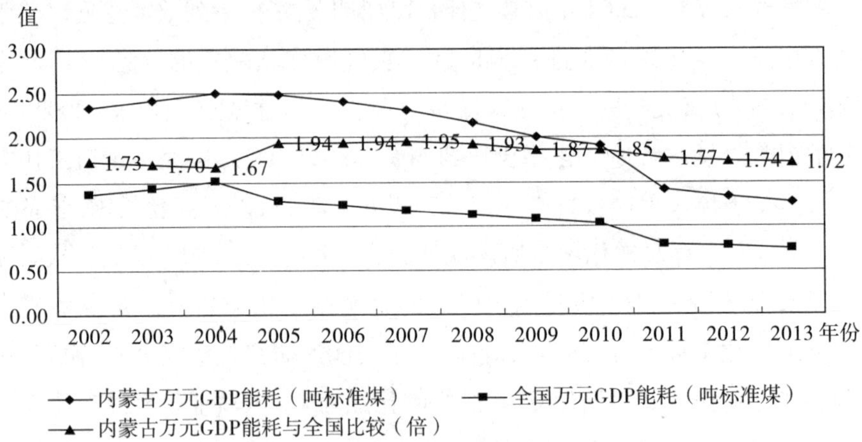

图 1　2002—2013 年内蒙古万元 GDP 能耗与全国比较图

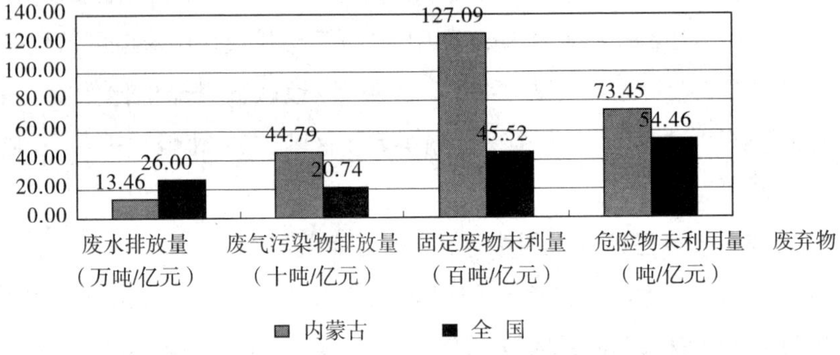

图 2　2013 年内蒙古亿元工业增加值的环境影响及其与全国比较

倒数一、二名的位置。2014 年,我区人均 GDP 达到全国平均水平的 1. 53 倍,但城镇居民人均可支配收入仍低于全国平均水平 3384. 3 元,农牧民人均纯收入低于全国平均水平 1296 元,与全国平均水平的差距进一步扩大。究其原因,主要表现在:一是资源型产业带动就业、创业能力低,存在着资本和技术替代劳动现象。二是分配机制上存在问题。据有关专家测算,2010 年我区非国有资本从采矿业中获取净收益 466. 3 亿元,国有资本收益 163 亿元,中央财政收入 388. 6 亿元,地方财政收入 218. 9 亿元,劳动者报酬仅为 48. 1 亿元。资本收益与劳动报酬比为 13 : 1,政府收益与劳动报酬比为 12. 6 : 1。三是央企主导的资源开发模式导致利益外流。从资源型产业的投资结构看,央企占煤炭产能的44.2%;火电90%,风电93%,太阳能发电79%;煤制油88.6%,煤制烯烃100%,煤制气71.4%,煤制尿素34.7%,现有税收体制导致地方税收少,使地方政府无法弥补为央企提供公共产品和服务、承担的污染物治理与生态保护成本。

表8　2009—2013年我国31个省区市的GDP含金量排名

年份	31个省份排序
2009	上海、北京、海南、黑龙江、浙江、安徽、江西、西藏、广东、重庆、贵州、广西、云南、湖南、吉林、福建、湖北、四川、山西、甘肃、辽宁、天津、宁夏、江苏、陕西、青海、河北、河南、山东、新疆、内蒙古
2010	上海、北京、安徽、贵州、广西、海南、江西、云南、重庆、浙江、广东、黑龙江、福建、四川、湖南、天津、吉林、湖北、山西、宁夏、辽宁、甘肃、江苏、河南、河北、陕西、山东、青海、新疆、西藏、内蒙古
2011	上海、北京、广东、浙江、贵州、海南、云南、安徽、江西、重庆、福建、黑龙江、广西、四川、天津、湖南、湖北、山西、辽宁、吉林、江苏、甘肃、宁夏、河南、山东、河北、陕西、青海、新疆、内蒙古、西藏
2012	上海、北京、广东、浙江、海南、江西、云南、安徽、重庆、贵州、黑龙江、福建、广西、宁夏、山西、湖南、四川、湖北、江苏、甘肃、辽宁、天津、河北、河南、吉林、山东、陕西、青海、新疆、内蒙古、西藏
2013	上海、北京、广东、浙江、云南、江西、安徽、海南、重庆、山西、福建、黑龙江、广西、贵州、四川、湖南、湖北、江苏、天津、辽宁、河南、甘肃、河北、宁夏、吉林、山东、陕西、青海、新疆、内蒙古、西藏

创新抑制和挤出效应。主要体现在资源采掘业高速扩张阶段的暴利使企业丧失从事创新活动的动力,最终导致企业的R&D支出普遍比较低,科技型服务业占比较低。2013年内蒙古规模以上工业企业R&D人员全时当量和R&D经费相当于全国平均水平的34%和37%,仅相当于水平最高的江苏省的7%和8%;其R&D项目数相当于全国平均水平的20%,相当于江苏省的4%;有效专利数分别相当于全国平均及江苏省的13%和3%。

表 9　2013 年内蒙古规模以上工业企业 R&D 活动及专利情况比较

地　区	R&D 人员全时当量(人年)	R&D 经费(万元)	R&D 项目数(项)	专利申请数		有效专利数(件)
				(件)	#发明专利	
全　国	2493958	83184005	322567	560918	205146	335401
北　京	58036	2130618	10037	19210	9240	16402
天　津	68175	3000377	12904	16302	6446	10191
内蒙古	26990	1004406	2133	2062	981	1444
上　海	92136	4047800	13441	25738	11377	20140
江　苏	393942	12395745	48530	93518	33090	52718
浙　江	263507	6843562	42158	77067	15036	22578
全国平均	80450	2683355	10405	18094	6618	10819
内蒙古/全国平均	34%	37%	20%	11%	15%	13%
内蒙古/江苏	7%	8%	4%	2%	3%	3%

资料来源:《中国统计年鉴 2014》

与西部欠发达地区比,我区的科技活动情况也不及陕西、重庆、四川。其科技活动投入和产出、高新技术产业化水平均处于全国后 1/3。

表 10　内蒙古科技情况与西部省区对比及在全国的排名

2011 年	科技进步环境排序	科技活动投入排序	科技活动产出排序	高新技术产业化排序	科技促进社会经济发展排序	总排名
陕　西	5	8	5	13	18	7
重　庆	10	13	7	8	24	13
四　川	22	17	16	9	23	15
甘　肃	21	18	11	28	25	17
内蒙古	9	22	28	24	10	18
青　海	14	25	9	27	29	22
新　疆	15	26	14	29	22	23
宁　夏	18	24	21	31	26	27
广　西	27	27	26	20	19	28
云　南	29	29	22	22	27	29
贵　州	31	28	23	19	30	30
西　藏	30	31	31	17	31	31

二、总体判断

（一）自然资源对我区是“蛋糕”而绝非“诅咒”。马克思在说明人类社会发展规律时，就曾引用威廉·配第的名言“劳动是财富之父，土地是财富之母”。在经济全球化的今天，发达国家和超级大国从来没有放松对世界各地重要战略资源的争夺。美、日、韩等国建立石油、稀有金属等重要战略资源储备制度，确保本国在全球范围内获得持续、稳定和价格合理的资源供应。

（二）资源型产业仍是我区“十三五”经济发展主角。从供给端看，我区工业仍以资源型产业为主导。2014 年资源型产业实现产值占规模以上工业总产值的 76%，实现税金及附加所占比重达到 80%，利润所占比重达到 88%，行业从业人员所占比重达到 76%。因此，我区必须把资源型优势产业的做大做强放在更加突出的位置，力争把煤炭、电力、化工、有色等产业做成在全国同行业具有规模、技术、成本等多种竞争优势的超级产业，发挥好资源型产业对我区经济增长的支撑作用。从需求端看，短期内投资对经济的拉动作用不可替代。首先，消费需求不仅取决于个体消费水平，更取决于区域人口规模，我区人口规模较小，消费需求不可能对经济增长起到支撑作用。其次，我区产业结构以满足中间需求的投资品为主，面向终端需求的轻工制造业发育不足，形不成经济增长的内生动力。一般规律而言，投资需求每下降 1 个百分点，需要消费提高 3.5 个百分点才能弥补。因此，必须在扩大消费需求的同时，继续坚持投资主导的方针，千方百计得保持较高的投资规模和速度。

三、资源型产业发展环境分析

（一）不利因素

资源型产品需求总量增速放缓不可避免。主要表现在：一是世界经济整体不景气，复苏缓慢。国际出口需求弱传导到国内，直接影响了国内相应的生产，削弱了对上游产品包括电力、原材料等需求。国内经济进入新常态，尤其房地产市场的持续低迷，产能过剩再加上需求不足，使得我国经济增速大幅放缓。房地产前景短期内不会好转,房地产上游的钢材、水泥、玻璃、建材等产业受到冲击,由于下游需求的不足,导致“十三五”期间增长速度大幅降低。

替代性产业发展会进一步加剧市场供求矛盾。一是美国对页岩油气资源的开采,导致其原油产量出现爆发式的增长,从而让国际原油供应市场出现过剩,导致石油价格持续下跌。作为原料,煤炭与石油的交集主要集中在新型煤化工与石油化工领域。煤化工经济效益取决于其产品与石油化工产品的竞争,据测算在每桶100美元的原油价格体系下,煤制烯烃、煤制油、煤制乙二醇等煤化工产品均有较好的经济效益。而目前国际油价降至每桶69美元,煤化工盈利空间急剧缩小,以煤制油为例,在煤价为每吨400元的条件下,油价在每桶80美元时,间接煤制油仍会有一定的盈利,但当油价下降到每桶60美元时,盈利就很困难了。在油价持续下跌的大背景下,煤化工行业价格优势正逐渐消失,产业生存面临困难,势必会导致煤化工产业的煤炭消费量增幅减小。二是能源进口。我国已与俄罗斯签署了东、西线供气协议,中亚A、B、C三线、中缅天然气管道、中俄原油管道等已建成,中亚D线输气管道在建,会对我区以煤炭为主的产业经济形成冲击。三是煤炭进口。煤炭进口量的持续增加对我国煤炭市场造成较大冲击。据海关统计,2013年全国累计进口煤炭3.27亿吨,同比增长高达13.4%,远超国内煤炭市场需求增速。由于进口煤炭主要集中在我国用煤较多的经济发达地区,因此对国内煤炭价格冲击十分明显。四是替代能源发展迅速。近年来,在政策的支持下,水电、核电、气电、风能和太阳能等替代能源发展迅速。2014年末,燃气发电装机容量5567万千瓦,核电装机容量1988万千瓦。在电力需求整体增长放缓的背景下,气电和核电装机容量加快必将使得燃煤发电受到压制,进而抑制部分煤炭需求。

面临环境政策和产业政策双的挤压。随着生态文明建设成为硬约束,产业政策严格控制产能过剩,“两高一资”的资源型产业必然会受到限制。一是环境政策。面对资源约束趋紧、环境污染严重、生态系统退化的严峻形势,国家不断加大生态文明建设的推进力度,先后设定了生态保护、水资源管理等多条红线,并将能源发展放在生态建设的框架内,把生态环境、水资源承载能力作为能源发展的重要限制条件,能源经济发展硬约束不断强化。例如,面对由煤炭过度消耗引起的雾霾,国家出台《大气污染治理行动计划》明确规定到

2017年煤炭占能源消耗总量比重降到65%以下，京津冀、长三角、珠三角等区域力争实现煤炭消费总量负增长，煤炭需求空间将进一步压缩。二是产业政策。工信部2011年印发《关于做好当前工业领域电力需求侧管理工作的紧急通知》要求：坚决抑制高电耗产业过快增长，限制产能过剩行业的用电需求，发挥差别电价政策在淘汰落后产能中的作用，促进电力资源向国家鼓励类产业和企业配置。2013年10月，国务院下发了《关于化解产能严重过剩矛盾的指导意见》，明确要求各地积极有效地化解钢铁、水泥、电解铝、平板玻璃、船舶等行业产能严重过剩矛盾。按照"消化一批、转移一批、整合一批、淘汰一批"的原则分业实施。要求各地从行业准入、环保约束、项目用地、信贷管理、水价电价、财税支持、职工安置和监督检查等方面采取具体措施，促进产业转型升级。

周边地区的同质化竞争更加激烈。与内蒙古相邻的周边省市如陕西、山西、宁夏等地区，大多是资源大省，属于自然资源比较富集的地区、欠发达地区，产业结构、产品结构相近，享受国家的政策也基本相同。面临着相似的发展环境和共性的发展条件，都想通过资源获得发展，产业趋同带来了一定竞争压力。这些地方蕴藏了全国82%的煤炭资源、72%的石油资源、60%的天然气资源、50%以上的煤层气资源，蕴藏的铁铜铅锌资源分别占全国的67%、40%、55%和49%。汇聚了山西、鄂尔多斯盆地、蒙东、新疆四大国家综合能源基地。内蒙古必须在对其综合优势进行具体分析的基础上确定绝对或相对优势，进行优势转换，才能在同质化竞争中脱颖而出。

表11　内蒙古及其周边省区主要能源矿产资源储量（2013年）

地　区	煤炭（亿吨）	石油（万吨）	天然气（亿立方米）	铁矿（矿石，亿吨）	铜矿（铜，万吨）	铅矿（铅，万吨）	锌矿（锌，万吨）
全　国	2362.90	336732.81	46428.84	199.17	2751.52	1577.91	3766.18
河　北	39.41	26685.34	325.86	23.97	13.49	22.80	76.36
山　西	906.80			12.70	158.23	0.46	0.17
内蒙古	460.10	8339.35	8042.54	20.99	400.27	508.02	962.32
辽　宁	28.33	16411.23	169.46	56.25	30.22	10.43	44.83
吉　林	10.03	18326.64	756.35	4.52	19.67	13.65	19.12

续表

地区	煤炭（亿吨）	石油（万吨）	天然气（亿立方米）	铁矿（矿石，亿吨）	铜矿（铜，万吨）	铅矿（铅，万吨）	锌矿（锌，万吨）
黑龙江	61.38	47311.25	1353.93	0.35	110.63	6.37	24.24
河南	89.55	5037.37	72.09	1.41	11.14	57.80	47.52
陕西	104.38	33712.64	6231.14	3.99	19.45	30.65	73.20
甘肃	32.69	21150.01	241.28	3.71	152.65	77.55	313.66
青海	12.17	6284.94	1511.79	0.03	25.63	55.96	115.51
宁夏	38.47	2313.96	294.40				
新疆	156.53	58393.63	9053.88	4.56	168.20	81.01	167.98
12省区合计	1939.84	243966.36	28052.72	132.48	1109.58	864.70	1844.91
占全国比重	82%	72%	60%	67%	40%	55%	49%

表12　内蒙古及其周边主要工业产品产量比较（2013年）

地区	原油（万吨）	天然气（亿立方米）	焦炭（万吨）	生铁（万吨）	粗钢（万吨）	钢材（万吨）	发电量（亿千瓦小时）
全国	20946.9	1170.5	47932.0	70897.0	77904.1	106762.2	53975.9
河北	591.0	15.6	6395.8	17027.6	18849.6	22861.6	2499.4
山西		31.6	9076.8	4303.2	4519.6	4486.2	2627.9
内蒙古		0.2	3114.9	1367.2	1978.6	1797.7	3520.7
辽宁	1001.0	7.6	2147.1	5698.0	5972.9	6863.0	1544.3
吉林	620.3	23.7	488.6	1116.2	1245.4	1510.1	769.5
黑龙江	4001.0	35.0	815.2	716.3	740.2	631.0	834.0
河南	476.5	4.9	2706.7	2551.9	2736.0	4255.2	2861.8
陕西	3688.0	371.6	3443.9	882.5	916.9	1565.2	1508.7
甘肃	72.8	0.2	458.2	897.5	953.9	1021.6	1195.0
青海	214.5	68.1	252.5	135.1	147.6	130.8	600.3
宁夏	6.1		732.3	123.0	32.2	149.8	1096.5
新疆	2792.5	282.9	2010.8	1370.7	1176.9	1395.3	1611.7
12省区合计	13463.7	841.3	31642.9	36189.2	39269.8	46667.5	20669.8
占全国比重	64%	72%	66%	51%	50%	44%	38%

（二）有利条件

一是资源型产品市场结构性变化孕育许多新机会。伴随着房地产行业的持续疲软，过去主要用于基础设施建设的建材、钢材等行业近年来整体下行态势明显，产能过剩问题日趋严重。但是将来随着技术水平的提高，产业结构调整的不断推进，下游行业会逐步转为产品制造。一些高端设备制造、高性能材料、合金材料、复合材料、功能材料等特殊材料需求的产品市场需求会不降反升。像绿色新型建材如钢化玻璃、夹层玻璃和镀膜玻璃等，高铁建设所需的特种钢等钢铁品种需求将不断上升。能源需求方面，由于我国中东部地区人口密集、生态环境敏感，燃煤发电的传统能源利用方式在当前资源环境约束加剧条件下受到限制，而天然气、煤制油、煤制气等清洁能源具有绿色环保、经济实惠、安全可靠等诸多优点，地方政府从治理环境角度出发，出台很多相应的政策，支持天然气等清洁能源的使用，以气代煤，虽然直接燃煤比例会下降，但天然气、煤制气等清洁能源的需求会逐步提升。根据市场结构的变化，虽然资源型产品需求总量会下降，但个别产品的需求会上升，规模会增长，孕育着新的发展机遇。

二是"一带一路"战略和国际产能合作有利于化解产能过剩。"一带一路"战略的提出，有利于我国与周边国家加强产能合作，通过扩大外需来化解国内产能过剩的窘境。"一带一路"周边大部分国家近年经济增长放缓，一定程度上受制于硬件设施，这些国家的基础建设相对落后。而与此相对照，中国在基础设施建设领域经验丰富，部分领域甚至存在产能过剩。不少基建相关行业均处于明显的产能过剩状态，钢铁、水泥、电解铝、玻璃和船舶等行业的产能利用率均在80%以下。这些产能一方面需要限产减产，另一方面可以通过增加需求的方式来解决，国内基建是解决产能过剩的途径之一，另一种扩大需求的方式便是扩展海外市场。中国传统的出口国美欧日并不适合这样的基建输出，"一带一路"的周边发展中国家则更符合这方面的需求，通过"一带一路"来开辟新的贸易出口市场是很好的抓手。同时，"京津冀协同发展"也为化解产能过剩带来了机会，为我区产业结构优化升级带来机遇。《京津冀协同发展规划纲要》提出：到2030年，京津冀将成为引领和支撑全国经济发展的重要增长点，成为具有国际竞争力和影响力的重要区域。据财政部测算，京津冀一体化未来6年需要投入42万亿元，这将给房地产、建材、交运、环保等方面带来确定性投资机会。逐步落实融入“京津冀”，有利于消化过剩产能，承接发达地区的产业转移，引进先进的技术和管理经验，培育新的经济增长点，将为处于改革深水区的内蒙古经济带来强劲的增长动力。

三是我国能源结构和区域经济格局变迁总体于我有利。能源结构和区域经济格局的变迁总体上对我区资源型产业的发展是有利的。一是能源供给结构的变化和能源区域格局的西移北上。尽管我国能源供给结构发生变化，但能源区域格局短期内难以改变。由于东南沿海地区环境不适合资源型产业的发展，国家深入实施西部大开发战略，大力支持资源型产业在资源富集地区和能源富集区发展，鼓励东部地区和外资项目向中西部地区转移，能源资源开发重大项目优先在西部地区布局。随着多年高强度开采，山西煤炭资源越来越难，河北、东北等老煤炭产区，煤炭资源面临枯竭，煤炭供应基地重心正在向我区的鄂尔多斯能源盆地及蒙东地区转移。二是，我区毗邻蒙俄，有资源接续的优势。蒙俄两国与我区相邻地区资源丰富，尤其是能矿资源。随着西部大开发的纵深推进，以及俄远东地区的开发和蒙古国矿业兴国战略的实施，都为我区与蒙俄在能矿资源产业方面的合作发展创造了巨大的潜力空间，我区必将成为我国与蒙俄能矿产业合作的主阵地，蒙古和俄罗斯也将成为我区乃至全国走出去合作开发境外煤炭和其他矿产资源的重点区域，成为保障我国工业化城镇化进程的重要能矿资源接续基地。

四是技术进步有助于解决目前资源型产业的环境难题。随着现代科技的进步，资源型产业无论是采掘加工，还是节能环保的技术水平都在不断提高。比如煤炭的清洁高效利用技术，不仅涵盖了国际上热门的碳捕捉及储存技术，而且包括煤电机组效率提升、现代煤化工、煤炭预处理技术以及煤炭多联产技术等；智能化、信息化、定制化的钢铁制造技术，高性能、低成本、高质量、近终型的钢铁材料加工技术，实现了资源、环境的友好以及高端特殊性能产品的加工制造；低碳、高效、兼容接入、灵活互动的智能电网技术的进步，将实现智能输配电、智能终端消费、可再生能源发电、智能互动电力消费等，会对我们的能源格局的调整和发展形成革命性的突破。在技术的不断进步下，我们面临的难题也将得到逐步解决。如节能与储能技术，电力、建材、石化等工业过程中的工艺节能、高效组合式建筑节能、余热余能回收利用等关键技术。新能源汽车动力电池研发技术，废旧锂电池的回收利用技术等。这些技术的突破，将会使资源型产业所面临的环境难题得到有效解决，会给产业发展带来新的机遇。

五是一些独特优势可以强化我区在市场竞争中的地位。一是政策优势。我区政策优势密集，既有国务院21号文《关于促进内蒙古自治区经济社会又好又快发展若干意见》，又有西部大开发战略和东北振兴的双重政策的支持。在这些政策的指导下，对我区实行差别化的产业政策，优先在我区布局具有比较优势的资源重点项目，并在节能减排、电价改革、财税政策、土地利用等方面给予差别化支持。二是产业基础方面的优势。我区经过多年的开发建设，已经形成了包括煤炭、电力、石油和天然气工业在内的较为完整的能源工业体系。近几年，内蒙古在煤炭和电力工业选择了大型化和集约化的发展模式，使能源工业具有了技术设备先进、规模效益明显、成本竞争能力强的特点，在规模和技术水平方面为加快能源产业的发展建立了良好的条件。在煤化工方面，我区形成了煤制油、煤制烯烃、煤制乙二醇、煤制二甲醚、煤制甲烷气等五大煤化工示范工程。有较好的产业基础，并形成了相应的研发技术体系，具有先入为主的优势。三是有实施低成本竞争的优势。从开发成本上看，每千瓦小时发电成本比全国平均水平低0.15元左右，煤制气生产成本在全国更具有明显的竞争优势。蒙西的独立电网、霍林河的循环经济微电网试点、电力体制的改革、电力多边交易等都有利于发挥电力富余的优势，保持低成本竞争。四是低碳优势。我区不仅是碳源大区、碳汇大区，同时还是减碳潜力大区。近年来，我区抓住碳减排、碳吸收、碳利用“三碳”环节和低碳技术研发，推进了低碳经济的发展。同时我区利用丰富的风能、太阳能等资源优势，大力发展风电、太阳能发电等新能源产业，积极实现高碳产业低碳化发展。

从总体看，我区资源型产业的发展有困难，但更有机遇，在“十三五”期间要充分发挥自身资源优势，利用现有的产业基础和部分领域先进的技术，推进改革创新，释放内需潜力、创新动力和市场活力，积极出台各种政策支持资源型产业在困境中坚守，在转型中突破，在浴火中重生，力争实现“弯道超车”和跨越式发展。

四、资源型产业转型升级方向和路径

经济发展进入新常态，我区资源型产业所面临的发展环境和内在动力正在发生深刻变化，传统的发展道路已难以为继，加快转型升级势在必行、刻不容缓。我区要牢牢把握新常态所蕴含的新机遇，加大供给侧结构性改革，以智能化、柔性化、绿色化、规模化为资源型产业转型升级的方向，以做“大、长、虚、聚、融、加”为主攻方向，大力推进资源型产业转型升级，实现经济平稳增长。

（一）资源型产业转型升级方向

智能化。智能工业是先进工业的重要内容。随着物联网、云计算等新一代信息技术的快速发展，智能化正成为两化深度融合的主攻方向，大力发展智能化生产将成为我区资源型产业突破发展瓶颈、实现转型升级的重要途径。需从以下几个方面努力：一是在产业战略层面，要全面建立两化融合管理体系，促进工业互联网、云计算、大数据在研发设计、生产制造、经营管理、销售服务等全流程和全产业链的综合集成应用，最终实现全产业链整体智能化、互联网化。二是在信息系统建设方面，要积极建立基于互联网+信息通信技术、先进智能制造技术、工业软件、加工设备和测控装置为一体的产业信息物理系统。在重点领域推进制造过程智能化，加快产品全生命周期管理、客户关系管理、供应链管理系统的推广应用，促进集团管控、设计与制造、产供销一体、业务和财务衔接等关键环节集成，实现智能管控。加快危险化学品、稀土等重点行业智能检测监管体系建设，提高智能化水平。三是在研发方面，要探索运用互联网、移动互联网、3D 显示、移动 O2O 等打造用户聚合平台，收集用户个性化需求，实现全球各方设计研发者之间的协同共享，通过众包设计研发及云制造降低创新成本。四是在生产模式方面，应用信息技术使不同环节的企业间实现信息共享，能够在全球范围内迅速发现和动态调整合作对象，整合企业间的优势资源，在研发、制造、物流、服务等各产业链环节实现全球分散化生产。五是要加快发展智能化装备和产品。组织研发具有深度感知、智慧决策、自动执行功能的高档数控机床、工业机器人、增材制造装备等智能制造装备以及智能化生产线，突破新型传感器、智能测量仪表、工业控制系统、伺服电机及驱动器和减速器等智能核心装置，推进工程化和产业化。

柔性化。柔性化生产是指按照成本效益原则，以顾客为中心，不断响应市场需求变化，以“及时”的方式，对产品的品种与产量做出快速而灵活的调整，以实现优质、高效、低耗、清洁、灵活的生产，从而取得理想的经济社会效益。柔性化生产是产业发展的新形态、新趋势，可以从技术创新、组织创新和模式创新等维度来理解。其一，技术进步是柔性生产发展的关键。以互联网为代表的信息技术革命为制造业注入了新的生命力。数控机床、计算机辅助设计、计算机数控、计算机辅助制造、计算机集成制造、敏捷制造等技术的出现，制造业正沿着一条信息化程度不断深化的路径快速发展，目前已经发展到借助计算机仿真技术的虚拟制造和借助人工智能的智能制造阶段。其二，组织方式创新是柔性生产的灵魂。近年来，市场需求的多样化迫使工业制造向多品种、小批量、缩短生产周期方向演进，刚性制造模式逐渐被柔性制造模式所替代，与之对应的生产组织也由金字塔式的科层管理向扁平化、矩阵式管理的方向演变。比如，日本丰田公司精益生产方式的产品开发与生产均以销售为起点，按订货合同组织多品种小批量生产，在生产组织上把工人组成作业小组，不仅完成生产任务，而且参加企业管理。美国一些大企业实施的敏捷制造，采取快速响应的组织方式，利用企业网实现企业内部工作小组之间的交流和并行工作，利用互联网实现异地设计和制造，及时满足消费者高质量、高性能产品和服务的要求。其三，模式创新是柔性生产的集中体现。随着生产效率的大幅度提高和产品的极大丰富，工业制成品的市场竞争越来越激烈，如何更好、更快地满足消费者的个性化需求成为生产模式创新的重要因素。美国波音、通用电气等企业采取的并行工程强调并行地进行产品及其相关过程的协同设计开发，缩短产品开发周期。德国大众公司实施的模块化生产方式，把大规模制造的成本优势和满足消费者个性化需求的定制化结合起来，实现了大规模定制化生产，在满足消费者更加个性化需求的同时，大大加快了对需求的响应时间。

绿色化。就是要构建科技含量高、资源消耗低、环境污染少的产业结构和生产方式，大幅提高经济绿色化程度，加快发展绿色产业，形成经济社会发展新的增长点。这是资源型产业转型的必然要求,也是新常态下保持我区经济持续健康发展的必然选择。加快推动生产方式“绿色化”。一要秉持“绿水青山就是金山银山”的理念,围绕建设节约型社会的目标,把绿色发展、循环发展、低碳发展作为企业可持续发展的基本途径。加快淘汰落后产能,实现产业绿色改造升级。全面推进钢铁、有色、化工、建材等传统产业绿色改造,大力研发推广余热余压回收、水循环利用、重金属污染减量化、废渣资源化、脱硫脱硝除尘等绿色工艺技术装备,加快实现绿色生产。二要建立系统完整的制度体系,破解阻碍“绿色化”生产的体制机制障碍。支持企业开发绿色产品,推行生态设计,提升产品节能环保低碳水平,引导绿色生产和绿色消费。建立碳交易机制,让企业在节能减排中获取更多的利益,激励更多的企业参与其中,获得持久的“绿色化”动力。三要依靠科技。目前,科技滞后是制约生产方式“绿色化”的主要瓶颈,必须整合现有的绿色技术创新要素,建立面向人才、研发、产品、市场的支撑体系,支持共性和关键技术的研究开发,支持企业强化技术创新和管理,增强绿色精益制造能力,大幅降低能耗、物耗和水耗水平。让创新驱动在绿色转型中成为强劲、持久的推动力。

规模化。资源型产业投资密集、技术复杂、产业门槛高,对企业的人才、资金等实力要求高。产业规模化生产可以降低成本、提高生产力和市场竞争力、提升企业效益、放大产业优势,实现跨越式发展。例如煤制油产业,煤制油单纯做油品的概念太低,而达到一定规模后,特别是采用高温费托合成技术可联产100多个产品,形成大型化、基地化、一体化、精细化的发展,符合煤化工的发展方向。而且整体效益好,降低了各个产品的生产成本、运行费用,能源利用率也得到提高。对于有市场优势的产品,要延伸产业链,形成完整的产业体系,涉足附加值高的终端产品,实现产业规模化发展,进一步提高市场占有率;对于有技术优势的产品,加快产业化生产,将技术优势转化为产业优势,实现规模化生产,抢占市场高端;对于有原料优势的产品,要突破技术瓶颈,将原料优势转化为产业优势,尽快形成产业链,扩大市场份额。

(二)资源型产业转型升级路径

资源型产业转型升级的主攻方向为“大、长、虚、聚、融、加”,分别指的是做“大”产业规模、做“长”产业链条、做“虚”产业形态、优化布局集“聚”发展、推进“融”合发展、做好“加”法等，努力实现资源型产业转型升级。

做“大”产业规模。做大产业总规模，提升行业在全国同行业的市场份额，实现以规模求市场；培育地方龙头企业，能带动产业迅速发展。主要有两条路径，一是实施总成本领先战略，打造低成本优势。放大霍林河煤电铝一体化经营模式，积极争取国家在我区开展电力体制改革试验示范，使我区的低电价优势能够在有色、钢铁等高用能行业中得到充分发挥，通过低成本扩大规模提升产业竞争力。二是实施差异化战略，结合内蒙古优势和国家产业调整方向，创造内蒙古在打造全国低成本原材料生产基地、推进节能减排等方面的独有优势，争取国家优先在内蒙古布局资源型产业，在产业政策方面给予内蒙古更多的支持，通过差异化竞争扩大产业规模。

做“长”产业链条。延长产业链条是实现资源转化增值的根本途径。坚持三个基本方向：一是要向下游延伸。以产品终端化、产业高端化为目标，以精深加工为主攻方向，加大投入力度，做长产业链条。二是向新材料方向延伸，抓紧制定和实施内蒙古制造2025战略，突出产品“新型化”，推进资源型产品向高端新材料方向升级，冶金行业重点发展高性能铝合金、高品质特殊钢等先进结构材料，立足基础化工原材料优势，积极发展精细化工和化工新材料。三是向资源综合利用方向延伸。坚持绿色循环的发展理念，以生产方式的“新型化”为突破口，将资源吃干榨尽，向资源综合利用要效益。

做“虚”产业形态。虚拟经济服务于实体经济发展，是企业融资、产权重组、资源和要素整合的有效途径，虚拟经济发展滞后是我区资源转化增值效率低的重要因素之一，推进资源型产业转型升级，需要不断做虚产业形态，发挥虚拟经济对实体经济的放大作用，通过“虚实”结合推进产业转型升级，其中一个重要的方向是大力推进资源型产业资本化。一是推进企业上市融资。加大对资源型企业的上市培育力度，引导企业开展中期票据、短期融资券、信用担保、金融租赁等金融创新业务，为资源开发提供多渠道资金支持。二是加快建立资源型产品交易平台。在认真总结成立包头稀土交易所运行经验的基础上，积极探索建立煤炭、PVC、电解铝等大宗商品现货交易平台，形成内蒙古价格指数，增强话语权。三是建立健全产权交易体系，推动关于资源型企业的股权交易以及资源勘探与开采权交易的平台建设，加快资源资本化进程。四是积极引导各类资本发起、参与、组建与资源开发相关的投融资平台，打造“功能齐全、分工明确、主业突出、运营规范”的投融资平台体系。

集中集“聚”优化布局。我区资源型产业发展存在的突出问题是布局散乱与低水平同质化竞争并存，产业集聚和协同效应较差，亟待创新体制机制，着力建设一批资源型产业集聚区，优化空间布局，实现集中集聚发展，共同提升产业竞争力。目前，可以从三个层面推进，第一，构建跨省区的产业集聚区。发挥我区毗邻八省的区位优势，加强与相邻省区协作，合作共建集聚区，如“乌、大、张”地区、“锡、赤、通、朝、锦”地区，通过集聚区共建为资源型产业合作发展搭建平台。第二，加强相邻盟市之间资源型产业整合，共建产业集聚区。要树立合作共赢和协同发展的理念，推进跨盟市资源整合、功能互补、人才互动、经验交流，鼓励相邻区域的开发区在协调中整合，例如：加快“小三角”地区各开发区整合，打造氯碱化工集聚区；推进包头青山装备制造产业园区、鄂尔多斯装备制造园区协作发展，打造装备制造产业集聚区；加强包头钢铁深加工园区与乌拉特前旗黑柳沟工业园区上下游配套能力，打造钢铁工业集聚区等等。第三，大力推进相同盟市不同旗县之间的集聚区共建。创新旗县区 GDP 核算和税收分成制度，进一步打破行政区划，消除企业兼并重组和集聚区共建的制度障碍，理顺利益分配关系，引导发展基础好、规模大、区域带动能力强的国家级和自治区级开发区整合周边园区（包括相邻物流园区），或以“飞地园区”形式进行跨区域整合。

推进“融”合发展。加快推进工业化与信息化融合、制造业与生产性服务业融合、产业与城镇融合，是实现资源型产业转型升级的必由之路。一是两化融合。大力推进工业化与信息化深度融合，要重点围绕落实《中国制造2025》，组织实施智能制造等重大工程，以推广普及智能工厂为切入点，在钢铁、煤化工、有色、建材等行业推广普及智能工厂或数字化车间，推动核心软硬件、网络设备、智能装备等核心技术与产品的深度应用和产业化发展，打造开放有序、富有竞争力的智能制造生态系统，力争在关键环节取得实质性突破，具有优势的行业在两化融合方面走进全国前列。二是两业融合。加快推进前端加工制造业与后端生产性服务业融合互动发展，实现经济结构由产品经济向服务经济转型，由制造化向服务化、数字化、现代化的生产体系转型。要顺应产业发展演进的规律，一方面，推动“主辅分离”，提高制造业对高端服务的需求，引导生产制造企业通过管理创新和业务流程再造、剥离服务部门，以产业链整合配套服务企业，推进服务专业化、市场化、社会化。另一方面，大力发展生产性服务业，搭建商贸、物流、会展、金融、信息服务、研发设计等服务平台，提高服务业与制造业相互协同、配套服务水平，形成产业共生、资源共享的互动发展格局。三是产城融合。按照“工业化和城镇化良性互动、产业功能和城镇功能融为一体”的总体思路，建立“以产兴城、以城促产、产城一体”发展模式，推进产业发展与新型城镇化相互融合，通过产业发展，打造“规划合理、功能完善、融合紧密、宜居宜业、集约发展”的产业新城和特色小城镇，通过新型城镇化，为产业发展提供支撑。

做好“加”法。一是“加”技术。适应当前国内外科技创新交叉集成、跨界融合、集群突破的新趋势，加快构建面向制造业重大共性需求的产业创新体系。组织实施资源型产业创新中心建设工程，充分利用现有科技资源，采取政府与社会合作、政产学研用产业创新战略联盟等新机制，形成一批创新中心，以联合攻关的方式突破关键基础材料、核心基础零部件的工程化、产业化瓶颈。同时，要积极打造富有活力的创业创新生态系统，完善人才、资本、开发区、税收等政策环境，培育低门槛、广覆盖、有活力的大众创业、万众创新生态系统。积极发展市场化与专业化结合、线上与线下互动、孵化与投资衔接的各类创客空间，积极发展众创、众包、众筹等综合服务平台，营造创业创新环境。二是“加”互联网。在资源型产业领域加快实施“互联网+”先进制造行动计划，培育基于互联网的新产品、新业态、新模式，打造新增长点。首先要加速培育工业互联网新产品，开展面向资源型产业的工业云、工业大数据、物联网创新应用试点，培育基于互联网的个性化定制、众包设计、云制造等新型制造模式，推动形成基于消费需求动态感知的研发、制造、服务新方式。其次要进一步加强工业互联网基础设施体系建设，研究制定工业互联网整体网络架构方案，超前部署面向智能制造单元、智能工厂的低延时、高可靠、广覆盖的工业互联网。搭建连接多地、多方参与、安全可靠的工业互联网试验网络，为工业互联网领域基础研究、技术创新、应用创新提供验证服务。

五、对策建议

(一)构建复合型区域科技创新体系

一是重视科研平台载体的建设,吸引国家级重点实验室落户内蒙古。国家重点实验室是国家科技创新体系的重要组成部分,是衡量一个地区、行业科技创新能力、人才队伍建设水平和相关产业发展的重要科技指标。白云鄂博稀土资源研究与综合利用国家重点实验室和特种车辆及其传动系统智能制造国家重点实验室填补了我区国家重点实验室建设方面的空白,为我区科研创新平台的建设提供了借鉴和指引。我区应该结合自身产业方面的突出优势,以科技重大专项吸引众多的国家级实验室落户内蒙古,推动自治区科研平台载体的建设与升级,形成能够在国家层面上聚集人才、凝聚创新能力、产出创新成果的高层次科技平台。

二是建立新型政产学研合作体系。鼓励高校和科研单位学者参与企业产品研发体系、技术革新体系和市场拓展体系建设。利用高校智力资源密集的优势,弥补我区企业创新不足的短板,建立政产学研之间的新型合作体系。强化高校和科研院所创新服务功能,科研要紧跟产业发展,积极培育优势特色学科专业,切实解决科研机构与企业“两张皮”问题。政府通过构建协同创新中心、重点实验室、关键课题集体攻关小组等形式建立起高效的“政产学研”合作创新体系,围绕我区技术创新需求,支持重点企业与区内外高校、科研机构和有关领域专家、领军人才共同建立产业技术创新联盟、成果孵化基地,开展重大技术攻关,打破科研成果和产业化生产之间的“隔离带”,使科技创新成果更加贴近市场需求和企业生产。

三是形成以技术和研究创新服务地方经济的激励制度。建立以贡献求发展的多层次大学评价体系,把科技成果转化和产业化工作放在与教学、科研同等重要的地位。改变研究人员写论文—发论文—评职称的“象牙塔”模式,将科技成果转化和研究报告服务经济社会发展程度形成系列指数,纳入政府对高校的评价体系并定期向社会公布,进而影响其招生人数、岗位定员、高级职称等切身利益。将该指数纳入职称评聘体系,并影响教师的职称评定和效益工资等切身利益。参考浙江大学等的做法，形成技术、学术、创业、教学的专业化团队，并为每类团队均提供职称晋升和收益提升的机会。改进自然科学基金项目和社会科学基金项目管理办法，加强智库建设，注重研究成果的实用性和原创性。

四是不断优化科技创新环境。发挥人才的关键作用，加强人才引进，打破科研人员单位、部门的局限，促进人才双向流动。深化科技体制改革，分类指导建设和发展不同类型科研机构，完善科研机构管理办法，建立综合评价机制，推动科技与经济对接、科研成果同产业对接、创新项目同现实生产力对接、研发人员创新劳动同其利益收入对接，形成有利于推出创新成果、有利于创新成果转化的体制机制。积极发展市场化与专业化结合、线上与线下互动、孵化与投资衔接的各类创客空间，积极发展众创、众包、众筹等综合服务平台，营造创业创新环境。

（二）落实有保有控的金融政策

一是实施差异化的信贷政策。主动加强信贷政策与国家产业行业政策、环保政策与监管要求的衔接，实施有保有控的差别化金融政策。落实国家化解产能过剩各项政策措施，支持技术含量高、市场效益好、上下游带动能力强的重点企业。对产能严重过剩行业实施有针对性的信贷指导政策，加强和改进信贷管理。鼓励商业银行按照风险可控和商业可持续原则，通过并购贷款、银团贷款、内保外贷等方式，适度加大对产能严重过剩行业企业兼并重组、整合过剩产能、转型转产、产品结构调整、技术改造和向境外转移产能、开拓市场的信贷支持。对整合过剩产能的企业，积极稳妥开展并购贷款业务，合理确定并购贷款利率，适当延长贷款期限。二是引导金融机构创新符合企业特点的多元化服务模式。金融机构应该积极创新服务模式，加强对企业全生命周期的金融服务，针对不同发展阶段特点的企业，对接相应的融资模式和金融工具。比如，对创新型科技企业，通过加强与各类产业基金、信托基金、私募基金合作，促进科技成果资本化、产业化；对经营业绩稳健成熟、已走上集团化发展道路的大型企业，提供包括现金管理、资本运营、财富管理、并购重组等全方位金融服务。三是加强跨境金融服务，积极支持企业“走出去”。通过积极发展国际结算、供应链融资、贸易金融、跨境人民币等金融服务，支持企业对外承包工程,扩大对外投资合作,带动技术、产品和服务出口。同时,大力发展各类机构投资,鼓励创新基金品种,开拓企业兼并重组融资渠道。加大企业"走出去"的贷款支持力度、适当简化审批程序,完善海外投资保险产品,完善"走出去"投融资服务体系,增强"走出去"企业综合竞争力。

(三)提高基础设施保障水平

一是加强能源输送通道建设。根据将我区建成清洁能源输出基地、新型煤化工基地的战略定位,结合风电、光伏发电等新能源以及新型煤化工产业发展需要,全力打造"立体、安全、高效、便捷"的能源外输通道,积极推进跨境电力外送通道建设。统筹产业发展和清洁油气产品外输,加强油气输出主干通道的互联互通,推进煤基燃料外输管道建设。加快煤炭外运通道建设,推进蒙华铁路运煤专线建设进度。加快电力通道建设。推进锡盟—山东等 4 条直流特高压外送电力通道工程建设,减少煤炭外送量,有效降低东中部地区 PM2.5 排放浓度。

二是加快节能环保设施建设。为从源头上治理煤炭、高岭土、水泥白灰等企业的粉尘污染问题,建议关停原有的露天堆场,引进国内外大型物流公司。企业采用先进的气膜结构技术投资建设新型环保封闭式煤场或生产车间,最终实现粉尘零排放、零污染。以地方政府和企业投入为主,加快工业废水及废弃物处理设施和配套管网地下工程建设,推进工业废水残渣再生利用。

三是加强输油输气管道建设。加快途经乌兰察布、呼和浩特和鄂尔多斯的陕京四线输气管道工程建设进度。配合国家推进途经呼伦贝尔的中俄原油管道二期工程和途经通辽的中俄天然气管道东线工程前期工作。围绕转化实施煤炭基地开发,加大已批准的电源点和煤炭深加工等项目的配套煤炭项目建设力度,优化鄂尔多斯千万吨级矿区建设。为内蒙古建成清洁能源生产输出基地、在全国范围内优化配置能源资源奠定基础。

(四)加大财税支持力度

一是制定扶持重点产业发展的倾斜政策。在智能制造、产品开发、品牌培育、节能降耗等产业转型升级的关键领域加大扶持力度,在用水、用电、贴息等方面给予支持,为产业发展创造良好政策环境。运用政府和社会资本合作(PPP)模式,引导社会资本和各类投资主体参与政策鼓励的产业重大项目建设、企业技术改造和关键基础设施建设，促进产业发展壮大。创新财政资金支持方式，提高财政资金使用效益。深化科技计划（专项、基金等）管理改革，支持产业重点领域科技研发和示范应用，促进产业技术创新、转型升级和结构布局调整。完善和落实支持创新的政府采购政策，推动创新产品的研发和规模化应用。实施有利于产业转型升级的税收政策，完善循环经济的税收支持政策、资源综合利用财税优惠政策，推进增值税改革，完善企业研发费用计核方法，切实减轻企业税收负担。

二是建立政府与金融机构的沟通协调机制。搭建银企对接合作平台，积极向金融机构推荐符合转型升级要求的产业项目，促进金融机构加大信贷支持力度。对符合转型升级方向的重大项目，适当给予贷款利率优惠。鼓励企业通过跨地区、跨行业、跨所有制的资产并购、重组等形式，实现资源优化配置。支持符合转型升级方向的企业在境内外上市，以及发行企业债券、短期融资券和中期票据等进行融资。支持金融创新，探索开展出口退税、保单、仓单以及知识产权等质押贷款，规范发展股权质押贷款。设立中小企业信用担保和风险补偿专项资金，用于引导和支持中小企业信用担保机构和区域性再担保机构发展。鼓励民间设立创业投资、风险投资机构，开展对高技术创业型企业的投资。鼓励设立产业投资基金，参与对我区鼓励发展产业领域的股权投资。

（五）健全多层次人才培养体系

一是围绕产业转型升级需要，以高层次和高技能人才队伍建设为重点，加强人才的引进、培养和使用。加强人才引进和服务工作，依托“草原英才”战略吸引海内外高层次创业创新型人才。打造人才集聚高地，培育一批在关键核心技术产业化、重大产品研发、创新经营管理模式等方面具有突出贡献的领军人才和领军团队。设立人才引进与开发专项资金，重点用于高层次和紧缺人才的引进、培养和奖励。根据引进人才所承担项目的情况，提供科研启动经费、安家费。

二是加强人才发展统筹规划和分类指导，组织实施人才培养计划，加大专业技术人才、经营管理人才和技能人才的培养力度，完善从研发、转化、生产到管理的人才培养体系。以高层次、急需紧缺专业技术人才和创新型人才为重点，实施专业技术人才知识更新工程培养计划，在高等学校建设一批工程创新训练中心，打造高素质专业技术人才队伍。鼓励企业与学校合作，培养产业急需的科研人员、技术技能人才与复合型人才，深化相关领域工程博士、硕士专业学位研究生招生和培养模式改革，积极推进产学研结合。

三是加强产业人才需求预测，完善各类人才信息库，构建产业人才水平评价制度和信息发布平台。建立人才激励机制，加大对优秀人才的表彰和奖励力度。对各类高层次人才，实行特殊人才津贴制度。建立政府奖励为导向、社会力量奖励和用人单位奖励为主体的激励自主创新的科技奖励制度，把发现、培养和凝聚科技人才特别是尖子人才作为科技奖励的主要目标。营造人尽其才、才尽其用的良好环境，让一切有志于技术创新的人才活力迸发，聪明才智得到充分发挥。

第五章

内蒙古培育发展战略性新兴产业的路径和策略

立足于分析内蒙古战略性新兴产业发展现状、基础条件，把握未来产业发展趋势和环境，提出我区现有战略性新兴产业发展方向以及未来需要培育的新亮点。

一、我区战略性新兴产业发展总体评价

（一）主要成效

规模不断扩大，成为拉动经济增长新动力。《内蒙古自治区人民政府关于加快培育和发展战略性新兴产业的实施意见》发布实施以来，自治区战略性新兴产业专项资金共扶持了190个建设项目，吸引了580亿元社会资金进入战略性新兴产业相关领域，战略性新兴产业规模不断扩大，2014年，战略性新兴产业总产值达到3106亿元，比2012年增加760亿元，增长29.4%；增加值达到935.2亿元，比2012年增加202亿元，增长27.5%。

表1　2014年内蒙古战略性新兴产业发展基本情况

行　业	企业数量	增加值	占GDP比重	发展重点	重点地区
新材料产业	105	291.5	1.64%	稀土、光伏、石墨、PVC、高端金属结构材料	包头、鄂尔多斯、赤峰

续表

行　业	企业数量	增加值	占 GDP 比重	发展重点	重点地区
电子信息产业	32	6.4	0.03%	电子元器件、软件开发、信息服务	呼和浩特、包头、赤峰、呼伦贝尔
节能环保产业	41	34.3	0.19%	高效节能炉、节能技术装备、高效节能电器、高效照明	包头、乌海、锡林郭勒、鄂尔多斯
煤炭高效清洁利用产业	21	97.8	0.55%	煤制气、煤制油、煤制烯烃、煤制二甲醚、煤制乙二醇	包头、鄂尔多斯、通辽
新能源产业	167	102.3	0.58%	风电、光伏发电、生物质能	包头、通辽、锡林郭勒、乌兰察布
生物产业	101	155.9	0.88%	生物医药、生物制造、生物农牧业	呼和浩特、通辽、赤峰
先进装备制造产业	49	93.4	0.53%	运输机械、工程机械、农牧业机械、风电装备、矿山机械	包头、鄂尔多斯、通辽
高技术服务业	153	153.9	0.87%	物联网服务、云计算应用、通信服务、电子商务、生物技术服务、科技成果转化服务	呼和浩特、包头、鄂尔多斯、赤峰

随着产业规模的不断扩张，战略性新兴产业增加值占地区生产总值的比重逐年上升，到 2014 年，战略性新兴产业增加值占地区生产总值的比重达到 5.26%，比 2012 年上升了近一个百分点，正在成为自治区稳增长、转方式、调结构的新动力。

表 2　战略性新兴产业增加值占当年地区生产总值比重

年份	总产值	增加值	GDP	占 GDP 比重
2012	2400.54	733.27	15880	0.0462
2013	2805.57	836.21	16832	0.0497
2014	3106.04	935.18	17769	0.0526

优势行业迅速成长，成为推动产业发展的新亮点。从工业总产值看，2014年内蒙古战略性新兴产业八大门类中，新材料产业工业总产值占战略性新兴产业工业总产值的比重达到39%，在战略性新兴产业各行业中居首位。新材料产业工业、生物产业、先进装备制造业三个行业超过战略性新兴产业总产值的三分之二，产业发展优势明显。部分产业总产值规模虽然较小，但单位企业平均产值较高，经济效益较好，煤炭清洁高效利用产业单位企业平均产值达到13.3亿，发展潜力巨大。

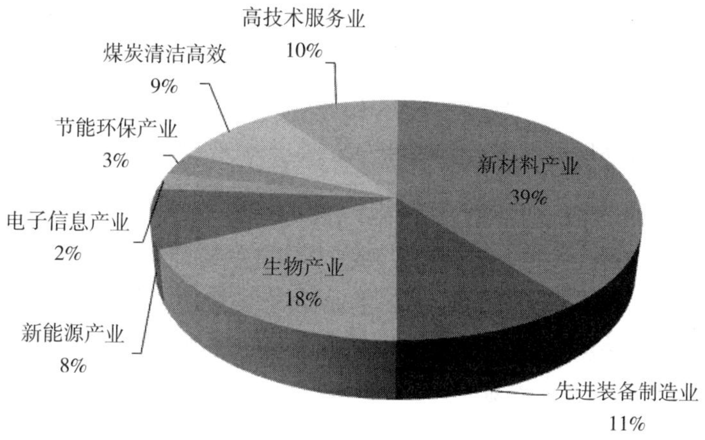

图1　2014年内蒙古战略性新兴产业各行业产值比重

从工业增加值看，2014年新材料产业工业增加值达到291.51亿元，占地区生产总值比重达到1.64%，比2013年提高了0.28个百分点；电子信息产业工业增加值比重虽小，但2014年较2012年工业增加值增长640%，具有较大发展潜力。

表3　2012和2014年内蒙古战略性新兴产业增加值占GDP比重

产业名称	2012年		2014年	
	增加值（亿元）	比重	增加值（亿元）	比重
新材料产业	211.76	1.32%	291.51	1.64%
电子信息产业	0.83	0.01%	6.14	0.03%

续表

产业名称	2012 年		2014 年	
	增加值(亿元)	比重	增加值(亿元)	比重
节能环保产业	24.68	0.15%	34.26	0.19%
煤炭清洁高效利用产业	91.64	0.57%	97.83	0.55%
新能源产业	81.35	0.51%	102.27	0.58%
生物产业	129.61	0.81%	155.89	0.88%
先进装备制造产业	60.89	0.38%	93.39	0.53%
高技术服务业	145.55	0.91%	153.88	0.87%

企业数量逐步增加,龙头企业带动作用显著增强。到 2014 年,我区战略性新兴产业共有规模以上企业 640 户,比 2013 年增加 11 户,增幅为 1.7%,其中规模以上战略性新兴产业工业企业 487 户,占全部规模以上工业企业 11.2%,规模以上服务业企业 153 户,基本属于高技术服务业门类。从企业行业分布情况看,主要集中在新能源产业、高技术服务业、新材料产业和生物产业,占全部战略性新兴产业企业总数的 81.4%。龙头企业不断发展壮大,北方重工、华北特钢、惠丰药业、蒙药股份等龙头企业发展势头良好,竞争力不断提升,有效拉动了各行业发展。

表 4 2014 年内蒙古战略性新兴产业分行业企业数

行业	企业数(户)
新能源产业	167
高技术服务业	153
新材料产业	105
生物产业	96
先进装备制造产业	49
节能环保产业	42
煤炭清洁高效利用产业	21
电子信息产业	7
合 计	640

集中集聚布局，成为拉动盟市经济发展的新引擎。我区坚持统筹规划、合理布局，按照各盟市产业基础和特点，加强特色优势产业链条和产业基地建设。目前，鄂尔多斯和蒙东地区已经成为全国煤炭清洁高效利用生产示范基地；包头已经形成采、选、冶、用（新材料及其应用产业）完整的稀土产业链；呼和浩特、通辽、赤峰已经形成了生物原料药、动物疫苗、生物农药、生物饲料、发酵制品、中蒙药、化学合成药等生物产业链；呼和浩特、包头、鄂尔多斯和赤峰等地云计算数据中心及应用服务项目正在加快建设。通过集中集聚布局，有效推动了各盟市战略性新兴产业发展。

表 5　各盟市战略性新兴产业发展重点

地区	新材料	电子信息	节能环保	煤炭清洁高效利用	新能源	生物	先进装备制造	高技术服务业
呼和浩特	√	√	√		√	√	√	√
包　头	√	√		√	√		√	
鄂尔多斯				√	√	√	√	√
通　辽				√	√	√	√	
赤　峰		√				√		√
乌　海	√			√				
锡林郭勒	√		√			√	√	√
乌兰察布	√					√		
呼伦贝尔		√		√	√	√	√	√
兴安盟				√		√		
巴彦淖尔	√				√	√		
阿拉善			√		√	√		

在 12 个盟市中，有 6 个盟市战略性新兴产业增速超过 15%，成为拉动盟市经济增长的重要动力。呼包鄂地区仅占全区面积的 11%，其战略性新兴产业产值占 12 盟市比重却达到 62%。部分盟市战略性新兴产业产值所占比重虽然不高，但是增速迅猛，如，阿拉善盟占盟市比重只有 0. 3%，但增速达到 138. 20%，其战略性新兴产业拥有较大的发展潜力和空间。

表 6　2014 年内蒙古各盟市战略性新兴产业产值情况

地区	产值(亿元)	比上年增长	盟市比重
呼和浩特	511.7	28.70%	18.30%
包　头	777.2	10.90%	27.70%
鄂尔多斯	448.5	24.10%	16.00%
通　辽	352.6	16.50%	12.60%
赤　峰	160.5	0.10%	5.70%
乌　海	151.4	13.10%	5.40%
锡林郭勒	117	-0.80%	4.20%
乌兰察布	120.5	53.70%	4.30%
呼伦贝尔	70.5	4.20%	2.50%
兴安盟	8.1	12.50%	0.30%
巴彦淖尔	74.6	16.90%	2.70%
阿拉善	8.4	138.20%	0.30%

(二)存在的主要问题

产业规模较小,还不足以支撑经济中高速增长。2014 年内蒙古战略性新兴产业增加值占地区生产总值比重已经达到 5.26%,但规模仍然偏小,还不足以支撑经济平稳增长。根据我区战略性新兴产业发展规划,到 2015 年,战略性新兴产业占地区生产总值的比重达到 8%左右,与国内发达省市相比,差距更为明显,2014 年江苏省战略性新兴产业增加值比重已超过 10%,上海市已达到 14.7%,深圳市高达 35%。实现新兴产业规模化、支柱产业多元化,培育和发展战略性新兴产业的任务仍然十分艰巨。

产业层次较低,竞争力不足。我区拥有很多在全国独具优势和特色的动植物资源、矿产资源,但是低端的开发模式降低了资源转化价值和产品附加值,大部分企业布局在产业链前端和产品初加工环节,精深加工企业发展滞后,产业链条短,产品附加值较低,初级产品比重较高,制约了企业竞争力的提升。

自主创新能力较弱,尚存要素短板。总体来看,我区科技创新投入不足,创新能力仍然较弱。2013 年内蒙古科研经费投入仅占 GDP 的 0.7%,低于全国水平 1. 39 个百分点，全区授权专利为 3836 项，仅占全国授权专利总数的 0. 32%，自主核心技术不足，技术创新能力难以无法满足产业发展需要。由于科技投入不足，科技研发设施和科技创新人才匮乏的问题仍然比较突出，到 2014 年，内蒙古各类人才总数占总人口数量的 6. 8%，比全国平均水平低 0. 33 个百分点，人才总体水平排在全国第 26 位，尤其是高端人才的培训和引进仍然滞后，科技人才队伍中高层次科技领军人才匮乏，制约了战略性新兴产业快速发展。

企业总体规模小，龙头企业实力有待增强。到 2014 年，全区战略性新兴产业企业总体规模较小，竞争力较弱，缺乏具有较强带动作用的骨干企业。以装备制造业企业为例，装备制造业只有一家销售收入过百亿企业，全区工业 20 强企业中，仅有两户装备制造业企业。内蒙古 24 家上市公司中有两户装备制造企业，根据 2014 年底的统计数据，北方股份总市值在全国同行业中居第 57 位，仅相当于三一重工的 4. 2%，主营业务收入位于第 33 位，仅相当于国机汽车的 4%；北方创业总市值位于第 27 位，仅相当于与三一重工的 5. 5%，主营业务收入位于 27 位，仅为国机汽车的 5%。

企业融资困难，融资渠道有待拓展。为加快培育和发展战略性新兴产业，自治区加大了金融信贷支持力度，但战略性新兴产业企业绝大多数都为中小微企业，融资难问题仍然比较突出。截至 2013 年底，内蒙古科技上市企业仅有 4 家，其中 3 家为生物制药企业，1 家为草原环保企业，累计融资规模仅为 22. 17 亿元。国家级新兴产业创业投资基金只有 3 只，基金规模仅为 7. 5 亿元，占全国基金数量和资金规模的比重均不到 2%。内蒙古战略性新兴产业整体呈现出企业总体规模小、实力较弱，缺乏具有较强带动作用的骨干龙头企业，导致自治区战略性新兴产业在自主发展、承接先进技术、对外综合竞争方面有所欠缺。

二、战略性新兴产业发展环境分析

进入“十三五”，我国战略性新兴产业将承接“十二五”时期的发展势头，进入加快培育和发展的关键时期，产业发展政策和环境将进一步优化，我区战略性新兴产业即将迎来重大战略机遇期，同时，由于起步晚、基础薄弱，也面临一系列严峻的挑战。

（一）面临的机遇

新科技革命和产业变革带来的机遇。技术可能性是产业生成和发展的前提，战略性新兴产业更是以技术创新为条件。进入21世纪以后，全球科技创新进入新的加速期。现代信息、基因生物、空间海洋、新能源及新材料等各项技术纷纷突破并交叉融合，正在引发新的一轮科技革命和产业变革，这种变革不仅表现为新业态、新工艺、新产品和新商业模式的破旧立新，也表现为全球区域竞争格局的演变重构。尤其是随着我国科技实力不断提升，多年的引进、消化、吸收和再创新进入开花结果期，我国在航空航天、生物技术、高速铁路、新型材料等许多领域居于世界前列，为我国在全球化的新技术革命和产业变革中获得竞争优势奠定了基础。未来五到十年，在全球经济格局“破与立、调与组”的变迁过程中，对于任何一个地区都孕育着新机遇。尤其是国家推出“互联网+”行动计划，推动云计算、移动互联网、大数据、物联网等与现代制造业结合，不仅会大大提升传统产业的效率，而且会催生许多新业态和新的商业模式。内蒙古只要强化机遇意识，把自身优势与科技、产业变革趋势相结合，创新发展思路和工作举措，就一定能够在新的科技革命和产业变革中赢得主动，并在发展新能源、新材料、生物健康、煤炭清洁高效利用等特色战略性新兴产业领域有所作为。

全面深化改革和万众创新创业带来的机遇。战略性新兴产业发展依托科技创新引领，但科技创新能力又取决于制度创新激励。“十三五”期间是我国全面深化改革和全面依法治国的决战期，一系列改革举措和法制建设的破与立必将极大地优化战略性新兴产业的发展环境。一是行政审批制度改革将松绑企业行为、释放市场活力，进一步强化企业在创新创业中的主体地位。二是财政投融资体制改革将推动国家财政支持方式变革，建立产业引导基金、风险投资基金、创新投资基金等新的投融资模式，拓展战略性新兴产业融资渠道。三是科技体制改革将推动科技项目研发体制、成果转化机制、经费管理方式、产学研合作机制和科技人才流动及服务机制等重大变化，推动创新企业的技术服务环境改善。这些重大变化将整体上改变我国的创新创业环境，极大地提升地区和企业获得技术支持、转化科技项目、引进研发人才等方面的机会，有助于解决我区发展战略性新兴产业面临的创新主体缺乏和人才科技短板等问题。

国家区域战略重构和产业布局调整的机遇。区域产业机会往往取决于区域功能定位。从目前趋势看，至少有两方面的变化有利于我区区域功能定位提升。一是“一带一路”战略建设中蒙俄经济走廊的机遇。我国“一带一路”和中蒙俄经济走廊等战略的提出，预示着向西和向北的沿边陆路开放将成为我国国际合作的新重点。在这一开放格局变迁中，我区依托其区位优势由过去“向东向南沿海开放的腹地”变成了未来“向西向北陆路开放的前沿”，为逐步融入国际产业分工提供了机遇。二是国家能源结构和区域格局变迁的机遇。为了节能减排和绿色发展，在能源结构上提升新能源比重、在能源供应格局上向西部转移是我国未来能源战略的基本取向，这一战略调整十分有利于我区在新能源产业发展方面取得重大突破。

消费结构升级催生健康产品和高端产品的市场机遇。人们的消费偏好与收入水平成正相关关系。随着我国人均国民收入水平提高，城乡居民的消费偏好开始由“饱”向“好”转变，安全、质量、绿色、健康成为人们追求的时尚潮流。但随着近年来许多地区大面积农田及河湖被污染，健康绿色的农畜产品生产环境越来越成为稀缺资源。在此背景下，我区依托其绿色环境、绿色品质、绿色品牌加上绿色加工技术，开发绿色动植物资源有着巨大的市场机会。此外，随着国内消费结构升级换代，以科技健康产品、高性能材料、个性化定制服务为代表的消费将会迅速扩大，这为我区发展高性能新材料等满足高端、个性需求的产业发展带来新机遇。

我国产业和环境政策从严从紧新常态的机遇。党的十八大以来，国家把生态文明纳入五位一体的建设任务之一，并制定了多方面的产业限制和环保政策。这对资源型产业粗放型增长会形成制约，但从另一种视角看，对我区发展战略性新兴产业会形成两种机会。一是倒逼现有企业转型升级的机会。门槛越来越高、环保要求越来越严的产业政策会使许多企业面临“不创新就没出路，不转型就没活路”的局面，倒逼企业科技创新和产业延伸升级。二是催生了新的产业机会。在对环境污染进行铁腕治理的同时，新一届政府提出把节能环保产业打造成新兴的支柱产业，我区既是生态脆弱区，又是“两高一资”产业的集聚区，未来产业转型升级和新项目建设都会对节能环保产品和服务形成巨大需求，从而形成节能环保产业发展的重大机遇。

（二）面临的挑战

宏观经济不确定性的挑战。当前，世界经济正处于深度调整之中，国内经济下行压力持续加大，国内外环境错综复杂，各种困难和问题交织，发展中深层次矛盾凸显，未来发展面临更大困难，从而使我国宏观经济进入由高速增长到中高速增长的新常态。宏观经济持续下行导致企业融资环境变难、市场风险加大、未来预期看空和投资欲望下降，必将对战略性新兴产业项目的招商引资产生不利影响。

区域竞争日趋激烈的挑战。新常态下，各地区都在加快寻找产业新动力、更新增长“发动机”，竞相布局发展战略性新兴产业，努力形成新的战略性经济增长模式，新常态将催生新的产业革命，也势必改变我国经济的增长轨迹和传统格局。在新一轮科技革命和产业变革推动下，新的产业分工和价值链格局正在形成，区域竞争日趋激烈，我区战略性新兴产业发展面临着巨大的市场和要素竞争压力。与发达地区相比，产业发展起步晚，基础薄弱，尤其是科技创新能力严重不足，产业竞争力还有较大差距，存在较大的赶超压力。与周边宁夏、山西、陕西等西部省区相比，这些地区与我区资源条件类同、外部环境相似，共性的发展战略必将加大争夺资源、要素和市场的力度，使我区发展战略性新兴产业面临巨大的外部竞争压力。

三、培育发展战略性新兴产业的主要路径

大力培育和发展战略性新兴产业是“十三五”时期推进我区产业转型升级的关键举措，要立足现有基础，依托优势特色领域，以规模化、特色化、集群化和集约化发展为主线，以规模效应突出、带动性强的行业为重点，以龙头企业为支撑，优化产业布局，着力壮大规模、延伸链条、提升层次，推进产业升级与产业扩张，实现新兴产业规模化、支柱产业多元化，构建起具有内蒙古特色的战略性新兴产业体系。

(一)立足基础条件和市场需求,科学谋划产业发展时序

根据战略性新兴产业的内涵、特点,按照动态性和区域性两种选择思路,明确产业发展重点和时序,是培育和发展战略性新兴产业的重要路径。从动态性的思维视角即时间的维度看,不同时期、不同发展阶段一个地区面临的发展环境、主要矛盾和发展目标不同,“战略性”也就会有不同的内涵和要求,这就要求战略性新兴产业的发展重点必须根据时代变迁和内外部环境的变化进行调整,以适应经济、社会、科技、人口、资源、环境等变化带来的新要求。从区域性即空间的维度看,选择对区域发展具有带动引领作用、能够解决关键问题的产业加快培育。

自治区有关规划中明确提出加快发展新材料、先进装备制造、生物产业、新能源产业、电子信息产业、煤炭清洁高效利用、节能环保、高技术服务业等八个产业门类,充分考虑了我区的资源条件和产业基础,基本符合战略性新兴产业发展的生成路径,从规划实施两年来的具体情况看,新材料产业、生物产业、装备制造业、新材料产业等优势明显,呈现出良好发展势头,煤炭清洁高效利用、高技术服务产业产值效益较好,节能环保、电子信息等行业目前虽然规模较小,但具有较大发展潜力。“十三五”期间,我区经济社会发展进入了新的发展阶段,外部环境及条件将发生重大变化,按照上述选择标准,明确“十三五”时期战略性新兴产业发展重点和次序,既要立足现有基础和资源支撑条件,又要根据新环境下不断出现的新机遇、新需求,及时调整产业门类和细分行业。

根据资源和区位条件、区域经济特点和外部环境机会,结合现有产业基础和资源要素支撑条件分析,按照选择战略性新兴产业的理论依据,我们认为:从大的产业门类看,新能源产业、生物产业、新材料、装备制造等具有较好的支撑条件、产业基础和市场潜力,是我区未来战略性新兴产业的优选方向,应该优先发展,力争将这些产业发展成为战略性新兴产业中的支柱产业。煤炭清洁高效利用产业具有较好的资源条件,符合未来我区建成现代煤化工生产示范基地的产业定位,需要重点发展。节能环保和电子信息产业目前虽然规模较小,但随着我区资源型产业转型升级以及两化融合的加快推进,必将衍生出足以支撑产业发展的市场需求,产业发展面临巨大的产业机会,在“十三五”

时期要加大培育力度,力争成为新的增长点。从大行业的细分领域看,结合市场需求、产业前景、地区贡献、支撑条件等方面的情况,从经济合理性考虑,需要重点选取各个产业领域中发展潜力较大、本地竞争力较强的细分领域作为重点突破方向。

(二)突出优势和特色,努力扩大先进装备制造业、生物产业发展规模

推进装备制造业集群化发展。集群化是装备制造业发展的必然要求,龙头企业是产业集群化发展的核心,决定着产业的集聚程度和集群的竞争力。因此,要继续扩大骨干企业规模,推动一机集团、北方重工集团两个龙头企业跨行业、跨地区、跨所有制发展,逐步形成具有工程总体设计、系统集成、成套生产能力的大型企业集团;车辆、煤炭矿山机械、化工机械领域的骨干企业,也要加强资源整合,剥离非核心业务,加速企业联合,实现集中优势资源,做强核心业务和壮大企业规模。同时,要积极培育中小企业,努力做好产业配套。要在实施"一个产业带动百户中小企业"、"一个园区带动百户中小企业"工程中,培育一批技术先进、发展潜力大、配套能力强的中小企业。在充分发挥市场机制作用的前提下,推动骨干企业积极实行业务外包,开展分工协作,为大量中小企业聚集在大企业周围创造条件。建立骨干企业与中小企业的利益联结机制,推动配套企业围绕龙头企业进行生产服务。要把给予骨干企业的优惠政策逐步顺延到配套企业,积极扶持中小配套企业根据自身优势,明确发展重点,向"小而专、专而精、精而优"方向发展。进一步优化装备制造业产业布局,呼包鄂地区要依托产业基础、研发优势、人才优势和资源优势,进一步细化分工协作,包头市装备制造业园区要打造特种车辆制造基地。呼和浩特市要积极打造金川开发区汽车和机床零部件生产基地、金山开发区风电设备制造基地。鄂尔多斯要打造阿镇煤炭机械装备制造业基地、康巴什汽车及零部件制造基地、东胜车辆制造和工程机械及配套产业基地。东部赤峰市、通辽市和呼伦贝尔市要根据当地现代农牧业发展需求,大力发展农牧业机械,成为农牧业机械生产基地。

做大做强生物产业。要充分发挥中蒙药、沙产业、动物脏器资源等独特优势以及生物产业后发优势,着力打造现代生物产业体系。重点抓好:一是"重技术,弱垄断"特点释放生物产业后发优势。我区具有得天独厚的生物资源优势，要利用生物产业的这些特点，加快培育，使其尽快形成后发优势并发展壮大。二是着力构建现代生物产业体系。要积极打造现代生物产业链，将生物资源利用、技术和装备开发、安全研究和管理、制品研发、生物育种、终端推广等上下游产业整合提效，构建完善的现代生物产业体系，推进生物产业规模化、高效化发展。三是依托中蒙药优势发展生物产业。发挥中蒙药产业特色优势，优先开发各类新药、特色原料药，大力发展中蒙药新品种，提高甘草、黄芪、麻黄、桔梗、锁阳、苁蓉、沙棘、三杏及元宝枫等中蒙药材活性成分提取技术产业化水平，加大中蒙药关键技术开发、应用和推广，形成中蒙药产业链。开展中蒙药材普查，支持濒危中蒙药材品种保护和规范化生产，建设内蒙古国际蒙医医院蒙医药临床研究基地。四是依托传统生物育种优势发展生物产业，以传统育种优势为依托，重点研究开发胚胎移植、动物干细胞繁育，加快形成牛羊良种繁育体系。以干细胞繁育、基因克隆、分子育种、航天育种等技术为支撑，重点推动家畜胚胎移植、性控繁育、动物克隆、转基因育种等生物技术产业化。五是依托乳业和沙业优势发展生物产业，立足沙生动植物等资源优势，以食用、药用和保健用等多用途开发为方向，实现沙生动植物制品规模化生产。

（三）围绕“互联网+”行动计划，加快发展“互联网+”产业

一是以云计算为平台推进“互联网+”产业发展。随着“互联网+”被确定为国家战略，云计算作为新兴的信息产业，在实施“互联网+”产业发展战略中扮演越来越重要的角色。积极发展自治区云计算产业，推进云计算在公共服务、社会管理、智能生活等各个领域的推广应用。依托“呼包鄂”地区信息技术优势，以基础设施服务运营为核心，进一步完善基础信息资源库、业务数据库、灾备中心建设，使其服务领域覆盖能源、特色农畜产品、现代制造、现代物流、智慧城市、社会管理和公共服务领域，形成满足区内外需求和具有内蒙古特色的能源云、中小企业云、民生保障云、电子政务云等云服务产业，全面推进“互联网+”战略。

二是以大数据为支撑促进“互联网+”产业发展。开发应用好大数据这一基础性战略资源，不仅为“互联网+”战略启动提供技术性与资源性支持，也为其他战略性新兴产业发展提供了新引擎。推进自治区产业发展的信息化步

伐,加快“互联网+”产业发展,要将大数据应用融入到政府、金融、消费、医疗等各个领域,支持海量数据存储、处理技术的研发与产业化,积极筹划大数据管理机构与大数据产业集聚区。创新与完善大数据系统运营,推进智能客服中心建设,做到大数据流量经营精细化,致力于个性化服务的客户体验提升。

三是发挥邻近京津冀区位优势发展“互联网+”产业。京津冀地区作为“互联网+”产业最为发达的地区,其产业布局趋于完善,产业业态已较为成熟,在同领域具有引领作用。自治区应充分发挥地理位置靠近京津冀的优势,合理进行产业空间布局,重点发展新一代信息网络产业、电子核心基础产业、高端信息技术服务三大类电子信息产业,把握信息技术升级换代和产业融合发展机遇,形成具有竞争能力的产业链条,带动自治区“互联网+”产业健康发展。

四是激发中小企业活力带动“互联网+”产业发展。根据信息技术创新性强、更迭迅速、易于移植等特点,中小企业凭借自身灵活性,更易成为“互联网+”产业的创新主体。要重视中小高科技企业对自治区“互联网+”产业的带动作用,充分发挥其在产业中灵活的作用,加大对中小高科技企业的扶持力度。支持中小企业自主创新,鼓励中小企业电子商务服务,增强中小企业在“互联网+”产业中的核心竞争力。

(四)立足“大众创业,万众创新”,大力发展高技术服务业

一是以“大众创业,万众创新”为契机发展高技术服务业。高技术服务业形式灵活多样,智力元素显著,对资金规模要求较低,契合“大众创业,万众创新”充分释放创造力的发展理念,自治区可以以此为契机,构建一批低成本、便利化、开放式的创客空间,鼓励科技人员和大学生以高技术服务业形式创业,完善创业投融资机制,加强财政资金引导,营造创新创业文化氛围,为高技术服务业开拓良好的发展空间。

二是均衡发展传统产业各环节相对应的高技术服务业。传统产业的研发、生产、商贸物流、检验检测等各环节都可以衍生出相对应的高技术服务业,要均衡发展不同类型的高技术服务业,才能保证完整的经济产业链条健康有序发展。研发性服务业,主要发展技术研发、工业设计、技术成果转化、知识产权咨询等高技术服务;生产性服务业,主要发展流程控制、供应链管理等高技术服务；商贸物流性服务业，主要发展第三方交易服务、新型电子商务模式、物流信息供需等高技术服务；检验检测性服务业，主要发展质量体系认证、环境监测等高技术服务。

三是通过打造服务载体发展高技术服务业。加强产业集聚区建设是发展高技术服务业的重要战略举措，是培育新的经济增长点的重要载体。自治区要积极构筑集创意创新、产业孵化、人才培训为一体的高技术服务业园区，打造文化创意产业园区，形成产业集聚效应。同时加强高技术服务平台建设，重点推进园区企业管理和服务平台、电子交易和远程期货交易平台、城市应急管理和政府信息服务平台、系统集成与营销运营平台、制造业信息化服务平台、区域协同医疗共享平台建设。

（五）遵循技术进步曲线，提升新能源产业、煤炭清洁高效利用产业层次

新能源产业。以传统能源优势为依托，循着能源技术进步曲线，注重能源技术升级改造，大力发展新能源配套产业，以发电用电为核心，提升新能源转化利用效率。重点抓好：一是加快关键技术研发推动新能源产业发展。鼓励企业加强自主创新能力建设，培育工程研究中心和企业技术中心组建和升级，引导企业走科技创新、自主研发、产学研结合之路，重点加强风电、光伏发电、硅晶材料等产业关键技术投入，打破瓶颈，不断完善新能源产业链。二是加强产业配套能力。围绕新能源的开发、生产和利用，加强相关配套装备、配套产品的研发制造。重点加强风电发电的配套产业发展，推进太阳能配套产业发展，加强光伏、光热材料产品研发，提高光伏产业配套能力。鼓励光热、光电产品的研发、生产、安装和推广应用。在现有多晶硅产业基础上，进一步提升光伏配套产业技术，完善“硅材料—光伏电池—光伏发电”产业链。三是以发电用电为核心发展新能源产业。要切实加强自治区新能源基地建设，有效发挥自治区风力、太阳能资源优势，加强新能源电力汇集、入网、送出工程建设，提高电网对新能源发电的消纳能力。推动风电和光伏发电运行控制、大规模并网、高效储能等领域技术突破，推进新能源电网智能化应用示范。同时积极开发生物质能发电项目。

煤炭清洁高效利用产业。重点抓好：一是通过提升“煤转电”技术推动煤炭清洁高效利用。推进清洁高效大型煤电基地建设，加快现役燃煤机组升级改造,培育发展超低排放燃煤发电,提升煤矿资源综合利用技术。合理布局煤炭清洁高效利用产业基地,缩减煤炭外运比例,提高煤转电比重及效率,提升煤电传输技术,减少运送成本及损耗,促进煤炭的清洁高效利用。二是通过提升煤化工技术推动煤炭清洁高效利用。提升以煤制油、煤制气、煤制烯烃、煤制二甲醚、煤制乙二醇、煤基多联产等为主要方向的新型煤化工技术,推进煤化工产品精深加工和利用水平,加强建设一批煤化工示范工程,努力形成延伸加工循环产业链,提升煤炭清洁高效利用产业层次。

(六)围绕传统产业转型升级,积极发展新材料产业、节能环保产业

新材料产业。以我区传统材料产业为依托,充分发挥低电价能源优势,通过新材料培育产业集群,打造稀土、石墨等特色产业基地,构建我区新材料产业发展的新路径。重点抓好:一是培育有国际竞争力的新材料产业集群。以新型功能材料产业、先进结构材料产业、高性能复合材料产业、前沿新材料产业、新材料研究与技术服务五类产业为重点,支持具备战略性、特色鲜明、资源优势明显、市场化水平高、研发创新能力强的新材料特色产业集群发展,推动集群突破技术发展瓶颈,扩大集群规模,提升产业集群国际竞争力。二是着力打造以碳素石墨为特色的新材料产业基地。天然石墨作为重要的战略资源,对新能源、电子信息、环保、航空航天等高新技术产业发展有重要意义,也产生了广阔的市场空间,我区应依托石墨资源优势,抓住碳素产业列入国家支持鼓励的新型应用材料和市场潜力巨大的有利时机,大力发展碳素产业。积极推进石墨采选技术更新换代,建设先进的规模化石墨提纯生产线,重点发展石墨电极、石墨高导热材料、柔性石墨材料、膨胀石墨环保材料、高纯石墨碳块,加快开发石墨深加工系列产品,着力打造以碳素石墨为特色的非金属新材料产业基地。三是依托丰富的稀土资源优势发展新材料产业。打造以稀土资源为基础的稀土新材料产业链,加大稀土功能材料重点项目开发力度,提高稀土永磁材料、储氢材料、抛光材料、发光材料等传统产品性能和质量,开发稀土磁制冷材料、稀土催化剂、塑料稀土助剂、生物应用稀土产品等稀土新材料项目。积极开发稀土永磁电机、镍氢动力电池等稀土功能材料终端应用产品。四是发挥电力成本优势发展新材料产业。发挥内蒙古低电价优势,大力发展多晶硅、单晶硅等高耗能产业,加快开发硅晶新材料和有机硅等下游产品,积极延伸开发切片、电池、薄膜电池、太阳能光伏玻璃等产品，发展光伏发电控制系统，开发利用铀、钍资源，发展压水堆和高温气冷堆核燃料元件。

节能环保产业。充分发挥节能环保产业的镶入式特点，以满足传统产业转型升级节能环保要求为出发点，借助区域优势与市场需求，积极提供节能环保服务，提高节能环保产业的附加价值。突出抓好：一是“跨行业，镶入式”拓宽节能环保产业市场。节能环保产业对其他产业的发展有明显的辅助作用，可以跨行业、跨领域、跨地域发展，与其他产业关联性很强，借助此优势，抓住我国加大环境保护和治理力度的战略机遇，不断增加其他产业对节能环保技术的依赖性，能够极大地拓宽节能环保产业市场与发展空间。二是借助“小三角”产业转型升级发展节能环保产业。以内蒙古乌海市为核心的“小三角”区域正处于产业转型升级的关键时期，由于重化产业结构较高，“小三角”区域节能减排降耗和区域大气、固废和水环境治理的市场需求旺盛，以此为契机，强化节能环保示范项目建设，建设国家级和自治区级节能环保产业基地，辐射带动周边节能环保产业，完善节能环保产业体系，形成节能环保产业链。三是利用“三大抓手”发展节能环保产业。一要抓污染防治设备研发。重点研发和推广适合自治区工业企业特点的水污染、大气污染、固体废物污染、噪声污染、放射性污染等治理设备。二要抓循环经济体系建设，推进工业废水循环利用，加强农村生活污染物循环治理，加强稀土等固体矿废物的回收与综合利用。三要抓节能环保综合管理服务。提高环境监理、风险评估、环境审计等环境咨询服务水平，加强污染治理设施运营服务，加强环保产业人才培养。

四、构建战略性新兴产业的支撑体系

（一）构建战略性新兴产业科技创新体系

完善创新服务体系，优化科研资源配置。一是鼓励建立新型研发体系。鼓励和支持各盟市组建一批以市场为导向、以企业为主体，集科技创新与产业化于一体的新型科研机构。突出民营企业的技术创新地位，支持相关龙头企业积极围绕战略性新兴产业发展的科技需求，加强技术研发投入力度，以创新为核心完善运行机制和用人机制，开拓科技与产业化结合的新途径。二是构建信息化综合服务体系。以电子信息产业和高技术服务业为中心，以我区已有科技信息化服务体系为基础，积极打造不同类型、不同主题、各具特色的科技示范园区、基地和可持续发展实验区，通过借鉴发达省市的经验，形成功能更加完善、使用更加便捷的科技信息化服务系统。加快生产力促进中心的建设和专业化进程，发挥其科技服务核心枢纽的作用，突出信息化综合服务功能。三是完善科技成果转化体系。支持社会力量参与创办各类专业孵化器，加强与国家级和自治区级高新技术开发区、创业服务中心、留学人员创业园、大学科技园等载体和服务机构的合作，承接科技成果转移。积极开展知识产权试点示范工作，实施知识产权托管工程，强化专利代理机构建设，促进知识产权创造与运用，提升自主知识产权成果转化能力。四是整合人才培养体系。深入实施“草原英才”工程，引进、培养和集聚高层次领军人才和高水平创新团队，强化成果管控和验收。着力引进、培育重点领域、重点产业、重点学科、重大项目急需的人才，注重将人才的培养引进与科技项目的实施和创新创业基地的建设相结合，激发科技人才活力。

优化科技创新环境，激发科研创新活力。一是加强财政金融支持力度。充分发挥各级政府在科技创新中的引导和推动作用，加强政策性金融机构对自治区重大科技产业化项目、重点科技成果转化项目的支持。引导商业银行根据投资及信贷政策规定，对自治区立项的科技重大专项、星火计划项目、火炬计划项目等给予积极的信贷支持。引导相关金融机构对创新活动力强的科技型中小企业予以重点扶持，开展科技保险和知识产权质押贷款试点工作等。二是落实税收优惠政策。落实企业研发费用所得税前加计扣除、企业职工教育经费扣除、高新技术企业所得税率优惠、创业投资抵扣应纳税所得额、技术转让所得税减免等企业所得税优惠政策，提升企业自主研发的积极性。三是完善创新法制环境。积极协调、推动有关科技法律法规的制定与实施。加强知识产权保护，加大对知识产权侵权和假冒行为的打击力度，规范知识产权市场秩序。在新材料、生物产业等战略性新兴产业领域科学制定技术标准，形成符合内蒙古实际、增加内蒙古战略性新兴产业技术创新话语权的技术标准体系框架。

建立科技合作机制，提升科技创新实力。一是建立部区市县四级联动合作机制。深化与科技部的“部区会商”合作，强化“部区会商”合作项目的实施，协调并争取利用国家层面的创新资源，解决急需的重大技术问题；深入推进与盟市进行的厅市会商合作，探索形成解决区域重大发展问题的会商模式，攻克重要的技术难题；完善部、区、市、县四级科技联动机制，有针对性地解决发展中的技术创新难题；加强自治区各部门之间的沟通与协作，形成跨部门整合和配置科技资源的合作机制，强化技术提升和有效转化。二是完善外部多层次合作机制。积极搭建与知名高校、中科院、工程院开展科技合作的平台，在科技开发项目、产学研结合、共建研发平台和人才培养与引进等方面开展多渠道、多层次、多形式的合作与交流。进一步延伸和落实内蒙古与发达省市的科技合作，创建不同类型的科技合作平台，开展科技项目合作；不断深化京蒙科技合作。积极推进国际科技合作，培育自治区级的国际科技合作基地，发挥中国（满洲里）北方国家科技博览会、二连浩特成果展、中蒙技术转移中心等对蒙、对俄科技合作与交流平台的作用，拓展和增强科研合作效果。

（二）构建战略性新兴产业金融支撑体系

发挥金融机构配给及信贷支持作用。一是加强政策性银行信贷支持力度。积极与国家开发银行内蒙古分行协商，充分发挥政策性银行功能，加大对战略性新兴产业的信贷支持力度，尤其对企业的种子期和成长期的早期阶段提供信贷支持，或通过提供担保、信托、参股等方式进行融资，发挥助推器的作用。二是建立信贷风险动态评估体系。引导国有商业银行建立信贷风险的动态评估体系，科学预测企业未来的成长能力、盈利状况和风险等级，通过金融产品创新加以支持，譬如建立全新的无形资产担保抵押方式，以知识产权、股权、产品品牌和技术成果等作为抵押以提供信贷支持，积极开展网上联保方式获得信贷资金。开展透支和贷款承诺业务，通过类似于远期合约的形式加大对中小型企业的授信贷款业务。三是适时成立科技发展银行。适时组建以财政投资为主的股份制科技发展银行，对科技创新型企业提供金融支持。科技发展银行除主要对科技创新型企业提供科技贷款外，同时还可开展科技创新成果的吸纳与转化、技术转移中介、技术信托投资、技术贸易等相关业务。对无力购买科技创新成果的企业，科技发展银行可通过贷款方式，或者与企业组建技术与资金合股形式的公司，联合开发产品，以达到科技创新转化为生产力的目的。

完善依托于资本市场的融资体系。一是加快企业上市融资步伐。围绕内蒙古战略性新兴产业的优势企业，制定鼓励企业上市融资、再融资及战略重组有关政策措施，推进内蒙古证券市场加快发展。通过发展增量资源和重组存量资源改善和优化上市公司整体结构，加大股份制改制的力度，从战略性新兴产业中选择一批有较强辐射力和带动力的企业作为重点，在资金安排、项目审批等方面予以积极扶持，助推进入创业板市场。二是发展壮大企业债券市场。通过改革与创新，发展壮大企业债券市场，减少政府干预，更多地发挥市场配置资源的作用，逐步放宽债券发行主体，打破地区界限，扩大发行范围，增加债券种类，鼓励更灵活的债券收益利率机制，放宽中小企业债券募集资金的使用限制和上市交易限制。三是大力发展内蒙古风险投资业。大力发展风险投资业和产业投资基金，发展和完善货币市场、保险市场。积极构建内蒙古区域金融中心，进一步发展和完善资产处置平台、股份转让系统，探索和完善场外转让，丰富市场的风险管理工具，研究适应多层次市场建设需要的交易制度创新，研究建立不同市场层次间的转板机制。构建投资者、创业基金和创业企业三位一体的完整创业资本循环体系，完善风险投资的 IPO、兼并与回购、清算等多种退出方式。

建立和完善信用担保长效机制。一是充分利用政府担保的“放大器”功能。政府担保在国外被称为创业投资的“放大器”。根据国外的实践，其放大倍数在 10—15 倍。内蒙古应适时设立创业投资担保公司，或设立贷款担保基金，为战略性新兴产业领域相关企业融资提供适当担保。二是鼓励发展股份制担保机构。适时成立以政府为背景、各类金融机构和企业参股的创业企业信用担保机构，专门从事对创业企业的信用担保业务。鼓励由各类创业企业（可形成联保关系）和金融机构等共同参股成立担保机构，政府在此基础上成立再担保机构。三是加大银行与担保机构之间的调配合作力度。为建立有效的风险分散机制，信用担保机构要与协作银行明确责任分工、担保资金的放大倍数、担保范围、责任分担比例、资信评估、违约责任、代偿条件等内容，在多方面进行深度合作。在开展中小企业信用担保业务时将银行的授信审查与担保机构的信用担保审查互补性地结合起来，降低对贷款企业情况重复评审的成本,以降低担保风险和银行风险,保证中小企业在最短时间内获得贷款。

建立社会化、市场化、多元化的资金投入体系。一是发挥政府引导资金投入的杠杆作用。依据内蒙古各地区发展战略性新兴产业的条件,以地方政府为主导,以股权投资等方式,设立各具特色的地区政策性创业投资引导基金,政府以参股等方式投入到市场化创业投资基金中,须强调一定的政策性和引导性,但不直接干预投资基金管理机构的日常经营、投资决策,确保其按照市场机制进行专业化运作。同时政府资金在投资基金中优先承担风险,最后分享利润,同时尽快解决创业投资的运作、退出与法律保障等机制,从而通过杠杆作用引导社会各方面资金的大量投入。二是鼓励民间资本进入创业服务领域。放宽民间科技类中介机构市场准入门槛,鼓励民间资本进入创业服务领域。从法律上保护民间资本的权益,大力发展社会化、市场化、多元化的内蒙古地区私募股权基金。广泛吸引民间资本和机构投资者,扶持民间资本设立创业投资企业,多渠道吸引民间资本介入战略性新兴产业领域,组织设立一批产业发展基金,逐步形成以民间投资为主体的创业投资运行体系,以动员更多的民间资金进入创业投资领域。三是拓宽外资创业投资渠道。引导和支持外资投向战略性新兴产业,丰富外商投资方式,拓宽外资投资渠道,不断完善外商投资软环境。扩大企业境外投资自主权,支持有条件的企业开展境外投融资。内蒙古支持战略性新兴产业发展的政策可同等适用于符合条件的外商投资企业。

五、保 障 措 施

(一)需求与供给相结合,着力完善市场环境

一是要创造市场需求,扩大市场应用规模。政府应按照"以新应用创造新需求,以新需求带动新产业"的原则,通过政策引导和扶持、政府采购和制定产品与服务指导目录、组织上下游产品街接和推广应用、协调新产品市场准入以及鼓励鼓励绿色消费、信息消费、健康消费等方式,使消费者能够积极主动接受战略性新兴产业相关产品,为新兴产品进入市场创造条件,开拓战略性新兴产业的市场空间。二是要完善市场准入制度,优化市场供给环境。建立

有利于战略性新兴产业发展的相关标准和重要产品技术标准体系，建立和完善以市场准入和运行监管为核心的监管体系，优化市场准入的审批管理程序，放宽战略性新兴产业市场准入政策，深化民间投资准入改革，鼓励各类企业投资战略性新兴产业，鼓励产业内价格适度竞争，优化新技术和新产品的应用环境。三是加强战略性新兴产业供给侧改革力度。着力加强供给侧结构性改革，提高战略性新兴产业提供的产品及服务品质，加强工业产品及生产性服务业的创新力度，增加优质高端产品和服务的供给。着力提高战略性新兴产业供给体系质量和效率，加强供给侧管理水平，加入绿色、低碳、循环元素，提高供给侧产品及服务的品质与认同度。

（二）传统与新兴相结合，拓宽产业培育路径

一是努力推进战略性新兴产业与传统产业协同发展。发展战略性新兴产业，不仅要注重新兴技术的产业化，推动新技术的应用和扩散，也要推进传统产业的高技术化，发挥高技术在推进传统产业升级换代中的作用，二者相辅相成，相得益彰。二是通过战略性新兴产业领域的新技术提升改造传统产业。遵循技术进步曲线，以传统产业为发展基础，注重技术发展的可承接性与产业升级的可操作性，实现传统工业与战略性新兴产业发展接轨，如拉开产业链、延伸上下游产业等，催生更多的经济增长点，推动相关产业升级、产品换代，优化产业结构，提高产业的效益和竞争力，促进发展方式转变，推动经济社会的全面发展和可持续发展。三是要尽量提高战略性新兴产业标准的向下兼容性。产业转型升级应有一个循序渐进的过程，在发展战略性新兴产业的同时，要防止因新标准各项性能指标过于超前，而造成新老标准的对立格局，控制新老产业更替的节奏，防止出现过大的真空期。同时要充分发挥传统产业的现有优势，以传统优势产业的经济效益支援发展战略性新兴产业。

（三）集聚与延伸相结合，增强产业成长活力

一是加强产业集聚区建设。依托资源优势和产业特色，按照“专业集聚、特点突出、功能完善、配套发展”的要求，建设一批战略性新兴产业基地，培育一批产业集群。重点建设呼和浩特、包头、通辽、赤峰、鄂尔多斯五大战略性新兴产业集聚区。引导产业园区完善基础设施和协作配套条件，发挥园区特色优势，突出主导产业发展。二是做长做强特色产业链。积极推动产业链规划的研究和论证，按照“因链施策、统筹推进”的要求，在纵向上查找各个产业链上的空白和短板环节，全力延伸产品链、技术链、价值链，打通各个产业链内部关键环节。在横向上通过优化产业布局，招商引资，上下游合作，促进跨产业合作，推动产业链企业间相互聚合、融合、耦合，最大限度释放倍增效应。三是促进区域经济技术合作。充分发挥不同地区的优势，鼓励各类创新要素跨行业、跨区域流动，优化区内战略性新兴产业布局，形成上下游配套、优势互补的产业发展格局。加强与周边省市合作，主动承接发达地区产业转移，支持重点龙头企业来我区投资设立分支企业、生产基地和科研示范基地。支持我区企业与周边省市高等院校、科研院所开展产学研战略合作，建立产业技术创新联盟。

（四）国有与民营相结合，构建产业创新主体

一是推动国有资本向战略性新兴产业集聚。调整优化国有资本布局结构，加强国企创新驱动和转型升级，有效推动国有资本向产业中高端、战略性新兴产业集聚，不断打造新产业、新业态。推进国有资产管理，企业法人治理和内部风险管控等体制机制改革，进一步激发国企在战略性新兴产业领域的竞争力。二是力促国有和民营领域协调配合。战略性新兴产业涉及产业较多，具有上百个细分产业，每个产业都有其自有特点。有的产业部门资金投入大、技术门槛高、投资回报周期长，一般应由国有资本进行支撑发展，而有的产业部门进入门槛较低，市场需求大，形势变化快，可利用民营资本进行有效补充。三是重视对民营中小企业的培育。应充分发挥中小企业对技术和市场的感觉更加灵敏的优势，重视中小企业创新活力和发展的多样性等特点，寻找更多的产业发展机会。响应和切实落实国家取消民营企业在新兴产业市场准入方面的限制，并要求战略性新兴扶持资金等公共资源对民营企业同等对待，解决民营企业在进入新兴产业遇到市场准入的“玻璃门”问题。

（五）政策与规划相结合，引导产业发展方向

一是加强宏观引导。从内蒙古实际出发，确定和调整内蒙古战略性新兴产业的类别，形成对战略性新兴产业甄选和评价的动态机制，避免盲目发展和重复建设。强化行业和企业自律，发挥行业协会在企业投资、经营决策方面的指导、协调和监督作用。加强市场信息预警与引导，定期向社会发布战略性新

兴行业产能规模、产能利用率及生产、技术、市场发展动向等信息。二是加强政策调控。加强财政与金融支持力度,提高战略性新兴产业专项资金的使用效益,完善产业税收优惠政策,对符合鼓励类产业目录的企业实施税收减免、退税政策。切实保障土地供应,优先保障战略性新兴产业建设用地供给。将矿产资源、风光资源和水电资源向战略性新兴产业优先配置。三是加强规划引导,强化组织实施。成立由自治区发改委、科技厅、财政厅等有关部门参加的战略性新兴产业发展协调小组,及时制定出台有关政策措施,加强统筹协调和督促落实,对发展战略性新兴产业的相关部门明确工作目标和落实工作责任,形成合力推进战略性新兴产业发展。逐季对新兴产业发展状况和重大项目进展情况进行调度和通报,将地区与部门推进战略性新兴产业情况纳入政府考核体系。

第六章

内蒙古农村牧区一二三产业融合发展研究

深化结构性改革，实施创新驱动激发“双创”活力，推动农村一二三产业交叉融合，是促进农业现代化与新型城镇化相衔接，推进农业增效、农民增收和农村繁荣的重要举措。内蒙古作为农牧业大区，加快一二三产业融合发展，对于解决新时期“三农”问题，具有重大战略意义。

一、研究背景及意义

（一）基本内涵

一二三产业融合发展的概念，不是我国首创，早在20世纪90年代在国外已有倡导。随着我国经济社会的发展和农牧业现代化的推进，一二三产业融合发展也提到了我国“三农”问题的议事日程，成为农牧业领域的焦点之一。但在不同阶段、不同背景下，人们对一二三产业融合发展具有不同的理解和诠释。

1. 第六产业

20世纪90年代，日本东京大学名誉教授、农业专家今村奈良臣，针对日本农业面临的发展窘境，首先提出了“第六产业”的概念。就是通过鼓励农户搞多种经营，即不仅种植农作物（第一产业），而且从事农产品加工（第二产业）与销售农产品及其加工产品（第三产业），获得更多的增值价值，为农业和农村的可持续发展开辟光明前景。因为按行业分类，农林水产业属于第一产业，加工制造业则是第二产业，销售、服务等为第三产业。因“1+2+3”等于6，

“1×2×3”也等于6的原理,称之为“第六产业”。

虽然123加乘都等于6,但是“第六产业”的内涵不能只从算数角度理解,“第六产业”的概念从产业角度包含了三次产业的横向联系和互为条件的关系,也明确解释了农业可持续发展的重要路径。

2. 农村经济“4.0”

2016年1月8日,国家发展与改革委员会召开的发布会上,农村经济司副巡视员邱天朝对《国务院办公厅关于推进农村一二三产业融合发展的指导意见》进行解读并表示,促进农村一二三产业融合发展实际上是“农村经济的4.0”,对促进农民增收和全面建成小康社会有不言而喻的作用。在他看来,农村产业融合与此前发展的乡镇企业、农业产业化有着相通之处和不同之处。邱天朝认为,如果传统市场简单交换情况下的产业关系,是农村经济的1.0版;20世纪80年代发展的乡镇企业可以理解为农村经济的2.0版;20世纪90年代以来,农业产业化经营可以作为农村经济的3.0版;现在推进农村一二三产业融合发展,简单来说就是农村经济的4.0版。

虽然“农村经济的4.0”借鉴了工业经济的阶段特征,但从农业经济的发展现实看,“农村经济的4.0”的表述具有一定的历史含义,也突出了农业经济发展的阶段过程。

(二)时代背景和意义

1. 一二三产业融合发展事关“三农”,已引起中央高度重视

中央一号文件连续2年聚焦“一二三产业融合发展”问题。2015年一号文件第一次把“农村一二三产业融合发展”写入中央文件,并作为一项促进农民增收的重大政策和措施。其中重点提出:“增加农民收入,必须延长农业产业链、提高农业附加值。”2016年一号文件又一次聚焦“农村一二三产业融合发展”问题。产业融合发展作为2016年乃至今后一段时期“落实发展新理念,加快农业现代化,实现全面小康目标”以及农业供给侧结构性改革的重大任务之一,从推动农产品加工业转型升级、加强农产品流通设施和市场建设、大力发展休闲农业和乡村旅游、完善农业产业链与农民的利益联结机制等四个方面进行了安排和部署。近期,国家十三五规划建议也提到,着力构建现代农业产业体系、生产体系、经营体系,提高农业质量效益和竞争力,推动粮经饲

统筹、农林牧渔结合、种养加一体、一二三产业融合发展，走产出高效、产品安全、资源节约、环境友好的农业现代化道路。2015 年底，国务院办公厅出台《关于推进农村一二三产业融合发展的指导意见》，首先充分肯定一二三产业融合发展对“三农”的重要意义，并从发展多类型农村产业融合方式、培育多元化农村产业融合主体、建立多形式利益联结机制、完善多渠道农村产业融合服务、健全农村产业融合推进机制等 5 个方面安排部署了 24 项具体任务和措施，是引领我国农村一二三产业融合发展的纲领性文件。至此，“农村一二三产业融合发展”已成为我国“十三五”时期农业现代化建设的重点任务之一，也成为推进农业转变发展方式、加快农业供给侧结构性改革的重大思路创新，也是切实保障农民增收的重大战略举措。

2. 一二三产业融合发展事关“补短板”，需要全社会高度关注

全面建成小康社会是实现中华民族伟大复兴中国梦的阶段性目标，也是党中央和国务院向全世界和全国人民提出的重大承诺，是“十三五”时期，全国人民携手共进，必须全方位、高质量实现的梦想。农业是实现中华民族伟大复兴中国梦的基础，也是支撑，更是关系到梦想能否实现和梦想实现的速度、质量和品位。但农业现代化目前仍是国家现代化的突出“短板”。习近平总书记提出，小康不小康，关键看老乡。全面建成小康社会的“短板”不仅在农业，也在农村和广大农民。农村农业农民是保障国家经济持续健康发展的“压舱石”，是调节劳动力就业的“蓄水池”，是扩大消费的新增长点。抓紧补上这个“短板”、突破这个“难点”，不仅是农民增加收入、农业转型升级、农村全面繁荣的需要，也是我国经济发展适应新常态、稳定市场信心、扩大回旋空间、应对风险隐患的底气所系。所以，农村一二三产业融合发展是联系“三农”，涉及全面小康，关系中国梦的重大战略举措，是我国“十三五”时期大力推进、全面推动的一项重要工作。

3. 一二三产业融合发展事关我区农村牧区全面小康，是必须全力推进的一项重大任务

内蒙古是我国农牧业大区，但是农牧业大而不强，内蒙古农牧业、农村牧区与全国一同面临补齐“短板”、突破“难点”的困难和问题。一是内蒙古农牧民收入水平一直低于全国平均水平。2015 年内蒙古农村牧区常住居民人均

可支配收入虽然超过万元大关,但是仍低于全国平均水平646元。2014年,内蒙古农牧民收入结构中经营性收入占58.86%,是农牧民的主要收入来源之一。经营净收入中三次产业净收入分别占到89.34%、1.63%和9.03%,从第二产业和第三产业获得的收入只有百分之十左右,占的比重很低,但是也可能是农牧民扩大经营净收入的巨大空间。二是农牧业面临"三板"夹击。随着我区农牧业生产成本的逐年提升、市场萎缩、国外低价农畜产品的涌入和资源环境约束力的加剧,农畜产品成本高地板、价格天花板和资源环境硬夹板的"三板"效应已经越来越明显。三是城乡区域差距仍然较大。因长期存在的城乡二元结构,导致了城乡经济、社会、公共服务等全领域的较大差距。其中,经济差距是城乡差距的形成和长期存在的主要原因。只有农村牧区一二三产业融合发展,才能释放农牧业经济的活力的同时,带动农村牧区二三产业的协调发展,加快城乡差距的缩小。四是内蒙古农牧业供给侧结构性矛盾也较为突出。2015年内蒙古玉米和羊肉出现严峻的价格下滑"危机",引起社会的广泛关注,其根本原因是供给与需求的矛盾,也就是内蒙古农牧业在新常态下面临着供给侧结构性改革的压力和挑战。因此,无论是"三农三牧",还是新常态下的供给侧结构性改革,或是全面建成小康社会都与产业融合具有必然的联系,"十三五"时期,内蒙古农村牧区一二三融合发展势在必行。

(三)理论背景和意义

1. 一二三产业融合发展是农村生产关系对生产力的主动适应

马克思在政治经济学中强调,生产力决定生产关系,生产关系要适应生产力,在二者的辩证关系中,生产力居支配地位、起决定作用。随着我国农牧业基础设施、装备、科技等条件的改善和提升,农牧业生产能力逐年提升。但是小农经济为主导经营制度,无法适应农畜产品信息化大市场,出现农牧民与大市场的经济关系不协调现象,出现企业与农牧民的信息不对称、话语权不对等的问题,各地连年出现农畜产品"卖难"现象,影响了农牧民的生产积极性,也阻碍了农牧业生产力的持续提升。例如,近年来内蒙古马铃薯、玉米、羊肉等产品连续出现"卖难"现象,农牧民收入受到直接影响。农村一二三产业融合发展可通过产业链途径,农牧民与二三产业经营主体的企业融为一体,消除和减弱信息不对称、话语权不对等问题,理顺农牧民与市场的经济关系,进一步适应快速发展的农牧业生产力，进而推进农村生产力的发展。从生产力和生产关系的视角看，一二三产业融合发展不仅有利于理顺农牧业内部的生产力与生产关系，也能促进整个农村的生产关系与生产力的协调优化。

2. 一二三产业融合发展是农牧业供给侧结构性改革的重要途径

2015 年，中央经济工作会议强调，要着力推进供给侧结构性改革，推动经济持续健康发展。这标志着中央以供给侧结构性改革作为我国经济改革与发展的主轴，引领经济新常态，推进国家宏观管理的着力点和政策的根本性调整。回顾世界经济史，从美国 1929 年的大萧条、日本 1997 年银行危机、韩国 1997 年经济危机、美国 20 世纪 80 至 90 年代储贷危机等严重金融危机的经验看，扩大需求的财政刺激政策短期内有效，美国和英国以减税为主的供给改革在金融危机条件下具有更大的乘数效应。但是，目前我国经济出现经济增长速度换挡期、结构调整阵痛期、前期刺激政策消化期"三期叠加"的阶段性特征，如果继续实施短期措施，将对我国经济是雪上加霜。所以，可以说供给侧结构性改革是中国特色宏观调控理论的创新。从目前我国供给和需求矛盾看，供给侧结构性矛盾，不只是在工业产品中存在，在农产品中也普遍存在，就是体现在农产品的卖难问题上。2016 年一号文件把创新、协调、绿色、开放、共享的五大发展理念和供给侧结构性改革作为两条主线，贯穿整个文件中，并把"推进农村产业融合，促进农民收入持续较快增长"作为重大任务之一。一二三产业融合发展对农牧业供给侧结构性改革具有很强理论和现实意义。

二、我区一二三产业融合发展的条件

（一）我区一二三产业融合发展具备了良好基础

农牧业产业化作为农村牧区经济的 3.0 阶段，是我区一二三产业融合发展的重要基础。2001 年，自治区第七次党代会提出了实施工业化、农牧业产业化和城镇化的重大发展战略，以三化互动为目标，加快推进了农牧业产业化发展。内蒙古农牧业通过十多年的快速产业化发展，为一二三产业的融合发展奠定了良好的制度、产业、机制基础。

一是制定多项制度和政策文件，提升了一二三产业融合发展的制度保障能力。近年来，自治区党委、政府产业化发展作为实现农牧业现代化的重要抓手，积极扶持引导，相继出台了《关于引导农村牧区土地、草原经营权有序流转发展农牧业适度规模经营的实施意见》、《关于推进农牧民合作社持续规范发展的意见》、《关于支持农牧业产业化龙头企业发展的意见》、《关于深化农村牧区改革建立完善领军企业与农牧民利益联结机制的意见》等多项政策措施，极大地激发了农村牧区经济发展活力。

二是绿色农畜产品生产能力明显提升，使一二三产业融合发展的产业基础更加稳固。经过乳业、羊绒、肉牛、肉羊、玉米、小麦、水稻、高油大豆、马铃薯、番茄（红干椒）10个重点产业集群和具有比较优势产业聚集带的建设，形成了年加工转化粮油1600万吨、牛奶1000万吨、肉类260万吨、羊绒2.2万吨、马铃薯360万吨的生产能力。2014年，我区“三品一标”（无公害产品、绿色食品、有机食品、农产品地理标志）农产品达到2038个，仅2014年新认定无公害农产品产地182个，产品393个，无公害农产品年生产总量达1072.72万吨。

三是培育壮大一批龙头企业和知名品牌，提升一二三产业融合发展的带动力。2014年，全区销售收入500万元以上农畜产品加工企业1790家，实现产值3847亿元，增长10.7%；实现销售收入3780亿元，增长9.4%；实现增加值1126亿元，增长9%。其中，国家级农牧业产业化重点龙头企业38家、自治区级重点龙头企业556家、上市公司12家，还引进了山东阜丰、江苏雨润等区外重点龙头企业，世界500强企业雀巢集团也在我区落户。农畜产品加工率达到57.6%，农畜产品中国驰名商标达到59件。全区交易额500万元以上农畜产品流通企业和专业市场总数达到387家，实现交易额714亿元。农牧民人均产业化经营纯收入4390元，占农牧民人均可支配收入的44%。

四是龙头企业与农牧户形成多元合作方式，拓宽了一二三产业融合发展的空间。在农牧业产业快速发展带动下，农牧业企业与农牧户之间的合作方式不断得到创新和改进，由单纯的企业+农牧户合作方式逐渐发展为企业+经纪人+农牧户、企业+合作社+农牧户、企业+政府+农牧户、企业+基地+农牧户、企业+基地+合作社+农牧户、企业+银行+合作社+农牧户、企业+银行+协会+合作社+农牧户等7种合作模式，经纪人、合作社、产业基地、政府、银行等逐步参与到合作中，为一二三产业融合发展提供了多种融合模式。

五是农牧民与龙头企业的利益联结机制逐步完善，带动农牧民参与一二三产业融合发展的积极性。通过更加紧密、复杂、多样的合作方式，龙头企业和农牧民利益联结机制由原来简单的收购关系逐步向合同契约关系、合作制、股份制等现代企业组织形式演变，农牧民参与产业化经营和开拓市场的组织化程度不断提高。据统计，全区有213万户以上农牧民进入产业化经营链条，占全区农牧户总数的59%以上；通过农产品收购和企业务工收入，农牧民人均实现纯收入4390元以上，占农牧民人均纯收入的44%以上，全区龙头企业与农牧民建立紧密利益联结的比例达到30%。

（二）我区已形成一二三产业融合发展的多种探索

在长期的农牧业现代化发展过程中，内蒙古积极推进“以城带乡、以工促农”方针，在一二三产业协调发展、互动发展、融合发展方面进行了长期、持续、广泛的有益的探索，形成了一些一二三产业融合发展的雏形或形式。

一是农牧业带动型。合作社、专业大户、科技带头人等新型农牧业经营主体，通过农畜产品生产，逐步带领农牧民参与一二三产业活动中，延长产业链，提高附加值，增加农牧民收入。例如，内蒙古赛诺草原羊业有限公司以“公司+基地+合作养殖户”的经营合作关系，依托高新科技，集优质种羊繁育、肉羊育肥（天然牧场）、蒙杜牌肉品销售、饲草料种植加工、养殖示范推广、技术服务于一体，逐步发展成为乌兰察布市农牧业产业化经营重点龙头企业。再比如，赤峰市喀喇沁旗河南街道马鞍山村2009年成立了喀喇沁旗蒙弘山葡萄专业合作社，社员370户，2013年合作社筹建了赤峰金马鞍葡萄酒业有限责任公司，年加工山葡萄2500吨，带动合作社社员人均增收7500元。2014年组织成立了旅游合作社，现有农家院10户，年接待游客30万人次，每户年增收近20万元。

二是农畜产品加工业带动型。农畜产品加工企业为了满足原料需求，加强农牧民的合作或建立基地，同时为了占领市场，加强销售环节建设，发展成为集农畜产品生产加工销售于一体的龙头企业。以伊利模式为代表，以加工业为基础，以新产品新品牌扩展市场份额积累资金，经过股份制改造成功上市，继而扶持带动农户发展奶牛养殖业，成为自治区乃至全国奶业的领军龙头企业。为保证奶源和产品质量，进而又建立自有牧场，转而成为鲜奶生产、加工、销售一体的企业。

三是休闲旅游带动型。企业以休闲观光旅游为主题,发展休闲观光农牧业。例如,乌海市金沙湾生态旅游有限责任公司在黄河沿边金沙湾地区建设特色餐饮文化休闲区、葡萄园种植观光区、沙漠休闲娱乐区、花卉苗木种植观赏基地和珍稀植物保护观赏区为一体的休闲旅游区,并围绕休闲旅游开展种植、特色动物养殖、珍稀植物培育等业务,发展成为休闲农牧业型企业。

四是全产业链型。企业经营、合作领域涉及从田间地头到百姓餐桌的全产业链,最大限度提高农畜产品的附加值。例如,巴彦淖尔市巴美肉羊养殖开发有限责任公司,自 2001 年开始公司在荒漠沙地上投入资本 4 亿元进行标准化、规模化、工厂化现代肉羊养殖,目前已经成为国内规模最大的集肉羊繁育、养殖、饲料加工、粪肥加工、沼气发电、屠宰深加工、互联网品牌销售为一体的肉类加工企业,吸引了万名农民从事肉羊养殖。同时,企业通过种羊繁育、疫病防治、金融贷款和农业旅游等,形成了横跨一二三产业的产业链条。

三、"十三五"时期我区一二三产业融合发展的重点

(一)构建融合发展的现代产业体系

1. 延伸农牧业产业链,推动农畜产品加工业转型升级

自治区"十三五"建议中提出,"发展农畜产品加工业,推进产业链和价值链建设,开发农牧业多种功能,提高农牧业综合效益。支持乳肉绒龙头企业走向世界"。从建议的提法上我们可以看出,自治区今后五年,会下大力气发展农畜产品加工业,尤其是全产业链建设方面将会加大建设力度。"十三五"时期,我区要创新农畜产品加工技术,努力在农畜产品初加工、精深加工和综合利用三者协调发展方面取得突破,提高农畜产品加工的转化率和附加值,进一步增加农牧民收入。

一是要全力进行农牧业全产业链整合。立足于我区纯天然无污染的优势,依靠全产业链运作模式的资源、技术,有效整合产业链上各环节的优势资源,实现我区农畜产品从"田间到餐桌"的全产业链打造。

二是要不断巩固龙头企业的市场主体地位,使其能够最大化地调动资源要素,使龙头企业保障自身效益的同时,也能保证与其合作的农牧户、科技组

织和社会的共赢，以更好的实践全产业链整合模式。通过龙头企业整合产业内外部资源，把握产业链的上下游关键的两段，促进整个链条上下游的有机互动与连接，推进农牧业经济效益、社会效益的最大化。

三是要加强政策引导，支持农畜产品精深加工业发展，促进其向优势产区和关键物流节点集中，加快消化粮食库存，支持粮食主产区发展粮食深加工，形成一批优势产业集群。支持农村牧区特色加工业发展，培育一批农畜产品精深加工领军企业和国内外知名品牌。

2. 完善流通设施和市场建设，健全农畜产品流通体系

健全现代农畜产品市场流通体系，在流通体系中增加农牧民分成比例，是当前一段时期内农牧业发展的重点任务之一。

一是完善农牧业流通体系建设。我区要继续注重农畜产品批发市场体系的建设，架构流通骨干网络，不断加强我区粮食仓储物流设施建设。加快农畜产品冷链物流体系建设，支持优势产区产地批发市场建设和产品预冷工程，推进市场流通体系与储运加工布局有机衔接。推进降低农畜产品物流成本行动。推动公益性农畜产品市场建设。

二是推进农村牧区电子商务发展。加快发展农村牧区电子商务，形成线上与线下融合、农畜产品进城与农资和消费品下乡双向流通格局，提高农村牧区网络覆盖度，加快实施“互联网+”工程，支持商贸流通、供销、邮政等系统物流服务网络和设施建设与衔接，加快县乡村三级物流体系建设。推进农村牧区电商服务体系建设，继续支持大型电商平台企业开展农村牧区电商服务。

三是加大政策扶持力度。各盟市建设用地指标中单列一定比例，专门用于新型农牧业经营主体进行农畜产品加工、仓储物流、产地批发市场等辅助设施建设。健全农畜产品产地营销体系，推广农超、农企等形式的产销对接，鼓励在城市社区设立鲜活农畜产品直销网点。

3. 拓展农牧业多种功能，大力发展休闲农牧业和乡村旅游

“十三五”时期，内蒙古要加强统筹规划，推进农牧业与旅游等相关产业深度融合。依托内蒙古大草原、大森林、大湖泊等资源，积极发展休闲度假、旅游观光、养生养老、农耕体验、游牧体验、边境体验等，使之成为我区新兴的支柱产业。建设一批具有历史、地域、民族特点的特色旅游村镇和乡村旅游示范

村，有序发展新型乡村旅游休闲区域。

一是完善休闲农牧业体系建设。加强农牧业与旅游产业深度融合，充分利用推进“十个全覆盖”工程的大好时机搞好基础设施建设。着力推进休闲农牧业点连接交通干线的农村公路建设和交通旅游标识建设。完善特色餐饮、住宿、购物、娱乐、信息、文化教育等配套服务设施，不断提高休闲农牧业经营主体的发展质量。加大信息化培训与应用力度，全面提高休闲农牧业管理人员和从业人员的信息化意识与技能。实施休闲农牧业示范点创建行动。

二是选好项目主题。扶持以龙头企业、农牧民发展休闲旅游业合作社、农牧民合作社为主体，以蒙元文化、草原文化、林区文化、三少民族文化、冰雪文化、农耕文化为依托，开展农家乐、牧家乐、林家乐、休闲农庄、休闲农牧业园区、休闲主题农牧业园、民俗村等旅游项目，积极创建一批休闲农牧业示范园（基地）。注重特色景区和森林景区的建设，继续开发休闲农牧庄、特色民宿、自架露营、户外运动等乡村度假产品。

三是建立健全休闲农牧业服务体系。引导和支持社会资本，开发农牧民参与度高、受益面广的休闲旅游项目。实施休闲农牧业和乡村旅游提升工程、振兴中国传统手工艺计划，重点培育一批品牌休闲企业、名优特色商品品牌等，提升内蒙古休闲农牧业的知名度和竞争力。加强休闲农牧业监管体系建设。加强休闲农牧业信息化公共服务平台、专业人才培养等方面的建设，建立健全休闲农牧业服务体系。

4. 发展农牧业新型业态，促进提质增效

“十三五”时期，内蒙古要实施“互联网+现代农牧业”行动，推进现代信息技术应用于农牧业生产、经营、管理和服务，鼓励对大田种植、畜禽养殖等进行物联网改造。

一是内蒙古重点要抢抓发展机遇，加快将新技术、新模式等引入农牧业，推进农村牧区一二三产业融合发展，延伸农牧业产业链条，让农牧民既能获得生产环节利润，又能获得农畜产品加工等高附加值环节的利润，加快农牧民致富步伐。

二是要抢抓“互联网+”机遇，加快电子商务、物联网应用、云计算、大数据、信息分析模拟、冷链物流等技术在农牧业生产、流通、销售中的应用，积极利用电商、物流等现代商业模式对农牧业生产经营方式进行改造，重点发展

"互联网+农牧业+深加工"、"互联网+农牧场+配送"、"互联网+农牧业+休闲观光旅游"等模式，推动现代农牧业升级发展。

三是大力发展休闲农牧业和乡村、牧区旅游，打造农牧业与文化生态休闲旅游融合发展新业态，促进休闲观光农牧业提质增效。

5. 引导产业集聚，突出特色农牧业发展

产业集聚发展是融合发展的有效条件。"十三五"时期，我区加快产业布局优化组合，在优势区域形成一批特色产业集群，带动产业融合发展。

一是"十三五"时期内蒙古要在具备条件的地区，创建一批农牧业产业化示范基地和现代农牧业示范区，完善配套服务体系，形成一批农畜产品集散中心、物流配送中心和展销中心。按照自治区"8337"的发展思路，加快建设国家重要的农畜产品生产加工输出基地的要求，重点打造一批龙头企业，整合资源实现生产加工集群化，支持优势龙头企业进行企业联合重组，实现优胜劣汰，打造行业领军企业。加强基础设施建设，推进以产业园区建设为主的加工基地建设。通过地区资源和生产要素的整合，形成龙头企业主导、大中小企业协作、上下游产业联动的优势产业集群。

二是"十三五"时期内蒙古要扶持发展一乡(县)一业、一村一品，加快培育农村牧区手工艺品和农村牧区土特产品品牌，推进农畜产品品牌建设。充分发挥内蒙古农畜产品的"天然、有机、生态、绿色、安全"等特点，着力建设县域农畜产品加工园区，形成集聚效应，推动特色食品、民族服饰、民族工艺品的集散交易。初步建立产品标准化及质量保障体系，培育农牧副特、民族手工艺品、民族服饰等产品品牌。

(二)培育多元化农村牧区产业融合主体

1. 强化农牧民合作社基础作用

农牧民专业合作组织是联结龙头企业和农牧户的重要中间组织。培育规范合作社，有助于更好发挥其联结龙头企业和农牧户的纽带作用。自治区"十三五"建议强调，坚持和完善农村牧区基本经营制度，加快构建现代农牧业产业体系、生产体系、经营体系，提高农牧业质量效益和竞争力。

一是要建立健全制度，完善运行机制。按照"民办、民管、民受益"的原则，积极引导农牧民专业合作组织完善章程和制度，健全民主管理、利益分配和财务公开机制。以合同契约的方式规定合作组织与成员的权利、义务、收益分配。通过引入现代企业经营管理机制、聘请管理和财务人员的办法，完善财务运行机制。探索建立健全合作组织自我发展机制，保障成员对组织内部事务的知情权、参与权、决策权和监督权。形成以人为本、多要素结合的“和谐、生态环保、互惠”的合作机制。

二是要积极开展农牧民合作社法人培训工程。通过科技、法律、市场经济等系统知识培训，提升合作社法人经营素质，增强契约精神和诚信意识，在保障合作社利益的同时，也要承担相应社会责任，从而更好地发挥合作社的多重作用，既能带动农牧民致富、提高农牧民的组织化程度，又能发挥合作社经济意义和社会意义的双重价值。

三是要积极提供资金支持和金融服务。将合作社发展资金纳入财政预算，每年安排一定资金用于合作社发展。金融部门要扩大合作社产权担保范围，降低信贷门槛。建立农牧业项目向农牧民合作社倾斜机制，可以由合作社承担的农牧业基础建设项目要安排给合作社，形成的固定资产可作价变股。

四是要加大政策扶持力度。将农牧民合作社作为国家支农惠农政策的有效载体，鼓励和支持符合条件的合作社参与申报和实施农牧业项目。鼓励引导工商资本到农村牧区与合作社联合发展适合企业化经营的现代种养业，开展产前、产中、产后的农牧业社会化服务。同时建立严格的工商企业租赁农牧户承包地的准入和监管制度。落实优惠政策，在项目建设、土地使用、税收减免、技术指导、人才培养等方面给予合作社更多的支持。采取以奖代补、直接补助、贷款贴息、参股、担保等多种方式引导社会资金参与支持合作社发展。

2. 发展专业大户和家庭农牧场

自治区“十三五”建议中提出，坚持农牧民家庭经营主体地位，培育农牧业龙头企业、专业大户、家庭农牧场、农牧民合作社等新型农牧业经营主体，发展多种形式适度规模经营的要求。所以，“十三五”时期各经营主体将遇到前所未有的发展机遇，得到快速发展。专业大户和家庭农牧场是专业化的农牧户，是商品农畜产品的主要提供者。由于农牧业经营收益是其主要经济来源，决定了专业大户和家庭农牧场更加注重经营效益。据专家预测，未来15—20年以家庭经营为基础的农牧业经营体制将会重构，专业大户和家庭农牧场将逐步取代传统小规模农牧户成为家庭经营的基础力量，也将成为一二三产业融合的基础力量。因此，我区下一步一方面要注重专业大户、家庭农牧场与市场的连接，通过提供信息服务、加强组织化程度等方式，促进产销对接；另一方面，要引导专业大户、家庭农牧场自身延长产业链条，发展初加工、地产地销等产业形态，促进产业融合。

3. 发挥龙头企业引领示范作用

结合实际，未来我区还要扶持农工商联合型发展模式，重点扶持龙头企业发展。

一是要加快培育领军企业，促进产业集群发展。要继续支持农畜产品加工龙头企业进行体制机制创新，调整优化企业股权结构和法人治理结构，提升经营管理水平。引导家族式企业向现代企业制度转型，加快推进企业资本社会化、管理专业化和公司治理结构规范化，提升其适应现代化生产与管理的水平，实现企业转型升级。加大产业整合力度，支持优势龙头企业进行企业联合重组，实现优胜劣汰，打造行业领军企业。建议各级政府大力培育本土企业，要有针对性地培育信得过、留得住、发展潜力大、示范带动强的本土企业。在一定区域范围内，按照专业化分工的要求将上下游各类主体有机连接在一起，通过分工协作，降低交易成本，实现协同发展。推进一二三产业融合，也可以借鉴产业集群的思路，在农畜产品生产优势区域发展加工和流通园区，配套相应的科研、培训、信息等平台，形成生产、加工、流通互为支撑、相互配套的产业综合体。

二是要加大金融支持力度，积极改进财政扶持方式。要尽快创新农村牧区金融产品，发展可循环使用信用额度、开展季节性收购贷款试点，实行灵活的贷款期限。发展保单、仓单等质押贷款，推广林权、商标权、知识产权、股权抵（质）押贷款，探索活畜抵押制度。积极改进财政扶持方式，减少直接补贴，更多地运用担保、贴息、风险补贴、入股等方式，充分发挥凝聚市场资源的作用。自治区要加快农牧业投融资担保公司建设，通过建立风险基金担保公司的形式形成政府、企业和担保机构风险共担的机制，建立具有鲜明农牧业特色的担保业务运作模式，优先为与农牧户利益联结机制紧密、带动农牧户能力强的龙头企业提供担保服务。

承包经营权分离的基础上,进一步推进土地承包权和经营权的分离。着力推进农村金融体制改革,深入开展农村牧区产权抵押融资,创新土地承包经营权、大型农牧业基础设施等抵押方式,解决工商业主融资难的问题。一个地区、一个盟市对引入的社会资本要进行有效配置,有计划、有重点培养特色产业,真正做到农牧业的“一二三”产有机融合,发挥农牧业的最大效益。要把社会资本项目和目前的新农村牧区建设项目进行有机结合,真正把农牧民融入企业,实现土地草牧场的有效流转。

三是各级党委、政府要尽快研究出台鼓励社会资本投资农牧业的扶持政策,在用地用电、金融信贷、项目立项、开通农畜产品“绿色通道”等方面给予扶持。各地要明确产业导向,积极鼓励工商资本创建加工型、流通型、服务型等各类农牧业龙头企业,对龙头企业的技改项目、精深加工项目和先进设备、种子种苗引进给予一定的贴息扶持,并给予一定的税收优惠。全面推行农牧业政策性保险,不断扩大险种范围,解决工商资本投资承受“双重”风险的后顾之忧。同时,要加大对农牧业基础设施建设的投入,改善农牧业生产条件和投资环境。

(三)健全龙头企业与农牧民利益联结机制

推进农村牧区一二三产业融合发展,核心是建立产业融合发展的利益协调机制,保障农牧民和经营组织能够公平分享产业融合中的“红利”。

1. 规范发展松散型利益联结方式

目前,我区农牧业现代化水平仍处于较低水平,产业链发展不足,农牧民与农牧业龙头企业的联结关系中收购方式为主的松散型利益联结方式较为普遍,在短期内难以转变。其中,农牧业收购或加工企业根据市场行情和生产需要,在市场上随机从农牧民或经纪人手中收购原料。双方不预先签订合同,自由买卖,价格随行就市,完全通过市场价格竞争发生交易。

据农牧业部门统计,2014 年,全区 2/3 以上的农畜产品加工企业采取松散联结方式。例如,通辽市梅花生物科技有限公司和呼伦贝尔东北阜丰生物科技有限公司,每年两家企业可加工玉米近 300 万吨左右,公司的原料直接从农牧户中收购,收购价格高于市场 0.2 元/斤左右,随到随收。这种利益联结关系虽然农牧户与龙头企业都可凭自己的意愿自由决定交易对象,并选择出适宜的对象,获取较为满意的市场利益。但在交易过程中,广大农牧户处于原料提供地位,需要独立承担市场波动所带来的风险,利益会因市场低迷而受到伤害。

“十三五”时期,我区要加大市场监管、农畜产品价格监督和管理,防治以次充好、以假乱真、垄断压价等现象的出现,建立规范的市场环境,保护好农牧民的利益。

2. 鼓励发展半紧密型利益联结方式

合同关系为主的半紧密型利益联结方式,是我区农牧民与龙头企业利益联结机制的重要形式。一般由企业根据自己对农畜产品的需要,同农牧民签订合同,通过规定交售农畜产品的品种、质量、时间、价格、农牧民义务以及龙头企业承诺的服务内容和项目等实现利益分享。企业和农牧民联系紧密程度可由合同确定的责任权利义务确定。例如,巴彦淖尔市维信羊绒公司在原料收购商采取“最低保护价、二次结算、低补高不退”的收购方式,企业收购原料后,如果原料价格上涨,企业将按照高出市场价给农牧户进行二次核算,补齐差价,使农牧户不因早出售原料而受到损失;如市场价格下跌,企业仍按照协议保护价进行收购,最大限度地保护农牧民经济利益,解决了农牧民卖难和企业原料收购难的“双难”问题,避免了羊绒价格战和农牧户掺杂售假现象。

合同型利益联结机制具有广泛的适应性,通过“保底收购”和“保质、保量收购”等措施,农牧户经营的不确定性因素相对减少,有效调动农牧民发展优势农畜产品的积极性,同时企业的生产原料得到有效保障,也有利于企业为农牧户提供产前、产中、产后服务。

“十三五”时期,各级政府要鼓励发展合同规范的“订单农牧业”,在政策扶持、典型示范、组织协调、强化管理等方面给予引导和支持。加强各级农牧业、财政、工商、银行、科技、技术监督等部门的配合,为“订单农牧业”发展营造良好环境。鼓励企业创新发展“订单农牧业”,带动农牧民进入市场。

3. 全力推进紧密型利益联结方式

以股份制为主的紧密型利益联结方式,是一种比较理想的农牧业产业化组织形式,也是企业与农牧户利益联结的高级形式。由于我区属于欠发达地区,农牧业产业化水平依然不高,紧密型联结方式还处于起步阶段。

“十三五”时期,各地贯彻落实自治区《关于深化农村牧区改革建立完善龙头企业与农牧民利益联结机制的意见》,创新利益联结模式,构建“风险共担、利益均沾”的利益共同体,2020年全区龙头企业与农牧民建立紧密利益联结的比例达到70%。各地以股份合作较为便利的农牧民专业合作社为突破口,鼓励农牧民合作社开展土地、劳动力、资金、技术等要素入股,发展股份合作,采取“保底收益+按股分红”等形式,让农牧户分享加工、销售环节收益。同时,推进龙头企业与农牧民股份合作,引导农牧户自愿以土地经营权等入股龙头企业建立健全风险防范机制,让农牧户分享延伸收益。

4. 保障农牧民合法权益

各级政府定期组织有关部门、龙头企业、农牧民代表召开协调沟通会,及时掌握并帮助协调解决龙头企业与农牧民利益联结中存在的困难和问题。加强“12316”农牧民投诉热线管理,做好投诉和协调解决问题的建档工作。加快构建经营主体诚信体系,巩固和完善“合同帮农”机制,为农牧民和涉农涉牧企业提供法律咨询、合同示范文本、纠纷调处等服务,加强法律保障。

四、提升农村牧区产业融合的保障能力

(一)突出政策保障地位

我区一二三产业融合发展取得了一定的成就,但也存在一些问题。例如,目前具有一二三产业融合发展的一些好的政策,但是与农牧业发达的韩国、日本等国家比较,不仅政策不够完备,并且在贯彻落实过程中,有些政策不能落地、悬在空中的现象时有发生。

一是政策本身与当地的实际情况有或多或少的错位,政策无法落地。针对这种情况,建议各级政府在政策制定的过程中要充分调研,统筹考虑地方实际尽量保证政策的实用性和可操作性,争取做到“一县一策”、“一业一策”、“一企一策、一事一议”,进一步增强经济社会发展活力,释放改革红利。

二是有些地方的领导对好的政策理解认识不足,积极性不高,思维有些固化,还停留在过去的发展理念中,不能紧跟形势发展。如有些地方干部在新常态下,在当地不具备条件的情况下,仍然把能源煤化作为地方经济未来发展的

希望，导致一些具有发展农牧业优势的旗县，成了以发展工业为主导的旗县，出现了“本末倒置”现象。在我区传统的24个牧业旗县中，二产的比例高达70%—80%的旗县也不在少数。针对这种经济“跟风”现象，建议自治区党委政府，要积极推进主体功能区战略，同时要严格落实干部分类考核制度，让产业政策的禁区成为各级干部真正不敢碰的“雷区”。同时，组织人事部门联合经济综合部门、国土和环保等部门，加强对旗县主要领导的产业政策、环境保护政策的培训，进一步增强我区各级党政一把手对产业、环保等约束政策的观念意识，让他们了解经济社会发展领域的“红线”，使工作中的“高压线”不能碰，也不敢碰。

（二）完善体制机制保障

围绕价格、保险、诚信等关键环节，加快体制机制建设，强化制度保障能力。

一是建立价格协调机制，稳定购销关系。要充分发挥政府议价指导能力，推进原奶、蔬菜、绒毛价格指导意见的落实，并要适时出台其他农畜产品价格指导意见，保障价格稳定合理。积极发挥行业协会的作用，协商本地区主要农畜产品交易指导价，约束企业和农牧民遵守承诺，降低价格波动带来的损失，杜绝垄断和相互之间的价格战，由经营主体与加工企业建立较为固定的产销联系，进而保证农牧民的利益。鼓励龙头企业通过建立风险基金、确定保底收购价、按农牧户出售产品的数量返还利润等方式，与农牧户建立更加紧密的利益联结机制。

二是研究建立价格补贴机制，减少市场周期性波动。农畜产品价格稳定，不仅是农牧民的期盼，也是企业稳定发展的重要条件。目前，国家对东北地区玉米实施临时收储政策，对黄淮海地区小麦和长江中下游油菜采取最低保护价，对东北大豆和新疆棉花开展目标价格试点工作，使以上农畜产品产量和价格基本保持稳定，市场运行平稳。建议我区围绕对农牧业产业发展和农牧民增收关系重大的主导产业，积极探索建立农畜产品价格风险基金。如对牛奶、牛羊肉、马铃薯等主导农畜产品建立适宜的价格补贴制度，价格高时补贴加工企业或消费者，价格低时补贴种养户，从而稳定市场供求关系，减少市场风险，保证龙头企业和农牧民的合理收益。风险基金可通过政府与农牧业龙头企业共同出资的方式建立。

三是加大农牧业保险支持力度，降低市场风险。要逐步提高自治区财政对主要粮食作物和重要畜产品的保险保费补贴比例，提高稻谷、小麦、玉米三大粮食品种及奶牛、能繁母猪、育肥猪、保险的覆盖面和风险保障水平。开展蔬菜瓜果、肉牛、肉羊、禽类、苜蓿等政策性保险保费补贴试点。探索建立农村牧区信贷与农牧业保险相结合的农保互动体系。

四是增强龙头企业诚信履约能力。尽快建立龙头企业诚信档案，建立龙头企业的信用等级评定，对失信企业在项目资金、金融信贷、限制采购招标及进出口免退税等方面给予不同程度惩戒。进一步建立完善国家级、自治区级龙头企业监测工作制度，重点对农企利益联结机制建立、带动农牧民增收等方面的监测，规范企业运营，引导龙头企业增强社会责任。积极发挥龙头企业协会等行业组织的作用，制定行业自律公约，开展龙头企业诚信建设承诺活动，加强行业自律，规范企业行为，推动建立与农牧民合理的利益分配机制。

（三）搭建公共服务体系

公共服务是一二三产业融合发展的重要保障之一，也是政府做好产业融合发展服务的主要抓手。

一是搭建产业承载平台。龙头企业是产业发展和各主体利益联结机制的实施者，只有龙头企业自身具有一定的资金、技术实力和市场竞争优势，才能更好地带动农牧民增收致富。建议各级政府加快培育领军企业，促进产业集群发展。继续支持农畜产品加工龙头企业进行体制机制创新，调整优化企业股权结构和法人治理结构，提升经营管理水平。引导家族式企业向现代企业制度转型，加快推进企业资本社会化、管理专业化和公司治理结构规范化，提升其适应现代化生产与管理的水平，实现企业转型升级。加大产业整合力度，支持优势龙头企业进行企业联合重组，实现优胜劣汰，打造行业领军企业。充分发挥行业协会的作用，研究、制定农畜产品行业标准，严格企业资质监管，加强行业监管、整顿，提高企业准入门槛，淘汰落后技术和加工产能，促进产业集聚集群和健康有序发展。大力培育本土企业，要有针对性的培育信得过、留得住、发展潜力大、示范带动强的本土企业。不断放大本土企业和企业家的影响力及带动效应。把内蒙古绿色农畜产品生产加工输出基地逐渐提升成为全国乃至全球绿色农畜产品集散地。

二是搭建政策服务平台。完善扶持政策,保障农企利益。土地管理部门要优先安排龙头企业经营所需用地,优先审批。龙头企业直接用于或者服务于农牧业生产的设施用地,作为农用地管理。支持龙头企业因经营需要,租赁、承包“四荒”资源和集体耕地。鼓励生产中从事内蒙古当地农牧业“种子”工程生产的企业和个人,保护好内蒙古农牧业发展种质资源,做好农牧业生产的上游产业链,建成独具特色的“绿色种质资源基地”。打造内蒙古绿色农畜产品品牌,抵制外来产品以次充好现象,保障农牧民和企业的利益。

三是加强政策督查,抓好各项惠农惠牧政策的贯彻落实。近年来,国家和自治区把“三农三牧”工作作为重中之重,制定出台了一系列惠农惠牧政策。党中央连续多年发布以农业、农村和农民为主题的中央一号文件,对农村牧区改革和农牧业发展作出具体部署。这些政策文件有的还没有得到很好地贯彻落实,需要各地各部门加大贯彻落实力度,切实把财政、金融、税收、招商引资、资源倾斜配置等各方面的扶持政策落到实处。

(四)创新农村牧区金融服务

发展农村牧区普惠金融,优化县域金融机构网点布局,推动农村牧区基础金融服务全覆盖。综合运用奖励、补助、税收优惠等政策,鼓励金融机构与新型农牧业经营主体建立紧密合作关系,推广产业链金融模式,加大对农村牧区产业融合发展的信贷支持。

一是加大金融支持力度,积极改进财政扶持方式。要尽快创新农村牧区金融产品,发展可循环使用信用额度、开展季节性收购贷款试点,实行灵活的贷款期限,发展保单、仓单等质押贷款,推广林权、商标权、知识产权、股权抵(质)押贷款,探索活畜抵押制度。积极改进财政扶持方式,减少直接补贴,更多地运用担保、贴息、风险补贴、入股等方式,充分发挥凝聚市场资源的作用。自治区要加快农牧业投融资担保公司建设,通过建立风险基金担保公司的形式形成政府、企业和担保机构风险共担的机制,建立具有鲜明农牧业特色的担保业务运作模式,优先为与农牧户利益联结机制紧密、带动农牧户能力强的龙头企业提供担保服务。推进粮食生产规模经营主体营销贷款试点。

二是发展新型农村牧区合作金融,开展农牧民合作社内部资金互助试点。

鼓励发展政府支持的“三农三牧”融资担保和再担保机构，为农牧业经营主体提供担保服务。加强涉农信贷与保险合作，拓宽农牧业保险保单质押范围。探索改革国家投资体制，由只支持新建和改扩建项目向支持建成项目转移。

（五）强化人才和科技支撑

人才是一二三产业融合发展的核心要素，也是主要的“短板”，特别是农村牧区更为突出。

一是加大培育新型农牧民力度。加快发展农村牧区教育特别是职业教育，加大农村牧区实用人才和新型职业农民培育力度。发展农牧业职业教育和学历教育，加强农牧业职业技能培训、农牧业创业培训和农牧业实用技术普及性培训，提高农牧民生产经营能力。加大政策扶持力度，引导各类科技人员、大中专毕业生等到农村牧区创业，实施鼓励农民工等人员返乡创业三年行动计划和现代青年农场主计划，开展百万乡村旅游创客行动。政策引导鼓励农牧民职业化。例如，阿荣旗音河乡富吉村全国农民培训基地的建立，对我区培养新型农牧民事业起到了示范带动作用，效果良好。

二是积极开展农牧民合作社法人培训工程。通过科技、法律、市场经济等系统知识培训，提升合作社法人经营素质，增强契约精神和诚信意识，从而更好发挥合作社对农牧户的带动作用，提高农牧民的组织化程度。

三是着力打造农牧民专业人才队伍。培养一批既懂农牧业生产、农牧业政策、技术又懂市场营销、品牌策划的综合性农牧业人才，以便在新的农牧业历史机遇期，运用现代策划理论和实战方法，提高我区农牧民与全国、世界农牧业发展接轨的能力，推动我区农牧业产业稳定健康的发展。

四是建设技术创新平台。鼓励科研人员到农村牧区合作社、农牧业企业任职兼职，完善知识产权入股、参与分红等激励机制。支持农牧业企业、科研机构等开展产业融合发展的科技创新，积极开发农畜产品加工贮藏、分级包装等新技术。加强农牧业产业技术的研究与开发，应用新技术开发新产品、创造新需求和新市场，为农牧业产业链的延伸和产业范围拓展提供多种可实现的技术条件。完善农田生产的基础设施改造，支持农牧业关联产业生产设施和设备的建设，用政策引导和激励经营者围绕农牧业资源开发新产品、开拓新市场、创造新应用。

（六）支持贫困地区产业融合发展

扶贫开发是我区“十三五”时期的一项重大而艰巨的任务，关系到全面建成小康社会的重要工作。一二三产业融合发展是贫困农村牧区脱贫致富的重要措施。

一是立足当地资源优势，明确扶贫主导产业发展重点。发展特色种养业、农畜产品加工业和乡村旅游、电子商务等农村牧区服务业，实施符合当地条件、适应市场需求的农村牧区产业融合项目。以扶贫主导产业发展规划为蓝图，围绕主导产业定政策、筹资金、搞建设，集中投入、连续扶持、做强做大，实现扶贫主导产业有龙头企业、有生产基地、有贫困户参与受益，使扶贫主导产业成为贫困地区农牧民脱贫致富的有力支撑。

二是推进精准扶贫、精准脱贫，相关扶持资金向贫困地区倾斜。鼓励经济发达地区与贫困地区开展农村牧区产业融合发展合作，支持企事业单位、社会组织和个人投资贫困地区农村牧区产业融合项目。

三是壮大扶贫龙头企业。实施龙头企业带动战略，“十三五”时期，围绕发展十大扶贫主导产业，大力支持现有扶贫龙头企业发展壮大，继续扶持认定一批对当地经济发展和贫困户增收有较强带动能力的扶贫龙头企业，使国家和自治区扶贫龙头企业达到350家，其中生产加工类企业200家，流通服务类企业150家。加大对扶贫龙头企业的专项扶持和贷款贴息力度，着力解决其贷款难的问题。支持扶贫龙头企业进行技术创新，提升产品档次，打造知名品牌。落实对扶贫龙头企业各项优惠政策，扶持其发展壮大。健全完善扶贫龙头企业和农牧户之间的利益联结机制，确保龙头企业发展、贫困农牧民受益。

第七章

内蒙古“十三五”能源经济发展形势及对策

内蒙古作为全国第一能源资源大区和国家能源经济发展模式的缩小版，“十三五”时期，随着经济发展进入“三期叠加”时期，制定适合内蒙古发展实际的能源发展战略，直接关系经济持续健康发展，具有重大意义。

一、全球能源格局及我国能源发展形势

金融危机以来世界经济进入深度调整期，使全球能源需求增长态势明显放缓，加上美国非常规油气资源开发技术的突破，使全球能源供应总体宽松。其中发达国家油气消费处于低潮，加上温室气体减排和替代能源发展，欧洲整体油气消费处于饱和下降趋势，美国能源消费也越过峰值。所以，近期看我国在国际油气供需形势相对宽松和国内煤炭相对充足的条件下，能源供应安全保障程度有所提高。但中长期看，我国能源安全还面临来自国内外许多风险和挑战。从国内看，我国还未建成较为完善的能源储备设施，也没有形成能够灵活利用国际国内两种资源和两个市场的安全贸易保障体系。随着我国能源(尤其是油气等优质资源)对外依存度不断提高和国内生态环境保护问题日益突出，我国依然存在较大的能源安全风险。从国际看，随着全球能源地缘政治形势进一步复杂化，加上全球气候变化问题对能源低碳和清洁化利用的要求越来越高，我国必将面临较为严峻的能源安全问题。

（一）全球能源格局形势

1. 乌克兰问题直接影响俄能源出口政策

据统计，俄罗斯拥有世界约 1/3 的天然气储量，居世界第一，仅探明储量就高达 47 万亿立方米。目前欧盟各国从俄罗斯进口的天然气占其能源总进口量的 30%。美伊战争之后，欧盟能源政策明显向俄罗斯倾斜，使欧盟成为俄罗斯最大的贸易伙伴和投资方。然而，乌克兰危机不但使美俄关系陷入冷战以来最为严峻的局面，而且打破了近年来欧盟与俄罗斯建立的能源战略伙伴关系，俄罗斯必然会将经贸合作方向（包括能源出口）进一步转向东方，加强与我国合作，强化中俄战略同盟关系。

2. 东海南海形势成为影响亚太地区能源安全的不稳定因素

东海、南海由于领土纠纷、突发事件和潜藏的各种矛盾，形势不断恶化。在东海海域，油气地质资源量高达 36 亿吨，我国与日本长期存在领海争议。在南海海域，九段线内油气资源量超过 300 亿吨。我国与越南、菲律宾等东南亚国家的争议国土面积超过 100 万平方公里，在争议区内东南亚各国开采油气规模近亿吨，致使我国海洋能源资源权益严重受损。此外，美国实施了“重返亚洲”战略，将日本、韩国、澳大利亚、菲律宾、泰国等作为其战略支点，强化在东亚、东南亚的军事存在，对我国保障能源安全形成新的战略压力。

3. 中东北非能源地缘政治形势依然严峻

中东、北非是全球重要的能源地缘政治要地，一直以来民族问题、宗教问题、意识形态问题突出，再加上各方势力插手其中，纷争不断。近年来，突尼斯、埃及、约旦、利比亚、叙利亚等国家纷纷爆发“颜色革命”，致使政权更迭不断，时至今日，一些国家仍未寻找到合适、稳定的政治模式和发展方式。美国始终强化对中东、北非地区的控制权，不时搅动该地区能源地缘政治格局。

4. 世界经济深度调整大大缓解了全球能源供应压力

2008 年爆发的国际金融危机给世界经济带来了重创，在经历两年的整体性下跌之后，世界经济出现复苏迹象，但仍处于深度调整期。美国自 2010 年起经济开始恢复增长，但增速始终在 1%—1.5%，随着 2014 年逐步退出货币宽松政策，复苏前景仍不乐观。欧元区复苏主要发生在德国等少数国家，英法等核心国家仍未显著好转，“欧盟五国”经济依然很糟。日本经济虽在恢复，但持续性受到质疑。新兴经济体经济增速也逐步放缓，外部风险和挑战增加，过去的发展方式难以持续。受此影响，经合组织（OECD）国家能源消费总量呈持续下降态势，2007—2012年减少了近5%；同期，扣除我国需求因素，世界能源消费总量仅增长3亿吨标油，能源供应压力大大缓解。

5. 非常规油气技术突破对全球能源格局影响深远

页岩油、气开采技术突破使美国对中东的石油依赖明显减少。美国石油对外依存度从2005年的60%减少到2013年的约33%，石油产量20多年来首次大幅增加，预计2020年将超过沙特目前1000万桶/天的产量水平。这一市场变化对石油输出国组织（OPEC）产生了实质性影响。而美国天然气市场的供求关系发生了逆转，2013年，美国页岩气产量约占天然气总产量的近37%。过去5年，页岩气使天然气产量提高了近20%。北美的天然气富余对其煤炭产业形成较大冲击，加上美国提高了煤电排放标准，导致煤炭产能过剩。近年来，美国出口到欧洲和我国市场的煤炭均大幅增长，间接影响到亚太、欧洲、俄罗斯、蒙古的煤炭市场。

另外，随着深海、冰冻地区油气开采技术的逐步成熟，加上北极冰川融化导致船只通道易于航行等因素，使海上、北极油气资源开发变热，主权争夺日趋激烈，地缘政治形势变得明显复杂。

6. 全球可再生能源仍在加速发展

不论是在OECD国家还是非OECD国家，可再生能源都保持了强劲增长势头。2012年，太阳能光伏装机增长了约30GW（+42%），风电（陆上和海上）增长了约45GW（+19%）。除去大型水电投资，全球范围内用于可再生能源电厂的投资达到了2400亿美元。与2011年的2700亿美元相比虽然下降了11%，但投资的放缓反映了设备成本的下降，尤其是在光伏和风能领域。尽管由于竞争力的提升和出于成本控制的考虑，一些国家减少了对可再生能源技术的经济激励（如德国、意大利和西班牙），但日本针对一系列可再生能源技术出台了上网电价补贴计划来应对不断上涨的电力需求。我国则采取措施来促进分布式太阳能发电系统的并网建设。韩国用一个可再生能源组合标准取代了旧的上网电价计划，这一组合标准涉及可再生能源税收优惠政策。所以，全球以太阳能光伏和风能为主的可再生能源产业进入了一个更深层次的巩固阶段。

（二）我国能源发展形势

1. 近中期我国能源供应安全保障程度较高

从供应看，世界油气资源保障程度在提高。过去几十年油气探明储量增长约25%。2000年以来，全球油气上游投资年均增长166%，世界油气产能基本上处于供大于求状态。而且，美国的页岩气和页岩油开发进一步扩大了世界油气供应资源保障程度和产能。

从需求看，金融危机以来发达国家油气消费处于低潮，加上温室气体减排和替代能源发展，欧洲整体油气消费处于饱和下降趋势。美国能源消费也越过峰值。发展中国家虽然能源消费增长明显高于发达国家，但只是少数国家作用突出，其中我国2013年石油消费增量占全球增量近50%，天然气消费增量占全球增量的比例也超过15%。尽管我国油气对外依存度逐年升高，但近中期在全球油气资源相对充足的条件下油气供应有保障。而在当前全球煤炭市场过剩的条件下，我国煤炭供应保障程度更高。

2. 我国面临的非传统能源安全问题越来越明显

传统能源安全主要指油气供应安全问题。近年来，非传统能源安全问题越来越突出。主要包括能源金融风险、生态环境问题以及能源设施和人员遭受恐怖袭击等风险。首先，由于能源投资巨大，涉及大量银行贷款，银行能源金融风险权重加大。如果对能源需求变化判断失误，则会出现大面积产能过剩，经济损失巨大，并将直接影响一些严重依赖能源产业地区的经济发展。特别是当前的煤炭和电力投资，风险控制势在必行。其次，环境污染和生态破坏已经成为我国重大能源安全问题。以煤为主的能源结构导致过高的污染物和CO_2排放，已明显超出生态环境承载能力，特别是以大面积严重雾霾为代表的大气污染已成为重大社会，甚至政治问题。此外，水资源短缺、水污染、土壤重金属污染都与能源消费密切相关。同时，近年来国外恐怖势力及国内三股势力等的恐怖活动也提高了我海外油气投资设施的风险。

3. 我国能源对外合作面临新机遇

全球能源需求东移导致以美国为首的OECD国家希望我国能承担更多全球能源治理义务。我国也希望通过G20等平台进一步扩大国际影响力，所以,当前是通过深度参与全球能源治理提高我国在国际能源市场上话语权的较好时机。我国目前也是上合组织的核心成员国,而且正与中亚、俄罗斯展开能源合作,加上目前由于乌克兰危机,俄罗斯与美国为首的西方国家的关系陷入自冷战以来最低点,其能源出口必将因乌克兰局势与欧洲关系紧张而更加依赖我国。这显然是强化与俄罗斯、中亚各国合作的有利时机,也是建设"丝绸之路经济带"的关键。

4. 我国能源安全保障体系尚不完善

当前,我国已是世界能源生产和消费第一大国,但能源安全保障体系建设相对滞后。一是我国油气储备体系刚刚建立,储备能力严重不足。国际能源署(IEA)成员国战略石油储备能力均在 90 天以上,而我国仅为 30 天左右。天然气储备刚刚起步,应对大范围、长时间的供气短缺保障能力不足。二是我国尚未与国际能源组织、贸易伙伴建立起安全应急协同保障机制。三是我国预测预警机制尚未建立,缺乏能源安全应急预案。而且,能源统计体系不完善,难以实现统计数据的监测。

(三)影响内蒙古能源发展的客观内在因素

综上来看,我们要清醒地认识到,"十三五"时期我国能源形势依然复杂严峻。从国内看,未来我国经济仍将保持中高速增长,能源需求将呈刚性增长,煤炭过度开采资源难以承载,油气对外依存度不断提高,新能源开发利用水平不高,能源储备应急体系不健全,重要关键设备和核心技术依赖进口,体制机制约束问题突出。从国际看,围绕能源资源的地缘政治博弈错综复杂,能源国际竞争更趋激烈,利用资源不确定性增加,能源安全保障面临严峻挑战。而国内、国际两方面的因素是影响内蒙古能源发展的客观内在因素,充分认识国内、国际两个环境是研究内蒙古能源发展的必然要求。

另外,"十三五"时期内蒙古能源还面临许多新老交织的问题。一是"十三五"将是煤炭进入消化过剩产能和库存一个阵痛期。随着我国经济结构调整、能源生产和消费革命推进,今后一个时期,全国煤炭消费增速将由前 10 年年均增长 10%左右回落到 3%左右,煤炭需求增速大幅放缓将成为新常态。而且,自"十一五"以来,在惯性发展思维的引导下,全国煤炭投资热情高,在近 8 年多的时间,投资近 3 万亿元,形成全国煤矿总产能 40 亿吨左右,产能建设超前至少3亿—4亿吨。同时,煤炭市场供大于求与产能建设超前叠加,造成全国煤炭库存大幅增加,连续30多个月保持在3亿吨以上。"十三五"时期,全国将进入一个煤炭市场消化煤矿超前建设产能、消化煤炭库存的一个艰苦过程。

二是能源生产和消费的持续扩张带来的环境污染将进一步加重。近十年来,我国的能源消费量增长十分迅速,并且以煤为主的能源消费结构固化。在工业消费方面,煤炭占比一直保持在70%左右,石油占比保持在20%左右,而非化石能源占比则小于10%。这种能源结构上的固化僵局再加上我国目前清洁能源技术能处于较低水平的事实,是中国近年来PM2.5、PM10污染严重的重要原因。根据环保部2012年的数据显示,全国二氧化硫排放量2117.6万吨,其中工业二氧化硫排放量1911.7万吨,占全国二氧化硫总量的90.3%;全国烟粉尘排放量1234.3万吨,其中工业烟粉尘排放量1029.3万吨,占全国烟粉尘排放总量的83.4%。

三是我国能源供需总量和结构性矛盾进一步凸显。能源利用方式依然粗放。2013年,我国单位GDP能耗是世界平均水平的1.8倍,是美国的2.3倍,日本的3.8倍,高于巴西、墨西哥等发展中国家。同时,我国能源结构中化石能源比重偏高,煤炭消费比重达到66%,比世界平均水平高35.8%个百分点;发电量中煤电比例为75%,高出世界平均水平约28个百分点;非化石能源占能源消费总量的比重仅为9.8%。2020年我国预定非化石能源占比15%,任务仍然十分艰巨。

四是能源进口大增带来的能源安全问题越来越显现。我国能源安全形势正在出现新的重大变化。目前我国是世界最大能源消费国。其中,石油对外依存度达58.1%,2014年度原油净进口量有可能超过美国成为世界第一。随着现代化深入推进和人民生活不断改善,未来一个时期我国能源消费总量还会大幅增长。另外值得注意的是,世界能源格局也在发生改变:美国正推行"页岩气革命",而中东地区政治局势也出现了许多不稳定因素。我们推断,国际能源市场在未来可能会出现动荡。

五是能源行业部分环节缺乏竞争性。尽管与十年前比较,我国能源市场化改革已经有了很大进展,但能源领域仍存在不少影响生产力发展的计划经济做法，需要继续深化改革。部分领域仍存在审批复杂以及定价偏重政府决定等现象；由于能源行业的一些环节具有自然垄断特性，比如油气管网、电网等。同时又有行政性垄断色彩，从而导致民营企业进入困难；我国电力体制改革进展缓慢。虽然电力行业总体实现厂网分开，但电力系统运行仍以计划为主，电价由政府确定。地方政府对发电企业的生产制定计划，输配售分离没有实现，电网与调度企业一体化，难以保证公平公正，结果之一是发电企业和需电企业的选择空间明显受限。

二、内蒙古能源经济发展的SWOT分析

（一）内蒙古能源经济发展的优势

1. 资源优势

内蒙古地域辽阔，资源富集，煤炭、石油、天然气等能源储量十分可观。全区现已发现各类矿产141种。其中70种矿产保有储量居全国前10位，稀土、煤、铅、锌、银等13种矿产的查明资源储量居全国第一位。天然气远景储量1.67万立方米。预测石油资源量30亿—40亿吨。高岭土、湖盐、石膏、芒硝、石墨、天然碱等非金属矿种优势十分显著，探明储量均居全国前列。全区有93万公顷水域，境内有黄河、西辽河、嫩江等大江大河，多年平均水资源量546亿立方米。全区风能总储量13.8亿千瓦，技术可开发量3.8亿千瓦，约占全国风能总储量的50%以上。全区光能资源居全国第二位，日照时数普遍在2500小时以上。

2. 区位优势

内蒙古地跨“三北”，中东部地区接近京津唐，同时靠近东北三省，融入环渤海经济圈范围；西部“金三角”地区，被列入国家西部大开发重点区域即陇海兰新经济带；北部接壤蒙古和俄罗斯，有二连浩特、满洲里等18个边境口岸，位置的邻近性和经济上的互补性有利于发展同俄罗斯、蒙古及国内东北、华北、西北三大经济区的合作与交流。对内还具有向华北、东北等省份输送煤、电资源的近距离优势。同时，天然气资源位于我国“西气东输”大通道（新疆至上海）的中部，处于非常有利的地理位置，尤其在天然气化工方面，具有

其他省市区无法比拟的区位优势；对外可以充分利用俄罗斯、蒙古丰富的煤炭、石油等天然气资源。优越的地理条件，便捷的通道，是内蒙古经济快速发展的重要条件。

3. 成本优势

随着我国电力体制改革的持续推进，将会形成公开、公平竞争的电力市场，电价将在大区域资源优化配置中占据主导地位。目前，内蒙古已建设了好几个大型坑口、路口火电基地，具有其他地区无法比拟的电价优势：一是煤炭资源丰富，电厂生产成本大大低于中东部地区；二是在电厂投资方面，土地、劳动力价格低廉、建筑材料价格相对较低，具有投资少的优势。据测算，内蒙古就地新建火电厂的平均上网含税电价为0.20—0.22元/度，比东北、华北及华东地区火电上网价低0.10元/度左右，发展电力工业成本优势十分明显。

4. 政策优势

目前，国家已实施西部大开发战略和振兴东北老工业基地战略，内蒙古被列入战略省区之一，享有国家西部大开发和振兴东北老工业基地的有关优惠政策。如对外商投资企业实行税收优惠、扩大鼓励外商投资的领域、拓宽外商投资渠道、放宽利用外资条件，鼓励外资投资非油气矿产资源开发等等优惠政策。这些税收、融资优惠政策将对吸引国外资本、民营资本进军内蒙古能源产业领域产生积极促进作用。

5. 基地优势

目前，内蒙古已建成和正在建设若干大型清洁能源外送基地。包括：

蒙西清洁煤炭生产基地。建设神东、准格尔亿吨级矿区2处，新街、上海庙、准格尔中部等千万吨级矿区9处。到2017年，千万吨级以上产能占总产能的70%以上。

蒙东清洁煤炭生产基地。在锡林郭勒建设胜利亿吨级矿区1处，五间房、白音华、巴音宝力格、霍林河等千万吨级矿区13处，到2017年，千万吨级以上产能占总产能的80%以上。在呼伦贝尔建设宝日希勒、牙克石、伊敏等千万吨级矿区8处，到2017年，千万吨级以上产能占总产能的90%以上。

锡林郭勒煤电基地。依托胜利、五间房、白音华等大型煤田，围绕锡盟至山东、江苏外送电通道，建设煤电一体化坑口、路口电站。到2017年，新增外送火电1700万千瓦以上。

鄂尔多斯煤电基地。依托准格尔、东胜、上海庙等大型煤田，重点建设准格尔东胜煤电基地和上海庙煤电基地。围绕鄂尔多斯至天津、湖北、山东等外送电通道，建设煤电一体化坑口、路口电站。到2017年，新增外送电力1400万千瓦；到2020年，新增电力装机2200万千瓦。

呼伦贝尔煤电基地。依托伊敏、宝日希勒等大型煤田，围绕呼伦贝尔至山东、东北外送电通道，建设煤电一体化坑口电站。到2020年，新增外送电力达到800万千瓦。

蒙西煤制燃料基地。以鄂尔多斯市为中心，重点在水资源条件好的沿黄工业园区建设煤制气、煤制油等煤炭清洁高效综合利用示范项目。到2017年，蒙西基地煤制天然气建设规模达到360亿立方米，煤制油建设规模达到540万吨，甲醇制汽油建设规模达到400万吨；到2020年，油品建设规模达到2000万吨。

蒙东褐煤加工转化基地。重点在煤水组合条件好的呼伦贝尔市、兴安盟等地区工业园区建设“煤化电热一体化”项目和褐煤综合利用多联产项目。到2017年，蒙东基地煤制天然气建设规模达到160亿立方米。到2020年，煤制天然气建设规模280亿立方米、油品建设规模达到1000万吨。

蒙西风电、光伏基地。2017年、2020年风电并网装机规模分别达到2000万千瓦、3800万千瓦，光伏发电并网装机规模分别达到318万千瓦、458万千瓦。重点在阿拉善盟、包头、巴彦淖尔、乌兰察布北部等地建设2—3个千万千瓦级大型风电项目。围绕蒙西、锡盟电力外送通道，通过“风火打捆”方式实现外送风电1000万千瓦。

蒙东风电、光伏基地。2017年、2020年并网装机规模分别达到1000万千瓦、2000万千瓦，光伏发电并网装机规模分别达到82万千瓦、142万千瓦。重点在赤峰市、通辽市、兴安盟西部地区建设1—2个千万千瓦级大型风电项目，通过“风火打捆”方式外送。

（二）内蒙古能源经济发展的劣势

1. 外送通道不畅，窝电现象突出

电网建设滞后，窝电现象严重。电力作为商品，其开发速度与规模必须适

应市场需求。电力市场的载体是电网,电网有多大,市场就有多大。内蒙古电网归自治区管理,与国家电网公司的关系是完全独立的电网企业关系,与国家电网区域的电力市场也是两个完全独立的关系。虽然内蒙古电力公司在发展中不断扩大电网建设,增加了一定的售电量,但区内的经济社会对电力需求的增量与内蒙古电网区域内近几年投产的发电装机相比只是零头,所以出现了大约48%机组不能正常运行,导致大量“窝电”的现象。

目前,内蒙古西部电网统调发电装机4465万千瓦,最高发电负荷2400万千瓦,富余装机近600万千瓦(不考虑风电、光伏发电)。2012年,蒙西电网公用火电机组利用小时数为4856小时,低于全国平均水平100小时;2012年风电利用小时数1984小时,弃风比例超过10%,2013年通过加强电网建设弃风情况有所改善。造成蒙西电网电力过剩的主要原因在于:一是“网对网”送电通道多年没有增加,外送电力无大幅度增长。二是风电装机容量和发电量增长迅速。三是网内用电市场增长低于预期。预计到2015年底,还将有约600万千瓦国家已核准或同意开展前期工作的火电、水电、抽水蓄能机组和大量风电、光伏发电并网,蒙西电网电力过剩情况短期内不会改变(图1)。

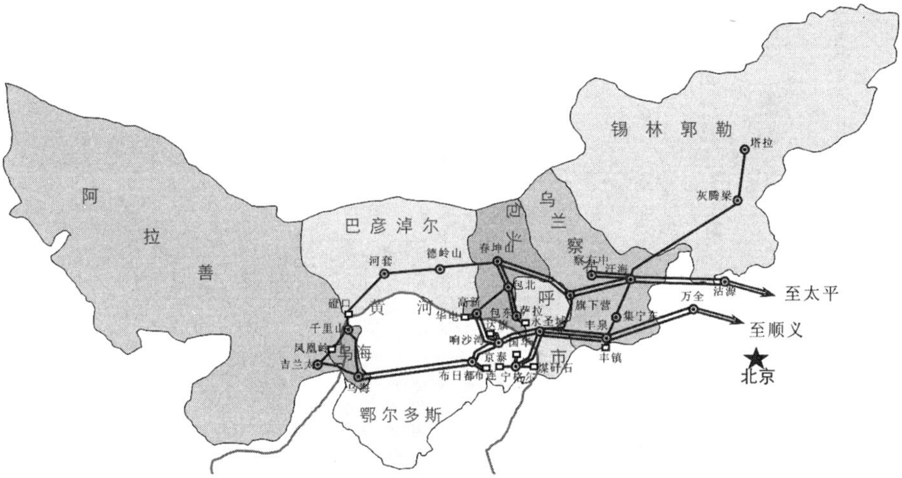

图1　蒙西电网500千伏地理接线图

蒙东尚未形成统一省级电网,各盟市电网互供互济能力严重不足,电力富余和地区用电困难同时存在。蒙东电网500千伏变电站布点少,以220千伏变电所为枢纽点形成放射状66千伏电网供电结构,供电半径过大,局部过负荷和低电压等电能质量较差。同时蒙东电网属于“大电源、小负荷”外送型电网,电力“供大于求”的局面短期内很难改变,随着大型煤电基地建设以及大规模风电接入,安全稳定问题严重,电力外送能力严重不足,大型火电机组出力不足,风力机组长时间“弃风”,造成严重的“窝电”现象,蒙东电网消纳问题将日益突出。与此同时,受制于地区电网网架薄弱,设备落后等因素,部分边远地区用电困难,存在着供电“卡脖子”问题,窝电、限电问题同时存在且日趋突出。

2. 水资源不丰富,利用率不高

内蒙古大部分地区处于大陆性半干旱地区,水资源比较匮乏。据统计,全区水资源总量为545.95亿立方米,作为全国地理面积第三大省份,占全国水资源总量仅1.92%,全区80%以上的地区年降水量小于400毫米,并且水资源分布不均,整体呈现东多西少的规律。近年来煤炭开采和煤化工等重工业项目无疑加剧了水资源紧张的局面。一方面,农业技术落后,水资源流失严重。由于调水蓄水工程不健全、农业生产节水设施缺乏、用水管理制度不严,加上掠夺式的超采地下水,造成大量农业及生活用水的浪费。另一方面,重工业水资源浪费严重,仍有较大的节水空间。例如,在神华包头煤制烯烃项目上,通过这一系列的节水优化改进措施后,项目吨烯烃耗水量从原来的33吨/吨,下降到8.97吨/吨,节水率达63.21%。

(三)内蒙古能源经济发展的机遇

1.“一带一路”战略

从全球地缘政治形势看,尽管我国面临的形势异常复杂,但我国正在与俄罗斯、蒙古、中亚国家建立良好的双边和多边关系。而我国也提出了建设“丝绸之路经济带”和“21世纪海上丝绸之路”的战略构想,增强国际竞争力,提升国际话语权,统筹国际国内两个大局,加强能源国际合作,努力实现开放条件下的能源安全。“一带一路”战略得到许多国家的支持和响应。内蒙古地处欧亚大陆,东西绵延2400公里,南北跨度1700公里,已纳入“一带一路”的中蒙俄经济走廊,并成为重要一环。未来包括能源资源在内的许多产品和产业合作将进一步增大,存在外向经济规模扩大的良好机遇。

2.“国家环境治理”的机遇

一是大气环境治理。当前，我国大气污染形势严峻，以可吸入颗粒物（PM10）、细颗粒物（PM2.5）为特征污染物的区域性大气环境问题日益突出，损害人民群众身体健康，影响社会和谐稳定。随着我国工业化、城镇化的深入推进，能源资源消耗持续增加，大气污染防治压力继续加大。为切实改善空气质量，国家制定了“大气污染防治行动计划”。去年以来的种种迹象表明，京津冀鲁和长三角地区治理雾霾倒逼火电企业环保升级改造和关停小火电步伐将明显加快，中东部地区建设特高压、实现“电从远方来”的呼声高涨，这都是内蒙古清洁能源发展和电力外输通道建设面临的外部“机遇”。

二是从自然资源保护、草原生态恢复的角度看，由于国家已经开始实施强有力的资源生态环境保护和污染防治政策，提出了在开发中保护，在保护中开发的战略，所以，内蒙古要借助经济放缓的阶段，力争在将经济增速放慢到合理区间的条件下，让生态环境和自然资源修养生气，让能源产业转型升级，为今后内蒙古更长远、更可持续的发展而积蓄力量。

（四）内蒙古能源经济发展的挑战

1. 全球经济形势低迷

从全球经济形势看，世界经济正进入低速增长新常态，我国经济整体低迷，正在经历非常艰巨的经济转型过程，而且面临中等收入陷阱的风险。以能源为链条的产业几乎处于市场全面过剩状态，在这种情况下，内蒙古以能源为经济主要原动力的产业结构正在而且仍将遭受重挫，产业转型升级的任务异常艰巨。

2. 全球能源革命的影响

从全球能源形势和全球能源格局看，正在兴起的本轮能源变革、能源转型不同于以煤炭、石油为标志的前两次能源革命，世界各主要经济体都在根据自身实际情况布局能源转型，全球化特征相当明显。如美国发力页岩气革命，欧洲推行低碳减排理念，日韩侧重于提高能源利用效率、实现能源供应多元化。虽然各国的能源政策调整力度不同，节奏不同，但各国战略都趋向于一个共同的目标——低碳、绿色、可再生。低碳、绿色、可再生能源发展的趋势，页岩气等非常规能源和一些新能源技术的出现,以及世界煤炭、石油、天然气供应整体过剩,使内蒙古能源经济发展受到全球以及全国能源形势变化和技术革新影响。

3. 减碳排放压力巨大

从全球能源市场,特别是从全球煤炭市场看,煤炭需求增速明显进入了放缓周期,而国内煤炭市场进入了产能消化期。另外,从全球气候变化谈判形势看,低碳经济和碳减排已经成为全球各国的共同追求,随着我国经济发展,碳排放日益增加,我国的减排压力越来越大。而内蒙古的产业整体属于重化工业,以煤炭开采、煤电、煤化工为主要工业类型的碳排放量非常大,未来将面临巨大压力和挑战。

三、主要能源需求分析预测

内蒙古地域辽阔,资源富集,是我国重要的能源生产与输出大省,满足我国其他省份,尤其是华北、华东、东北等地区日益增长的能源需求。同时,近年来内蒙古经济持续快速发展,连续多年 GDP 增速全国第一;居民生活水平不断提高,社会面貌焕然一新,消费模式逐步升级;工业发展迅速,重化工特征明显,在此背景下,内蒙古自身能源需求也在不断增加。

(一)国家能源需求形势展望

改革开放以来,随着我国经济的持续增长与工业化和城镇化的稳步推进,我国的能源消费量一直保持增长,尤其是 2000 年后,能源消费增速快速上升,随后增速虽逐渐下降,但仍保持中速增长。2013 年,我国能源消费总量达 37.5 亿吨标准煤。“十三五”时期至 2030 年,我国处于全面深化改革的历史转折期,转型与改革交织融合,社会经济转型将使我国未来的能源需求形势也发生深刻复杂的变化。

1. 正向驱动因素

(1)经济减速换挡,但经济体量仍将持续扩大。经济增长与经济规模的扩大,是能源需求上升的最主要驱动因素之一。受国际经济形势与国内结构调整作用,我国经济在经历了 30 余年的高速增长后,进入减速换挡期,2012

年开始 GDP 增长率有所下降，2013 年实际 GDP 增长率降为 7.7%，这也使得能源消费增长速度有所趋缓。中长期看，我国经济已经进入新的发展阶段，从新的阶段性特征出发，经济要适应新常态，将呈现高效率、低成本、可持续的中高速增长模式。课题组预测“十三五”时期我国 GDP 年均增速在 7%左右，2021 至 2030 年增速在 5.8%左右。经济增速逐渐下滑将是中长期趋势。然而，由于基数很大，未来我国经济规模的持续增长仍然会对能源需求形成较为强劲的支撑。①

(2)人口缓慢增长，人均能源消费量逐年升高。人口规模是影响社会经济活动水平与能源需求的基础性因素。中长期看，在生育观念变化、人口老龄化、计划生育政策调整等因素综合影响下，我国人口数仍将继续增长，但增速将继续趋缓。课题组预测到 2020 年我国人口数将达到 14.3 亿人左右，2030 年 14.5 亿人左右。随着经济社会发展，我国的人均能源消费量从 1980 年的 622 千克标准煤增加至 2012 年的 2611 千克标准煤，呈逐年升高趋势，未来我国十几亿的人口规模仍将驱动能源需求，使能源消费总量长期维持在较高水平。

(3)工业中长期仍将持续快速增长，对用能需求形成支撑。我国仍处于工业化阶段，从制造业大国转向制造业强国仍是未来我国工业发展的重要方向。从整个世界工业化过程来看，在可以预见的中长期，中国的工业还将持续、快速增长，仍将使用大量钢、铁、铜、铝等自然资源，消耗大量石油、天然气、煤炭等能源。这是工业化不可逾越的阶段。课题组预测 2020 年工业比重在 37%左右，2030 年降至 36%，工业仍将对能源消费需求形成支撑。

(4)城镇化进程积极稳妥推进，促进建设投资需求与生活用能需求。我国城镇化水平仍然较低，根据世界城镇化发展普遍规律，我国仍处于城镇化率 30%到 70%的快速发展区间。未来新型城镇化建设仍将拉动城市基础设施、公共服务设施和住宅建设等投资需求，拉动钢铁、建材等高耗能产品

① 根据 IEA(2013)，EIA(2013)等报告预测，中国经济长期(2011—2035)平均年增长率在 5.7%左右。

的消费，从而拉动对能源的需求。另一方面，城镇化意味着大量人口从农村转移至城镇生活，由于城乡人均生活用能存在差距，未来新增的城镇人口将形成大量的生活用能需求。课题组预测，2020 年我国城镇化率将达 62%，2030 年达 70%。①

2. 负向约束因素

（1）生态环境形势日益严峻，环境容量红线约束加强。从环境容量的角度来看，我国国内生态环境难以继续承载粗放式的发展。我国主要污染物和温室气体排放总量居世界前列，尤其是大气污染问题日益凸显，我国在国际气候变化谈判中面临的压力也越来越大。水污染与土地污染也非常突出。这些环境问题很多都与我国能源消费量尤其是燃煤量的直线上升及其粗放式利用密切相关。如果按照现有的能源消费水平以及上升趋势不加控制，未来将超越环境和资源的可承载能力，无法达到可持续发展的要求，甚至造成巨大的生态环境灾难。

（2）能源消费面临“总量型”约束与日趋严格的政策压力。政策面越来越重视能源消费引发的生态环境问题。我国提出要加强生态文明建设，划定生态保护红线，推进资源有偿使用和生态补偿方面的制度建设。生态保护红线的划定和相关制度建设的加强会强化水资源、空气质量等方面的生态环境约束，并进一步形成对能源生产与消费的硬约束。相关制度建设也会推高能源行业的资源获取成本和生态环境损害成本，进而提高能源产品的消费价格。生态环境约束的强化和能源生产成本的提升将会对能源消费尤其是化石能源消费的增长形成制约。

（3）经济结构调整继续推进，高耗能产品接近消费峰值。从高耗能产品来看，水泥在 2018 至 2020 年将出现消费峰值，此后将在波动中逐步下降；粗钢消费目前已经进入峰值平台区，未来中短期趋势是在平台区间附近波动；电力生产与需求仍将进一步上升，但是供电煤耗的下降与电源结构的调整会压低发电对化石能源的需求。高耗能产品峰值的出现与未来的下降趋势，将成

① 2014 年，发改委发布《国家新型城镇化规划（2014—2020 年）》，目标到 2020 年常住人口城镇化率达到 60%左右，户籍人口城镇化率达到 45%左右，努力实现 1 亿左右农业转移人口和其他常住人口在城镇落户。

为我国能源需求峰值及需求量下降的主要贡献因素之一。

(4)科技进步促进能源利用效率不断提高,既定活动水平下效率提升。国家全面推进节能优先战略,多措并举加强工业、建筑、交通、居民节能。节能技术的发展与节能工作的推进有利于减少我国的能源消费总量。能源利用技术的进步与利用效率的提高有助于能源强度的下降,尤其是高耗能行业的能效水平不断提升,单耗持续下降,节能减排也继续扎实推进,这些因素都将促进高耗能行业能源单耗与消费总量的减量化。

3. 不确定分析

(1)经济规模、增速与结构调整的机遇和挑战并存。未来中国的经济增长面临国内外形势的不确定性和复杂性,这也使得经济增长对能源需求的驱动力度未来并不确定。从国际经济形势来看,全球经济整体仍处于低迷而脆弱的区间。我国经济前景也是机遇与挑战并存,全面深化改革蓝图已经开启,未来将催生巨大的改革红利,然而经济结构不合理、人口老龄化问题、劳动力价格低廉优势下降、资源成本上升、生态环境约束严峻等问题也困扰着中国的长期经济增长。同时,产业结构调整与经济发展方式转变不会一蹴而就,在产业结构调整过程中,受市场波动变化影响,也仍有可能出现高耗能行业的投资冲动与生产反弹。

(2)能源消费总量控制与环保政策具体措施与执行进度不确定。控制能源消费总量面临着政府与市场、中央政府与地方政府的多重博弈,打破了原有的市场均衡,也面临着行政目标和市场微观主体经济行为选择的不一致性,这就使得能源消费总量控制的推进将不可避免地面对一些困难和障碍。日益严格的环保政策也会对能源消费,尤其是粗放式的能源消费形成遏制,但是环保政策的有效执行仍面临很多方面的挑战。

4. 国家能源需求情景展望

基于对我国能源需求影响因素的分析,课题组对“十三五”时期至 2030 年我国能源消费总量与结构进行了情景分析,设定了基准情景、高情景与低情景,具体如表 1 所示。

表1 我国一次能源消费预测分析

基准情景	2012年	2015年	2020年	2030年
能源(亿吨标准煤)	36.2	40.1	45.3	50.5
煤炭(%)	66.6	62.8	57.3	49.9
石油(%)	18.8	18.4	17.1	16.8
天然气(%)	5.2	7.4	10.5	13.3
一次电力(%)	9.4	11.4	15.1	20.0
高情景	2012年	2015年	2020年	2030年
能源(亿吨标准煤)	36.2	41.2	48.1	55.1
低情景	2012年	2015年	2020年	2030年
能源(亿吨标准煤)	36.2	40.1	44.3	47.2

(二)内蒙古能源需求形势展望

内蒙古内能源消费经历了1985年至2000年的中低速增长,而后进入高速增长阶段,近些年增速有所下降,但是已形成较大的能源消费规模,同时能源消费结构呈现明显的“一煤独大”特征。“十三五”时期至2030年,国际国内宏观环境正发生着深刻变化,内蒙古经济发展也处于重要转型期,区内能源需求同时面临正向驱动、负向约束与不确定因素,未来能源需求情景取决于这些因素发展趋势的综合作用。图2给出了内蒙古主要宏观经济指标和能源指标的变化趋势。

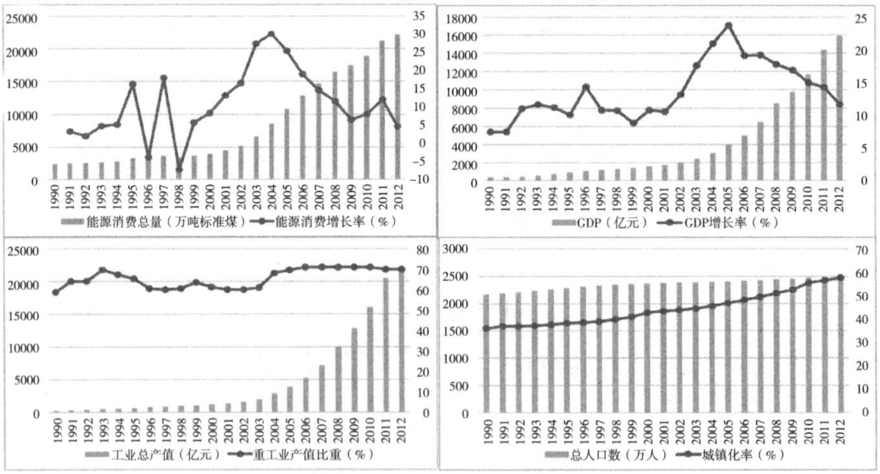

图2 内蒙古能源消费与主要宏观指标走势

1. 正向驱动因素

（1）经济规模迅速扩大，经济仍将保持中高增速的增长趋势。中长期看，我国投资、消费和出口“三驾马车”对经济的拉动作用仍具有较大的空间与潜力。从投资上看，内蒙古仍处于工业化、城镇化较快推进的发展阶段，基础设施相对落后，工业基础有待夯实，民生也亟待改善，国家宏观战略政策方面也对内蒙古给予积极的引导与扶持，如西部大开发规划、振兴东北老工业基地战略、大型能源生产基地建设等，未来至2030年内蒙古的基础设施、民生、生态环境等领域仍将处于建设高峰期，内蒙古的“西电东送”、“西气东输”、“煤化工”、“煤制油”等项目以及一批重大技术改造项目和产业升级项目，仍将形成增速较快的投资拉动。从消费上看，随着居民收入的不断增加、城乡居民生活水平的不断提高和社会保障体系的不断完善，内蒙古居民消费能力将不断释放，消费需求对经济增长将保持适度的拉动作用。出口方面，内蒙古如果能充分发挥口岸资源优势，扩大对俄蒙贸易规模，并进一步优化外贸出口结构，“建成我国向北开放的重要桥头堡和充满活力的沿边经济带”，出口对经济的拉动将进一步增强。但是，国内外宏观经济环境已发生深刻变化，全球经济复苏仍然脆弱，新的经济增长点并不明显；我国经济增速已减速换挡，过去依赖资源能源大量投入、投资建设强劲拉动的粗放型经济增长方式未来将发生改变；内蒙古本身也处在经济转型期。课题组预测，未来至2030年，内蒙古经济增速将高于全国水平，在各省位次中仍处于中等偏上；“十三五”年均GDP增速将在8.5%左右；2021至2030年，增速将缓慢下降，预计为7.5%左右。这与全国经济增长减速换挡的趋势也是一致的。虽然经济增速有所放缓，但是经济规模基数及其持续中高速增长趋势仍将对区内能源消费需求形成支撑。

（2）未来内蒙古发展战略定位仍将继续依托本区能源资源优势，发展相关工业产业。随着工业化的发展，内蒙古工业基础日益完备，已形成以重工业为主的工业体系。自治区“8337”发展思路中对内蒙古发展的八个定位包括“把内蒙古建成保障首都、服务华北、面向全国的清洁能源输出基地，建成全国重要的现代煤化工生产示范基地，建成有色金属生产加工和现代装备制造等新型产业基地”。产业发展导向仍是充分利用内蒙古的能源资源禀赋优势发展相关工业产业，这将驱动区内工业部门的能源需求。

（3）人口增长与人民生活水平的提高促进用能需求上升。内蒙古人口增长较为平稳，按照人口自然增长率4.5‰左右测算，到2020年，人口总量预计将在2570万人左右，2030年为2670万左右。城镇化进程继续推进，预计到2020年城市化率达到62%，2030年达70%左右。内蒙古的人均GDP与人均国民收入在全国均处前列，人均能源消费量、人均生活用能量也随着社会经济的发展而稳步提高。未来区内人口规模的扩大、城镇人口数量的增加以及生活水平提高带来的人均能耗的提升都将促进区内用能需求的上升，尤其是对优质清洁能源的需求。

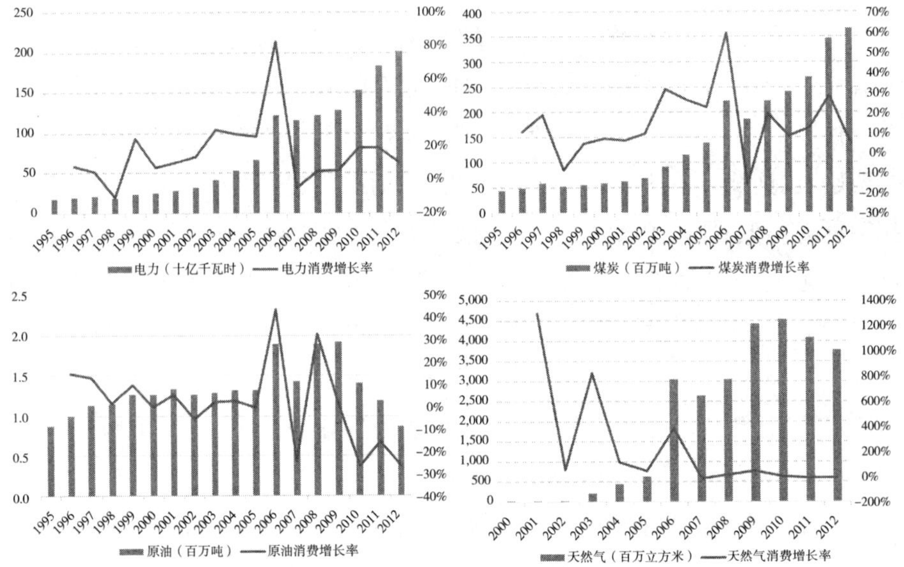

图3　内蒙古分品种能源消费与增速

2. 负向约束因素

（1）节能减排与用能效率提高降低能源强度。内蒙古的节能减排工作取得了显著成效，也有着巨大的潜力与空间。煤炭是内蒙古最主要的能源消费品种，从煤炭消耗方式来看，内蒙古煤炭转化率、综合利用率较低，未来有很大的提升空间。从煤炭消费结构看，未来煤炭消费更多集中于电力部门有利于利用效率的提升。“十一五”与“十二五”时期节能减排工作得到中央与地方极大的重视。未来至2030年，节约优先、绿色低碳仍将是国家能源战略的重要方向，也将制定新的约束性目标，加上能源利用技术进步与能源利用结构优化，未来内蒙古的能源强度将进一步降低。

（2）全国、区域与区内政策面对能源消费的约束日益强化。在推进能源生产与消费革命的大背景下，能源消费总量控制、节能减排等与能源消费直接相关的政策未来将逐级推进，其控制目标的向下分解与考核会对区域能源消费形成强约束。区域性的政策，如京津冀及周边地区防治大气污染，一方面对内蒙古的能源生产与消费以及相关的社会经济活动、环境治理活动提出了具体要求与控制目标，另一方面直接影响内蒙古能源外调主要目标市场未来的能源需求，也就影响着内蒙古本地能源工业的发展。中长期，全国、区域、区内的政策环境对能源消费的约束将趋紧。

3. 不确定因素

（1）经济、社会、产业发展的趋势性判断存在诸多不确定因素。伴随着能源工业的起飞和资源性产品价格暴涨，内蒙古经济经历了飞速发展的黄金十年，其中能源部门的扩张扮演绝对主角。然而，当前世情国情正在发生深刻变化，内蒙古的发展也处于战略转型的重要节点，未来内蒙古发展何去何从并没有明确答案。这一方面取决于内蒙古本身发展战略的调整，另一方面也受国内外宏观形势的影响。产业结构调整是“十三五”时期至2030年内蒙古经济转型的重要内容，本报告总结了未来内蒙古产业结构调整面临的正向因素，即促进产业结构转型升级的因素，以及负向因素，即使产业结构维持现有发展惯性的因素。两者间的张力使中长期内蒙古的产业结构变动趋势存在不确定性。其中，正向因素包括：第一，内蒙古兼具发展工业、重化工业的能源资源优势、区位优势、产业优势和成本优势，尤其对于电力、钢铁、有色、化工、建材等高耗能行业；第二，资源型产业在内蒙古经济的核心地位很难动摇，在全国具有明显的比较竞争优势及较大的提升空间，内蒙古产业结构转型升级依靠资源型产业改造提升；第三，内蒙古的发展定位是要加快建设“五个基地”，包括全国重要的现代煤化工生产示范基地、有色金属生产加工和现代装备制造等新型产业基地；第四，内蒙古承接国内其他省份的产业转移。负向因素包括：第一，全球和中国经济增速趋缓，对钢铁、有色、化工、建材等产品的需求由旺盛转为疲软;第二,国家节能减排、治理大气污染等行动,分解至地方的考核指标,都将对高耗能行业发展形成限制;第三,环境保护压力与水资源制约;第四,产业布局分散、基础设施建设滞后、装备技术和生产工艺比较落后、产业链条短等问题制约内蒙古将资源优势变成经济优势。所以,第三产业比重上升、第二产业比重下降,前者超过后者对于全国而言是个趋势,但是对于区域而言,内蒙古的资源禀赋决定了本区未来的产业结构仍将偏重,具体比重取决于区内经济转型的进程与各产业的现实运行。

(2)内蒙古主要耗能行业、部门未来发展战略、趋势存在不确定性。区内能源消费有相当大的部分来自高耗能行业,未来这些行业的增长趋势与发展规模对区内能源消费量有很大影响。内蒙古的能源消费结构以煤为主,80%以上的能源消费是以消费煤炭的形式。从煤炭的用途来看,内蒙古煤炭消费主要集中在发电、钢铁、建材、化工等行业,尤其是传统电力和煤化工行业。电力仍将形成强劲的用煤需求,区内电力需求量将继续上升,电力外送中长期将呈增长趋势。钢铁与建材产业的饱和与下行已经成为全国广泛性的发展趋势,产品产量将达到峰值。煤化工的发展尤其是新型煤化工的发展被认为是区内煤炭需求新的增量因素,近年来区内煤化工的发展也是如火如荼,已建与在建项目均规模庞大。然而,中长期看,新型煤化工的发展前景仍面临着市场需求、环境容量与政策三重不确定性,其对未来内蒙古煤炭需求增量驱动的程度也存在较大不确定。

4. 区内能源需求情景展望

基于对区内能源需求影响因素的分析,课题组对“十三五”时期至2030年区内能源消费总量与结构进行了情景分析,设定了基准情景、高情景与低情景,具体如表2所示。

表2　内蒙古区内能源需求预测分析

基准情景	2012年	2015年	2020年	2030年
能源(亿吨标准煤)	2.2	2.7	3.3	3.9
煤炭(%)	87.5	85.2	82.3	77.8

续表

石油(%)	8.4	8.5	8.6	8.7
天然气(%)	2.3	3.8	5.8	7.2
一次电力(%)	1.8	2.5	3.3	6.3
高情景	2012 年	2015 年	2020 年	2030 年
能源(亿吨标准煤)	2.2	2.9	3.6	4.7
低情景	2012 年	2015 年	2020 年	2030 年
能源(亿吨标准煤)	2.2	2.4	2.6	3.0

(三)区外能源需求形势分析

区外能源需求,包含两个层面的问题。一是区外能源需求总量,即全国除内蒙古外其他省份的能源总需求,这些省份是调入内蒙古能源的潜在消费主体,其能源需求总量构成内蒙古作为能源生产基地与能源外调大省所面对的区外消费市场。当然,这些省份的能源需求可以通过本省生产、从其他省份调入、从国外进口等多种渠道满足。而区外从内蒙古这一能源生产省份调入能源的实际需求,即区外能源需求中由内蒙古能源外调满足的比例,取决于多方面的因素,如区位、能源大省间的协同与竞争、通道建设、国际市场影响等。2012 年,内蒙古能源向区外调出,满足了区外 22.51%的煤炭消费、15.01 的天然气消费、2.8%的电力消费,以及 0.31%的油品消费。课题组尝试对以下影响因素进行分析,进而预测“十三五”至 2030 年区外从内蒙古这一能源生产省份调入能源的实际需求。

1. 影响因素

(1)能源外送通道。煤炭方面,外送主要包括公路运输与铁路运输两种途径。煤炭及制品是内蒙古公路运输最主要的货物,受铁路资源发展状况的制约,煤炭及制品在全区公路货物运输中占有约一半的比重;铁路方面,“十二五”时期规划煤炭外运通道指出完善大秦、准朔、大准、朔黄铁路通道,重点建设鄂尔多斯至曹妃甸、鄂尔多斯至华中、锡林郭勒至绥中港、锡林郭勒至曹

$$\text{内蒙古向区外的能源外调量占区外能源消费总量比重}=\frac{\text{内蒙古能源调出量}}{\text{（全国能源消费总量}-\text{内蒙古能源消费量）}}$$

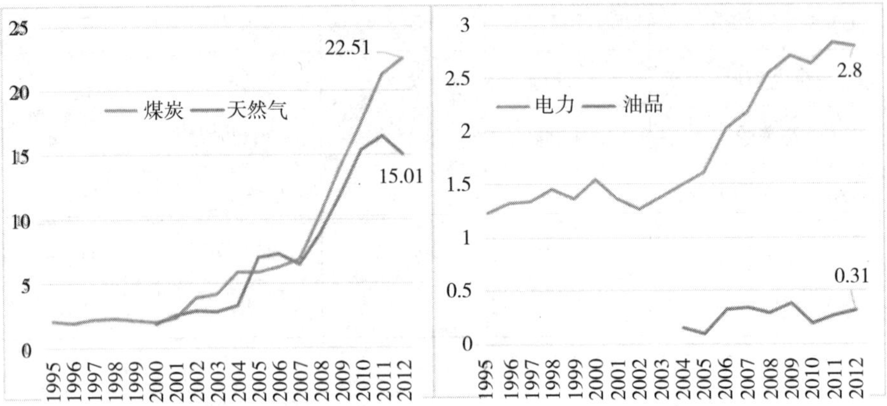

图4　内蒙古向区外的能源外调量占区外能源消费总量比重

妃甸、白音华至锦州等5条煤炭外运新通道，能够基本实现煤炭外运畅通无阻。所以未来至2030年，煤炭外送面对的通道制约已逐渐解除，随着铁路通道的完善，公路运输的比重将进一步下降。电力方面，仍存在外送通道容量不足问题，未来电力跨省、跨网外送通道的建设将影响区外调入内蒙古电力的潜力与可行性。从未来外送通道建设来看，目前国家已经初步提出在内蒙古建设4条直流输电通道，总送电规模为3100万千瓦，配套电力装机超过了4000万千瓦。目前这些方案都还处在可行性研究阶段，明确的输送工程方案还未确定，但中长期新的外送通道的建设会进一步加强蒙东、蒙西电网与京津唐电网、华中电网及华东电网的联系，大大促进内蒙古电力，尤其是风电、光伏发电的输出和消纳。与电力相似，油气通道的建设也会提高内蒙古油气外调满足区外需求的比例。

（2）能源输出省间与国际市场竞争。从市场竞争的角度，内蒙古能源外调面临着来自其他能源输出省以及国际市场的能源竞争，该竞争将影响内蒙古能源在区外市场占有的份额，从而影响区外总需求中对内蒙古能源的实际需求部分。从能源输出省间竞争来看，山西、陕西、宁夏、新疆、甘肃等省与内蒙古相似，都蕴含着丰富的能源资源，有大量能源调出省外，这些能源输出省间在国内能源市场有着同质或差异化竞争，并体现在价格、产量与输出量上。

煤炭方面，山西与陕西每年也输出大量煤炭，略少于内蒙古。石油方面，陕西与新疆是最主要的调出省，但是内蒙古石油调出不多。天然气方面，陕西与新疆是主要竞争者，但是全国天然气需求增势强劲，对外依存度高，市场供不应求，所以该竞争对内蒙古天然气调出影响较弱。电力方面，山西、陕西、甘肃是主要竞争者，但同样影响较弱。国际市场对内蒙古能源调出影响最大的是煤炭调出，这与国内能源输出省间的竞争类似。

2. 内蒙古能源外送情景展望

基于对全国、区内、区外能源需求的趋势以及本区向区外调出量影响因素的综合解析，课题组对“十三五”时期至2030年内蒙古能源向区外调出的需求进行情景分析：

表3 内蒙古能源调出需求预测分析

基准情景	2012年	2015年	2020年	2030年
煤炭（亿吨）	7.6	7.7	7.6	6.8
油品（百万吨）	1.6	1.8	1.9	1.9
天然气（亿立方米）	214	243	253	267
电力（十亿千瓦时）	134	228	430	721
高情景	2012年	2015年	2020年	2030年
煤炭（亿吨）	7.6	7.8	7.9	8.1
油品（百万吨）	1.6	1.9	2.1	2.1
天然气（亿立方米）	214	233	231	230
电力（十亿千瓦时）	134	200	380	489
低情景	2012年	2015年	2020年	2030年
煤炭（亿吨）	7.6	7.7	7.6	6.3
油品（百万吨）	1.6	1.6	1.8	1.9
天然气（亿立方米）	214	265	271	285
电力（十亿千瓦时）	134	243	449	882

四、内蒙古“十三五”能源经济发展战略总体思路

(一)总体思路

从国家层面讲,站在发展和安全的战略高度,找到顺应能源大势之道就是能源战略。能源发展战略的核心是保障能源安全,十八大报告指出:未来能源发展的方向是革命、低碳、安全,革命是核心,低碳是方向,安全是目标。过去讲能源安全指的是供应不能中断,现在应加一句话,消费要确保无害。在2014年6月13日中央财经领导小组第六次会议上,习近平总书记强调指出:能源安全是关系国家经济社会发展的全局性、战略性问题,对国家繁荣发展、人民生活改善、社会长治久安至关重要。面对能源供需格局新变化、国际能源发展新趋势,保障国家能源安全,必须推动能源生产和消费革命。推动能源生产和消费革命是长期战略,必须从当前做起,加快实施重点任务和重大举措。其中指出:要把节能贯穿于经济社会发展全过程各领域,大力推进煤炭清洁高效利用。就内蒙古自身特点而言,总书记讲话中的“大力推进煤炭清洁高效利用”将会在今后相当长时间成为经济发展的重要指导方向和重点。因为煤炭为主的能源产业是内蒙古经济的支柱,能源产业对内蒙古GDP贡献巨大,那么内蒙古能源经济发展战略思路中GDP导向和能源发展方向自然成为内蒙古经济发展相互依托、互为引导的两个重要方面。

内蒙古能源经济发展的总体战略思路:在自治区“8337”发展思路的基础上,发挥自治区能源经济的特色作用:一是进一步强化内蒙古作为国家清洁能源输出基地和全国重要的现代煤化工生产示范基地的重要战略定位;二是将内蒙古作为国家能源革命的先行试验区;三是将内蒙古作为国家能源经济对外合作的战略基地;四是将综合效益和发展质量作为内蒙古今后能源经济发展的战略导向。

(二)需要重点把握的几个问题

结合当前国家能源发展战略、经济与环境综合发展方针政策和内蒙古实际,“十三五”内蒙古能源经济发展战略思路具体还需要要把握好以下几个方面:

1. 科学稳控煤炭

历年来内蒙古的煤炭产量均远大于其消费量,对内蒙古的资源合理开发、运输设施建设以及环境及生态保护都带来巨大的压力。在国家提出控制煤炭消费总量的大政方针影响下,全国将全面实施对煤炭合理利用的控制措施。在这双重压力下,“十三五”时期内蒙古对煤炭供应量必须进行科学调整,科学安排煤炭生产量和调出量,控制内蒙古煤炭消费量。

实施煤炭总量控制。“十三五”煤炭发展思路的调整,应从以粗放的供给满足需求增长的模式,转变为以科学和优化的供给保障合理需求的煤炭供需新模式,推进煤炭供给侧结构性改革。电力热力、煤炭开采和石油加工三个行业均属于能源行业,并且联系着煤炭供应端和需求端。加强科学节煤措施,提高电力热力、煤炭开采和石油加工三个行业的煤炭利用效率是内蒙实施煤炭总量控制的核心所在。

适度控制煤炭产能和外送规模。针对内蒙古煤炭产能过剩,外送规模与成本效益不匹配等突出问题,以满足区内发电和化工转化用煤为限,严格控制低热值煤炭生产产能,努力提高外送高热值煤炭和洗选煤比重,科学有序安排煤炭产能、火电产能和外送规模。

2. 有序扩展电力

随着经济社会的发展,电力已经成为经济发展的基本元素。同时电力发展是内蒙古集约化开发能源资源和优化能源输送格局的需要,是内蒙古能源经济发展转型的核心驱动力,在内蒙古能源发展转型过程中将成为交通、建筑、工业领域变革的重要推动力量。目前无论是同世界平均水平相比,还是欧美发达经济体相比,我国发电用煤占煤炭消费总量的比重都明显偏低。在现有技术水平下,发电是清洁能源开发利用的主要形式,而电网建设是非化石能源实现大规模替代化石燃料关键途径。未来内蒙古电力发展,要按照国家能源发展战略的总体要求,以合理电源结构为导向,在继续提升煤电产业效率,优化调整电力结构和布局,提高电力协同保障能力的同时,适应电力发展需要加快电网建设,努力拓宽电力供应渠道和电力市场,在全面提升电力供应质量的基础上有序发展电力,努力构建起安全、高效、绿色、经济的电力供应体系。

把握好内蒙古电力体制改革,从物质层面、操作层面、决策层面提高灵活性。一是用好内蒙古电力体制改革综合试点政策,积极推进电能直接交易和售电侧改革;推动探索有利于能效管理和分布式能源发展的灵活电价机制;推进输配电价改革,提出单独核定输配电价的实施方案。二是加速电力系统的变革,重塑内蒙古经济体系中的能源体系,构建满足资源承载力和环保要求,具有可再生性、多元化、灵活性以及以消费者为导向的持续稳定的电力供应系统。

妥善处理外送与区内消费的关系。以系统安全、稳定和经济为目标,全面协调、统筹兼顾、科学合理布局电源基地,在协调电源和电网发展的前提下,坚持集中式与分布式并重、集中送出与就地消纳结合,努力实现总量与结构、发展与环境、电源与电网、化石能源发电与非化石能源发电的全面协调发展,充分发挥内蒙古资源优势,促进电力与经济、社会、生态环境的协调发展,促进内蒙古能源经济持续健康的发展。

建立适应高密度、大电网发展的电力安全保障。我国的电力行业正朝着高密度、大电网的时代发展,电力安全的要求日益提高。从美国加州停电事故中不难发现,电力供应中断对当今地区经济发展的毁灭性影响。未来的电力产业无论从电源供应的稳定性以及电网运输的安全性都提出了更高的要求。如何更加高效、充分的提高电力产业安全水平,将是未来电力产业面临的重要问题。

坚持科技驱动、市场导向和节约优先。立足于可持续发展长远目标,加快自主创新,重点在清洁发电技术、核电、可再生和新能源发电、智能电网等领域加强新材料和关键技术的攻关和设备研制;推动电力装备制造业升级,提高电力工业科学发展能力,建设满足节能环保要求、满足资源承载力要求,具有可持续发展能力的电力工业体系,构建起节电导向型经济发展和产业发展体系。

推进煤电与风电、太阳能电力协调有序发展。在保证传统火电送出和消纳同时,积极适应风电、太阳能发电等新能源发电接入及分布式电源并网要求,积极推进分布式可再生电力发展。

3. 统筹发展可再生能源

面对日益严峻的能源和环境问题,许多国家提出了以可再生能源为核心目标的能源转型战略。目前,全球有近 140 个国家制定政策支持可再生能源。

欧盟把发展可再生能源作为能源发展重大战略措施。丹麦到2050年的战略目标是完全摆脱化石能源，目前丹麦的风电比重在北欧电网的支撑下已达到30%。德国提出2050年的战略目标是在能源消费中可再生能源占60%、电力消费中可再生能源占80%。美国研究提出到2050年，可再生能源可满足电力需求的80%。阿联酋、沙特等传统的产油国，以及印度、古巴、巴西等发展中国家都在大力发展可再生能源。从内蒙自身的能源结构看，目前仍是典型的以煤炭为主的能源结构，风电资源虽然丰富，但多重因素制约利用消纳水平严重不足。“十三五”时期积极把握可再生能源发展的机遇，主动适应华北、华东市场需求，统筹发展可再生能源，具有重要的战略意义。

实施清洁能源“北电南送”战略。对比国内外情景，以及京、津、冀、鲁和华东沪、苏、浙、皖、闽五省市是我国经济发达地区，用电量大，初步判断具有较强消纳可再生能源的市场能力。尤其是内蒙古近邻京津冀鲁，距华东电网都在2000km以内，均在特高压交直流经济合理输电范围内，比西部地区的风电外送至华东、华中地区的距离要近很多，同时，与其他风电生产省区比较，内蒙古外送落地风电电价也是有竞争力的，且低于大部分海上风电成本。在京津冀鲁及长三角地区发电以煤炭为主，雾霾污染严重，能源主要靠外来供给的环境条件下，加快开发利用内蒙地区可再生能源，尤以风电及风光互补电力的开发外送，相对外送技术、成本和距离优势而言，实施清洁能源“北电南送”战略是能够实现的。

新技术示范与政策机制创新相结合。在现有开展的电力多边交易，加强电网系统建设和外送通道建设基础上，建立新能源与火电融合、风电与光伏电融合机制，以融合新技术应用示范为支撑，统筹新能源资源分布、电力并网和市场消纳，推进新能源的规模化发展。结合当地资源条件，加快新能源技术创新及技术集成应用，开展调度运行、补贴方式等政策体制机制创新；用新技术示范为政策体制创新提供有效支撑，以政策体制创新促进新技术示范及集成应用实施。

集中开发与分散利用相结合，就地消纳与扩大外送相结合。从内蒙古终端能源消费市场来看，能源以煤为主，油气资源不足，石油对外依存度高，决定内蒙古油气占终端能源消费的比重难以大幅提升。在为区域经济发展提供清洁能源的同时，根据内蒙古可再生能源资源和电力市场分布，科学规划新能源开发利用，在集中、连片建设新能源基地的同时，以电气化提高和电能替代为主要方向推进终端能源替代符合内蒙古基本区情。一是积极布局发展分布式能源产业，利用风电制氢、新能源发电供热等利用，增加新能源在工业能源中的消耗比例，实现各种新能源发展模式的综合应用。二是与民生工程相结合，提高分布式可再生能源应用能力。提高电气化水平应是终端能源替代战略的主要目标。同时，新能源发展要与改善民生工程相结合，在城镇化发展过程中，积极开发应用各类新能源，加快推进风电清洁供暖工程，提高城乡居民生产生活水平，促进各项民生事业发展。

4. 甄选发展煤化工

在满足能源需求和提升经济效应的双重驱动，内蒙古建设国家重要的现代煤化工生产示范基地的关键时期，内蒙古煤化工面临新一轮产业结构调整。比较而言内蒙古煤化工产业在总体上占有优势，这主要体现在产品的先发优势、资源优势、政策准入优势等。内蒙古煤炭资源丰富，围绕煤炭加工利用开发出的专利技术已有 100 多项，内蒙古五种煤化工示范线都获国家批准，目前已经全部投产。

从整体情况看，内蒙古煤化工产业发展虽然初具成果，但建设现代煤化工生产示范基地还面临很多困难和挑战。目前，我国煤化工行业发展迅速，相关产品产能、产量增长迅速，部分产品达到饱和。而内蒙古现代煤化工还处在示范阶段，仍存在煤化工产业层次低，产业链短，延伸配套产业发展不足，一些工艺技术仍处于试验阶段，产业成熟度低、投资强度大、能源转化效率不高、水资源消耗较大、二氧化碳和污染物排放较高等问题，煤化工消耗资源巨大，煤资源与水资源分布不相匹配，内蒙古现代煤化工进一步扩大规模受到多重制约。

内蒙古应从煤炭储量、水资源匹配、地理位置以及市场潜力与前景等综合因素出发，审慎地甄选其中经济前景好、企业规模大，技术能力强并有自有知识产权的，适于内蒙古的新型煤化工产品，并着重在内蒙古形成集群效应，使之真正成为拉动内蒙古经济发展的增长点。

5. 积极勘探非常规能源

随着国际油价居高不下，以页岩气、煤层气等为代表的非常规能源，已引起世界能源巨头的广泛关注，未来数年将迎来发展新热潮。当前我国非常规能源资源的勘探开发尚处于初级阶段，没有系统的认识，缺乏系统的配套技术，面临着诸多经济上和技术上的困难和问题。随着非常规油气资源基础理论水平的不断提高和配套工艺技术的不断创新，非常规油气资源必将提升我国能源保障能力，在我国能源体系中发挥举足轻重的作用。

据内蒙古新能源研究院资料，内蒙古致密气、煤层气、页岩气等非常规天然气资源极为丰富。从致密气（致密砂岩气）资源看，我国致密气储量约 12 万亿立方米，而内蒙古仅鄂尔多斯乌审旗境内的苏里格气田，探明地质储量即达 1.1 万亿立方米，目前年产量达 105 亿立方米，分别占全国天然气储、产量的 14.7%、12.1%。有关专家认为，仅鄂尔多斯盆地内蒙古境内（包括苏里格气田、大牛气田和乌审气田）致密气储量就在 2.5 万亿立方米以上。从煤层气情况看，我国埋深 2000 米以浅煤层气地质资源量约 36.81 万亿立方米，相当于 500 亿吨的标准煤，居世界第 3 位。在全国 14 个含煤层气大于 5000 亿立方米的盆地（群）中，内蒙古境内就有鄂尔多斯、二连、海拉尔等 3 个盆地（群）。其中鄂尔多斯盆地资源量在全国最大，约 10.72 万亿立方米（地跨蒙、晋、陕、甘、宁五省区）；二连盆地的可采资源量在全国最多，约 2 万亿立方米；海拉尔盆地的煤层气资源量约 1.6 万亿立方米，可采资源量约 8799.51 亿立方米。页岩气资源方面，中国陆域页岩气地质资源潜力为 134 万亿立方米，可采资源潜力为 25 万亿立方米（不含青藏地区），而据内蒙古煤炭地质学会和内蒙古自治区煤田地质局对全区页岩气资源进行的初步估算，内蒙古页岩气资源潜力约 30 万亿立方米，有可能在中国的"页岩气革命"中发挥重要作用。

"十三五"时期，内蒙古应按照常规非常规并重的方针，加强致密气、煤层气和页岩气等非常规能源资源勘探开发，突破非常规能源资源的开发和利用。在非常规油气资源勘探开发上针对不同非常规油气的成藏（矿）特点及储层征，研究不同的富集成藏（矿）主控因素，通过科学合理的储层评价技术，加快寻找高产富集区、优质资源区，优选出高产富集有利区。积极推进鄂尔多斯盆地等地区煤层气勘查开发步伐，切实提高鄂尔多斯盆地油气资源探明率，加快鄂尔多斯盆地煤层气产业基地建设。

6. 加快能源运输通道建设，把握国家“一路一带”战略机遇

国家“西电东送”、“西气东输”等工程将进一步加大内蒙古能源调出比例，以及国际能源格局变化，为内蒙古建成保障首都、服务华北、面向全国的清洁能源输出基地提供了宏观政策保障。针对电力跨省、跨网外送通道的建设和外送通道容量不足，响未来内蒙古电力调入区外、境外的潜力等问题，内蒙古要积极把握这一战略环境和政策机遇，加快布局和建设电力跨省、跨境、跨网外送和清洁能源并网通道，缓解能源外送通道瓶颈，打通并支撑以内蒙古建设国家能源基地为基本点，向两翼发展，一翼向华北、华东进入我国腹地，一翼向北开放进入境外中俄、中蒙能源合作通道，尤其是借推进中蒙俄经济走廊建设黄金契机，深化能源国际合作，进而推进能源经济转型和可持续发展。

打通输电通道。目前，内蒙古煤电、风电装机居我国前列，受外送通道和电力消纳等条件的制约，能源发展走入一个瓶颈期。内蒙古自治区电网分蒙东电网和蒙西电网两部分。我国《大气污染防治行动计划重点输电通道实施方案》，规划了内蒙古 4 条特高压电力外送通道，2014 年又同意了内蒙古赤峰元宝山电厂±500 千伏改接华北电网，通辽±800 千伏外送华中（华北）电网。到 2014 年，锡盟（经北京和天津）—山东外送电通道已经开工建设。目前，蒙西电网已形成“三纵四横”的 500 千伏主干网架；与华北电网相连 2 条 500 千伏外送通道，220 千伏分地区配网基本形成。蒙东电网 4 个盟市分别并入华北电网，尚未形成统一电网。“十三五”期间，加强跨区、跨境能源通道建设，在全力推进规划电力通道同时，推进西电东送和跨境北送，在满足安全的前提下，外送通道与内蒙古电网相连，打开内蒙古电力外送通道，形成统一电网，实现内蒙古向华北、西北、东北、华中四大地区送电和带动大型煤炭基地、煤电、风电基地开发建设的规划目标。

拓展油气管网。一次能源的份额比正稳步上升，而能源结构的变化，天然气消费比重的提升，也将对推动管线基础设施建设提出巨大的需求。从国际比较来看，目前我国油气管线密度明显偏低。据资料显示，美国在天然气消费量达到 3800 亿立方米时，其油气管线密度为 100 公里/亿立方米的管道里程，而我国 2020 年消费量有望提升到 3800 亿立方米，目前油气管线密度仅为 21.1 公里/亿立方米的管道里程。未来 5 年，我国实施“一路一带”国际能源

合作战略，规划形成中俄、中哈、中缅 3 个能源通道炼化产业带。随着新兴领域的开拓，管道建设还面临更多页岩气输送管道、煤制气输送管道等新增需求。内蒙古是我国重要的清洁能源输出基地，同时具有积极参与我国国际能源合作的显著优势，应积极把握我国实施“一路一带”国际合作战略和推进中蒙俄经济走廊建设，加速建设跨国天然气管道的黄金机遇期，按照“统筹规划，分步实施”、“远近结合、多元投资”和“保障安全，适度超前”的原则，借助国家加快油气管道布局和建设契机，创新管道建设、运营、管理模式，加快天然气管网建设，加快发展跨境管道、通往周边省市区的管道和城市区内供气管网建设，积极推进管网互联互通，从而形成天然气、煤制气、煤层气等多种气源公平接入、统一输送的格局。

推进电网智能化，提高电网优化配置资源的能力。智能化电网建设是集约化开发能源资源和优化能源输送格局的需要，是促进能源大范围高效配置的智能化载体平台。长期以来，电网的功能被简单地定位于电能输送载体。随着电网技术的发展及其与智能化技术的融合应用，电网的功能、形态正在发生深刻变化。智能电网不仅仅是电能输送的载体，而且是现代能源综合运输体系的重要组成部分，是具有强大能源资源配置功能的智能化的基础平台。结合内蒙古发电能源资源分布及生产力布局情况，科学合理布局内蒙古大型电源基地和智能电网建设，将智能电网作为能源资源高效配置的载体和平台是电力发展转型的核心任务，实现集约高效开发和优化配置，是实现内蒙古电力可持续发展的重要现实选择之一，是实现能源发展转变的战略基点。对保障电力供应、集约化开发能源资源、优化能源输送格局、缓解电力外送瓶颈，提高能源配置效率、保护生态环境、应对新一轮能源技术革命都具有重要意义。

7. 适应国家能源发展格局战略性调整，贯穿能源革命思维

能源革命加速推进，经济发展新常态下我国能源发展格局面临重大调整能源革命是引领我国能源发展的长期战略，对未来我国能源中长期发展具有极强的针对性和指导性，围绕多方位推动能源革命，我国能源发展格局将迎来革命性战略调整。“十三五”期间，在内蒙古能源产业发展中必须贯穿能源革命思维，推进能源生产和消费革命战略。

适应能源供应体系向多元化转型。能源供应革命提出要建立多元供应体

系，包含多方面的转型。一是品种上的多元化，从以煤为主转向煤、油、气、新能源、核、可再生能源多轮驱动的能源供应体系过渡，太阳能、风能等新能源逐步从补充性能源向替代能源、能源主要构成部分转变。二是来源多元化，包括国内国际两种资源以及国际资源来源的多元化。三是投资主体的多元化，鼓励民企、地方国有企业以及外资企业投资能源产业，推进央企由垄断向混合所有制转变。

加快推进能源技术创新。能源生产和消费革命离不开技术革命的支撑，加快推进能源技术创新将成为能源战略调整的重点。随着能源技术创新步伐的加快，煤制油等石油替代、煤气化整体联合循环等新一代火力发电、风力发电、光伏发电、特高压输电、智能电网等技术研发将取得重大突破，同时，一批新技术将逐步加入到示范行列，科技成果转化加快推进。

加快能源体制的调整。体制革命是能源革命的关键，围绕破除体制机制障碍，能源体制面临重大调整。一是推动能源市场化，发挥市场配置资源的决定性作用，打破关键领域的垄断。二是理顺能源价格形成机制，逐步实现天然气井口价格及销售价格、上网电价和销售电价由市场形成，输配电价和油气管输价格由政府定价。三是转变政府职能，减少前置性审批，增强事中和事后监管，强化规划引导，弱化项目审批。

在能源产业集中地区开展能源革命试点，着力提高能源使用效率。在能源经济发展中，以大量消耗能源资源和环境污染为代价的发展模式导致能源消耗持续上升与能源消费低效率并存的问题，在一定程度上已成为制约内蒙古经济进一步发展的瓶颈。“十三五”期间，通过试点项目，一是研究、论证和实施可再生能源基地建设、分布式能源应用、非常规能源勘探开发、传统能源转型升级、煤炭清洁开发利用、能源领域关键技术创新、主要用能领域能源消费方式变革等重大战略性示范工程，把内蒙古建成我国能源革命战略基地示范区；二是有效落实节能优先方针，推动能源消费革命。坚决控制能源消费总量，以工业、建筑和交通领域为重点，创新发展方式，形成节能型生产和消费模式，把节能贯穿于经济社会发展全过程和各领域；三是着力建立起能源供应效率体系，大力推进煤炭清洁高效利用，着力发展非煤能源，同步加强能源输配网络和储备设施建设，推动能源供给革命，形成煤、油、气、核、新能源、可再生能源多轮驱动的高效的能源多元供应体系。

8. 秉承能源、环境、经济可持续发展理念，贯穿能源红线思维

生态环境的恶化与承载能力的弱化问题也日益凸显，越来越成为制约经济社会发展的瓶颈。面对资源约束趋紧、环境污染严重、生态系统退化的严峻形势，国家不断加大生态文明建设的推进力度，先后设定了生态保护、水资源管理等多条红线，并将能源发展放在生态建设的框架内，把生态环境、水资源承载能力作为能源发展的重要限制条件，能源经济发展硬约束不断强化。

从生态环境约束看，化石能源的开发利用对生态环境造成了严重影响，我国煤矿每年新增采空区超过 4 万公顷，70%的大型矿区是土地塌陷严重区，造成了严重的水土流失，加剧了生态环境的脆弱性。未来较长时期内，我国化石能源开发利用强度仍然较高，与生态环境保护要求不断提高的矛盾更加尖锐，在生态保护红线的限制下，能源可持续发展面临的生态环境约束不断加剧。

从水资源约束情况看，为解决日益复杂的水资源问题，国家实行了较为严格的水资源管理制度，提出了水资源开发利用、水功能区限制纳污和用水效率控制等三条水资源管理红线。今年中央财经领导小组第五次会议重点研究了我国水安全问题，即将出台并实施更加严格的水资源保护条例。煤炭开采、火电、煤化工等都是需要大量消耗水资源的行业，在国家水资源保护管理多条红线的限制下，水资源承载能力对能源经济发展的约束将不断凸显。

从污染物排放约束情况看，为了从根本上控制化石能源的消耗并降低排放强度，国家划出了能耗强度和能耗总量两道红线，严格执行污染物排放总量控制制度，将污染物排放总量始终控制在环境可承载范围内。全球应对气候变化新一轮谈判即将开始，在大气污染防治国十条的基础上，国家将出台更为严格的治理措施，化石能源开发利用与环境容量约束矛盾日益突出。

“十三五”期间，应按照科学发展观的要求，把能源、环境、经济可持续发展理念贯穿内蒙古能源发展战略中，充分考虑生态环境、水资源以及污染排放的承载能力，改变“高投入、高消耗、高排放、低效益”的粗放型能源经济发展方式，转换能源经济发展的路径和模式，体现以煤炭为主体、电力为中心、油气和新能源全面发展的战略，形成有利于资源持续利用和合理的生态环境保护、水资源利用以及有效控制污染排放的能源产业发展格局。以此为依据建立综

合反映经济发展、社会进步、能源利用、环境保护等体现科学发展观、政绩观的指标体系,构建"绿色能源"目标体系,彻底改变片面追求GDP增长,透支资源求发展的方式,实现"政绩指标"与"绿色指标"的统一。

五、内蒙古"十三五"时期能源经济发展战略目标和重点

(一)顶层战略设计

1.顶层战略总目标

内蒙古能源经济发展的顶层战略总目标是:进入"能源革命和创新发展"的新阶段。为此,新阶段要实现的三个重要转变包括:一是从主要追求GDP数量向追求GDP质量转变;二是从主要追求经济发展向同步追求能源、经济、环境与社会协调、融合发展过度;三是从主要依托国内市场发展向同步利用国内、国际两个市场转变。2020年前完成所有政策、法规、战略规划、实施方案等准备工作,2020年后进入实质性建设发展新阶段。

2.战略重点

(1)变革发展观念。尤其是各级政府领导要转变发展观念,要切实认识到内蒙古到底要什么,什么才是美丽、和谐、富裕、公平的社会。要防止头脑过热,片面追求高速度,依靠过渡投资和资源过度开发拉动经济。经济增速过快,必然进一步依靠高投资率,拉动土地和矿产能源资源的投入。要尽快改变各级政府在发展速度上层层加码,各地比拼GDP增速的增长模式。要把改善民生、改善人民生活环境放到优先地位,讲求发展质量。

(2)推进科学、民主决策。要推进科学、民主决策,实质性抓好国民经济与技术经济评价、环境影响评价、社会影响评价等工作,实施专家评价和公众听证相结合,要切实转变以往评价工作流于形式,找不到责任人,致使重大决策失误,给国家、自治区造成重大损失。

(3)强约束下重新进行能源发展定位和时空布局优化。从能源发展看,总体战略定位是控煤、增电、优选煤化工、发展可再生能源、加大油气勘探力度;一是要控制煤炭开发规模,尤其要控制东部劣质煤的开发规模;二是要增

加电力转化规模，包括继续适度增加煤炭发电，大力发展风电和太阳能发电；三是要进一步在现有示范项目经验和教训的基础上，严格把控煤化工技术选择、环保、水资源支撑条件，防制盲目扩张，尤其是内蒙古东部地区以褐煤为原料的煤化工项目；四是要继续大力发展可再生能源，除了继续加大风电、太阳能发电外，还应该加大生物质能源的开发规模，推进储能技术应用；五是要加大内蒙古境内常规、非常规油气勘探工作深度，尤其要加大煤层气、页岩气的勘探力度，适时扩大开发规模。

从空间总体布局看，要“稳定西部、控制东部”。主要针对煤炭开发、煤炭发电以及煤化工发展。稳定西部主要指稳定鄂尔多斯地区，东部主要指劣质煤产区，包括锡林郭勒盟、呼伦贝尔盟等地。

从时间维度把握上，要力争在2020年煤炭产量达到峰值。主要指稳定鄂尔多斯地区煤炭开发规模的同时，要逐步减少东部褐煤的开发规模，以此完成2020年达到产量峰值目标。尽管只是针对煤炭产量提出峰值概念，而实际上是控制煤炭产业链延伸的一个前端综合性措施，可以起到“总阀门”的作用。

要充分重视解决四大约束：外送通道、水资源、草原生态、环境容量。外送通道主要指电力外送通道，水资源主要指两个重点煤炭基地神东和蒙东地区各自的不同类型的水资源约束，草原生态主要指全区各类草原生态系统的保护，环境容量则是指主要城镇大气环境容量（纳污能力）、地表与地下水环境容量等。

总之，内蒙古未来的能源经济发展要把握好空间、时间以及各类能源发展的方向和重点，而且一定要充分考虑电力外送通道建设、水资源约束、草原生态保护、环境容量限制等瓶颈条件。要使内蒙古能源经济带来的GDP是绿色的、高质量的、有效益的。要充分考虑内蒙古东部、西部两大重点发展地区。要根据水资源、生态环境约束，对自治区能源经济项目进行科学规划、合理布局，做到适时、适度、适宜。

3. 战略措施

一是要将顶层战略重点和战略定位以战略规划的形式落实到自治区综合规划管理部门和各盟市严格执行，形成实施方案。如果诸如电力外送通道建设等涉及跨省、国家的内容，则要有专门的管理部门上报中央或国家主管部门沟通、协调，争取列为国家战略规划内容。二是要主动、率先彻底改变以GDP为发展导向的发展模式，尝试改变GDP考核制度，即不但要考核经济发展指标，而且要增加社会发展和环境生态保护指标。以此作为考核地区发展快慢、优劣的完整考核体系。三是要从体制上改革干部地方任命制度，某些监管职能的部门要采取地方管理和上级部门一条龙管理相结合的办法，而且监管执法要保证不受到地方或中央部门的干扰，形成双体系监管制度。四是要严格控制某些地方政府和央企、国企不顾经济效益，盲目追求GDP而大上、快上项目。这样以投资拉动GDP的模式一定要改变。

（二）煤炭资源开发

1. 战略目标

一是要建设世界一流煤炭产业，使矿区进入生态文明建设新阶段。实现煤炭行业的战略调整，实现煤炭生产安全环保高效，使煤炭行业更加清洁、高效、科学发展。二是的继续发挥煤炭作为基础能源重要作用。内蒙古的煤炭资源开发处于壮年期，要继续发挥其基础性作用，服务区内外。三是煤炭安全生产要达到国际领先水平。要继续以最高安全标准武装煤矿，使煤矿的百万吨死亡率降至最低。四是要严格核定产能，以此作为科学调控产量的基础。根据煤炭资源赋存、安全、环保、市场等条件，科学确定产能，合理制订产量计划。2020年前完成所有矿区煤炭资源整合、产能调整工作，2020年后实现产能科学化，洗选比例近100%，大幅度提高煤炭产品市场竞争力。

2. 战略重点

煤炭开发的总体战略是稳定西部、控制东部。

（1）尽快完成煤炭行业整改工作。“十三五”期间，要进一步通过煤炭行业整改实现矿井大型化、机械化，煤炭工业实现集约化经营。大力推动煤炭的科学开采和科学利用，构筑安全、高效、洁净、可持续的新型煤炭产业。

（2）积极开展煤炭重大科学和技术专项研究。重点解决煤炭安全生产问题，尽快开展煤炭开采如何减轻和处理相应生态、环境、水资源影响问题研究，制定相应规章制度，实现绿色开采。

（3）实现动力煤100%洗选。通过100%洗选，改原煤供应为经洗选筛分的商品煤供应。改造我国煤炭供应管理和运输体系，提高煤炭利用效率。推广煤矿瓦斯利用技术,减少煤矿瓦斯无效排放。

(4)推进适宜低碳经济发展的洁净煤发电技术路线。将空冷机组、超临界技术作为内蒙古煤炭发电的主导技术进行推广。进行先进IGCC、先进多联产技术研发,优选煤炭高效洁净利用技术路线,大幅度提高煤炭利用效率和洁净化度。进行CCS技术示范。

3. 战略措施

(1)下决心彻底进行煤矿经营主体整顿。严格遵循一个矿区区块一个主体经营的原则,对内蒙古目前的18个主要矿区进行重新梳理。包括呼伦贝尔市扎赉诺尔矿区、宝日希勒矿区、伊敏矿区、大雁矿区、免渡河矿区、五九矿区,通辽市霍林河矿区,赤峰市平庄—元宝山矿区,锡林郭勒盟哈达图矿区、白音华矿区、锡林浩特矿区,呼和浩特市和鄂尔多斯市准格尔矿区,鄂尔多斯市东胜矿区,鄂尔多斯市和乌海市桌子山矿区,乌海市乌达矿区,阿拉善盟古拉本矿区、黑山矿区、西大窑矿区。

(2)严格对煤矿超能力生产进行监管。严格按照《国家能源局关于建立煤矿生产能力登记和公告制度的通知》(国能煤炭〔2013〕476号)、《国家发展改革委、国家能源局、国家煤矿安监局关于遏制煤矿超能力生产规范企业生产行为的通知》(发改电〔2014〕226号)要求,对现有煤矿超能力生产进行监管,建立实时煤矿生产能力信息平台。依据国家能源局出台的《关于调控煤炭总量优化产业布局的指导意见》,进一步对煤炭行业进行总量调控、优化布局,加大资源开发与生态环境保护统筹协调力度,重点围绕以电力外送为主的千万级大型煤电基地和现代煤化工项目用煤需要,在充分利用现有煤矿生产能力的前提下,新建配套煤矿项目。也应该进一步淘汰产能规模较小及劣质煤矿井。

(3)煤炭经营实行严格监管制度。依据中华人民共和国国家发展和改革委员会令第13号《煤炭经营监管办法》,对煤炭经营实行严格监管。加快清理各种各类煤炭环节的收费,依据财政部、税务总局发布的《关于实施煤炭资源税改革的通知》,自2014年12月1日起在内蒙古实施煤炭资源税从价计征改革。尽快结合资源税费规模、企业承受能力、煤炭资源赋存条件等因素,确定自治区各类矿区税率标准。

(三)煤化工发展

1. 战略目标

总体战略目标是使煤化工进入有序、科学、理性发展的新阶段。为此,政府首先要完成各盟市煤化工发展战略定位、战略选择。实现煤化工行业战略调整,充分依据全球石油、天然气、煤炭、化工产品市场条件,科学、理性、适度建设一定示范意义的煤化工项目。要在2020年前完成煤化工产业布局和产能调整,通过兼并、重组调整一批不专业、没有竞争优势的已投产煤化工项目。2020年后实现煤化工产能科学化,有效提高自治区煤炭的清洁化利用率。在综合考虑水资源、环境、市场的条件下,预计2020年内蒙古煤制油、煤制气、煤制烯烃的规模将分别达到约150万吨、80亿立方米、200万吨。内蒙古合成氨、煤制甲醇规模要根据市场需求适时作出调整。2020年全国煤化工行业中合成氨产量将基本保持稳定,约为4831万吨,煤制甲醇4565万吨,煤制油800万吨,煤制天然气300亿立方米,煤制烯烃800万吨。

2. 战略重点

(1)东西部地区重新规划布局煤制油、煤制气项目。根据水资源和生态环境约束,对蒙西、蒙东地区高耗水的煤制油、煤制气发展要进行重新规划布局、适度发展。其中非常关键的是要进行煤制气、煤制油技术选择再评估,尤其要吸取诸如大唐克什克腾旗煤制气项目的教训。内蒙古生态环境总体脆弱,水资源短缺,应对部分生态环境和水资源制约明显地域(包括原始草原地带、自然保护区)禁止发展煤化工。部分盟市生态环境欠账较多,要加大生态修复投入。要将煤化工发展对生态环境与水资源的影响限制在可恢复的程度,同时积极开展工业园生态重建。2020年煤制油和煤制气仍然应该作为示范性技术储备进行发展。

(2)放慢传统煤化工发展速度。煤制甲醇、煤制烯烃等传统煤化工项目要根据市场需求和周边省份的竞争力合理确定发展规模;蒙东地区距离生态保护和生态屏障地区较近,要严格禁止传统煤化工的发展,蒙西地区要适度放慢传统煤化工发展速度。可以采取项目后延、增加准入门槛、严格环境监管等办法使传统煤化工发展速度降低。

3. 战略措施

（1）对现有项目进行重新评估，对现有各类煤化工项目进行技术路线、经济性、环境影响、社会影响评估，对现有各类煤化工市场未来发展趋势给出判断供企业决策，要毫不犹豫地淘汰那些技术路线错误、环保不达标、污染严重的产能（例如：大唐克什克腾煤制天然气项目）。

（2）要为煤化工发展积极新建一批供水工程设施。在有丰厚、优质煤炭资源，有条件发展煤化工但水资源缺乏的地区，如：鄂尔多斯地区，要通过建设水利供水设施，适度确保项目开工投产。另外，要加大节水和循环水利用力度，也可以通过黄河水置换来解决一部分工业用水需求量。全区自产水资源可利用总量为285.02亿立方米，其中：地表水资源可利用量为169.95亿立方米；地下水资源可开采量为120.69亿立方米，地表水可利用量与地下水可开采量之间的重复计算量为5.62亿立方米。其中重点用水地区鄂尔多斯市，2020年前应该确保有15亿立方米的水资源可利用量。

（四）可再生能源发展

1. 战略目标

实现风电、太阳能发电装机容量规划目标。统筹新能源资源分布、电力并网和市场消纳等方面，继续推进新能源的规模化发展；加强电网系统建设和外送通道建设，增加新能源就地消纳能力，拓展新能源消纳范围和规模。到2017年，实现全区风电并网规模达到3000万千瓦，其中：蒙西2000万千瓦，蒙东1000万千瓦；实现全区太阳能发电装机达到400万千瓦。到2020年，实现全区风电并网规模达到5800万千瓦，其中：蒙西3800万千瓦，蒙东2000万千瓦；实现全区太阳能发电装机达到600万千瓦。

提高新能源发电量在内蒙古发电量中的比重目标。充分利用当地可再生能源资源，根据当地建设条件和用能特点，结合电源结构和电网架构，因地制宜开发利用可再生能源，不断提高新能源发电量在内蒙古总发电量中的比重。实现到2017年，新能源发电量占全区总发电量的比重超过12%；到2020年，新能源发电量占全区总发电量的比重超过15%。

2. 战略重点

（1）要加强新能源的就地消纳。围绕扩大就地消纳，要分析新能源与火电相融合的机制，研究协调两者间的利益关系；包括要开展新能源与火电协调运行技术经济性研究。要研究火电与新能源协调运行机制。

（2）要加强外送通道建设，扩大新能源消纳范围。至2013年底，内蒙古全区风电并网容量1849万千瓦，已占总装机容量的26.4%。如要实现新能源进一步的规模化发展，必须深入挖掘现有输电外送通道的便利条件，并在拟新建外送通道中，需要充分考虑优先新能源输送的综合技术方案。同时，应积极争取开展更大的风电发展规模和外送通道建设。

3. 战略措施

（1）探索新能源与工业能源消耗过程相结合的方式。研究新能源发电特性等，探索寻求对电量连续性、电能质量要求较低，可直接与新能源发电特性相匹配，或采用较少储能等技术手段可直接利用新能源电力的工业耗能企业，如利用风电制氢、新能源发电供热等利用。

（2）建立优先新能源发电的电力运行调度机制。可在开展风电、太阳能发电功率预测预报技术研究等工作基础上，研究新能源调度新技术，深度挖掘火电调峰能源，进一步优化电力系统的电力、电量平衡方式，探索调度新模式，建立优先风能、太阳能发电的电力运行制度。可以将风电功率预测预报纳入电力调度运行的应用示范，可以制定优先新能源发电的电力运行调度制度，可以建立风电场发电受限认定制度和争议协调解决机制。

（3）研究推进城镇化过程中，新能源的深度参与方式和潜力。当前国家在大力推进城镇化建设。建议在小城市规划、设计、建设等阶段，结合当地的资源条件，积极探索新能源在小城镇建设中的应用方式和潜力，如：采用城市街道采用风光互补路灯，居民屋顶安装太阳能供热水、安装智能电表增加负荷侧相应能力等。建议把风电供暖作为风电开发利用的重要方面，在小城镇建设中根据当地条件，加快推进小城镇新建小区的风电供热。

（4）开展热电联产技术改造示范，为规模化发展提供技术支撑。内蒙古电源结构主要以火电结构为主，特别是热电联产机组比重较高，缺乏燃气发电和水电等更加灵活的电源。当热能过剩时，将多余的热能存储在储热罐中，用于调节高峰热负荷，以提高风电大发季节的负荷调节能力。针对内蒙古冬季供热的刚性需求，以及缺乏灵活调节电源且风资源丰富等特点，建议开展热电联产技术改造示范，增加热电联产机组灵活性，为下一步风电等新能源的规模化发展提供有力支撑。

（5）推进分布式新能源在城市和工业园区的大规模应用。发挥内蒙古太阳能资源优越，各类产业园区分布广、厂房屋顶数量多、工业电力负荷需求大的优势，通过统一规划、统一管理的方式，建设若干个分布式光伏综合示范区，推动分布式光伏规模化应用。

（6）开展区域协调，研究跨区消纳方案。充分利用华北电网优势，积极与华北电网协调，研究通过临时交易或协商改变合同等方式，帮助区内消纳低谷风电电力。如在加强风电功率预测基础上，将风电年度可发电量纳入系统电量平衡及年度发电计划的制订。

（7）做好清洁能源基地规划和建设工作。结合国家提出的通道建设方案，统筹考虑煤炭资源、水资源和生态环境支撑能力等因素，提出科学合理的火电项目规划建设方案；并做好新能源基地规划和建设工作，提出科学的风电、光伏发电项目建设方案，保障清洁能源基地科学有序建设。

（8）推进输电工程建设，探索高比例新能源外送。加强输电工程的前期论证工作，积极推进外送输电工程建设，结合哈密至郑州800千伏特高压直流输电工程主要技术经济指标，统筹考虑地区火电、水电、新能源发电和电网发展，统筹考虑送端、受端电网的调峰能力，在现有国家已批复的锡盟—山东、锡盟—江苏、蒙西—山东、蒙西—天津的四条特高压外送通道中，以新能源为主、火电为辅的思路，研究制定较高比例新能源占比的工程建设方案，确保可再生能源电力的全额上网和可靠送出。

（9）提出内蒙古大规模风电的发展战略。进一步开展风电资源核查工作，开展大规模风电外送的风电场优化配置方案及输电线规划方案技术经济性等研究，争取实现到2030年内蒙古规划建设230GW大型风电基地向华北、华东电网送电的战略方案。

（五）电力、电网发展

1. 战略目标

总目标是清洁煤电发展进入新阶段、可再生能源发电比例显著提高、电网外送能力极大改善。

“十三五”时期，逐步淘汰高污染煤电企业，完成国家环保标准。在煤电清洁化的基础上，积极发展可再生能源；加快推进电网建设步伐，加大电力输送能力，明显改善弃电现象；到2020年煤电装机比重下降到80%以下，可再生能源发电比例达到15%左右。

2020年后，进一步扩宽省外电力输送能力，基本解决弃风、弃电问题。电源、电网结构进一步优化，电力工业能源利用效率、污染物排放指标和经济性明显提高；电网满足远距离大规模输电、适应集中与分散清洁能源接入能力不断提高，具备防御防止大停电事故的能力；煤电占省内装机比重下降到70%以下，可再生能源发电比重提高到25%左右。

2. 战略重点

（1）建设以清洁煤电为核心的多元化电源结构。依据内蒙古的煤炭资源优势和得天独厚的风力资源优势，内蒙古地区要以火电和风电为主要电源发展方向。未来内蒙古电力结构要向着以火电为主，风电为辅，多种新能源以及分布式能源共存的发展模式。

（2）有序发展内蒙古风电，提升清洁电力的比重。内蒙古风电发展已呈现出“大规划、大企业、大基地、融入大电网”的新格局，随着内蒙古风电产业的快速发展，合理的布局规划与企业发展模式将有所提高。目前已有多家知名电力企业与内蒙古电力企业共同合作开发风电项目，并吸引了国内外企业。未来要继续加强企业间的强强联合将充分发挥内蒙古的资源优势，建设成为中国北方的“风电三峡”。

（3）提高电网外送能力，破解窝电难题。内蒙古电力行业目前存在的发展瓶颈即窝电现象，而造成窝电现象的主要原因即电网建设滞后。然而对于内蒙古而言除了需要考虑通道问题以外，更为重要的是获得电力消费市场。所以内蒙古电力工业必须要从电力资源优化配置的战略地位大局考虑，努力争取东北、华北、西北三个邻近电网增加吸纳内蒙古电量的规模。同时，努力争取远距离交直流特高压电网建设规模，建立外送电网，以及出口电网，在中国电力市场赢得主动权的同时保障内蒙古电力上下游产业稳定发展，促进经济社会又好又快发展。

3. 战略措施

(1)加快超低排放技术研发、示范和推广。组织对共性、关键和前沿减排技术的科研开发,实施污染物治理示范工程,促进治理技术产业化。组织先进、成熟的治理新技术、新设备的推广应用,制订技术开发、示范和推广计划,明确阶段目标、重点支持政策,分布组织实施。

(2)要强化节能环保指标约束。要不断提升燃煤发电能耗指标和污染物排放标准,推广普及超低排放或近零排放机组。2020 年前,在各盟市新建燃煤电厂中执行;2020 年后,推广到全自治区。

(3)全区电厂大气污染实现实时监控。要实时监控所有火电企业,所有电厂在线监测数据要联网到自治区环保部门,并联网到环境监察部门,加大现场环境监督检查力度,确保火电企业的除尘、脱硫、脱硝等环保设施长期、稳定运行。

(4)加紧突破体制机制障碍,推动可再生能源发展。首先,要通过建立对开发商、电网、用户多方共赢的风电开发机制,保持风电开发的可持续性。扭转一味追求风电装机容量提高的现象,在考虑消纳能力的情况下,从追求速度向追求质量转变,从追求装机容量向追求风力发电量转变,从集中大规模开发向大规模开发为主、分散开发为辅转变,鼓励分散式开发,施行大中小相结合。其次,要重视风电产业技术进步,加强风电机组核心技术研发,实施技术内生,以规模化带动装备制造产业化和风机技术进步,进一步提高风电机组故障穿越能力、有功及无功功率调节能力、主控系统及变流器关键零部件等技术性能,尽快适应建设电网友好型风电场的需要。另外,要加强对建设施工企业和人员资质的监督检查和考核,确保工程建设质量。严格按照相关标准和规程进行试验和投产前验收。监理单位要加强质量建立,对于隐蔽工程要流入旁站监理并严格验收。加强对风电场无功功率和动态无功设备的监控,并督促风电场严格执行。加强风电场二次系统监督管理,开展涉网保护定值(电压、频率保护)的核查和备案工作,指导风电场按电网要求进行接网保护定值整定。

(六)油气勘探开发

1. 战略目标

内蒙古油气发展的主要目标是尽快完成油气勘探开发任务。石油方面要加大勘探力度，稳定开发速度；天然气方面要建立供应京津冀、保障华北、走向全中国的天然气基地，通过统筹区内多种气源及区外清洁燃气需求，整体规划、适度超前，有序推进天然气基地建设。

2. 战略重点

石油方面，在国家规划范围内加强区内石油的勘探开发工作、战略储备建设、扩大和升级区内石油炼化产能、加快推进清洁油品基地建设，力争成为北方地区重要的石油供应基地。

天然气方面，在中长期内蒙古应立足现有天然气资源优势，依靠科技创新，进一步加大常规天然气和非常规天然气（包括页岩气、煤层气）的优化开发模式。

3. 战略措施

（1）充分挖掘区内石油资源潜力，增加石油勘探投入。在资源勘探方面，应增加石油勘探投入，以增加探明储量规模，不断夯实资源基础；在资源开发方面，应对传统石油资源实行“吃干榨净”，增加区内石油生产能力，在实现经济效益的前提下加大对非常规石油资源开发，以增强区内中长期石油生产能力。

（2）建设石油储备、输送设施网络系统。应在国家规划范围内加强区内石油战略储备建设。一是在区内建设国家石油储备点，在国际石油价格低迷时，利用有利形势大力增加战略石油储备的进口。二是在未来区内石油消费总量不断上涨的趋势下，应适当加大区内石油库存储备、完善油品储备的种类，确保区内石油库存保持在 100 万吨左右，并根据市场需求灵活调整库存，以维护区内石油市场的供应安全，提高石油企业经营效率。三是大力加强石油输送的管道建设，确保油品进入和外送通道的畅通，保障区内各盟县的石油供应安全通畅。未来一方面应加大区内主干原油和成品油管道的建设，确保石油进入和外运通道的畅通，另一方面加强通往各盟县的成品油支线管网建设，形成完善的石油运输和销售网络体系。同时，为保障石油运输的安全性和灵活性，也应适当加强现有铁道运输设施的改造，形成以管道运输为主、铁道运输为辅的石油运输格局。

（3）提高石油炼化能力和油品质量。在石油炼化方面，中长期内应以呼和浩特炼油厂为主，同时加大在邻近鄂尔多斯原油产地和邻近蒙古国原油产地的边境口岸发展石油炼化产业，一方面是扩大产能，提高石油炼化能力，实现区内油品炼化基本自给；另一方面是对现有石油炼化产能进行升级改造，提高炼化技术和效率，提高炼化油品的质量，降低炼化企业对环境的污染。

(4)加快天然气资源勘探开发。在常规气源方面，加大对鄂尔多斯地区气田开采，在苏里格气田、大牛地气田的稳产增产的前提下，逐步推进乌审气田的天然气开发。在非常规天然气方面，应以煤层气的勘探开发为重点，逐步推进页岩气资源的勘探开发。

(5)理顺燃气价格体制，实现各种气源的互联互通。以我国天然气价格改革为契机，充分利用国家相关政策，推进常规气、非常规气、煤制气等不同成本气源的城市门站价格对接，依靠终端燃气价格对不同气源进行市场化调节。

(6)加强天然气管网建设。加快油气资源输入输出网络规划部署，完善区内油气产品供应机制，加快天然气管网建设，对需求集中的区域推进天然气支线网络的覆盖；对不具备条件的地区实行公路货运或铁路运输；对区域外积极推进管道建设和关键门站对接；在内蒙古境内对外输出管网中，建立储备调峰设备，实现供应的稳定和安全。

(七)国际能源合作

1. 战略思路与战略目标

内蒙古国际能源合作战略构想的核心是以能源开放带动发展，其基本背景是国家向西开放、建设“丝绸之路经济带”以及由此形成的我国陆路周边区域经济合作框架。要充分认识到内蒙古能源国际合作的特殊性和重要性，将其提高到国家的全球战略高度来认识，同时又要脚踏实地逐步落实。总体目标是建立中蒙俄经济走廊，扩大能源合作深度和规模。

(1)内蒙古能源国际合作战略的总体思路。发挥自治区独特的能源贸易区位优势，抓住丝绸之路经济带建设契机，依托原有能源战略通道保障能力的提升和新通道的拓展，大幅度提升中国与相关国家之间的能源经贸合作水平，不但要将内蒙古建设成为我国21世纪能源接续基地，而且要进一步拓宽内蒙古的发展空间，优化其产业结构、丰富其资源多样性和资源利用的可持续性，推动自治区经济由原来以内向型方向为主转向依托中蒙俄经济走廊的内外向

四是巩固中蒙战略伙伴关系的基石。鉴于蒙古国在区位上最贴近我国政治经济腹地，战略利害关系极大，要通过两国间具有巨大发展前景的能源合作，发挥各自资源优势，逐渐深化各领域的经济联系，为蒙古国人民带来实实在在的利益，逐渐消弭两国人民之间存在的政治和文化上的不信任，形成中蒙战略伙伴关系中最为稳定的基石。

2. 战略重点

(1)继续提升与蒙古国的国际能源合作水平。蒙古国地理位置优势明显，高品质煤储量丰富，开采成本低，政策总体上是支持出口的，只要解决了运输瓶颈问题面，在中国和欧洲市场将具备相当的竞争力，有可能扩大在中国冶金煤炭市场的份额。应将蒙古国能源资源利用与内蒙古国家战略接续能源基地的建设一并统筹考虑，作为我国实现能源供应多元化战略的重要组成部分。我们认为，如果措施得当，蒙古国总统主动提出的在未来20年内向中国出口煤炭10亿吨，平均每年出口达5000万吨的目标是现实可行的，应充分利用目前蒙古国在对华出口煤炭持较积极的态度的时机，创造条件，实现内蒙古能源进口的持续稳定增长。

(2)突出内蒙古国际能源大通道建设。应针对国际通道建设往往是境外段的最后几百公里成为瓶颈的问题，应从国家战略层面，通过政治、外交和经济援助等多方途径，加强双方在口岸铁路运输通道建设方面的衔接，争取一揽子解决问题。提高口岸综合运输能力和国际通达程度，完善跨境合作机制，促进区域经济一体化深入发展。要加强双边合作，充分发挥公铁联运优势，提高既有通道效率，避免进出口货物多次在口岸倒装，以降低运输成本和对口岸周边环境的污染。

(3)研究制定实施中蒙能源合作多元化战略，建设国际能源高效开发利用体系。积极扩大对蒙对俄电力、冶金及煤化工等高载能产业投资，逐步提高对蒙古国能源资源的就地转化率，减轻内蒙古建设能源基地面临的国内交通运输和水资源等方面的压力。推动内蒙古蒙西电网至蒙古国南部区域的电网建设，扩大内蒙古电网跨国覆盖范围，充分利用内蒙古蒙西电网的剩余能力，支持蒙古国经济发展及结构转型对电力的迫切需求。

(4)将中俄油气管网建设作为内蒙古重要的能源基础设施建设战略。正在进行可行性研究的中俄东线天然气管道起自黑龙江黑河，止于上海，长3450公里，管径1422—1016毫米，设计输量380—125亿方/年；管道途经内蒙古通辽市，长约45公里。正在开展项目可行性研究的中俄原油管道二线起自黑龙江漠河，止于黑龙江大庆，长968公里，管径813毫米，设计输量1500万吨/年。管道途经内蒙古呼伦贝尔市，长约142公里。

（5）构建内蒙古沿边国际能源经济合作带。要依托这一区域的发展条件，发挥满洲里、策克、甘其毛道、珠嗯嘎达布其、二连浩特五大口岸优势，继续着力建设七大产业加工基地，即：满洲里石油、天然气、木材加工基地；策克煤炭运输有色金属加工基地；甘其毛道铜冶炼、煤焦化工基地；珠嗯嘎达布其能源有色金属基地；二连浩特能源有色金属基地；金泉化工工业园区煤化工基地；乌斯太经济技术开发区煤化工基地。“五大口岸”、“七大基地”之间应合理分工布局，发挥各自优势，实现相互协调。

（6）培育我国西部地区新的经济增长极。通过促进国际能源合作，内蒙古有条件将资源优势转化为产业优势，大力发展特色优势产业，建设国际中心城市，逐步培育出带动西北地区发展、开放与发展密切结合、促进国家东西部发展协调的重要增长极。这一增长极同东部都市圈相比，经济规模总量较小，覆盖人口较少，但覆盖区域较大，区域又具有资源丰富、市场潜力巨大的特点，完全可以承担与东部珠三角、长三角及津京都市圈相呼应的西部增长极的重任。

3. 战略措施

（1）尽快组织研究制定“内蒙古国际能源合作规划”。要强化战略规划引领作用，为使内蒙古国际能源合作能够沿着目标明确、重点推进、分步实施的道路有效推进，要尽快组织研究制定“内蒙古国际能源合作规划”，规划要以与内蒙古相关的中蒙、中俄能源合作为框架，重点范围应包括能源贸易、投资、相关基础设施建设及产业布局等领域。规划应突出开发性特点，重视资源开发与基础实施等方面的重大建设项目安排，特别是国际大通道建设和陆路经济带建设。应尽快考虑以我国国内内部立项和国际合作两类方式，组织进行规划及行动方案的研究。积极与蒙古国政府能源矿产及电力部门对接，委托高水平设计咨询部门开展能源行业规划设计工作，科学优化建设方案。资源

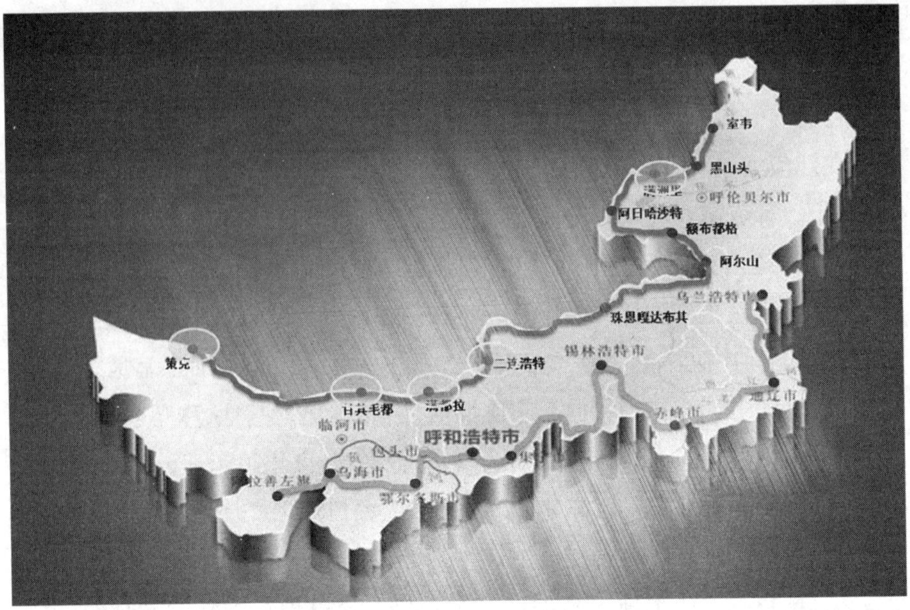

图 5　依托中蒙俄经济走廊的内外向兼顾发展方向示意图

开发“走出去”项目的立项、审批、实施等，要按照总体规划和计划的指导，有序进行。

（2）加快对俄蒙能源资源勘查。应及早制定与蒙古国和俄罗斯国家合作勘查开发矿产资源规划，分类制定与蒙俄合作勘查开发矿产资源的实施计划，并将上述规划列入国家西部大开发规划及内蒙古国际能源合作规划考虑范围。由国家出资支持在重点国家（地区）开展前期地质调查和评价工作，以减少我国企业在目标国家勘查开发矿产资源的风险，为资源开发企业的“走出去”铺平道路。

（3）完善国际物流体系建设。要加快铁路建设、注重重载公路运输。将加快铁路、水运通道及集疏运系统建设，完善铁路直达和铁水联运物流通道网络，增强煤炭运输能力，减少煤炭公路长距离调运。建议尽早实现蒙古坑口直通中国口岸加工园区（乌不浪口园区）的监管运输，缩短双方通关时间，降低双方不合理收费。

（4）要推动区域投资贸易便利化。应根据国家向西开放、建设丝绸之路经济带战略目标的要求，协助国家加大政府战略性投资力度，提升援助水平，运用经济、文化、外交等多种渠道，以硬件推软件（以实质性项目建设推动制度安排）、以双边推多边安排，尽快改善在蒙古国的能源投资环境。要学会充分利用APEC组织、东盟、上合组织以及WTO等多边国际组织制定的贸易自由化规则，保障和推动中蒙中俄在矿业开发和经贸合作中的双边贸易投资便利化。

（5）促进能源产品区域性市场建设。利用自内蒙古的区位优势，建设涵盖国内外能矿资源的市场平台，大力发展次区域的服务业，特别是在我国具备条件的周边省市的都市发展高端的生产性服务业。要进一步完善鄂尔多斯动力煤和东部地区褐煤交易平台运营，逐步将蒙西及蒙古国的焦煤纳入交易平台，引导企业进入平台交易，扩大大宗产品交易规模，扩大和吸引资金流入规模、提供市场建设所必需的金融工具。

（6）完善境内外能源开发区布局。利用我国开发区建设经验，与东道国合作在当地设立经济开发区是扩大内蒙古国际能源合作有效途径。应配合能源领域对外投资经济合作需求，利用中国建设管理经验，通过合作、合资等灵活方式，支持在境外建设能源经贸园区，积极开展中国在蒙古国和俄罗斯的能源开发区试点建设，不断探索包括跨境经济合作区在内的“走出去”的新方式，整合内蒙古能源国际合作布局。

第八章

内蒙古云计算产业发展现状、趋势及对策

在对云计算的演进、构成、效益、条件等内容进行全景解析的基础上，借鉴国内外发展云计算产业的经验和做法，对我区云计算产业的现状和问题进行系统诊断，并结合实际对我区发展云计算产业的思路、战略和对策进行设计，使云计算产业成为推动内蒙古经济社会发展的主导产业之一。

一、云计算的内涵和特点

“云计算”作为近几年信息技术领域新出现的概念，人们在对其概念和内涵的理解上还存在着许多模糊认识。要认识云计算产业链条的构成，首先必须认识云计算的内涵和特点。本章的目的就是对云计算内涵和特点进行一个科普式解析，为认识云计算产业链提供必要的理论支撑和知识储备。

(一)计算机及网络技术的演化历程及形式

云计算归根结底是计算机和网络技术进步的结果，正确地理解云计算概念的内涵和外延，必须从计算机和网络技术的演进过程入手。1946 年 2 月 14 日，世界上第一台个人电脑在美国宾夕法尼亚大学诞生，自此人类便开始了信息时代。到现在，不仅信息技术已经深入到经济社会发展的各个领域，使人类的生产生活方式发生了深刻变革，而且信息产业自身也已经成为一个规模庞大、成长性好的战略性新兴产业。但在其整个演化过程中，却分别具有不同的表现形式和特点。

1. 最初阶段：个人电脑阶段

我国基本发生在 20 世纪 80 年代末期，最开始进入人们生活的叫个人计算机（Personal Computer，简称 PC 机）。在这一过程中，最初的电脑操作系统主要是磁盘操作系统（Disk Operational System，DOS），操作方式主要是键盘输入，一般只有专业人员才会使用，这在一定程度上影响了电脑的推广和普及。后来美国微软公司发明了视窗操作系统（Windows），操作上开始使用鼠标，应用的非专业化和简单便利化使电脑迅速得以普及。这时的电脑主要是单机运行，功能也很简单，主要用于文字处理、图表统计、图形制作等方面。但是，作为计算机领域几个最基本的概念却逐步得到人们认知。一是电脑的计算能力，即计算机的处理器（CPU）能够处理什么样的数据及其运算速度等。二是电脑的存储空间，即计算机硬盘能够存放多少数据和资料的能力。三是软件和硬件，硬件是指组成电脑的各种物理设备，如主机、显示器、键盘、连接线等；软件是指应用计算机语言编制的控制程序及各种应用系统等。以后计算机及网络技术的所有创新和发展都是以这几个基本概念为原点的。

2. 第二阶段：局域网阶段

在我国主要发生在 20 世纪 90 年代初期和中期，是网络技术的初始阶段，表现为通过网线把一个机构内部的各个单机电脑连接起来，组成一个单位内部网络，其中，把一台或几台负责整个网络管理和运行的电脑称为服务器，并放在特定的房间称为计算机或网络机房。这个时候个人电脑的功能得到了初步延伸，除了原来的文字、图表、图形处理等功能外，出现了网络内部的文件传输功能和公共电脑上的信息发布功能等，后来又在此基础上出现单位内部的办公自动化应用系统等。但由于这期间网络功能仍比较单一，处理的数据量也不是很大，对服务器的运算能力、存储空间和机房配置的要求也不高。

3. 第三阶段：互联网初级阶段

在我国主要发生在 20 世纪 90 年代后期，分散于各个机构的局域网通过公共通信网（固话网、专线、卫星等）实现了互联互通，形成了国际互联网（internet）。网络功能也得到了极大提升。一是扩展了传输功能，电子邮件（email）可以在更大范围内传输；二是增加了网络发布功能，各个机构都可以在互联网上建立自己的门户网站(web),成为一个单位重要的对外信息发布窗口,公众若想了解某个单位的信息,可以登录到这个单位的网站进行查询。三是这期间一个重要的变化是出现了许多专门从事互联网服务的公共网站,如基于公共信息发布和提供公共邮箱的新浪、搜狐等,基于网络搜索的百度、谷歌等。但这个时候的大部分网站仍缺乏交互性,网站内容主要由单位固定人员采集和发布,且上网终端仍然以个人电脑为主,人们要上网查询资料只能在能够提供电脑的办公室、家庭、网吧等场所。这期间网络规模的扩大和应用功能的增加,对服务器、电脑的运算能力和存储空间等提出了更高要求,带动此期间电脑硬件技术和软件技术都取得了大发展,各单位的机房和维护人员等也越来越专业化。

4. 第四阶段:互联网扩展阶段

在我国基本发生在21世纪初期,随着计算机和网络技术的进步,互联网能够实现的功能越来越多,应用范围越来普及,开始进入大繁荣、大发展的新阶段。一是政府部门的政务信息化水平大幅度提升。随着政府电子政务建设力度的不断加大,各种业务应用系统不断电子化、网络化,公文起草与批办、文件传输与保存、系统单位之间的视频会议、信息发布与意见征询等业务,都依托网络进行。二是企业经营管理的信息化水平更加普及。不仅企业的内部生产经营和管理实现了电子化和网络化,互联网也成为企业对外宣传和产品营销的重要平台。三是出现了大量互联网增值业务,并由此产生了许多新的产业形态和商业模式。如出现了淘宝、天猫等购物网站,优酷、土豆等音视频网站,QQ等社交和游戏软件,基于第三方支付的支付宝等,互联网逐步成为人们工作、生活、娱乐等难以离开的重要平台。与此相适应,无论是政府、企业还是互联网服务机构,为了满足数据、信息等爆炸式、海量化增长的需要,对通信网络的带宽、服务器的运算和存储能力、计算机房的专业化水平、上网终端的便携易用性等都提出了更高要求。

5. 第五阶段:移动(或无线)互联网阶段

这也是我国互联网目前所处的阶段。随着人们的日常工作和生活对互联网的依赖性越来越强,过去主要依靠在办公室、家庭或酒店等固定上网场所的电脑上网已经难以满足需要,要求具有方便性和即时性上网功能的移动终端替代过去的电脑上网。在此背景下，能够随时随地上网的智能手机应时出现，大部分互联网功能转移到手机上。各大网络公司也结合人们上网方式的变化，开发了各种移动应用系统（业内人员叫 APP），从而使互联网的普及应用达到了前所未有的程度。同时，互联网应用的普及也反过来推动了计算机及网络技术的更大进步。

6. 未来阶段：物联网或智慧网络阶段

随着未来科技进步，人们会把各种感知系统和人工智能技术应用于人们的生产生活，各种“物”也能够通过感知、运算、决策、处理等自行发挥作用，由以人为主的互联网阶段进入物联网阶段，人类的生产生活将更加智慧化、自动化。

（二）云计算的产生及其名称由来

1. 现行各自独立建管网络模式的缺陷

随着互联网应用范围和业务量快速扩大，无论是单位内部的网络，还是整个互联网络，数据量、信息量都呈现出爆炸式、海量化增长趋势，对服务器的运算能力、计算速度、计算模式都提出了前所未有的高要求，过去以各个部门、企业和机构等分布式自行建设机房、自行购置服务器、自行运营维护网络的建设和运管方式逐步暴露出许多问题。

一是重复建设导致资源浪费。由于各计算机和网络用户单位规模不一、业务量大小不等，信息化要求程度也不同，每个单位都建立自己独立的计算机房和网络系统，在建设投入、设备设施利用效率、维护运转的人力物力等方面都存在着大量的重复投入、闲置浪费等现象。

二是网络不能互通、信息不能共享。网络互联、信息共享是现代信息技术网络的生命力，只有互通共享才能基于此形成大数据，并通过数据挖掘技术形成新的产业和服务，但目前无论是电子政务还是电子商务，发展方面存在的最突出的问题就是各个部门网络相互割裂，部门信息孤岛式储存，成为制约网络效能发挥和产业发展的重大障碍。

三是不能适应信息化的新趋势。随着信息网络技术的创新和应用深化，移动办公、交互式办公等越来越普及，对计算机服务管理系统的要求也越来越高，各单位再各自改造提升自己的计算机系统不仅造成新的重复建设浪费，也难以满足信息新技术和新业务系统的建设和使用要求。

四是不符合网络安全的需要。各单位网络安全设施标准不一，维护人员的安全意识和技术水平不一，没有安全稳定的灾备系统，一旦计算机网络受到攻击或物理性损毁，将会造成重大数据损失和社会影响。

2. 云计算的产生及概念

在此背景下，以机房标准化建设、专业化运管，服务器统一化配备、集中式布局，用户对计算能力及存储空间“资源池”式保障和弹性化按需提供，所有数据和信息集中式存储、网络化共享，网络和数据安全统一化保障的建设运营方式应运而生，这种计算机及网络建设、运行、管理模式就叫云计算。可见，云计算的“计算”自计算机产生那天就已经存在，只是随着计算机和网络技术进步的需要，客观上推动了整个互联网产业链条的专业化细分，使社会需要的“计算”服务由专业化的运营主体以“云”的形式提供，从而催生了云计算产业。

称这种模式为云计算主要有两个来由。一是对这种计算模式的形象化概括。由于在这种计算模式下，用户完全不需要知道计算机房在哪里、设备设施怎样配置、网络怎样联通、数据从哪来等细节，好像是在使用一台足够大的计算机一样，只要你对计算能力、存储空间、软件服务等有所需要，总能够随时随地得到满足，有点类似于家中使用自来水，用户完全不用知道水源和供水厂在哪，管道是怎么过来的，水龙头一开，只管按需要取用就好了，到时按用量结算费用。网络资源就像天上的云一样，既感觉遥远但又能随手可及、既虚拟又现实，“云计算”就是对这种新的计算机和网络运营、管理、应用方式的形象概括。二是出于计算机专业领域的传统习惯。专业人员在描述计算机集群或网络的体系结构时，若外部体系结构究竟如何并不重要，在网络拓扑图上常常用云的形状来表示，就像在地图上用一个小圆圈表示一个城市道理一样。由此逐步演化，就将由网络联结起来的各种计算资源（包括计算设备和其上的软件）统称为“云”，因此，“云计算”就是指运用网络联结起来的许多计算设备对数值或信息进行处理并得到结果的一种运算方式。

3. 云计算的主要好处

云计算虽然表面上看起来只是计算方式由单机或单网运行转变为集群式

并行计算，机房和计算机的物理位置由分布式变为集中式，运行管理由分散式变为统筹式，但这种变化以却由于其“开源”和“节流”两个方面的利好，对整个互联网产业产生着重大而深远的影响，甚至推动着整个社会产业形态、人们的生活方式和商业模式的变化，成为继大型封闭计算机、个人计算机和互联网之后的第四次 IT 产业革命。

一是提升计算效率，降低运营成本。云计算将计算任务分布在由大规模的数据中心或大量的计算机集群构成的资源池上，使各种应用系统能够根据需要获取计算能力、存储空间和各种软件服务。这种计算方式使计算机 CPU 的运算能力达到每秒 10 万亿次以上，使每台服务器的平均利用率从 7%提高到 68%—80%，部署时间从小时级降低到分钟级，服务器重建和应用加载时间从 20—40 小时降低到 15—30 分钟。同时，由于云计算在降低能源消耗、减少重复浪费、提升运营效率方面的好处可以使数据中心的总运营成本可比社会分散运管节约 30%以上。

二是增加使用灵活性，提升信息服务质量。云计算将大量用网络连接的 IT 资源进行统一管理和调度，使计算、存储、软件等服务能够通过网络，像水、电等公共设施一样方便、廉价地提供给用户。在这种模式下，用户无须与服务提供商交互，就可以自助地得到所需要的计算资源和软件服务，并按用量付费，这种自助式服务极大地方便了服务开发者构建的新服务内容和模式。

三是创新商业模式，促进信息化水平。由于云计算能够大大降低信息化建设的门槛和成本，有利于信息共享和资源综合利用，降低能源消耗，减少运维成本，可以吸引更多的企业参与到信息产业链，更快速便捷地进行技术创新，推进新型工业化、新型城镇化和农牧业产业化将与信息化深度融合，加速全面信息化时代的来临，彻底改变人们的生产生活方式。

四是渗透面较为广泛，有利于为民生领域带来更多的福祉。随着云计算的普及和推广，各种政务、民生、公共服务等方面的信息化水平和效率将大幅度提升，比如人们通过云计算和物联网技术，可以实现远程医疗、远程教育、现代农业生产等。“十二五”时期我国战略性新兴产业发展规划中就安排了信息惠民工程，着力把物联网、云计算和其他信息技术更好地应用到教育、卫生、社会保障等民生领域。

五是云计算应用有利于实现产业链上下协同,是区域产业转型升级的重要切入点。云计算技术在研发设计、原料采购、资源调度、生产、流通、管理等关键环节上的应用,促进信息技术从单项应用向综合集成转变,云计算为产业链上下协同提供了优质的解决方案,融合各类资源,并通过虚拟化技术向用户提供标准化服务,支持工业在广泛的网络资源环境下,提高企业的装备水平、工艺水平、管理水平和产品质量,为产品提供高附加值、低成本和全球化制造的服务;同时,云计算也会推动世界范围内信息产业发展格局的重构,对落后国家或地区来说,是发挥后发优势,实现在未来信息产业中抢占有利地位的重要机遇。

(三)云计算与大数据等其他概念的区别和联系

目前与云计算同时流行的还有大数据、物联网、智慧城市等概念,但从计算机和网络技术发展的实质看,这几个概念其实是一件事情的不同的表述,只是侧重点各有不同。

1. 大数据

如果说云计算主要从硬件和计算模式方面描述计算机和网络技术的特点,那么大数据则主要是从内容层面对计算机和网络技术的描述。也就是说大数据是云计算的结果,是由于云计算的应用而引致的海量化数据信息资源,且依托这些数据和信息资源开发,还可以衍生出更多的产业或服务。

从实质意义上讲,大数据是云计算推动计算能力的提高而引致的统计分析技术的进步。在没有云计算这样强大的计算能力之前,政府或企业要想了解某一地区或行业的情况,一般需要进行普查或抽样调查。普查工作量太大,耗时费力,一般不采用。抽样调查虽然相对容易组织,但调查样本的选取方式,样本量的大小、样本的代表性都对推算结论的科学性产生影响,且也不能够即时地获得调查结果,在服务决策方面存在一定的滞后性和不准确性。而有了云计算,就可以依托其强大的数据汇集能力和快速计算处理能力马上就获得分析运算结果。同时,由于云计算是基于样本总体的分析,因而统计结果也更真实,很好地解决了服务决策的即时性和科学性问题。如“双十一”购物节,随着网购交易情况的变化,不仅交易额能够即时汇总出来,而且分地区、分类别、分产品等各种统计分类数据都能够即时获取，其快速准确性是以前任何统计分析方式都不可能做到的。依托大数据的统计结论，政府或企业能够及时准确地掌握经济社会运行情况，并能够及时地调整经营管理决策和服务方式。如一个人经常上网查询某类网站或信息，网络就能根据你的上网偏好，自动推送你经常查询内容的相关信息，这就是大数据应用的一个典型案例。与此类似，企业也可以根据大数据计算出的某类客户的消费偏好，有针对性地采取相对应的市场策略。

2. 物联网

虽然现代互联网已经深入到经济社会和人们生产生活的各个方面，但大部分互联网行为仍然以人的行为和操作为主，某种意义上仍然是“人联网”。尽管一些工业企业的生产工艺已经实现了全过程监控和部分的人工智能，但从全社会看还没有实现大范围的普及应用。随着未来科技进步，大量的感知系统和自动控制系统应用在“物”上，使“物”具备了一定的感知、逻辑判断和自行决策并处理事务的能力，并形成全社会的网络系统，替代人的某些行为，那么也就意味着物联网时代的到来。因此说，物联网是目前计算机和网络技术进步的更高级形式。

3. 智慧城市

智慧城市与云计算、大数据、物联网等是过程与结果、或者手段与目标的关系。即由于有了云计算、大数据和物联网，我们现行的许多生产生活方式都会发生变革，工作和生活都会更加便利化、智能化、自动化，从而使整个社会显得更加“智慧”。那么形容这一状态，用于城市则可称为“智慧城市”，用于园区就是“智慧园区”，用于企业则是“智慧企业”，也可以用于某一领域，如“智慧金融”、“智慧民生”等。因此，从实质上看，智慧XX与数字XX、信息XX等提法都是一回事，总体上就指一个地区或行业云计算、大数据等应用越来越广泛，信息化和智能化水平越来越高等状态的一种形象化描述。

二、云计算全景产业链的构成及特点

正确地制定云计算产业推进策略，必须首先了解云计算产业链条的构成及形态,遵循其产业培育和成长的基本规律。本章的目的是从理想化的视角对云计算产业链条进行分解,分别说明其具体构成和特点,为分析我区云计算产业发展的现状和问题提供理论标准和依据。

(一)云计算的主要服务模式

认识云计算产业链的构成,首先必须了解云计算产业的运行原理及商业模式。云计算的本质特征是“一切皆服务”,即云计算是通过提供虚拟化、容错和并行处理的软件将传统的计算、网络、存储资源转化成可以弹性伸缩的服务。那么就可以通过解析云计算的具体服务形式了解云计算的体系结构。

按美国国家标准与技术研究院并得到业界最广泛认可的权威划分方法,云计算的体系结构一般分为三个层次:基础设施服务层(Infrastructure as a Service,IaaS)、平台服务层(Platform as a Service,PaaS)、软件服务层(Software as a Service,SaaS)。各个层次的运行原理及服务模式如下。

1. 硬件基础设施服务

基础设施服务是云计算体系结构中 IaaS 层的功能,是指数据中心为用户提供的计算机及网络硬件环境方面的服务。基本原理是数据中心通过建设标准化的计算机房,安装标准化的机柜或机架,配置标准化的服务器,建立用户管理控制系统,以虚拟主机、虚拟存储器、虚拟网络、虚拟数据库等形式,为用户提供计算能力、存储空间、通信网络和其他基本资源的租用服务。在 IaaS 模式下,用户无须自己购买服务器、存储设备和网络设备等,只需要以低廉的价格租用云基础设施,并能够在其上部署和运行任意软件(包括操作系统和应用程序),或是根据支付的费用使用相应容量的存储空间。主要商业模式有三种。

一是机房物理空间的租用。通俗地说就是“租房子”。一般适用于大型或特大型用户,如百度、阿里巴巴或各大银行、电子交易平台等。由于其对计算能力和数据存储空间的要求高,所需要服务器的数量成千上万且有专门要求,所以可以整幢楼宇或整个房间为单位地租用数据中心提供的标准化机房,而机柜、服务器等内部设施自行购置、安装和维护。如百度公司在呼市新城区鸿盛泰园区租用中国联通的数据中心就是采用这种模式。

二是机柜物理空间的租用。通俗地说就是“租柜子”。一般适用于中小型用户，如一般行政部门或大中型企业用户主要运行一些业务应用系统，需要的服务器的数量一般在几十台至几百台之间，可能租用不了一个标准化机房，那么就可以在数据中心机房内租用几个专用机柜，服务器既可自行购置，也可租用数据中心统一配置的服务器，既可以自行管理维护，也可以委托数据中心统一管理维护。

三是服务器虚拟存储空间的租用。通俗地说就是“租 CPU 或租硬盘”。这种模式适用于服务器数量更少的客户，如基层政府部门或小微企业，所需要的计算资源和存储空间连一个机柜的服务器都用不了，那么就可以按“G”为单位，长期或动态地租用数据中心统一配置的标准化服务器。

2. 开发平台服务

开发平台服务是云计算体系结构中 PaaS 层的主要功能，是指数据中心将应用程序开发平台作为服务提供给用户，包括开发语言、应用程序接口、开发工具、运行平台等基于互联网的开发环境。用户基于该平台，可以开发各类应用类软件，也可以将应用类软件进行部署。在 PaaS 模式下，用户不需要管理或控制底层的云基础设施，但能控制部署应用程序和环境配置。使用平台服务的用户大部分为软件开发企业或机构，但作为一个开放的平台，任何一个拥有软件开发诉求和能力的机构、个人都可以在此公共平台上挥洒创意。

3. 应用软件服务

应用软件服务是云计算体系结构中 SaaS 层的主要功能，基本原理是数据中心将运行在云基础设施上的应用类软件作为服务提供给用户，用户则通过网络来使用这些软件。在 SaaS 模式下，用户不需要管理或者控制底层的云计算基础设施，也不需要考虑应用类软件的安装、配置、调试、维护和升级，只是以按需租用方式使用其提供的服务，而是由数据中心负责和管理应用类软件。政府机构、企业和公众等以应用服务为主的用户都会使用这项服务，是云计算领域最为常见的一种服务形式。

（二）云计算产业链的业态构成及产业主体

由于云计算在提升计算机及网络系统效率、便于应用、节省成本等多方面的好处，一出现就受到业界的空前追捧。在此基础上，围绕云计算的建设、运营和服务，以及其对相关产业的带动衍生作用等不断专业化细分，各类从事相关活动的企业主体就统一构成了云计算产业链。

1. 数据中心建设阶段带动的相关产业及效益体现

一是建筑业或房地产业。这是数据中心建设土建部分带动的产业。数据中心机房作为一种特殊的基础设施,其防震性、安全性、防尘性、配电稳定性等标准要求都远远高于普通建筑,还要配置不间断备用电源系统(U 机房)和配套的管理用房等,土建规模都很大。如呼和浩特和林格尔县中国电信 150 万台服务器的数据中心占地约为 1600 亩,土建规模约 100 万平方米。因而数据中心建设对于地方经济的贡献首先表现为“云地产”,主要是土地和建设方面的收益,如土地出让金的获得、固定资产投资扩大和建筑业产值增长等。

二是服务器及网络设备制造业。由于数据中心建设和运营过程中需要大量的服务器、网络设备及配件等,因而数据中心建设的另一个直接效益就是形成对电子制造业的市场需求,从而带动相关产业发展。但是,由于这些设备设施的技术要求较高,生产厂商的行业集中度很高,目前国外品牌主要以惠普、IBM、戴尔等为主,国内主要是联想、华为、曙光等企业和品牌为主,如果企业不在当地设厂,这块产业带动效应基本不体现在当地。

2. 数据中心运营的产业主体及效益体现

数据中心是云计算产业链的核心环节,其他产业都是以此为基础带动或衍生的。从目前国内情况看,从事数据中心建设的主要有下几类企业。

一是中国联通、中国电信、中国移动等几大运营商。建设目的主要是发挥其在网络通道方面不可替代的优势。由于在云计算条件下,用户和数据中心在地理空间上是分离的,实现数据中心与用户之间的联结主要依靠光纤等现代通信网络,而这些网络资源主要掌握在运营商手中。因此说,运营商建设数据中心,在某种意义上是其对传统通信通道优势的一种增值性服务延伸。

二是华为、曙光、浪潮等服务器硬件生产企业。这类企业往往在服务器的生产和经销方面具有绝对优势,由于服务器是数据中心的核心设备,在数据中心的建设和运营中起着关键作用,那么这些企业就依托其在服务器领域的技术和市场优势,建设大型数据中心供用户企业租用。因而从某种意义上看,这种运营模式是服务器硬件生产企业一种变相的产品销售方式。如华为在乌兰察布、曙光在包头建设数据中心，都有大规模销售或自用服务器产品的目的。

三是一些软件开发和服务企业。这类企业一般都是大型软件企业，企业软件开发或提供服务需要较高水平的硬件平台，因而企业自己建设有规模较大、服务器数量较多的数据中心。但由于企业业务量并不均衡，很多时候机房、机柜或服务器等硬件能力存在一定的闲置现象，为了提高设备设施利用率，软件企业将自己数据中心的部分计算和存储能力提供给社会租用，赚取一部分租赁费用。如大连市东软软件集团在重点做好对日软件外包和出口主业的同时，对大连市开放一部分数据中心租赁业务。

四是政府主导的公益建设模式。由于一个地区软件产业的发展、大型科技创新和研发活动、各种电子政务、智慧城市、智慧民生等应用系统的开发都需要强大的计算能力、运行环境和数据存储能力等作保障，因而从这个意义上说，高水平的数据中心建设是一个地区科技创新和信息化方面的重要公共基础设施，所以也有地方政府支持建立区域性数据中心的。如深圳市政府投资支持建设了深圳超计算中心，并通过政府补贴和企业半市场化的方式运营，作为公益性数据中心为深圳市的企业提供超计算能力和数据存储服务，属于半官方的数据中心。

五是其他企业的数据中心建设模式。除了上述四种主要的数据中心建设模式外，也有一部分企业纯商业化数据中心建设模式。这些企业认为随着经济社会信息化的发展，数据中心作为软件产业和信息化应用的基础平台，未来存在着巨大的市场潜力和前景，因而投资建设数据中心并市场化运营，供政府、企业和社会市场化租用。

数据中心环节对地方经济的贡献情况与数据中心的建设经营主体性质高度相关，如果是央企或外地大型企业，由于所得税的总部核算体制使许多税收收益并不体现在当地。同时，由于数据中心建设是专业性较强的建设工程，建设阶段需要专业化的施工安装队伍，用工主要以低端的建筑力工为主。运营后的软硬件系统维护也主要由用户单位负责，所以数据中心用工也仅需要很少量的安保、电工、保洁等辅助人员，对地方就业和财税的贡献能力不是很大。

3. 数据中心运营后催生的相关产业及效益体现

一是软件开发业。即依托数据中心提供的计算能力、存储空间、网络设备等硬件条件和软件公共开发平台，可以围绕经济社会各行各业信息化方面的软件需求大力发展软件开发业，这是从产业层面看云计算产业链条中潜力最大、带动效应最强、对地方就业、税收等经济贡献最大的环节。但这一产业促进效应能否有效发挥，还取决于当地是否具有这方面的人才基础、创新创业环境、软件市场潜力等条件，但这些条件又往往是欠发达地区最短板的因素。

二是数据中心应用性产业。即依托数据中心提供的各类硬件设施和应用类软件系统，一个地区大大加快当地的智慧城市、智慧民生、智慧产业建设，大幅度提升经济社会发展和各行各业的信息化水平。但从产业效益看，这一过程前期阶段主要是一个投入不断增加的建设过程，效益主要体现在地区信息化水平提升后对其他行业和领域效率提升方面的作用，更多地体现为一种间接效益或社会效益，直接带动就业和税收的效益不明显。

4. 数据中心应用系统使用过程带动的相关产业

一是终端设备制造业。云数据中心运营后，如果当地借助强大的云基础设施，智慧城市、智慧产业、智慧民生等取得较快发展，就会对手机、电脑、电视等上网终端形成巨大需求，从而对网络终端制造业的发展产生巨大推动作用。但目前这些终端制造业已经成为一个全球性竞争的行业，能否对数据中心当地形成产业贡献，完全取决于各地区在招商引资方面的工作力度、发展环境和产业生态。

二是数据开发产业。即通过对云计算数据中心建成运营后形成的海量化数据资源进行统计分析和挖掘，形成数据二次及多次开发成果，为政府和企业提供决策依据的咨询服务业等，这是云计算衍生出的极具市场前景的新型产业门类。但这一产业的形成和发展也需要一定的条件。如在目前网络不开放的条件下，形成的数据资源仍然属于用户自己，即使开发也是由用户单位自行开发，产业也往往形成在用户所在地而非数据中心所在地，对于数据中心所在地很大程度上表现为一种“死资源”，尤其是作为灾备系统的数据，更是几乎没有开发利用可能。

（三）影响云计算产业链的外部条件

1. 支撑数据中心的外部通信信道条件

由于在云计算模式下，用户单位和数据中心在空间地理上是分离的，两者之间近的几公里至几十公里，远的如跨省用户距离可能达几百甚至几千公里，因而联结用户和数据中心之间的通信条件就对数据中心的运营产生着重要影响。这种影响体现在两个方面。

一是通信信道带宽、出口等硬件条件。如通信信道的传输速率、是不是骨干网络节点、有没有国际出口等等。如果这些硬件条件不好，异地数据传输存在很大的不稳定性或延迟现象，就会严重影响用户对数据中心的使用。

二是数据通道的费用情况。由于目前我国的电信骨干网络通道主要掌握在几大运营商手中，如果垄断定价使数据通道费用居高不下，用户也会在自建数据中心和租用数据中心之间作出抉择。如深圳有些软件企业与上海的合作企业之间，为了减少数据异地传输的通信费用，宁可采用硬盘存储和快递邮寄的方式，虽然时间上比较慢一些，安全性差一些，但却可以节省一笔可观的数据传输费用。

2. 区域能源供给和气候条件

云计算的数据中心环节总体上看属于高耗能产业范畴，这种特性表现在两个方面。首先是数据中心服务器本身的耗电，据专业人员介绍，一般一台标准服务器的功率在200—500瓦左右，一个机柜大约安装20个服务器左右，这样每个机柜的负荷就约4—10千瓦，照此推算，一个规模为1万个机柜的数据中心服务器总负荷就达2000—10000千瓦。其次是空调等辅助用电，由于服务器工作会大量散热，因而数据中心需要完善的空调系统保障机房运行。但空调用电取决于一个地区的气候条件，气候炎热地区空调开得多耗电量就会很大，气候冷凉地区空调用得少耗电量就会相对较少。一般业内人员用PUE值表示数据中心的辅助用电状况，PUE值是指数据中心总用电量与服务器用电量的比值，这个值越大，说明空调等辅助用电越多。一般像南方许多地区PUE值都在2.2左右，而像呼和浩特等北方地区，PUE值可以降低到1.3以下。如果按PUE值1.5折算，一个万台机柜规模的数据中心总用电负荷约60万千瓦左右，电费约占数据中心总运营成本的40%以上。因此，电力供给条件、电价水平和气候条件都是数据中心考虑的重要内容。

(四)云计算产业链分析的总体结论及借鉴

1. 从产业属性看,云计算产业并没有突破目前电子信息产业的范畴,抓云计算产业必须注重产业生态的培育

云计算尽管是近几年新出现的概念,但其本质是计算机和网络计算形式、分布格局和服务模式的创新,在实体产业层面仍然没有突破目前人们常说的电子信息产业、互联网产业、现代服务业等内容和范畴。如计算机房建设就是传统的房地产业,网络建设就是传统的通信业,服务器、网络设备、上网终端等的生产就是传统的电子制造业,云平台的应用就是目前的软件业和电子政务、电子商务和社会服务的数字化等范畴,基于大数据资源的数据开发业也是传统统计咨询业的一种升华。因此,云计算产业的发展仍然取决于一个地区要素比较优势的发挥和软硬件环境等综合条件的营造。既要很好地发挥资源、气候、地质、网络等方面的支撑作用,又要发挥好政策和市场对产业的导向作用,发挥好产业基础和区域分工对产业的助推作用,发挥好科技、人才、标准和安全等方面对产业的保障作用,实现要素整合、政策聚力、环境优良,推动云计算产业链条的形成。

2. 从效益体现上看,云计算的效益体现在后端环节,抓云计算产业必须坚持全产业链统筹

为了深入理解云计算产业链的效益情况,可以套用目前三次产业的划分:第一产业就是云计算硬件资源的提供者,包括云计算硬件设备和核心软件提供商,产品包括服务器、通信设备、网络设备等,商业模式是提供计算能力和存储能力。第二产业主要指基于云计算平台的应用,基本囊括了目前 IT 产业里现有的软件和服务提供商,例如数据库应用、视频应用、邮件应用、存储应用以及网络游戏等,云计算的所有优势都是通过第二产业迸发出来的。第三产业是围绕云计算的延伸和服务衍生出来的大量非技术性产业,包括云计算技术培训、品牌策划、咨询以及相关的云计算普及和传播,还有诸如大数据等更为高端的云计算增值性服务性产业。由此看出,前端的数据中心建设只是云计算产业链的初级环节,产业带动效益主要体现在后面的软件产业和信息服务业,因此发展云计算产业必须树立全产业链思维。

3. 从发展策略看，推动云计算产业发展必须围绕“一切皆服务”这一核心本质，坚持应用带动的方针

虽然云服务是立足于云硬件和云软件之上的，但云计算所以能够获得如此广泛关注和支持，主要就在于云服务的提供。对于用户而言，云硬件和云软件虽然知道其存在但难以真实感知，只有云服务是用户直接感受、真实享有并愿意付费的。也正是因为有了种类众多、运用方便的服务，云计算才得以落地并进而实现产业化。云计算产业发展前景如何，云服务内容的扩展和充实是最为关键的因素。可以说，在云计算各组成部分中，硬件是骨骼、软件是肌肉、服务是灵魂。因此，数据中心建设可以成为发展云计算产业的一个重要切入点，但通过应用服务的拓展创造需求才是云计算产业链发展的根本动力。

三、我国云计算产业发展总体情况

他山之石、可以攻玉。鉴于云计算是现代信息技术的制高点和对地区经济具有重大带动作用的战略性新兴产业，我国许多省市都在依托各自优势大力发展云计算产业，并已取得了不俗成绩。国家层面出台了诸多相关规划和引导措施。本章的目的就是对全国先进地区的云计算产业发展情况和推进策略做个全面梳理，对国家层面的相关政策和趋势做个全面介绍，为分析我区云计算产业的现状和问题提供实践标杆。

（一）全国云计算产业现状及趋势

鉴于云计算代表着现代信息技术的发展趋势，世界信息产业强国都已把云计算作为未来战略产业的重点，纷纷研究制定并出台云计算发展战略规划，加快部署国家级云计算基础设施，并加快推动云计算的应用，抢占云计算产业制高点。2011 年 2 月美国政府发布的《联邦云计算战略》，内容涉及生产性产业结构调整、发展云端产业、商务业务整合、政府网站改革、社交媒体等诸多方面，规定所有联邦政府信息化项目中云计算优先。欧盟制定了“第 7 框架计划(FP7)”，推动云计算产业发展。英国已开始实施政府云(G-Cloud)计划，所有的公共部门都可以根据自己的需求通过 G-Cloud 平台来挑选和组合所需服

务。日本提出了霞关云计划，计划在2015前建立一个大规模的云计算基础设施，实现电子政务集中到统一的云计算基础设施之上，以提高运营效率、降低成本。顺应这种趋势，2010年10月我国发布了《关于加快培育和发展战略性新兴产业的决定》（国发〔2010〕32号），把促进云计算研发和示范应用作为发展新一代信息技术的重要任务。国家发改委和工信部联合印发了《关于做好云计算服务创新发展试点示范工作的通知》，确定在北京、上海、深圳、杭州、无锡等五个城市先行开展云计算服务创新发展试点示范工作。自此，我国云计算产业发展步入了快速发展的轨道。

1. 产业规模迅速扩张

近年来，我国云计算产业一直保持了较快的发展速度，产业运行态势良好，产业规模不断扩大，已经成为战略性新兴产业的重要增长点。据工信部统计，2012年我国云计算市场规模达到了606.78亿元，较2009增长了5.58倍，年均复合增长率达87.4%。其中，公有云计算市场规模超过35亿元，增长率超过70%。远超过同期国际市场25%的增速水平。

从未来发展趋势看，据调查，目前我国仅有43%的被调查者希望使用云计算服务，而这一比例在两年后将达到88%。随着云计算业务逐渐成熟，商业模式逐渐清晰，用户信任和认知程度逐渐加强，国内云计算市场将会成为充满活力且规模迅速扩张的新兴市场，产业规模有望进一步扩大。据预测，到2015年我国云产业市场规模将达到3499.2亿元，产值规模将达到7500—10000亿元，云计算服务市场更将以接近40%的年复合增长率快速增长，云计算产业拉动就业人口将达百万以上，在我国战略性新兴产业中所占的份额有望达到15%以上。

2. 市场主体十分活跃

一是内外企业同台竞技。2013年，亚马逊、IBM、微软等跨国企业的公有云服务纷纷入华，加速抢夺我国市场。微软云服务Azure在上线半个月内就获得金蝶软件、观致汽车、人人网、PPTV和蓝汛通信等本土客户，观致汽车将其QorosQloud业务除移动客户端以外的所有开发、测试工作都放在Windows Azure云端完成。2014年，跨国企业继续通过与国内企业合作等方式，进入国内云计算市场呈加速态势。国内以百度、阿里、腾讯、盛大、新浪等互联网服务

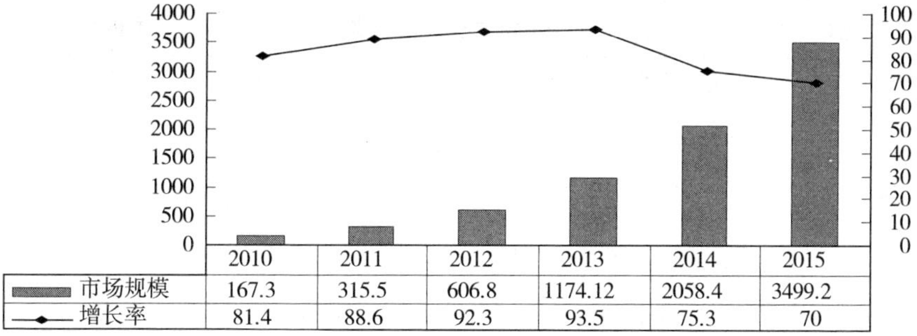

图 1　我国云计算市场规模现状及预测

企业，华为、中兴、神州数码、浪潮、曙光等硬件企业，用友、金蝶等软件企业，中国移动、中国联通、中国电信三大运营商等通信企业等，相继加入国内云计算市场竞争行列，构成了中国云计算服务国内团队的主力阵营，同时还有一些其他云服务提供商也在云计算领域开疆拓土，使国内云计算市场呈现出白热化的程度。

表 1　目前我国国内云计算产业各领域企业主体情况

关键节点	内　容	国外主要提供企业	国内企业
设备提供商	服务器	IBM、戴尔、惠普	长城开发、浪潮信息、华胜天成、中兴通讯方正科技、长城电脑、综艺股份
	存储设备	戴尔、NETAPP	
	网络设备	思科、JUNIPER	
基础设施即服务	计算服务	亚马逊、RACKSPACE、GOOGLE、微软、云快线服务	鹏博士、歌华有线、网宿科技、三五互联东软集团
	存储服务	亚马逊、RACKSPACE、GOOGLE、微软、	
	经纪门户类	RIGHTSCALE、CLOUDKICK、YLASTIC	
	监控服务	CLOUDCLIMATE、CLOUDSTATUS、CLOUDEXCHANGE	
软件与解决方案	商业解决方案	VMWARE、微软、CITRIX CLOUD、ED-HAT CLOUD、IBM、惠普	用友、中国软件、浪潮、远光、焦点科技、生意宝
	开源解决方案	EUCALYPTUS、OPENSTACK、OPEN-NEBULA、NIMBUS	

续表

关键节点	内　容	国外主要提供企业	国内企业
平台即服务	应用运行平台	Windows Azure、GOOGLE APP、SALSEFORCE、HEROKU、新浪 SAP	华东电脑、华胜天成、东软、浪潮、银江股份、浙大网新、卫士通
	应用管理平台	RPATH、LONGJUMP、ENGINE YARD、TRACKVIA	
	应用开发测试部署平台	SOASTA、UTEST、CLOUDSWITCH	
软件即服务	应用程序	SALESFORCE. COM、NETSUITE、GOOGLE APPS、微软 CRM、ZOHO	八百客

二是业务市场不断细分。阿里、盛大和腾讯等企业主要提供云主机、云存储、开放数据库等 IaaS 服务。百度、新浪、360 等公司则推出了面向企业和开发者的 PaaS 云平台，通过分成方式与开发者实现了共赢。此外，华为、神码、浪潮、曙光等硬件制造商在云计算专用服务器、存储设备以及企业私有云解决方案等领域也取得了不错的市场成绩。电信运营商和 IDC 企业依托数据中心开始向 IaaS 服务商转型，中国电信和中国联通正式推出名为“天翼云”和“沃云”的云计算品牌，推出云存储等面向用户的全系列产品。与此同时，各行业不同规模的众多企业也开始对云计算内部应用做出尝试，如苏宁电器拟将公司名称变更为“苏宁云商集团股份有限公司”，以便更好地使企业向云服务模式转型。2014 年，进军公共云服务领域的云计算企业数量进一步增多，服务种类进一步丰富，面向中小企业的 IaaS 服务和 SaaS 服务，以及地理、交通、金融等领域的个人应用都取得了快速发展，云计算产业链日益完善。

表 2　国内主要云计算企业及业务策略情况

云计算企业类型	具体企业	云计算策略
电信运营商	中国移动	建立业务平台、IT 支持云和公众服务云的“大云计划”
	中国联通	先做 Iaas 和 Paas 为主的内部云，并开始做服务为主的外部云
	中国电信	星云计划，建立统一的开放云计算业务应用平台

续表

云计算企业类型	具体企业	云计算策略
主要 IDC 企业	世纪互联	从 Iaas 切入云计算，目前已开发 CLOUDEX 弹性计算和存储产品
	万国数据	云计算灾备服务
	中金数据	针对中小银行的金融服务及数据存储服务
新型云计算企业	八百客	在线 CRK 服务，同时提供 Paas 平台服务
	友友系统	开发云计算操作系统及应用软件，并提供行业解决方案
	风云在线	打造一个 Saas 软件开发和运行平台，以及在线 SAAS 在线交易
	东　软	提供行业解决方案和产品工程解决方案以及相关软件产品、平台及服务
	静水飞云	围绕芯片构建自主产权的云计算核心系统
互联网企业	阿里巴巴	提供与数据有关的服务，包括电子商务
	百　度	打造百度应用开发平台（BAE），服务于第三方
	新　浪	提供未来集成式开发平台
	腾　讯	开放用户和平台资源
	盛　大	为第三方制造商提供诸如计费、认证、注册和社交等计算服务，同时包括数据分析与挖掘服务
	中国万网	云机房、云主机和云解析等功能服务的云计算平台
主要 IT 企业	金　蝶	从 ASP 转型为 Saas，为公有云和私有云提供平台和技术
	用　友	从 ASP 转型为 Saas，支持私有云的部署方式
	华　为	云计算、企业网、智能终端和新能源为主的四大战略，计划建立大型的云计算数据中心

续表

云计算企业类型	具体企业	云计算策略
主要IT企业	中 兴	组合云计算组件，形成COCLOUD平台，支持IDC、IPTV等云储存
	曙 光	提供包括云管理、虚拟机和数据库集群、云存储和云灾备恢复等，还有高性能云计算解决方案
	联 想	打造包括公共计算、集中计算和集中存储的企业计算平台和方案，以及多样化的云计算终端产品
	浪 潮	布局行业云计算市场，发展高端服务器、海量存储等云基础设施及云计算操作系统
	神州数码	神州云解决方案
	华胜天成	推动云计算产业联盟的建立，为云计算应用落地提供咨询平台
	华 兴	提供IT支持，在住房公积金、金融、社保等领域有成熟的解决方案

3. 应用领域日益拓展

随着云计算产品服务不断创新和应用加速落地，我国云计算应用范围呈不断扩大态势。一是部分发达地区也已经开始将电子政务和社会信息化系统向云计算模式迁移，探索云计算在城市管理、电子政务、园区服务以及医疗卫生、互联网、教育、金融等领域的创新应用。二是私有云也已成为大型企业信息化建设的实施重点，包括电信、能源、电力、医药等行业的大型企业都在企业内部信息化建设过程中开始实践云计算。三是中小企业和个人用户实现了迅猛增长。百度、腾讯、奇虎等企业的云服务平台聚集用户均已超过1亿，阿里和金蝶云服务支持的中小企业数量超过70万家。同时，随着移动互联网和互联网金融的发展，人们日常生活、工作、娱乐等方面个人云应用也在快速增长。

表 3　国内云计算行业典型应用推进情况

制造业	已出现如数字化工程仿真和 ERP 等的为制造业服务的云计算平台，其中，中国石化集团成为首个部署云计算平台的企业。
医　疗	正在逐步推广应用如：深圳医疗云和大连乐辰医疗云，其中乐辰已为哈尔滨市 206 家社区约 360 万居民建立了健康档案。
政　府	有一定突破，如成都的“猪肉质量安全溯源监管系统”
教　育	主要有北工大的科研云计算平台。同时安博通过云存储将大量视屏课件保存和传播，目前总量已接近 200TB。
交　通	基本处于研究阶段
金　融	一些中小企业银行开始提升其信息化水平
智慧城市	杭州等部分城市开始试验应用
娱　乐	土豆网将大量视屏内容储存到云中心节点，保证晕乎访问的高可用性和质量，面存储量达到 100TB。深圳云计算中心对动画片熊出没中的场景进行了成功渲染。

（二）各省市云计算产业发展状况及策略

1. 各省市云计算产业发展情况

面对云计算作为现代信息网络技术的制高点和带来的巨大产业机会，目前我国各省市政府都对发展云计算产业保持了高度热情，目前我国累计已有 30 多个省市发布了有关云计算的战略规划、行动方案或实施工程。尤其是北京、上海、深圳、杭州等国家批准率先开展云计算建设的试点城市，经过三年的前期探索，已在技术、产品、基础设施建设方面取得一定成果，将进入产业攻坚阶段，加速关键技术突破，推进云计算在各行业、各领域广泛应用。北京市发布的“祥云工程”行动计划，以“基金+基地”的运作模式，已有 100 多家中外企业参与，建成了以中关村软件园为主的北部云服务基地和以亦庄云产业园为主的南部云后台基地，预计 2015 年将形成 2000 亿元产业规模的亚洲最大的云服务器生产基地。上海市发布的“云海计划”三年方案，在闸北区致力打造“亚太云计算中心”，目前已集聚云计算企业近百家，带动信息服务业新增经营收入 1000 亿元。深圳已经建立起云计算相关的国家级、省级和市级工程实验室 8 个，重点实验室 11 个，公共技术服务平台 6 个。杭州云计算产业已实现年产值约 50 亿元人民币，其中阿里云的年产值约 30 亿元人民币。无锡以新区太科园为发展核心，已形成了一批云计算以及与云计算相关的龙头企业，2012 年云计算业务收入突破 10 亿元。非试点省市在发展云计算产业方面也不甘落后。广东省制定发布了《广东省云计算发展规划（2013—2020 年）》，并在广州市部署“天云计划”，目标是打造世界级云计算产业基地。天津市提出重点发展“六云”（云感知、云计算、云存储、云安全、云方案、云灾备）产业。厦门市也印发了《闽台云计算产业示范区总体规划（2013—2020 年）》。同时，西安、哈尔滨、重庆、宁波、武汉、廊坊等一批二、三线城市，也都加强了对云计算产业的研究与部署，启动了云计算发展计划，开展基础设施建设和行业应用，并联合大型信息技术企业推动云计算产业发展。

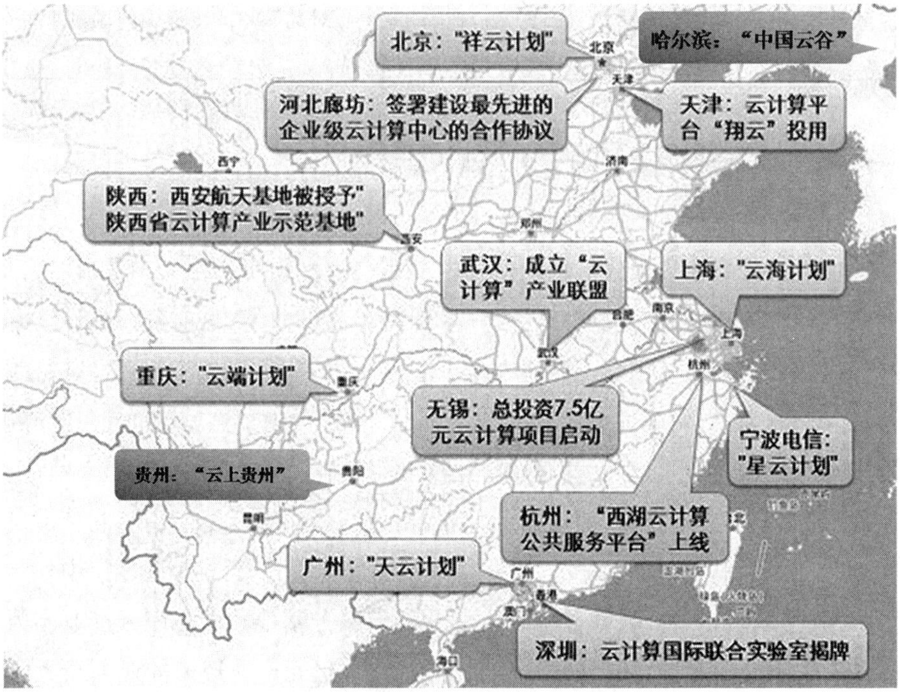

图 2　国内各省市云计算规划布局图

表 4　国内主要城市云计算发展概况

地区	国内主要地区云计算规划重点发展内容
北　京	服务引领、产业联动和国际同步原则，建成世界级云计算产业基地
天　津	为电子政务、数字出版业和大中企业提供云计算解决方案，为数字出版产业提供信息化业务支撑云平台。
上　海	云海计划，打造“亚太云计算中心”，培育 10 家年销售额超亿元的云计算技术与服务企业，建成 10 个面向城市管理、电子政务、中小企业服务等领域的云计算示范平台，推动百家软件和信息服务业企业向云服务转型，带动信息服务业新增经营收入千亿元，培养和引进千名云计算产业高端人才。
深　圳	基本建成基础设施完善、自主创新能力突出、产业发展规模领先、应用服务领域广泛的国家南方云计算中心
杭　州	微软云计算中心，打造政务服务平台
无　锡	发展商务云、开发云和政务云等多个云平台
成　都	为电子政务、科学计算和数字城市建设等提供服务平台
贵　州	积极推进“云上贵州”战略，着力推动“7+N”云建设，其中电子政务云、工业云、智能交通云等 7 朵以政府为中心的云正在迁上“云上贵州”，并借助该平台孵化政府应用，以此带动企业、社会应用
哈尔滨	打造“中国云谷”，规划形成了基础云、物联云、政务云、医疗云等齐聚“云谷”的产业发展架构

2. 各地区发展云计算产业的推进策略

综合分析各省区在推进云计算产业发展策略方面的经验，各地围绕各自区域经济特点和优势，目前主要形成了三种云计算推进模式。

一是资源利用型发展模式。是指针对集约化大型云计算数据中心能耗成本较高的特点，充分利用当地能源丰富、电力充足、土地资源充裕的优势，重点建设数据中心和发展云计算基础服务，带动配套产业发展。资源利用型发展模式要求城市拥有充足的电力资源、较好的资源气候优势、完善的配套政策及良好的网络基础设施，能够为规模化云计算产业发展提供较低的运营成本以及向外服务的基础条件，该模式比较典型的地区有呼和浩特、贵阳、哈尔滨和重庆等。

二是应用引导模式。是指以云计算应用为导向，致力于通过在一个或几个典型行业搭建云计算平台和提供云计算服务，带动云计算产业链发展，同时为整个城市的经济社会发展提供保障和动力的产业发展模式。应用引导型发展模式要求城市拥有较好的经济基础、全面的应用需求以及多层次的云计算相关企业，能够为云计算应用市场提供前期启动及后续发展支撑。该模式比较典型的地区有杭州、无锡、成都等。

三是创新驱动型发展模式。是指将自主创新能力作为发展云计算产业的战略基点，注重云计算产业相关的制度创新、研发创新、技术创新和应用创新，利用云计算开拓新的商业机会。以这种模式发展云计算产业的地区主要集中在拥有较好的高端人才环境、较高的产业集聚度、较为完善成熟的产学研生态以及较广的产业辐射范围的地区，较为典型地区有北京、上海、深圳等。

表5　我国各省市云计算推进模式对比情况

推进模式	典型地区	主要优势
创新驱动型	北　京	软件业比较发达
		人才比较密集
		应用市场较大
		广覆盖的信息通信网络
	上　海	软件业较发达
		人才比较密集
		应用市场较大
		广覆盖的信息通信网络
	深　圳	发达制造业所提供的产业支撑
		技术研发基础好
		产业支撑优势突出
应用引导型	杭　州	电子商务较发达
		人才较密集
	无　锡	物联网产业优势明显
	成　都	辐射西部的区域优势
		有一定的人才优势

续表

推进模式	典型地区	主要优势
资源利用型	呼和浩特	能源丰富、电力充足 土地资源充裕 气候资源优势 良好的网络基础设施
	鄂尔多斯	
	贵　阳	
	哈尔滨	
	重　庆	

（三）我国云计算产业面临的主要问题

总体上，我国云计算产业已经走过了产业培育期，进入了一个规模快速扩张的繁荣发展时期，但从目前云计算技术水平、产业布局、推进策略、产业环境等方面仍然存在许多不完善之处。

1. 核心技术仍然受制于人

目前，我国与国外厂商在技术上差距巨大。传统 PC 的核心技术仍然垄断在 Intel、微软等外国企业手中，Google、Amazon、IBM 等国际领先 IT 企业，利用自身资本及技术优势，开发出了具有各自特色的产品和解决方案，在国内竞争中仍占据主导地位。国内领先的 IT 企业如百度、腾讯、阿里巴巴、网易等都在积极开发各自的云计算产品，但由于只是模仿国外技术，依靠自身优势市场进行推广，难以形成整体创新技术及完整产业链。此外，对于用户层面和国家层面的信息安全，如果云计算不能有效地提供解决方案，将会影响到云计算未来的发展。

2. 低水平重复建设已现苗头

由于云计算概念新颖加上人为炒作，一些地方政府不顾客观条件，不顾云计算基础设施投资规模大，回收期长，运维成本高等特点，把云计算作为政绩工程，盲目投资建设。尤其在数据中心建设方面低水平重复，难以吸引用户，资源利用率不高，难以体现云计算的效益。尽管 2013 年工信部发布了《关于数据中心建设布局的指导意见》，力图规范全国的数据中心建设，特别是大型数据中心的合理布局，但各地区建设大型数据中心的热情不减。按目前在建项目和规划统计，数据中心已经成为我国又一个严重产能过剩的行业。

3. 市场培育仍待深化

尽管云计算企业热情高涨、业务扩张如火如荼，但目前我国政府、企业和个人对云计算的认识和应用都还处于初级阶段。政府部门出于安全性的考虑，对云计算应用持相对谨慎、保守的态度。企业应用云计算也存在着巨大的商业压力。2010 年亚马逊的云服务中断事件表明，过多地依赖云平台可能会带来风险。缺乏规模化推广的应用实践，导致用户信心不足，从而使企业变得更加保守而不愿尝试。

4. 标准和法规建设滞后

我国云计算产业发展一直处于体系未建、标准待定、概念横飞的状态，虽然应用初期问题并不明显，但随着推广应用范围扩大，缺乏完整体系及统一标准而导致的问题将会凸显。目前国家标准委和工信部正在研究制定我国的云计算国家标准，但形成完善的标准体系仍需时日。无论是公共云还是私有云，在集中管理存储用户数据，保护个人隐私及企业信息安全等方面，都需要健全的法律保障，以便有效防止云计算服务企业或内部个别人员存在的侵权行为。但目前我国在信息安全、知识产权保护和隐私保护等方面的法律法规体系仍有待完善。

（四）我国云计算产业发展的未来趋势

针对目前云计算产业发展中的服务能力薄弱、核心技术差距较大、信息资源共享不够、信息安全隐患突出等问题，尤其是重建设轻应用、数据中心无序发展等突出问题，2015 年 1 月 6 日，国务院发布了《关于促进云计算创新发展培育信息产业新业态的意见》（以下简称《意见》），为我国未来云计算产业发展指明了方向。

1. 发展导向上强调提升服务能力和扩大应用领域

《意见》强调要以提升能力、深化应用为主线，创新服务模式，扩展应用领域。一是大力发展公共云计算服务。支持信息技术企业加快向云计算产品和服务提供商转型，大力发展计算、存储资源租用和应用软件开发部署平台服务，以及企业管理、研发设计等在线应用服务。鼓励应用云计算技术整合改造现有电子政务信息系统，推动政府业务外包，要求 2017 年政府自建数据中心数量减少 5%以上。二是引导专有云有序发展，鼓励企业立足自身需求，建立安全可靠的专有云解决方案,并鼓励大企业开放平台资源。三是积极培育信息消费。积极发展基于云计算的个人信息存储、在线工具、学习娱乐等服务。四是培育新型业态。支持云计算与物联网、移动互联网、互联网金融、电子商务等技术和服务融合发展与创新应用,创新商业模式。五是加强大数据开发与利用。开展公共数据开放利用改革试点,出台政府机构数据开放管理规定,探索地理、人口、知识产权及其他有关管理机构数据资源向社会开放,实现数据资源的融合共享,推动大数据挖掘、分析、应用和服务。

2. 发展方式上强调创新驱动和产业生态培育

《意见》强调要建立以企业为主体,产学研用合作的云计算技术和服务创新模式。充分整合利用国内外创新资源,加强云计算相关技术研发实验室、工程中心和企业技术中心建设,建立产业创新联盟。增强原始创新和基础创新能力,突破云计算平台软件、艾字节(EB)级云存储系统、大数据挖掘分析等一批关键技术与产品,加强核心电子器件、高端通用芯片及基础软件产品等科技专项成果与云计算产业需求对接,积极推动安全可靠的云计算产品和解决方案在各领域的应用。在优化产业环境方面,着重提出要完善市场环境和投资财税等支持政策、建立健全标准规范体系和相关法规制度、加强人才队伍建设和完善云计算基础设施等措施,以健全产业生态系统,促进云计算产业的发展。

3. 发展策略上强调市场主导和统筹协调

《意见》强调发挥市场在资源配置中的决定性作用,鼓励企业根据市场需求提升服务能力,对接应用市场。同时要求政府要以需求为牵引,加强分类指导。尤其要加强全国数据中心建设的统筹规划,引导各地合理确定云计算发展定位,避免盲目投资建设数据中心和相关园区。引导大型云计算数据中心优先在能源充足、气候适宜、自然灾害较少的地区部署,以实时应用为主的中小型数据中心在靠近用户所在地、电力保障稳定的地区灵活部署。加强信息技术资源整合,避免各行业信息化系统成为信息孤岛。优化云计算基础设施布局,促进区域协调发展。建立公平开放透明的市场规则,完善监管政策,维护良好市场秩序。

四、内蒙古云计算产业发展评价

近几年来,自治区云计算产业发展取得明显成效,但在发展中存在哪些问题,只有通过对比才能发现。本章力图通过把自治区云计算产业的发展现状与理想状态下的云计算全景产业链进行对比,从中发现薄弱环节;把自治区云计算产业的发展现状与全国先进地区的发展情况对比,从中找到差距与不足,为设计我区云计算产业链的发展思路及对策提供依据。

(一)云计算项目规划及建设情况

依托良好的能源保障和电价条件、冷凉的气候特点和适中的区位优势,我区“十二五”规划把云计算作为战略性新兴产业加以培育,自治区政府发布了《内蒙古云计算产业发展规划(2011—2020年)》,出台了《内蒙古西部地区云计算数据中心有关扶持政策》等政策性文件,并在自治区层面成立了领导小组负责专项推进。规划实施以来,全区已签约云计算项目20多个,其中在建项目16个,总投资1158亿元,云计算产业表现出了良好的发展势头,某些领域甚至居于全国领先地位。具体情况:

1. 数据中心规划宏伟,但建设进展相对较慢

从目前我区正在实施的云计算建设项目看,规划目标都很宏伟。这种宏伟表现在两个方面,一是项目规划的占地规模、投资规模、建筑规模、服务器规模都很大。如呼和浩特中国电信云计算信息园项目,占地1545.8亩,规划建设42栋单体面积为1.82万平方米的数据中心机房,总建筑面积达到100.6万平方米,安装服务器120万台,总投资达120亿元;中国移动(呼和浩特)数据中心项目,占地面积1486.5亩,总建筑面积64.7万平方米,总投资150亿元,安装服务器90万台;中国联通西北(呼和浩特)基地项目,占地973亩,总建筑面积约59.8万平方米,总投资123.18亿元,安装机架服务器36.2万台、刀片服务器92.4万台;鄂尔多斯中兴国际绿色互联网数据中心(一期),总建筑面积29万平方米,总投资300亿元,安装服务器100万台。二是项目规划的目标定位都很高远。各数据中心项目的服务目标大都定位在全国、亚洲乃至全世界,如中国电信云计算产业园区旨在打造亚洲最大的云服务基地;乌兰

察布市华为云计算产业园致力于打造成华北大区云计算产业支撑中心、全国乃至全球云服务业务承接中心、全国云服务业务备份中心。包头市曙光云计算中心计划在3年内将计算能力扩展至千万亿次级,存储达到1P级,致力于建设包头市、自治区乃至华北地区大型、可共享的信息基础设施,等等。

但从各项目实施进展情况看,截至2014年底,全区云数据中心建设共完成投资65.65亿元,仅完成全部投资计划的10%左右,大部分处于土建和设备安装阶段。目前已建成服务器规模约为25.9万台,主要有中国电信呼和浩特数据中心13.7万台服务器,中国移动9万台,中国联通呼和浩特数据中心2.2万台,曙光包头数据中心1000台,中兴鄂尔多斯互联网中心3万台。

表6　内蒙古主要云数据中心建设情况

企业名称	服务器规划规模(万台)	已建成服务器规模(万台)	计划总投资(亿元)	已完成投资(亿元)
中国电信云计算内蒙古项目	120	13.7	173	14.8
中国移动(呼和浩特)数据中心	64	9	120	3.1
中国联通西北(呼和浩特)基地	56	2.2	123	3
中兴国际绿色互联网数据中心	100	1	300	44.55
华为云计算华北大区中心项目	20	—	10	0.2
合　计	360	25.9	726	65.65

2.部分应用开始落地,但招商前景不很乐观

随着部分数据中心的建成运营,也吸引了一些应用服务企业相继落地。截至目前,中国电信已有百度、搜狗、腾讯、阿里巴巴等公司入驻并开展相应业务,中国联通、中国移动、中兴能源等公司业已与相关客户签约。从使用主体的类型来看,主要是一些依托网络和电信进行增值的企业。从使用数据中心的服务性质来看,主要以租用计算、网络、存储能力和纯粹的机房物理空间为主,基本处于云计算服务的Iaas阶段;同时对比与总体规划,目前招商总体签约和谈判阶段的居多,在软硬件、产业领域和智慧建设方面的招商也基本处于空白。

表7　目前各主要数据中心业务开展情况

企业名称	目标客户	已投入应用的企业和应用领域
中国电信云计算内蒙古项目	互联网企业	百度、搜狗、中国通信服务、金银猫支付有限公司、北京光纳通科技有限公司、内蒙古科电数据服务有限公司、腾讯及阿里巴巴
中国联通西北(呼和浩特)基地	政府和互联网企业	聚友网络入驻，百度、阿里巴巴已签约
中兴国际绿色互联网数据中心	政府和金融客户	已与中国民航、腾讯、京东商城、美国通用、中国银联、文化部、中科院高能物理研究所、华大基因洽谈合作事宜

同时，围绕地区云应用方面的服务也有所进展。目前已有包头市物流管理云、赤峰蒙东云计算中心平台等一批云平台建成并正式运营。赤峰市蒙古文信息资源平台、民情与舆情监测云、呼叫中心云、BSD(百岁达)电子商务平台、卫生厅综合卫生信息云平台、住建厅建筑节能云平台和环保厅智慧环境监控平台等专项云平台加快建设。

3. 几个盟市都在建设，推进情况各不相同

从规划区域布局和规模情况看，自治区云计算产业规划提出，重点在呼市、包头、鄂尔多斯和赤峰四大区域布局云计算项目，规划到2015年建成数据中心服务器规模300万台。而从具体区域规划看，目前数据中心规划建设主要集中在呼和浩特和鄂尔多斯两地区，其中呼和浩特总规划建成服务器规模就达到408万台，鄂尔多斯规划服务器规模为200万台左右。

表8　我区各盟市云计算项目汇总情况表

地区	企业名称	云计算内容	服务器规划规模	已建成服务器规模
呼和浩特	中国电信云计算内蒙古项目	数据中心	150万台	13.7万台
	中国移动(呼和浩特)数据中心项目	数据中心	90万台	
	中国联通西北(呼和浩特)基地	数据中心	128万台	2.2万台
	国家信息安全云	数据中心	40万台	—

续表

地区	企业名称	云计算内容	服务器规划规模	已建成服务器规模
包　头	包头城市云计算项目	社会管理		—
	包头曙光云计算	数据中心		1000 台
	金蝶软件包头物流管理云项目	物流管理		—
鄂尔多斯	中兴国际绿色互联网数据中心	互联网中心	100 万台	30000 台
	世纪互联超级云计算数据中心	数据中心	50 万台	
	鼎联数码网络通信数据中心	数据中心	5000 台	
赤　峰	百岁达科技有限公司呼叫中心云平台	呼叫中心	16 台	—
	龙云科技蒙东云计算产业孵化园项目	云计算产业孵化园		—
	智云科技蒙古文信息资源云平台	蒙古文信息资源	80 台	—
	蒙东云计算中心平台建设项目	数据中心	218 台	—
	百岁达民情与舆情监测云项目	民情与舆情监测	4 台	—
乌兰察布	华为公司云计算华北大区中心项目	数据中心	20 万	

（二）对我区云计算产业发展的总体评价

如果用云计算理论上的全景产业链和国内发展较好地区的先进经验作为标准尺度，衡量我区云计算产业发展情况，以下几个问题需要高度关注。

1. 对比云计算产业发展的影响因素，我区发展云计算产业的基础条件有一定优势，但产业生态方面的弱势不容回避

根据第一章对影响云计算产业发展的因素分析可知，影响数据中心区位选择的硬件因素包括土地资源、地质结构、能源、气候条件等，这方面我区确实拥有一定的优势条件。由于我区地处高纬度地区，年平均气温较低，一年中7—8 个月不需要空调系统。调研表明，我区目前数据中心运行的 PUE 值小于 1.5，远低于国内其他地区 2.2 的平均水平，非常适合于数据中心设备的自然冷却。且地质结构稳定，远离地震带，同时地域辽阔，有大量未开发利用的土地资源，总体用地成本较低。如和林电信云计算数据中心的土地出让费仅

为6万元/亩,远低于贵州、哈尔滨等东北和西南地区,更低于深圳、大连等沿海用地紧张区域。尤其是能源供应充足且有电价优势,目前我区数据中心供电价格仅为0.37元/度,而电力资源同样丰富的贵阳市数据中心用电价格为0.57元/度,大连、哈尔滨等地数据中心电力价格平均达到1元/度左右,我区数据中心运行的综合电力成本优势明显。同时,作为同时享受西部大开发和东北振兴政策的地区,享受着国家差别化的产业政策和土地政策,能够为大型数据中心建设和运营提供良好的基础条件。

但从云计算产业发展的整体保障条件看,我区发展云计算的产业生态较弱。一是网络基础设施仍然较为落后。截至2012年底,全区区际光缆长度8040公里,区内长途光缆长度5.7万公里,本地光缆长度25.4万公里,基本形成了多路由、多平面的网络结构。但由于我区地域广大,通信光缆的覆盖面、布局、运行稳定性、出口带宽等方面都还不能很好地适应云计算发展需要。如目前我区省际网络出口带宽仅为全国平均水平的一半,全区互联网普及率低于全国平均水平1.1个百分点。网络基础设施是数据中心运行的基础通道条件,直接决定着数据中心的发展前景,好在呼和浩特、包头、鄂尔多斯等地区已纳入国家“三网融合”试点,2014年呼和浩特市继京、沪、穗、成都、武汉和西安之后,也被正式纳入了国家互联网骨干网直连城市,我区也正在加紧建设光缆网络,未来这一通道条件有望得到改善。二是软件业发展滞后。软件产业往往是云数据中心的最大用户,也是云计算产业发展的关键环节。2012年,我区软件业销售收入仅为26.5亿元,是北京的1/140,上海的1/80,而成都一个省会城市的软件业规模就高达千亿以上。三是云计算专业技术人才匮乏。我区地处西部,工作生活环境相对较差,福利待遇相对较低,很难吸引到云计算相关的人才尤其是高端人才,区内高校还没有开设云计算相关专业,自主培养的专业人才也非常有限。

2. 对比云计算全景产业链,我区云计算发展的重点主要集中数据中心环节,位于产业链前端,对地区经济带动有限

从完整产业链的角度看,基于云计算的应用和带动,云计算产业链应包括前期的机房土建及设备安装业、计算机及网络设备制造业、数据通信业、应用环节的软件开发业、应用服务业和终端设备制造业等,数据中心只是云计算产

业链中最基础、最低端的一个环节,其本身对地区经济的贡献有限。一是数据中心建设会对电子制造业形成巨大市场需求,但目前这些设备主要以联想、华为、曙光等企业和品牌为主,我区目前没有这方面的制造企业,这块产业带动效应不体现在我区;二是数据中心运营后的设备设施维护只需要少量的安保、电工、保洁等辅助人员,就业贡献不大;三是我区目前数据中心的建设运营主体主要是央企和外地企业,总部核算的税收体制会导致税收收入流失;四是数据中心形成的大数据资源虽然具有发展数据开发产业的潜力,但现行体制下这些数据都属于各自用户单位,如果数据资源不对当地开放,这些数据资源(尤其是作为灾备的数据资源)也表现为一种死资源。因此,如果发展云计算产业仅注重数据中心建设,直接效益也就是获得地产开发收益,如土地出让金获得、固定资产投资规模扩大和建筑业产值增长等,从某种意义上只能说是“云地产”,而对地方就业、税收和产业衍生带动效应不大。目前北京、上海、深圳和杭州等云计算先进地区,已在技术、产品、基础设施方面取得重大进展,并且在带动地区经济发展方面起到了重要作用。根据云计算完整产业链条的特点和形成规律,借鉴发达地区经验,我区可以把数据中心作为发展云计算产业的重要切入点,但在推进策略上必须树立全产业链思维。

3. 对比全国的竞争态势,我区单纯以“大”为目标的数据中心发展思路可能遇到挑战

我区云计算数据中心规划规模很大,目标市场定位很高,但从全国的竞争态势看,这一发展战略可能会面临着用户招商难的问题。首先,目前我区发展云计算产业主要强调的是当地气候冷凉、能源丰富、电价低廉、土地充裕等方面的优势,但这些优势在全国并不具有唯一性。现在许多北方城市如哈尔滨、大连等都在做这方面的概念。包括南方的贵州,发展数据中心业务也打的是气候冷凉、水电价格便宜等方面的牌,各地区的优惠政策也逐渐趋同,从而使我区发展云计算数据中心依托的传统要素优势受到冲击。其次,考虑数据中心使用和维护的方便性,加之出于安全性和可控性的考虑,目前各大用户单位在选择上还是更倾向于把数据中心建在当地,在异地更多的考虑是建设灾备中心。在总体用户资源和业务量有限的情况下,面对全国已经严重过剩的数据中心资源,我区数据中心的用户招商难度可能会越来越大。云计算数据中

心的一次性投入很大,也是一个固定成本较高、规模经济要求较强的行业,如果用户迟迟不能到位或使用业务量很少,数据中心的投资短期内就难以收回,就会严重影响数据中心的建设和运营。目前我区许多云计算项目规划目标宏伟,但实施进度不快,就是这一问题的现实反映。

4. 对比云计算产业的技术特性,单纯的数据中心建设可能会面临着较大的技术风险

云计算产业属于高技术行业,涉及的技术领域包括电子信息技术、互联网技术、集成电路技术、现代通信技术、数据存储及挖掘技术等,这些技术的最大特点就是技术进步和更新的速度特别快,从而推动相关产业的商业模式不断创新和设备设施的更新换代。以计算机存储技术为例,试想一下十几年前,一般计算机的运算频率和硬盘存储空间也就是几十至几百兆,达到"G"已经是高端设备。而目前一个 U 盘的存在空间都在几十"G",普通电脑硬盘的标准配置都在几百 G 甚至达到"P"级,技术进步的速度可以说是日新月异。随着服务器运算能力和数据存储介质的技术进步,现在需要几百台服务器完成计算的任务,未来可能一个服务器就足够了。因而,从技术预期的视角看,未来云计算数据中心需不需要那么多的服务器,需不需要那么大的机房物理空间也存在着许多变数,从而使我区大规模发展数据中心存在巨大的不确定性和技术风险。

5. 对比发达地区的推进策略,我区各盟市云计算发展的低水平重复竞争已现苗头

自从自治区"十二五"规划把云计算作为战略性新兴产业推动以来,我区许多盟市都在规划和引进云计算产业,目前除呼和浩特、包头、鄂尔多斯、赤峰、乌兰察布等地在建设以外,近两年乌海、呼伦贝尔等也都在筹划加入云计算发展大军。但大家依托的优势都一样,招商引资的噱头都相同,实施的项目也基本都是围绕建设大型数据中心这个最基本、最低端的环节,瞄准的市场范围差不多,竞争和内耗不可避免。但从可以预见的市场需求看,目前仅我区规划建设的数据中心服务器规模为就超过 700 万台,足够满足全亚洲数据中心的需求。其实,就云计算的本质来讲,云计算是一种通过网络和软件的管理实现计算资源和存储能力的统一调配、统一支付和统一服务,即数据中心到了"云"的环境,计算能力和存储都被虚拟化了,与数据中心所在的实体地理空

间关系不大，这种遍地开花式建设数据中心的云计算发展模式最终结果可能是谁也发展不起来。理性的选择应该是全区通过统筹规划，集中统一地建设数据中心，作为信息化公用基础设施加以完善和培育，各地区根据需要和产业分工发展云计算产业的不同环节，形成错位竞争和协同发展的格局。

五、内蒙古云计算产业发展策略

深化对云计算的认识的根本在于推动其健康发展，本小节结合自治区云计算发展现状及存在的问题，按照科学、可行、可操作的总体要求，提出我区云计算产业发展的总体思路及推进策略。

（一）总体思路及原则要求

1. 总体思路

立足我区能源、气候方面的要素比较优势和数据中心建设方面的产业基础优势，遵循未来云计算、互联网产业发展的规律和趋势，以“云计算+”为切入点，建立起市场引领、创新驱动、政府促进的体制机制，坚持“大”（继续扩大数据中心规模）、“全”（注重全产业链条培育）、“用”（强化自用带动他用、应用促产业）、“优”（优化和改善产业生态）、“统”（统筹设计各盟市的发展重点和产业分工）的发展方针，围绕提升我区发展云计算产业的核心竞争力，加强规划引导、出台支持政策、推动要素整合、实施重点项目，力争到2020年建成以通信运营商为主体的我国北方最大绿色云计算数据中心、全国重要行业的灾害备份中心、全国最大的IDC租用服务承载基地、面向俄蒙的在（离）岸数据处理节点、区域产业融合和升级的重要平台以及全区政务应用的示范窗口。

2. 原则要求

一是建用并举原则。云计算产业的生命力在于应用。我区必须改变过去的重建设轻应用策略，改变目前云数据中心形成的“有路无车”现象。在继续重视并做好机房建设、设备购置、网络建设等硬件基础设施建设项目的同时，必须确立应用主导、产业跟进的发展策略。通过政府应用带动社会应用、自己应用带动他人应用、区内应用带动区外应用、应用扩大带动产业扩张的推进策略，形成云计算产业的良性循环机制和内生成长机制。

二是特全互补原则。遵循云计算产业的成长规律,同时为了提升云计算产业发展对地区经济的贡献,我区发展云计算产业必须树立全产业链思维理念,加强上下游相关配套产业的引进配套,通过产业集聚促进产业共生共促,但在操作层面上又要注重特色领域突破,尤其要根据产业不同发展阶段的不同要求有所侧重地安排推进领域和工作重点,通过点线面体、梯次推进,实现重点领域引领,相关产业跟进,逐步健全产业体系。

三个政企共推原则。云产业发展必须坚持发展市场机制的决定性作用,引导企业结合计算机和网络技术进步需求,积极进行技术创新、管理创新和商业模式创新,发挥企业在云计算应用和产业发展中的主体作用。但由于云计算作为处于产业起步阶段的新兴产业,正处在进行建构体系、分化功能和布局选择时期,存在着一定的创新风险、技术风险和市场风险,要求各级政府必须在产业引导、政策扶持、应用带动、重点项目、标准规范等方面发挥更大的作用,降低企业建设和经营风险、提升区域核心竞争力,促进区域云计算产业在全球和全国分工中处于有利地位。

四是软硬兼施原则。要遵循云计算产业作为战略性新兴产业和技术创新要求高的特点,在不断强化网络、机房、气候、能源等硬条件的同时,必须注重产业生态的培育,如相关产业的嫁接配套、人才科技要素短板的弥补、创新创业环境的营造、法律法规和标准体系的健全等。尤其要通过外引与内培并重加快本地化的创新体系建设,通过软环境的营造放大硬条件优势,形成独具特色的区域核心竞争力。

五是内外联动原则。围绕云计算产业的专业化分工要求,做好发展战略的区域协同。首先是加强与哈尔滨、贵阳等同类城市的协同,如联合招商,互用灾备、共享发展等,减少相互间的恶性竞争。其次是加强与北京、深圳、杭州、成都等具有不同上下游优势的地区合作,实现产业链条的纵向合作和利益共享。再次是加强区内各盟市之间的分工与协作,促进优质资源的集中集聚,避免内耗,提升整体竞争力。

(二)推进路径及突破重点

1. 数据中心集聚先行

充分发挥我区在能源、气候等硬件条件和数据中心建设基础等方面所具

有的明显优势，继续打造数据中心规模集聚优势，进一步夯实云计算产业发展的基础支撑

一是进一步做大基础数据中心规模。完善我区在数据中心建设方面的电价、土地等优惠政策，进一步加大招商引资力度，吸引谷歌、IBM、百度、腾讯、阿里巴巴、京东商城等企业到我区建设 IDC，或与电信运营商在数据中心业务方面展开合作，推动我区公共基础数据中心产业规模快速扩张。

二是积极打造专业 IDC。以电信运营商为依托，打造灾备、视频、安全等一系列专业化机房和多种行业解决方案，为不同类型的客户提供更有针对性的专业 IDC 服务。如重点推出面向金融行业的金融数据中心，面向文化行业的动漫数据中心、游戏数据中心、视频数据中心以及医疗、交通的呼叫中心、重要行业灾备中心和商用车辆在线智能监控调度等专业化的数据中心。

三是依托内蒙古信息中心筹建内蒙古超计算中心。超计算是指通过对计算机硬件设施的有机组合和科学设计，使用并行计算模型，形成大规模、海量化、非逻辑、并行化的超级计算能力，服务于大型的科研设计、复杂的组织管理、系统仿真等方面对超级计算需求的计算机系统。我区建设超算中心首先是产业转型升级的客观需要。转型升级的核心内容就是提升产业发展的科技水平，我区需要围绕能源、化工、冶金、装备制造等优势产业的创新需求，大力发展基础科学研究、工艺设计和产品研发等，建设超计算中心是进行这些大型科研活动的必要条件。其次是我区大力发展文化创意、动漫、游戏等新型产业，也需要强大的超级计算能力作支撑。最后是有利于吸引科技资源和研发活动向我区集聚。有了超计算的基础条件，就可以吸引全国范围内有超计算需求的科研院所来我区进行重大科技研发活动，通过科技研发在技术、人才、转化和服务等方面的溢出效应，带动我区科技水平提升和科技产业发展。因此，超计算中心既具有公共基础设施的属性，又具有一定的商业开发潜力，这就要求在建设运营主体选择和运行管理模式上采用政府支持和市场化运营相结合的思路，为此可考虑以内蒙古信息中心作为建设运营主体，并采用政府支持和市场化创收相结合模式运营。

2. 重点行业和领域应用引领

依托已有的数据中心优势，加快建设政府、企业、社会、行业等各类应用云

平台,促进智慧城市、智慧产业和智慧民生同步发展,形成以应用带产业的发展机制。

一是加快推进自治区电子政务云建设。围绕提升效率、透明度和节约开支等目标,率先打造自治区政务IDC服务。自治区政府带头对现有电子政务系统进行云化改造,在现有的办公内网基础上率先打造政务办公云。各部门办公系统能整合的要全部整合在政府统一平台上,实行网上审批“一站式服务”,同时与各盟市行政审批服务中心实现联网联批。确有必要单独建设办公平台的,如公安、教育、卫生、环保等系统可建设专业云平台,但必须留下交换共享的统一接口,实现信息共享和业务协同,形成统一的政务办公网络。同时将各政府部门面向社会的外网平台进行统一整合,建立公共云平台,为社会公众提供政务信息和行政审批等服务。

二是加快推进城市管理和服务等各类云应用示范项目。要充分利用云计算技术,创新商业模式,通过整合城镇范围内的各类IT资源,打造适合城市管理和服务的各类云平台,如智慧城管云、平安城市云、智能交通云、食品安全云、环境保护云、医疗服务云和智能电网等。大力推动云计算在城市社会管理和便民利民服务领域的应用,用云计算技术助推我区社会管理创新和改善民生工作。以乌海、包头、呼伦贝尔和鄂尔多斯被住建部列为国家“智慧城市”建设试点为契机,支持这些试点城市以及首府呼和浩特市综合运用云计算、物联网等技术加快智慧城市建设,为我区城市云的建设和应用提供示范案例。

三是加快发展基于云计算的电子商务云。建议自治区政府强化与阿里巴巴、京东商城等国内知名电商合作,为区内优势特色产品搭建在线交易云平台,同时引导我区传统优势企业不断探索新型电子商务模式,扩大产品销路渠道,重点发展绿色农畜产品电子商务、跨境电子商务和大宗商品电子商务。加快推动绿色农畜产品上网销售,打造绿色农畜产品网络品牌,建立我区农畜产品质量追溯体系,完善物流、包装、仓储等配套体系,为建设绿色农畜产品生产加工输出基地提供有力支撑。促进大宗商品电子商务快速发展,加快推进现货交易市场转型升级,推进交易服务模式创新。积极发展面向俄蒙的跨境电子商务。

四是加快推进我区特色优势产业的云提升工程。促进云计算与电力、煤化工、农畜产品加工、有色金属、装备制造等优势产业深度融合，建设工业软件设计研发、技术服务、测试认证等服务平台，为“五大基地”建设提供有力支撑。针对内蒙古能源、化工、冶金等优势产业链条不长的实际，利用云计算实现资源勘探、工业设计、产品研发、销售和调度等方面的信息集成，促进传统优势产业的延伸升级。建立统一、高效和便捷的业务和资源调度平台，为动漫产业、新材料合成等新型产业提供强大的科研创新支持平台，支撑物联网、智能电网等新兴产业发展，加速制造业、原材料产业和服务业等相关产业的转型升级。

五是加快旅游业相关方面的云应用。围绕自治区大力发展休闲旅游度假基地的目标，加强与周边山西、河北、京津和东北三省旅游资源开发方面的合作，积极整合旅游、建设、文化、交通、公安等部门和旅游景区、旅行社、酒店等单位的数据资源，以及公路、铁路、机场等交通数据资源，建立统一的跨地区、跨景区的旅游数据资源交换体系。提供游客、旅游景区和旅行社等旅游企业的管理信息服务，提升景点旅游信息、建设、地貌、民族文化等信息整合程度和创新业态服务水平。

六是发展基于云端的新型信息服务业。加快发展以云计算为依托的物联网信息服务、移动互联网、车联网与车载信息服务等为代表的新兴信息服务业，积极开展示范应用，突破关键技术，创新商业模式。重点推进物联网在安全生产、环境监测、节能减排、质量溯源、现代设施农业、食品药品安全监管等方面的深入应用，带动先进传感器、核心控制芯片、短距离无线通信、组网和协同处理、海量数据管理和挖掘等领域的发展，逐步构建物联网产业链，加快形成产业规模，培育信息服务业新增长点。

七是统筹推进大数据服务平台建设。依托三大电信运营商数据中心，推动全区、全国数据资源聚集，加快国家灾备数据中心建设，积极争取在食品安全、环境保护、天文、民族医药等领域形成国家级数据处理和备份中心。支持和鼓励政府部门、公共服务机构、企业基于大数据平台开发面向特定行业领域和用户群的大数据服务平台，运用市场手段引导相关企业提供数据租售、分析预测、决策支持等服务，实现数据资源的商业价值。

3. 健全云计算全产业体系

利用数据中心产业的规模优势、价格优势，吸引产业链上游的计算机和网络设备等硬件设备制造商，中游的平台软件和应用系统开发商，以及下游的云终端、云服务企业向我区集聚，逐步实现全产业链发展。

一是积极推进电子制造业发展。围绕数据中心建设和网络基础设施建设快速发展的机遇，进一步加大招商引资的力度，积极引进 UPS（不间断电源）、机柜、云服务器、变压器、配电设施等相关硬件设备以及基站设备、网络交换机等通信设备制造企业入驻我区，推进相关硬件制造业发展。

二是积极发展基于云端的软件开发业。要充分利用我区数据中心的低成本优势，把优惠电价转化为低廉的数据中心服务价格，吸引国内外优秀软件开发和服务企业入驻我区。同时，利用我区政府、企业、行业等各类应用云平台陆续开建形成的市场需求，吸引国内外云服务软件企业向我区转移。要重点加快呼和浩特如意总部基地软件园建设步伐，借鉴大连、哈尔滨等先进地区软件园企业联盟运作模式等，完善基础设施和园区配套环境建设，打造涵盖软件研发、成果转化、产品交易、孵化创业、投融资服务、教育培训、商务服务等功能为一体的工作、生活、休闲一体化的软件园区；同时，要鼓励和引导区内现有软件企业尽快由单纯的软件研发向基于 IT 技术的全面服务型企业转型。支持区内外软件企业通过兼并重组实现跨界发展，向综合 IT 服务提供商转变；此外，要扶持区内中小软件企业如工业控制、动漫设计等企业向行业化方向发展，打造专业平台，为用户提供行业整体解决方案。

三是发展云应用终端设备制造业。目前创维、TCL、中兴等企业已经在我区投资生产云电视、云手机等终端显示器，在此基础上我区还要积极引进扫描器、各种手持终端等各类云终端设备制造企业，推动云终端设备制造业集聚发展。

四是发展信息咨询与规划服务业。发展覆盖信息系统全生命周期的信息技术咨询、方案设计、软件开发、系统集成和运行维护产业，以及面向行业领域的工业软件实验、测试、验证、认证及专业培训等服务。提升信息系统规划设计、监理、运维服务能力，大力支持发展面向行业、在国内具有影响力与知名度的重点专业咨询与技术服务机构；重视发展以网络运维、软件开发、信息规划与咨询等为主的信息服务业，为数据产业发展奠定基础。

五是完善产业环境配套工程。积极组织云计算产品与解决方案提供商、行业应用厂商、相关硬件厂商、高等院校及科研院所和用户，重点要加强与云计算试点城市及周边省区市的合作交流，共同推动成立云计算产业发展联盟，加强云计算产业链上下游企业间的信息沟通和业务合作，并依托该联盟研究制定云计算相关技术标准和规范。以高等院校与科研院所为主体，联合国内主要云计算技术企业和评测机构，集聚社会力量共同开展云计算关键技术与应用软件研发；同时要积极整合各类社会资源，抓住支撑产业发展的关键要素，健全和完善云计算相关安全和计费等优惠标准，积极营造云计算发展的良好产业环境。

4. 创新建设和运营模式

以创新建设和运营模式为动力，积极探索新型商业模式的创新应用，树立行业应用典范，增强产业总体竞争力。

一是强化项目建设中的资源整合。发展云计算，要以一定的 IT 基础设施为基础，在充分利用和整合已有软硬件资源的基础上，适当添加必要的云计算软硬件，特别是地方政府和大型企业等进行云计算中心建设时，要充分做好原有 IT 资源整合和利用方面的论证与评估，最好以改造方式为主完成云计算基础设施建设，提升 IT 资源整体效能和效率；同时要推进以市场化手段建设面向各行业的云计算基础设施和服务平台，重点借鉴哈尔滨软件园软件交付服务平台经营模式和大连东软软件园企业自建模式等，创新我区云计算产业园区建设模式，完善基础设施和园区配套环境建设，搭建专业的公共服务技术平台。

二是创新云服务运营模式。一方面，创新政府公共服务应用的商业模式，积极探索“政府+企业”共建，并由政府购买企业服务的半市场化模式；另一方面，创新数据服务外包模式，应依托数据中心优势，结合呼和浩特保税物流中心和赤峰红山保税物流中心等海关特殊监管区域，首先开拓面向港澳台的 IDC 租用服务、企业自用数据中心等在岸数据处理等服务模式；同时进一步放开数据处理外包业务，探索开放离岸数据中心业务，发展面向俄蒙等国家的离岸数据服务外包业务。

三是创新云计算企业培育模式。依托数据中心和网络直连城市优势，一方面要加大引进国际知名云计算技术服务和软硬件提供商的力度，营造国际技术交流和项目合作的产业环境；另一方面，要鼓励区内已有的电商平台和企业进行云化改造，推动区内信息服务骨干企业针对不同用户需要，积极探索在线开发、基础设施租用等云计算电子商务模式，降低企业基础设施成本，提高企业计算和存储能力，实现电商企业之间的合作共享；同时做好本土大企业培育和对俄蒙等海外发展空间的拓展，积极开发新业态，不断提高自治区在国际云计算产业分工中的地位。

（三）保障措施及工作机制

1. 加强对云计算产业发展的组织领导

建议自治区建立云计算产业发展联席会议制度，由分管主席牵头，自治区发改委、经信委及呼包鄂赤四市分管领导参与，定期召开会议，协调产业发展的重大问题；进一步明确各相关部门在云计算产业发展中的职责分工，建议由自治区发改委负责产业的投资立项，由自治区经信委负责产业发展的促进工作以及行业的管理；具体地区层面，建议设立数据中心产业和云计算发展领导小组，建立运转顺畅、协调有力、分工合理、责任明确的领导和协调机制，统筹规划、系统部署，解决数据中心产业和云计算产业技术发展布局和应用部署中面临的行业协调问题，建立评估机制，及时对数据中心产业和云计算的战略政策执行情况进行评估反思，适时调整。

2. 完善招商引资思路及政策

一是完善招商引资政策。建议自治区发改委、经信委围绕云计算产业链各环节，尽快组织相关盟市编制我区云计算产业招商重点项目册，重点强化计算机、网络硬件制造商等配套产业的招商引资，组织策划一系列大型招商引资活动，以成熟的项目，精准的对接吸引更多云计算企业尽快落地。对参与自治区各级政务云平台及其他政府云计算项目招投标的区外企业，要求必须在本地注册落地。并在落实《内蒙古西部地区云计算数据中心有关扶持政策》的基础上，对区内企业及区外在我区注册落地的企业给予优惠电价、优先供地与政府采购优先等“打捆政策”支持。

二是实施区域联动招商战略。根据目前国内外云计算产业发展态势，积极推进区域联合招商。首先是要做好区内各盟市的统筹协调工作。明确区域产业分工的基础上，围绕各自云计算产业发展的重点，促进省内区域联合招商，积极引进国内外战略投资者，提升区域产业整体规模、层次和水平，逐步确立其在全区招商引资中的龙头地位和窗口示范作用。另一方面，推进跨省区联合招商。围绕区域云计算产业发展分工的不同，积极探索实施一体化和互补性招商模式，联合打造共同的招商引资平台，实现招商由各自为战的“独立招商”向“联合招商”转变，重点强化与贵阳、哈尔滨等地的联合招商，打造南北协作、东西协作、互为备份的云计算区域联动发展新模式。

三是加强配套产业的招商引资力度。坚持高起点、高质量和因地制宜的原则，通过以商招商、产业链招商、共建园区、“飞地”园区等方式，主动承接产业转入。利用京蒙对口帮扶及环渤海区域合作机制，努力承接北京中关村软件产业，北京亦庄移动通讯、显示器及信息服务产业，天津滨海新区电子信息产业，天津西青经济开发区移动通信产业，胶东半岛家电产业等。与长三角、珠三角等地区建立合作发展机制，努力承接长三角地区 IC 设计与制造、通信设备制造产业，珠三角地区软件、通信、电脑资讯设备制造等产业。

3. 加大资金支持力度

一是建立云计算产业发展专项引导基金。在高新技术产业化、软件开发等专项资金中增加云计算专项，优先支持云计算产品和解决方案、应用示范工程、云计算公共服务平台等重点项目的研发和产业化；设立或争取各专项资金，支持网络出口带宽扩容、城域网扩容等网络基础设施建设；通过直接投资和政府采购等形式，部署数据中心产业和云计算在工业、农业、金融、交通、物流、安全、医疗、环境保护、电力、水利等领域的部署和应用示范。以首购、订购等方式推广应用云计算的自主创新产品。

二是积极拓展云计算产业融资渠道。建议自治区政府、呼包鄂赤四市政府与国内外有投资意向的风投资金联合成立云计算产业风险投资基金，引导各类风投机构加大对云计算产业的投资力度。建议自治区发改委组织符合条件的企业，积极向国家发改委申报“新兴产业创新计划参股投资基金”，争取中央财政支持，共同发起设立云计算创投基金，以股权投资方式扶持云计算领域处于初创期和早中期的创新型企业。积极争取国家智慧城市建设试点和建设资金。同时，鼓励金融机构加大对符合条件的云计算企业的贷款支持，拓宽云计算技术研发和平台服务的融资渠道。

三是创新政府资金使用模式。一方面，引入市场机制，通过“补改股”、“贴改股”、优先股、可转债和委托贷款等有偿支持方式，支持处于产业化和新产品示范应用推广关键阶段的重点项目，支持公共服务平台、信息基础设施建设和企业自主创新，支持具有前瞻性、战略性和共性的重大关键核心技术研发以及为行业发展提供创新和公共服务的重大载体项目；另一方面，对于国内云计算标准的主要起草企业、云计算研发平台企业、云计算领域拥有自主知识产权和产业化前景好的项目、属于自治区级和国家级的应用示范项目，可直接予以资本金补贴。

4. 完善人才科技体系

一是积极承接发达地区人才转移。以高端技术研发和产业化项目为载体，吸引能够突破关键技术、带动新兴学科和新兴产业的科技创新创业领军人才来我区工作。对引进的电子信息产业领军人才和高端人才，除按照草原英才工程享受相关优惠政策外，通过“一事一议”，协商给予不少于风险投资首次投资总额一定比例配套投资和最高定额的担保融资贷款。对于中端 IT 人才来我区工作并签订一定年限以上本地服务协议的，在优先购买经济适用房、提供廉租房、落户、就医、配偶工作、子女入学等方面给予一定的优惠和便利；对于 IT 专业硕士以上学历大学生来我区工作的，呼包鄂赤等云计算重点地区政府可在其签订聘用合同一定年限内给予一定租房补贴。

二是加快本土化云计算人才培养步伐。建议在自治区各大专院校开设云计算专业，鼓励区内高校围绕新一代信息技术，开设大数据、云计算、物联网等研究生课程，并适度扩大区内高校信息技术相关专业规模，培养云计算产业所需的中高端人才；支持区内通过委托培养、联合办学等模式，培养我区云计算专业人才。支持企业与高职院校合作，对云计算技术研发、服务咨询、运行维护等方面的人才进行岗位培训与职业教育，培养技术技能型实用人才，满足云计算产业发展需要。

三是强化技术创新体系建设。积极组织电子设备制造企业、电信运营企业、软件开发企业、集成服务企业及大学和研究机构，形成产学研用一体化的协作机制。重点鼓励区内高校、科研院所在电子信息产业集聚区建立“产学研用”一体的研究院和实验室，开展关键技术和解决方案等相关研究，提高自主研发能力。吸引国内外云计算、大数据、物联网、软件开发等企业落户内蒙古，力争引入一批关键技术，形成具有自主知识产权的技术产品。运用市场机制集聚创新资源，吸引国内外高等院校及科研机构、大企业在我区设立实验室、研发中心、技术服务平台和转化基地，发挥产业和技术聚集优势，提高产业整体创新能力，形成开发合作、协同发展的产业和应用生态体系。

5. 优化云计算产业配套环境

一是完善网络基础设施配套体系。建议自治区政府在科学制定我区带宽扩容项目规划的基础上，根据国务院 21 号文件和“宽带中国”战略实施方案精神，协调三大电信运营商总部，通过签署战略合作框架协议或会谈纪要等方式，支持我区加快“宽带内蒙古”建设。自治区政府可考虑从云计算产业专项资金中拿出部分资金，支持电信运营商或工信部批准的第三方企业，在我区尽快实施出口带宽扩容工程、城域网扩容工程、宽带提速工程等重点工程建设；同时，逐步推进与俄、蒙等国家间的网络基础设施建设。

二是完善电价和土地等优惠政策。建议自治区尽快明确将电价优惠范围扩大到 110 千伏以上，以解除企业的投资疑虑。同时，还可通过大用户直供电、电力多边交易、政府补贴等方式实行差别化的电价政策，引导云计算产业特别是数据中心在我区合理布局，重点加快呼包鄂大型数据中心产业基地建设；其他各盟市只支持建立小型数据中心，以满足政务云平台和特色云平台建设的需要。同时，加强云计算企业用地保障，对于公共云平台企业、云计算研发机构等符合国家规定的企业，可采取划拨方式供地；鼓励用地量较大的数据中心企业使用荒漠、盐碱地等未利用土地，各级政府可在不低于国家最低价标准的前提下，给予土地出让价格优惠。

三是加快相关标准体系建设。要充分做好与电信企业之间的沟通和协调，尽快制定和出台各项云服务收费标准及优惠幅度；要建立多层次的云安全技术保障体系，通过建立安全的机房环境、安全的运行网络、安全的服务器和存储设备等保障基础设施安全；通过数据加密、数据分级管理、数据备份恢复、多租户数据安全隔离等措施，保障不同级别数据的安全性；加强审计监控及安全追溯管理。针对云计算的运行采取必要的验证和审计手段,通过完整科学的评价体系来审计云服务提供商,并对云中的服务器、软件配置、负荷管理、运行管理和安全管理等进行实时监控和安全测试,一旦出现问题立即报警,并可追溯问题发生的全路径,有效切断问题蔓延途径;积极参与国内云计算产业相关其他标准的制定工作,建立跨行业、跨领域的数据中心产业和云计算标准化协作机制,加快共性标准化体系建设,组织各方力量积极参与国际数据中心产业和云计算网络架构、技术和资源的标准制定,重点制定和出台我区云计算企业资质认定标准,明确享受产业优惠政策的范围和具体优惠额度。

第九章

内蒙古“十三五”区域协调发展研究

一、内蒙古区域协调发展的背景及意义

（一）区域协调发展的背景

由于自然、地理和社会历史等多重原因，在改革开放初期，我国采取的是非均衡的区域发展政策，通过建立经济特区、开放沿海城市，鼓励一部分地区先富起来。随着改革开放以及市场经济不断深入，20世纪90年代后逐步开始重视区域协调发展问题，并逐步形成了西部开发、东北振兴、中部崛起、东部率先的区域发展总体战略。近年来，不同层次区域合作不断推进，东中西、跨省（区）市、省（区）内跨市的区域合作与次区域合作广泛开展，合作领域和内容不断拓展，合作治理机制不断完善，区域一体化步伐不断加快。党的十八大以来，以习近平同志为总书记的党中央进一步丰富发展了区域协调发展的理论和实践，提出并实施了“一带一路”建设、京津冀协同发展和长江经济带建设等新的战略构想和重大举措，五中全会更是确定了“协调”的发展理念。新形势下的协调发展，更加突出对发展经验的巩固，对现有问题的突破，对各方积极性的调动，重点是在优化结构、补齐短板上取得突破性进展，着力提高发展的协调性和平衡性，是对科学发展观和统筹发展理念的传承和创新，这一理念将会贯穿我国“十三五”时期。目前我国已经形成了以“一带一路”建设、京津冀协调发展、长江经济带建设为引领，沿海沿江沿线经济带为主的纵向横向经济轴带，以及京津冀、东北地区等城市群为支撑的区域发展格局，区域协调

发展将成为未来五年推动我国经济发展的重要动力。

（二）内蒙古推进区域协调发展的重大意义

2000年以来，我区经济平稳较快发展，经济结构不断改善，综合实力大幅提升，呼包鄂、蒙西“小三角”等增长区域得以涌现，使我区的自我发展能力明显提高，区域发展相对差距总体缩小、协调性不断增强。但同时也要看到我区各地区间发展不平衡现象仍然存在，一些地区之间在人均财政收入、人均占有财富等指标以及教育、医疗等基本公共服务方面仍未达到均衡水平。推进区域协调发展，是不断增强我区综合实力的内在要求，也是再次释放发展动力的重要保证，对于促进我区经济持续健康发展具有重大意义。

一是能够进一步促进生产力空间布局的优化。生产力布局不仅是区域协调发展的重要影响因素，区域协调发展的推进也会反过来促进生产力布局的进一步优化，从而形成良性循环，促进区域综合实力的整体提高。我区目前已初步形成东部锡赤通、中部呼包鄂、西部“小三角”的区域发展格局，但各区域之间、区域内部地区之间的产业趋同、无序竞争、重复建设和资源约束日益显现。推动区域协调发展，加强区域合作，能够进一步促进自然资源、经济资源和劳动力资源在区域内的合理流动，加强产业和市场的对接合作，强化原材料基地、生产加工基地和市场的联系，高效率地组织生产、流通、分配和消费，化解产能过剩、推进产业结构优化升级。

二是能够促进区域间分工协作。我区主要以资源、能源输出为主，产业结构单一，主导产业多处于产业链的上游，深加工能力相对薄弱，推动呼包鄂、乌大张、蒙西“小三角”等区域协调发展，根据不同的要素供给结构和市场需求结构来决定各区域的产业结构特征，避免城市间重复建设和产业结构同构化，推动经济带产业结构的升级和区域产业结构的调协发展。进一步加强区域间产业分工协作，通过相关产业链条在空间上的合理分布和集聚，节约生产成本，提高生产经营效益，从而激发促成产业互补格局的形成。

三是能够促进我区各地区间均衡发展。我区东西横跨2400多公里，各盟市中心区域之间相距较远，区位条件、资源禀赋、基础设施、人口条件、市场环境、科技创新能力等方面存在一定差异，以呼包鄂、蒙西“小三角”为代表西部地区的凭借其优势条件，实现了率先发展，而东部地区整体发展水平则相对滞后。部分区域存在过度开发问题，经济社会活动的过度集聚超出了资源环境承载能力，带来了交通紧张、用地困难、人口过密、环境恶化和基础设施建设成本较高等问题；相对落后区域的居民购买力较弱，区域经济缺乏发展动力，而落后的生产能力也使得资源利用效率低下，制约区域经济增长与发展，另外，非均衡发展造成的城乡差距、收入差距问题都亟待解决。加强区域协调发展，发挥各自的比较优势，引导资金、资源、人口等要素在区域内合理布局和流动，对缩小区域发展差距，促进我区各地区间均衡发展，增强发展的整体性具有重要意义。

四是能够加快我区对外开放步伐。我区横跨"三北"，毗邻山西、河北、辽宁等八省；承东启西，连贯南北，G6、G7、110 国道和京包—包兰线连接华北和东北，是沿海开放的重要腹地，也是西部大开发的前沿。开放作为五大发展理念之一，将会在"十三五"期间得到更进一步贯彻落实，积极推进我区与区外省市区的协调发展，完善我区与区外省市区协调发展的战略布局，加强与周边地区在基础设施互联互通、承接产业转移、品牌建设、环境保护等方面开展对接合作，能够提高内蒙古对外开放水平，构建开放型经济新体制，拓展未来我区开放型经济新空间。

二、内蒙古推进区域协调发展的战略布局

（一）加强与周边省市的区域协调发展

根据内蒙古东西狭长、地跨"三北"的空间条件，加强蒙东与京津辽、蒙中与京津冀、蒙西与山西各城市的就近合作和协调发展，促进资金、人才、科技、信息等要素对接共享，形成周边省区与经济区对内蒙古的多点辐射带动，促进我区经济在"十三五"时期实现新突破。

1. 以建设蒙晋冀（乌大张）长城金三角合作区为重点促进中部地区发展

蒙晋冀（乌大张）长城金三角合作区包括内蒙古乌兰察布市，山西省大同市和河北省张家口市。乌兰察布市位于内蒙古中部，是内蒙古连接华北地区的重要窗口和门户，其发展水平直接关乎我区的协调发展和自治区全局。大同地处山西省北部，是京包、同蒲两大铁路的交汇点，也是大秦铁路的起点，张

家口位于河北省西北部,是京津冀经济圈和冀晋蒙经济圈的交汇点。乌兰察布、大同、张家口三市具有独特的区位、资源和产业优势,有着经济发展潜力大、速度快、前景广阔的共性,使蒙晋冀(乌大张)长城金三角合作区不仅成为“呼包鄂”重要的功能区,也成为呼包银榆经区、京津冀地区以及环渤海经济圈的重要协作区。三市合作将会形成一个区域面积达10万平方公里、总人口近1100万人、经济总量达3100多亿元、经济增速达10%左右,具有较大体量和实力、较强竞争优势及良好成长势头的区域性经济体。

从产业方面看,乌兰察布经济基础较为薄弱,2014年地区生产总值位于全区第七位,产业结构单一,在区域经济格局中处于边缘地带,属于产业梯度较低的区域。山西大同与河北张家口市也同样面临发展不足和结构单一的问题。乌兰察布是蒙西能源基地的东大门,是“中国薯都”、“草原皮都”、“风电之都”,在农畜产品加工、能源、氟化工等方面已形成了比较明显的专业化优势,未来要构筑能源、化工和绿色农畜产品生产加工“三大基地”,作为西部和少数民族地区,同时享受国家西部大开发政策、国务院支持内蒙古又好又快发展意见等相关优惠政策。在资源汇集、政策支撑的基础之上,未来,乌兰察布市需要全面扩大对外开放,建立健全区域合作体制机制,探索发展飞地经济、总部经济、共建园区等模式,将乌兰察布市打造成为承接产业转移的示范区、产业升级的助力区、产业发展的拓展区。大同市作为煤炭基地,拥有煤基产业的先发优势和技术、人才基础,张家口市装备制造业具有良好的发展基础和条件,但二市在资源和政策支持上稍显逊色。三市既有各自的优势,也有不同的“短板”,通过优势互补协调发展,将形成一系列组合优势,更好地承接京津冀和东部沿海地区产业转移。随着京津冀一体化深入发展,三市在生态环境建设保护、特色农牧业、电力能源、现代物流、文化旅游、产业发展等方面的优势决定了其在服务和保障京津发展方面举足轻重的地位和不可替代的作用。

2016年1月,《乌兰察布市区域合作交流工作实施方案》强调,要加快形成“一个框架(区域合作框架)、四个层级(长城金三角合作层、京津冀合作层、环渤海合作层、泛区域合作层)、六个领域(基础设施、能源保障、产业发展、社会民生、生态环境保护、金融发展)”为基本构架的区域合作发展新模式。“乌大张”的区域协调为乌兰察布市搭建了一个外部要素整合平台,有利于增强乌兰察布市发展活力，努力形成新的区域经济增长极和内蒙古东、中、西部协调发展的新格局。

2. 以促进锡赤通朝锦区域发展为中心推动东部地区繁荣

锡赤通朝锦区域包括内蒙古锡林郭勒盟、赤峰市、通辽市和辽宁朝阳市、锦州市。锡林郭勒盟和赤峰市、通辽市位于我区中部和东部，是东北、华北、西北交汇地带，也是我国西部大开发的前沿地区，具有贯通欧亚、连接东西的重要作用。辽宁省朝阳市位于赤峰市与锦州市之间，距赤峰不到 200 公里，是连接内蒙古与出海口的重要通道，锦州市是中国环渤海地区重要的港口城市，锦州港是距内蒙古东北部、华北北部、蒙古国、俄罗斯西伯利亚和远东地区陆域距离最近的国际商港。依托区位、地缘优势，“锡赤通经济区”也将成为建设沿边经济带，促进中蒙边贸的重要载体。

从资源基础上看，锡林郭勒盟拥有丰富的煤炭、有色金属资源以及农牧业资源，是国家重要的能源化工和绿色畜产品基地；赤峰市位于我国重要的金属成矿带，有色金属种类多、储量大，并且冶金工业、能源工业已初步形成竞相发展的产业格局；通辽市煤炭、石油等资源丰富，霍林河煤矿是我国五大露天煤矿和国家重点规划建设的亿吨大型煤炭基地之一，近年来在工业发展方面基本实现了当地资源产业的链条延伸和循环利用。然而锡赤通地区目前尚处于经济发展的起步阶段，经济总量、产业体系都较为薄弱，区域地区生产总值仅占全区的 25. 96%，必须进一步提高对外开放水平，以借力周边作为经济发展的突破路径，促进自身经济的快速发展。

2015 年 12 月 30 日中共中央政治局会议通过《关于全面振兴东北老工业基地若干意见》，强调当前和今后一个时期是推进东北老工业基地全面振兴的关键时期，要牢固树立并切实贯彻创新、协调、绿色、开放、共享的发展理念，适应和把握我国经济进入新常态的趋势性特征，以提高经济发展质量和效益为中心，加大供给侧结构性改革力度，保持战略定力，增强发展自信，坚持变中求新、变中求进、变中突破，努力提升东北老工业基地的发展活力、内生动力和整体竞争力。作为东北老工业基地重要组成部分，朝阳、锦州地处东北，靠近京津冀，在资金、技术等方面具有一定的实力，但在能源资源等方面有一定短板，锡赤通地区具备成为东北地区重要的能源后备区和资源接续地的优势条件,通过加强与周边地区电力、煤炭、油气资源开发等方面的合作,努力把锡赤通区域建设成我国东部重要清洁能源基地。锡赤通朝锦区域要进一步提高对外开放水平,积极加强区域合作,通过接纳产业转移植入与东北产业体系配套的新产业,促进区域特色优势产业的形成。另一方面,依托环渤海的科研、人才、技术等领域的优势,共建共享区域创新平台,促进区域内人才资源合理流动,提高区域技术创新与科技成果转化能力。

锡赤通朝锦区域通过充分借助环渤海的资金优势、技术辐射、产业带动和基础保障等条件,以锦州港、绥中港等为龙头,联接锡盟、赤峰、通辽、朝阳、锦州的交通物流、油气水输送管道、电力输送通道等基础设施建设,进一步推动区域经济延伸合作发展,把区域打造成为我区融入环渤海,协调京津冀的一个重要平台,形成自治区东部重要的增长极。

(二)推动区内的区域协调发展

1. 推动“小三角”区域产业结构转型升级,构建西部增长极

内蒙古“小三角”区域包括乌海市及相邻的棋盘井工业园区、蒙西工业园区和乌斯太工业园区,该区域位于黄河上游,北邻策克、乌力吉和甘其毛都口岸,南与陕甘宁三省区资源富集地区相接,是连通西北、东北、华北的重要交通枢纽,也是“一带一路”和呼包银榆经济区的重要节点城市,是我区经济最具活力的地区之一,是我区西部重要的经济增长极。

“小三角”区域拥有丰富的自然资源和良好的产业基础。该区域拥有煤、铁、高岭土、耐火粘土等37个矿种,其中煤炭多为优质焦煤,占全区焦煤总量的60%以上;高岭土储量在11亿吨以上,约占全国探明储量的1/5;耐火粘土总储量约3.85亿吨。依靠区域丰富的资源,通过整合资源要素、加强分工协作,形成了煤焦化工、氯碱化工、精细化工、特色冶金等特色优势产业,是我区重要的焦化、聚氯乙烯生产基地,目前电石深加工、煤焦油深加工、农药医药染料中间体等延伸深加工产业初具规模,装备制造、新材料等战略型新兴产业逐步兴起。

在当前我国经济发展进入新常态的情况下,传统产业产能过剩矛盾突出,“小三角”区域产业转型升级刻不容缓。借助“一带一路”战略的实施以及西部大开发的深层推进,加快推进“小三角”区域转型升级、绿色协调,构建以乌

海中心城区为重点的服务业发展核心区，以乌斯太—乌达、千里山—蒙西、西来峰—棋盘井三大工业集中区为重点的制造业转型升级核心区，以乌海低碳产业园区为重点的合作共建产业基地，进一步优化空间发展格局。产业方面，积极推进焦化、聚氯乙烯技术升级换代，形成规模化循环产业集群，积极打造全国重要的焦化、聚氯乙烯生产加工基地，努力培育一批具有国际竞争力的企业和知名品牌；立足现有产业，加快资源型产业改造升级，延伸产业链条，积极承接发达地区先进生产力转移，大力培育发展新兴产业，实现资源型经济转型发展，打造国家资源型地区产业转型升级示范区。

通过加快产业集聚，加速规模增长，推进结构升级，优化产业结构，转变经济发展方式，重塑区域产业竞争新优势，促进经济持续健康发展，进一步提升区域发展水平和带动能力，使“小三角”地区成为自治区西部地区经济发展的重要增长极。

2. 发挥呼包鄂区域优势，引领全区经济增长

呼包鄂区域由呼和浩特、包头、鄂尔多斯三市组成，呼和浩特是我区的首府，政治中心；包头是我区最大的城市，也是我区最大的工业城市和火车头；鄂尔多斯则是新兴的草原都市。区域位于内蒙古中西部，向西辐射巴彦淖尔、乌海和阿拉善，向东带动乌兰察布和东部盟市，是连接蒙西和蒙东地区的交通要道，是沟通华北、东北和西北经济联系的枢纽和“一带一路”的重要节点、是全国“两横三纵”城镇化战略格局包昆纵轴的北端，是国家呼包银榆经济区的重要组成部分、是环渤海和京津冀经济区的重要组成部分、也是国家能源矿产资源富集区和自治区经济发展的核心区。

呼包鄂区域面积13.16万平方公里，占自治区国土总面积的11.4%，2014年常住人口786.5万人，占自治区常住总人口的31.4%，是我区最重要的经济区和经济增长极，有着丰富的自然资源、人才资源，以及良好的产业基础。区域集中了全国17%的煤炭、84%的稀土、12%的天然气探明储量，以及丰富的盐、碱、芒硝、水、太阳能等资源。区域拥有全区79%的三甲医院、70%的普通高等院校、60%以上的科研机构、50%以上的文化体育场馆，和自治区大多数的经营管理人才、各类技工人才等。另外，区域基础设施较为完善，京兰铁路横贯东西，京藏、京新、包茂等高速公路贯通三市，电力、通信、市政等基础设施

保障能力不断增强，城际铁路正在规划建设。呼包鄂区域凭借自身的区位和资源优势，形成了一系列特色优势产业，首府呼和浩特不仅是“中国乳都”，还是自治区政治、文化、教育、科技、区域性金融、对外交往、现代服务业中心和优势特色战略性新兴产业基地、电子商务基地、总部基地，并且已形成了电子信息、新材料、生物制药、冶金化工等几大主导产业；包头作为我国的“老工业基地”，产业基础较好，被定位为世界级“稀土+”产业中心、国家级稀土新材料基地和核燃料基地、自治区冶金和装备制造业中心，创新型企业孵化基地和产业转型升级试验区，拥有钢铁、铝业、装备制造、稀土等特色优势产业，拥有包钢、包铝、北方重工等领军企业；鄂尔多斯依靠其资源优势，目前已形成了以煤炭、电力、煤化工和精细化工、天然气化工和羊绒等产业，是自治区资源型地区转型升级示范区、自治区深化改革和智慧城市建设先行区，国家现代煤化工和能源输出基地、统筹城乡发展试验区。一直以来，全区经济的增长主要是依靠呼包鄂地区领跑实现的。2014 年呼包鄂地区的经济总量和公共预算收入分别占全区的 53.2%和 57.8%，其他 9 个盟市分别只占 46.8%和 42.2%。

呼包鄂协同发展是推动我区经济持续健康发展的必然选择。一方面有利于优化国土空间开发格局，促进人口、经济、资源和环境相协调、资源要素高效低成本地流动。另一方面，国家高度重视区域协同发展。呼包鄂是国家级重点培育的城市群、新一轮西部大开发战略确定的重点经济区、国家级重点开发区域。随着呼包鄂在国家发展格局的地位进一步提升，也为推进呼包鄂协调发展创造了有利的政策环境。《国务院关于进一步促进内蒙古经济社会又好又快发展的若干意见》明确支持呼包鄂一体化发展。

立足三市的资源禀赋，充分发挥比较优势，推进资源整合与开放共享。构建产业互补、分工协作的区域产业体系。培育具有自主知识产权的国际国内品牌，强力推动优势产业向中高端迈进。联合打造五大产业基地，有色金属生产加工和现代装备制造，战略性新兴产业，绿色农畜产品生产加工输出，旅游观光、休闲度假基地，联合建设区域文化、物流、金融中心。开放合作，通过共同搭建平台、实施重大项目、完善利益共享机制，共同开拓国内国际两个市场和两种资源，积极融入“一带一路”和京津冀协同发展。改善民生，增强基础设施和公共服务的互联互通。大力构建环呼包鄂 2 小时公路圈和 2 个环呼包鄂快速客运铁路圈，中心城区至旗县所在地以一级以上公路连通，县乡通村公路实现沥青（水泥）路，形成快速、便捷公路网；加强信息基础设施建设，全力推进大容量、多路由、高安全性干线光缆网络建设；打造呼包鄂智慧岛，构建高速、移动、融合、安全、泛在的下一代信息基础设施；优化就业创业环境，合理配置教育资源，完善医疗卫生服务体系、社会保障体系、住房保障体系，推动三市医疗卫生、教育、就业、社保等领域均等化、同城化，形成整体配套、错位关联、互补互促的区域发展格局。绿色发展，联合共建生态文明，推进环境联防联控和流域共治，推动重点行业、重点领域污染综合防治，提高能源资源节约利用水平，共同发展循环经济，健全生态文明制度和生态补偿机制。因此，着力促进三市在人才、资源、资金、信息和管理等要素自由充分流动，提升区域经济发展质量和效益，引领自治区经济的发展。

3. 构建蒙东霍乌哈“金三角”能源基地，带动东部地区发展

蒙东霍乌哈金三角经济区（“金三角”区域）位于通辽市、锡林郭勒盟和兴安盟交界，覆盖霍林郭勒市、东乌珠穆沁旗、西乌珠穆沁旗、乌拉盖、科尔沁右翼中旗五大地区，区域所在盟市东邻黑吉辽，南接赤峰、河北，西邻乌兰察布，以该区域为中心，九百公里半径可辐射北京、天津、呼和浩特等六大省会城市、直辖市，天津港、锦州港等七个港口，以及二连浩特、满洲里等口岸。“金三角”区域是我国西部大开发的前沿，也是连接中蒙俄的重要通道。

“金三角”区域拥有丰富的矿产资源，其中已探明褐煤储量达 3088 亿吨，位居全国首位，霍林河、白音华煤田已被列入国家 13 个亿吨级煤炭能源基地；有色金属储量丰富，兴安盟地处大兴安岭成矿带核心区，而锡林郭勒盟是我区重要的有色金属基地，已发现铁、铜、锌、锗等金属矿产 32 种，尤其拥有丰富的锗资源，其储量占全国可开采储量的 65%。

尽管“金三角”区域资源丰富，但总体看来，通锡兴三盟市的经济重心主要集中在首府地区，而位于三盟市的“金三角”区域是经济发展的薄弱地区，2014 年区域地区生产总值仅占三盟市的 20%。大力发展蒙东霍乌哈金三角经济区，统筹产业、基础设施、生态环境等建设，整合水、土地、煤炭资源，逐步建立“水煤互补”等区域经济合作模式，能够有效促进区域均衡发展。依托区域褐煤资源优势，深度开发“金三角”地区褐煤能源转化清洁技术，以清洁煤

电为核心，新能源电力为支撑，构建节能、环保、循环、高效的清洁能源产业链，把区域打造成为国家重要的清洁能源产业基地；充分发挥区域水煤组合优势、海铁联运的交通优势，依托区域有色金属资源，打造世界有色金属深加工基地；充分发挥区域煤—电—水资源组合优势，发展能源依托型高技术产业、装备制造等相关产业，建设我区以能源为基础的创新传动示范基地。

该区域与京津冀区域临近，未来在能源供给、产业合作领域有较大合作潜力，加强与京津冀的对接，在能源化工、新能源、节能环保等方面深化合作，以资源联动带动产业技术发展。

三、推进区域协调发展的重点领域

（一）产业合作体系共建

我区东、中、西各地区资源条件、产业基础、产业结构等方面存在差异性和互补性，为区域间的产业协调发展提供了基础和内在动力。立足各地区基础条件，发挥区域比较优势，加强区域产业合作共建，统筹产业发展布局，形成各地区间水平分工相区别、垂直分工相链接的产业分工协作体系，促进产业结构、产品结构和技术结构协调升级，构建区域新型产业分工格局，实现产业融合、联动发展、错位竞争、互赢互利，推进区域产业布局合理化。

1. 做优绿色农畜产品加工业

以现代农牧业示范区为重点，依法推进土地经营权有序流转，充分发挥我区绿色农畜产品生产加工优势和周边区域市场优势，加强现代农牧业合作发展，构建培育新型农业经营主体的政策体系，共同推进区域绿色农畜产品产销体系建设，不断提高内蒙古绿色农畜产品的市场竞争力，切实将内蒙古建设成为我国绿色农畜产品供应基地。

一是合作建设大型种植、养殖基地。以呼和浩特、乌兰察布、锡林郭勒盟、赤峰、通辽等地区为重点，依托各地区在蔬菜、肉类、商品粮等方面的互补优势，围绕京津冀、东北等地区绿色农畜产品需求，推进高油大豆、强中筋小麦、专用马铃薯等优质专用粮食种植基地合作建设；以临近京津冀的区域为重点，合作共建北方绿色有机蔬菜基地；大力实施“菜篮子”工程，合理布局呼包鄂三市蔬菜种植基地，通过发展设施农业，扩大有机蔬菜种植规模，力争到2020年，呼包鄂三市的蔬菜自给率达到100%；以奶牛、肉牛和肉羊养殖重点旗县为主要区域，合作共建优质奶牛、肉牛和肉羊养殖基地；加强蒙西"小三角"区域葡萄基地建设，打造精品葡萄产区，形成地理品牌。

二是高端发展农畜产品加工业。立足特色农畜产品资源，培育申报一批著名、驰名商标，依托龙头企业和知名品牌，以呼和浩特、通辽、锡林郭勒盟、乌海市为重点，加快绿色、特色产品开发，实现农畜产品加工业的生态化、标准化、安全化、高端化。鼓励企业跨区域联合、重组，培育跨区域龙头企业，联合打造草原绿色知名品牌。推进乳业规模化、优质化和产业化，夯实优质奶源基地，巩固提高乳业领先地位，合作共建奶制品生产销售基地；扩大肉类和优质粮油加工产业规模，打造家喻户晓的牛羊肉品牌和粮油品牌；依托葡萄资源优势，建设各具特色的葡萄酒庄园，培育知名葡萄酒品牌，推动葡萄籽药用开发，提升我区绿色农畜产品生产加工输出基地的层次。

三是合作发展羊绒产业。以呼包鄂区域为重点，积极推进羊绒产业园区合作共建，建设国际领先的国家级羊绒产业示范园区和加工园区，加强与京津冀地区合作，提高产品质量、提升产业层次，增加高端羊绒制品的比重，充分利用互联网，拓宽销售渠道，增加我区羊绒产业的市场份额，充分带动周边配套产业发展。

四是拓宽绿色农畜产品供应流通渠道。依托我区的区位优势，积极在京津冀、东北地区，建设绿色农畜产品展示、销售和配送市场平台；利用我区临近锡赤通朝锦的港口优势和临近蒙俄的优势，增加我区绿色农畜出口，提高国际影响力。

2. 合作发展能源产业

一是积极推进内蒙古煤电基地的建设。围绕绿色、安全、高效的发展目标，依托国家鄂尔多斯盆地、蒙东能源基地的建设，优化产业布局，建设一批大型煤电一体化坑口、路口电站群，逐步将东北、京津冀等地区的燃煤电厂转移至霍乌哈、锡赤通朝锦、呼包鄂等区域，保障区域能源供应、改善周边环境状况。支持发电企业开展大用户直供、电力多边交易，加强与周边地区在煤炭生产、发电、用能产业的上下游产业链合作，实现区域产业协作、市场占有等多领域、多层次的合作对接。

二是大力推进风电、太阳能等可再生能源产业的合作。我区目前风电、光伏装机容量分别位列全国第一和第四，可再生能源发电所占比重近年来也有所提高，但弃风和弃光仍较严重，大力推进区域内风光互补发电和分布式发电的应用，积极与周边区域共建可再生能源发电基地及输送通道，共同打造国家清洁能源和现代煤化工生产示范基地。

三是加快建设清洁能源输送通道共建。围绕锡林郭勒、鄂尔多斯、呼伦贝尔三大煤电基地、蒙西和蒙东两大清洁燃料基地，积极开展区域清洁能源输出通道的合作共建，完善骨干电网、城乡电网、油气管道和煤炭集疏运系统。

3. 做强有色金属加工产业

依托我区及俄蒙丰富的有色金属资源优势和低电价优势，加快有色金属生产加工基地建设，围绕装备制造业发展需求，大力发展精深加工，促进铁铜铅锌铝等产品的纵向延伸和横向拓展，提高与周边区域装备制造业的配套能力。

一是加强铜、铅、锌资源的合作开发。以锡赤通朝锦和霍乌哈区域为重点，推进有色矿山、冶炼企业、发电企业跨区域联合重组，建设铜铅锌产业基地，加大区域合作力度，整合资源，降低电力、原材料等成本，发挥现有生产能力，提高市场竞争力，大力发展有色金属精深加工，合作发展新型合金材料和配套加工，围绕东北地区和京津冀地区高端现代制造业、高端装备制造和航空航天等产业发展需求，配套发展零部件生产供应。

二是推进煤电铝一体化发展。以呼包鄂和蒙西“小三角”区域为重点建设煤电铝循环产业基地，开展高铝粉煤灰提取氧化铝技术创新合作。以大路—托克托—清水河工业集中区为重点，加快高铝粉煤灰和煤矸石中提取氧化铝、硅铝合金产业化，大力发展高端铝后加工产品，打造国家铝产业基地；大力发展电解铝精深加工，发展铝合金、铝镁合金等特种合金，培育铝生产及深加工产业集群。

4. 合作发展新型化工

依托我区资源、环境、政策等优势，以及现代煤化工、氟化工、氯碱化工等方面的产业基础，淘汰落后产能，积极推进区域合作共建化工产业合作示范区,大力发展新型化工,促进化工产业延长延伸产业链条。

一是促进焦化、聚氯乙烯产业升级发展。以蒙西"小三角"为重点,推进区域内企业联合重组,积极化解产能过剩。技术方面,加快焦化技术升级换代,推广干熄焦、焦炉大型化等工艺技术和装备,降低资源消耗,减少环境污染;加快聚氯乙烯产业升级改造,推动煤电聚氯乙烯一体化发展,加强无汞触媒开发应用,促进聚氯乙烯行业低能耗、规模化、低汞(无汞)化生产。产品方面,积极发展聚氯乙烯软制品、塑钢型材等深加工产品,推动焦化、聚氯乙烯化工产业链耦合,培育医药、农药、功能性高分子材料等精细化工产业。

二是加强现代煤化工产业配套。以呼包鄂、锡赤通朝锦、霍乌哈等区域为重点,在现有煤化工企业的基础上,大力开发现代煤化工下游产品,延长产业链条,推进产品横向耦合、纵向延伸,提高产品附加值,培育产业集群,同时加强与周边区域的产业配套、下游加工领域的合作,推进烯烃、芳烃等产品就地转化。

三是打造氟化工产业集群。以乌大张区域为重点,依托乌兰察布市丰富的萤石资源,结合京津冀地区的科技资源,发展多功能环保型氟化工,生产聚三氟氯乙烯、氟橡胶等氟产品,共同建设精细氟化工产业集群,建成国家重要氟化工生产基地。

5. 壮大新兴产业规模

依托我区丰富的稀土、生物等资源,加强我区与京津冀等地区先进技术的有效对接,加大战略性新兴产业的合作力度,共建新型产业基地,积极培育跨区域的项目和企业,加快培育一批符合国家产业政策,技术含量高、发展潜力大、具有区域优势的战略性新兴产业。

一是推进现代装备制造业发展。以呼包鄂、锡赤通朝锦等区域为重点,围绕区域矿山开采、冶金等特色产业,加强与京津冀地区和东北老工业基地的配套协作,重点发展重型汽车、铁路货车、矿山机械、煤炭机械、化工机械等装备制造业,积极发展乘用车、新能源汽车、节能环保设备等制造业。加快模具、关键零部件等配套产业发展,建立区域配套零部件基地,提高区域分工协作能力。

二是加快发展节能环保产业。以呼包鄂、蒙西"小三角"等区域为重点,加快发展节能环保产业,支持高效节能锅炉窑炉、绿色建材等与周边区域紧密配套的高效节能产品的生产,推进区域垃圾和危险废弃物处置产业化,加快电力、冶金、化工、建材等节能技术装备以及大气治理、水处理技术装备的研发和生产。

三是大力发展新能源产业。依托呼包鄂科技、人才优势,充分发挥电价优势,加快承接光伏产业转移,重点发展多晶硅、单晶硅等光伏材料和太阳能组件,共同打造全产业链光伏产业集群。加强与京津冀在光伏组件、逆变器、风机叶片等新能源技术方面的合作,变我区可再生能源资源优势为产业优势,加快太阳能光热发电的开发合作,加快聚光设备、储能材料等的研发,进一步推动我区太阳能光热产业领先发展。

四是加快发展稀土新材料产业。以呼包鄂区域为重点,加强与京津地区的合作,共同推进稀土关键应用技术研发和科技成果产业化,增加高性能稀土功能材料和应用器件等高附加值稀土产品的比重,提高高端稀土产品的市场占有率,打造具有世界先进水平的稀土新材料开发及应用基地。

五是合作发展生物制药产业。以呼包鄂区域为重点,加强与京津冀区域在生物制药领域的合作,推进生物发酵技术研发及产业化,加快发展生物制药、现代中蒙药、生物疫苗和生物育种,共建生物制药产业基地。

六是大力推进云计算产业合作。以呼包鄂、赤峰等地区为重点,加快大型云计算数据中心的合作共建,深入实施“互联网+“发展战略,推进云服务产业发展,完善省际、国际云计算光缆网通道,建成服务全国,面向世界的超级云计算数据中心、备份中心和开发应用中心。积极建设以呼包鄂区域为重点的云计算装备制造产业基地。

6. 建立现代物流体系

依托我区区位优势,整合物流资源,加大在交通枢纽城市、工业园区等的合作共建,建设一批区域性商贸物流中心,构建大数据、大物流、大联盟的区域合作新模式,实现铁路、公路、航空运输无缝对接,加强区域间、部门间物流基础设施建设和衔接。加强区域协作,建立统一开放、公平竞争、规范有序的区域物流市场体系,充分发挥区域物流的辐射带动作用。积极开展我区与周边各省市开展“农超对接”活动,加强与天津、秦皇岛、锦州等港口合作及策克、甘其毛都等口岸对接，推进空港物流及无水港建设。大力发展第三方物流，培育跨区域第三方物流龙头企业，推动物流企业以参股控股、兼并联合等多种方式扩大经营规模，优化物流企业供应链管理服务，提高物流企业信息化、智能化、精准化水平，培育大型化、特色化、专业化物流企业。

7. 文化旅游产业

充分发挥区域文化底蕴深厚、旅游资源丰富的优势，加大优质旅游资源整合和开发力度，推动区域旅游与文化产业融合发展。协调建立区域旅游一体化发展政策，深化与国内外大型旅游企业和周边地区旅游城市的联合协作，共建共享旅游基础设施和信息服务平台，推动建立区域无障碍旅游区，形打造区域旅游品牌，提升旅游产业竞争力。整合草原、黄河、森林、山峰、沙漠、湖泊等自然景观，融合蒙元、宗教、黄河等历史文化元素，促进旅游与文化、体育、农业、工业等深度融合，积极发展蒙元文化体验游、工业观光游、农业采摘休闲游，探索发展马、骆驼、鹿产业及产品，形成多样化、特色化、差异化的旅游产品体系，打造区域知名旅游品牌。

（二）基础设施互联互通

基础设施互联互通是区域一体化发展、增强区域发展支撑能力的重要前提和保障，但我区基础设施设施建设水平总体上滞后于沿海发达地区，而从我区看，呼包鄂区域的基础设施建设水平相对优于其他盟市，所以必须加快跨区域重大基础设施项目建设，提升交通、水利等基础设施的共建共享和互联互通水平，形成与内蒙古发展相适宜的基础设施体系。

1. 加强交通基础设施的互联互通

内蒙古是沿海发达地区产业向中西部转移和西部资源向东部输送的重要通道和枢纽，也是我国向北开放的重要前沿。加快构建公路、铁路、航空、管道等交通基础设施建设，形成联通沿海港口、沿边口岸与内陆腹地高效对接的综合立体交通网络体系，对于增强区域未来发展的保障能力具有重大意义。

一是打通货运通道。我区货运路径主要有京包线、大准线、大秦通道及在建的呼准鄂、张唐通道，铁路、公路运输能力不足一直是制约内蒙古资源外运的主要瓶颈，随着货运量的进一步提高，矛盾将更加突出，必须加快构建与产业发展相匹配的铁路运输通道建设。以完善区域内部路网建设为重点，加快区域快速化、重载化路网建设，构建便捷、高效、大容量、低成本的区域互联互通综合交通网络。加快推进我区与周边省区铁路、公路路网建设，畅通对外货运大通道和口岸通道，全面打通与周边省份中心城市的出口通道，加强蒙西“小三角”区域与甘、宁，呼包鄂地区、乌兰察布市与京津冀，蒙东地区与东北三省等地区的货物交流能力，提高铁路货运量。

二是畅通客运通道。随着经济社会和旅游业的发展各省市区之间的人员交流和往来将进一步增加，但我区客运能力较为薄弱，在一定程度上制约了区域协调发展的深度推进。加快各区域内部、区域之间的客运专线建设，推进呼和浩特至张家口快速铁路，赤峰、通辽至京沈客专连接线建设，提升区域间旅客运输能力和质量，促进人才、技术在区域之间的合理流动。

2. 推动能源输送通道建设

我区是我国重要的清洁能源保障基地，加强内蒙古能源外送通道建设，与周边地区实现互联互通，既是内蒙古加快发展能源工业的需要，也有利于保障区域能源安全。

一是加快电力外送通道建设。结合特高压电网总体规划，加强跨区域输电通道建设，重点加快蒙西至天津南、锡盟至山东以及上海庙至山东等输电通道及其配套电源项目建设，实现电源建设与外送通道建设同步，提高电力外送能力，增强跨区域送电的安全可靠性和抗风险能力。另外，我区风能资源丰富，在呼包鄂、乌兰察布、锡赤通朝锦等区域都建设有风电、光伏发电等新能源电站，但与火电打捆外送通道建设滞后，制约了区域新能源的进一步发展，新能源电力外送通道的建设也需加快推进。

二是天然气等清洁能源及配套外送管道建设。统筹考虑清洁能源市场需求以及我区清洁能源产业总体布局，加快区域天然气清洁能源及配套外送管道建设，重点加快陕京四线、蒙西煤制气外输管道即鄂尔多斯—河北—天津煤制气管道以及鄂尔多斯—安平—河北（沧州）输气管道项目建设进程，推进呼和浩特—北京甲醇制汽油管道建设，保障内蒙古中部地区成品油外送。

（三）生态环境联防联治

坚持绿色发展，必须有度有序利用自然，划定农业空间和生态空间保护红线，构建科学合理的城市化格局、农业发展格局和生态安全格局。我区各区域内部、区域之间的生态链相连，水环境及大气环境互相影响，区域之间生态环境的依存度很高，只有实施最严格的生态环境保护制度，建立生态系统保护修复和污染防治区域联动机制才能有效地治理污染，提升环境质量。

1. 加强生态环境保护

内蒙古是我国北方面积最大、种类最全的生态功能区，是我国重要的生态安全屏障。推进荒漠化、水土流失综合治理，建设主要生态类型区域重点工程共建共享，加强呼包鄂、蒙西“小三角”、锡赤通、乌大张等区域的生态环境协调保护，对构建北方乃至全国生态环境的良性循环意义重大。加强呼包鄂与蒙西“小三角”地区的协调，共同加强黄河沿岸生态建设、乌兰布和沙漠和库布齐沙漠的生态综合治理；强化我区与甘、宁、晋、冀、辽等省区的协作，继续实施京津风沙源治理、三北防护林体系建设等生态保护工程；构建“鄂尔多斯—呼和浩特—乌兰察布—大同—张家口—锡林郭勒—承德—赤峰—朝阳—通辽—锦州”区域风沙阻隔带，全力打造我国北方生态保护屏障。

2. 推进区域环境综合治理

环境污染的治理，需要区域间的紧密协作，建立区域环境污染联防联控机制。一是是建立区域重大环保项目的统一规划建设机制，跨区域集中布局煤化工、冶金、电力等产业，淘汰落后产能。二是要完善区域信息共享制度。依托现有的监测和信息网络，逐步建立区域空气质量监测、污染源监管等专项信息平台，推动区域内信息共享，为区域重大环境问题研究提供支撑。三是建立联动应急响应制度，完善空气重污染应急预案，实施区域重污染应急联动，共同应对重污染天气。

（四）市场要素对接共享

充分利用周边区域在资金、人才、科技、信息等要素资源优势，重点在金融、科技合作、人才交流等方面开展对接共享。

1. 加强金融领域合作

加快区域在金融领域的合作，一是加强跨省市区之间的金融合作，促进各省市区金融机构互参互设，建立金融合作的长效机制，促进区域金融开放、融合，实现金融资源在区域内的高效配置。二是加快区域金融创新合作，提高金融合作效率。依托京津冀等地区金融资源丰富的优势，整合银行、证券、保险、信托、租赁、担保等各类金融资源,建立金融控股公司试点,提高金融机构的服务水平和竞争能力。积极鼓励和支持异地贷款,促进区域信贷市场的发展。积极推动股票、债券、产业投资基金、创业投资基金等资本市场发展,完善产权交易市场功能,促进区域内金融资本和产业资本的结合,推动金融合作纵深发展。三是推进区域信用体系建设,建立区域企业资信评级体系、金融协作平台和信息共享机制。以企业和个人信用信息基础数据库为重点,建设社会信用系统,加快建立信用信息共享、守信激励和失信惩戒等区域联合工作机制。开展区域内金融统计数据互换、产业与金融政策信息发布、联合调查研究,组建融资担保区域联盟,促进各地区信用信息互联互通,形成统一的区域信用市场。

2. 加强科技创新合作

我区的科技创新能力在全国属于相对薄弱地区,而京津地区的智力资源密集、高新技术产业发展较为成熟,加强与环渤海地区开展多层次、多形式的科技合作与联合,对于提升内蒙古科技创新能力,推进经济结构转型升级具有重大战略意义。

一是加强区域间科技合作与交流。围绕区域主导产业发展,加强与京津地区、呼包鄂地区在重点领域的科技合作,实现科技资源共同开发、成果共享。二是联合建立新型科技研发机构。鼓励和支持区域围绕地方产业特点,促进与京津、东北三省地区高校、科研机构与企业合作建立国家级和自治区级重点实验室、工程技术研究中心,切实在煤化工、云计算、乳业、稀土+等优势领域打造一批国际国内一流的研发平台,支持企业利用高校、科研院所的研究试验手段和设计、测试、检验等专业化服务,开展创新性研究,在解决重大技术难题的同时,培养重点学科领域的学术带头人和创新团队。三是深化科技合作创新。设立科技专项资金,围绕共同面临的重大科技需求,整合开放公共科技服务资源,培育和壮大各类科技服务主体,在研发、产业化、政策等方面开展紧密的项目合作。四是完善科技成果转化服务体系。按照“共建共享、互联互通“的原则,积极推动建立”标准统一、流程规范、资质互认“的技术交易市场和技术转移联盟,争取国家级高端技术交易中心在区域内设立分支机构。共建生产力促进中心、产业服务中心、科技评估中心、知识产权事务中心、科研咨询机构和众创空间，培育提升技术服务机构专业化服务能力。

3. 推进人力资源的对接共享

围绕各区域发展主导产业对各类人才的需求，大力开展与京津冀、辽宁等地区的多边人才交流，共同打造人力资源开发利用新平台，为我区经济社会发展提供人才和智力支持。

一是加快建立区域统一开放的人力资源市场。按照统一市场、完善体系、整合资源、统筹管理的要求，整合区域内公共就业和人才服务信息平台，建立一体化的人力资源市场，通过搭建产学研用合作平台，促进人才在区域内自由流动。优化人力资本配置，清除人才流动障碍，提高社会横向和纵向流动性，完善人才评价体系、人力资源开发配置机制和服务保障体系。建立有利于人才交流的户籍、住房、教育、人事管理和社会保险关系转移接续制度，实现生产要素跨区域合理流动和资源优化配置。

二是深入推动重大人才工程。围绕区域优势特色产业发展对科技创新、自主创新的迫切需要，有针对性地与周边地区加强合作，着力培养高级管技术人才和国际化人才，加快培养专业技能人才和引进一批高层次领军人才和创业团队，通过“以引进带培养、以培养促引进”，提升区域高层次人才的自主创新能力。

（五）基本公共服务一体化建设

围绕实现区域人民生活水平均衡发展，充分发挥区域优质的教育、医疗等公共服务相对薄弱地区的辐射带动，提高落后地区公共服务水平，加快推进区域公共服务体系一体化。

1. 构建一体化社会保障网

搭建社会保险参保信息共享信息，大力推动建立各项社保关系跨盟市、跨区域转移接续制度，逐步统一区域内各盟市的社会保险缴费基数、缴费比例、大于发放的最低计发标准。推动建立劳动者权益维护联合执法机制，加强和巩固劳动保障执法监察，切实维护劳动者的合法权益。

2. 推进区域公共教育合作发展

以基础能力建设为抓手，以区域内特色产业需求为导向，建立适应区域经济发展的现代职业教育体系。大力促进区域公共教育合作发展，拓宽区域内跨市、跨旗县、跨校际合作，促进学校、教师、学生交流，立教育人才交流平台，推进全方位、高水平、多层次的教育合作，探索建立区域内高中跨市联合招生机制和校长和骨干教师交流与合作培养机制，促进教育资源合理流动。积极与京、津、沈等地区开展基础教育、职业教育等方面的交流合作，提升区域教育发展水平。联合推进教育信息化，发展远程教育网络，扩大优质教育资源覆盖面。

3. 推进公共医疗卫生合作发展

积极推进跨区域的医疗卫生业务协调发展。整合区域内公共医疗卫生资源，优化资源配置，建立优质医疗资源共享制度。推进区域公共医疗卫生资源共享共建，整合区域卫生网络信息资源。推动各医疗机构使用通用病历和医学检验检查结果互认，在区域内实现职业健康监护结果互认。建设适用共享互联互通的人口健康信息平台，整合区域卫生和计划生育网络信息资源，建立全员电子健康档案、电子病历、卫生执法监督信息通报等方面的信息共建机制。积极加强区域与京津冀等先进医疗卫生机构合作，引进北京、天津等地区优质卫生资源，积极搭建区域医院远程医疗系统，建立高效的远程医学咨询网络服务中心，为区域内居民提供优质医疗卫生服务，积极引进周边省份的三甲医疗机构在我区开办医疗机构或以合作和托管等形式开展合作，满足人民群众多层次医疗卫生服务需求。

四、保障措施

（一）创新合作模式和机制

由于区域内城市分属不同省区或不同盟市，在开展合作尤其是开展跨区域项目过程中在税收分配、经营管理等方面可能会产生一些分歧，通过加强合作模式和机制的创新，才能更好的推动区域协调发展。

一是完善区域合作协调机制。对于自治区内的区域，建立自治区及协调机制，协调各盟市的基础设施、产业规划、项目对接、利益共享、环境治理等重大问题；对于跨省区的区域之间，建立区域合作联席会议制度，加强双方高层领导定期互访对话，定期举办区域合作高层论坛，共同解决区域合作中存在的突出问题，逐步形成政府间长期全面的合作关系。建立一个多方参与的专门协调机构统筹区域经济社会发展，定期或不定期召开会议，沟通情况，协调调度，及时解决有关问题。通过多途径、多层次通报交流，促使区域内各地区、各园区、各企业、各投资主体和经济活动的参与人互为市场、循环发展，从总体上实现低成本、高效率、优势互补、协作发展的新局面。

二是创新利益共享机制。首先是把区域作为一个独立的国民经济核算单位，统筹进行GDP和财政收入等主要经济指标的核算，并作为一个整体进行目标考核；第二是在区域统一国民经济核算的基础上，探索建立区域内股份化的GDP和财政税收分成制度；第三是通过倾斜性产业政策和财税政策建立区域利益补偿机制和合作激励机制。

（二）积极搭建合作平台和载体

一是搭建产业合作平台。进一步消除行政壁垒，积极推进区域资本、技术、人力资源和土地要素市场建设，以区域内现有工业园区为基础，加强产业合作。对于跨省区的合作项目，积极争取在我区加快建设产业集聚区，积极打造区域性产权交易平台、技术和人力资源市场等区域一体化发展平台，建立产业园区、临港产业基地、承接产业转移示范区等各类产业集聚区合作共建机制，按照统筹规划、属地管理、利益共享的原则，集聚区地区生产总值、税收等利益共同分享，合理配置矿产资源、水资源和建设用地，节能减排指标按利益分享比例分别核算。促进区域要素、人口的集聚和产业的相互融合，形成优势互补、合理分工、错位发展的产业格局。

二是搭建区域创新平台。一要加强创新平台建设，统筹区域创新资源，围绕区域特色产业推动区域共建国家和自治区重点实验室、企业技术中心、工程研究技术中心等各种形式的协调创新平台，联合开展共性技术攻关。二要建立人才开发机制。统筹区域各类人才协调发展，针对区域发展的需要，推动区域内高等院校、职业学校与企业开展联合培养，深化产教融合、校企合作，建立区域人才资源共享机制，通过互派挂职、交流、合作攻关等方式，实现区域内人才的合理流动。三要加强创新服务体系建设，推进建立区域大型科学仪器协作共用平台、科技文献共建共享平台、区域知识产权交易和中介服务体系，为区域内企业提供创新服务。

三是建立环境保护和环境治理平台。一要以保护生态环境为根本出发点，根据生态功能价值、生态保护成本、发展机会成本等多种因素进行核算，综合运用行政和市场手段，按照谁开发谁保护、谁受益谁补偿的原则，调整各区域相关各方的利益关系。二要切实加强污染治理，对区域内企业各项污染物排放实行监督管理，建设区域在线监控平台，统一环境监察执法，提高污染防治水平；建立区域污水、固废集中处理处置平台，增强区域污染治理。

（三）加强政策引导

一是加大产业政策支持力度。一要充分发挥规划的引导作用，从自治区层面制定区内的区域协调发展规划，积极争取从国家层面统筹编制跨省区的发展规划。二要积极制定区域产业发展指导目录，根据规划明确的各省市区功能定位和产业发展方向，分地区制定相配套的产业发展指导目录和项目建设准入条件，实施差别化产业政策引导生产要素在区域内合理配置。

二是完善财税政策。充分发挥政府引导和财政资金的杠杆作用，通过国家和自治区专项基金引导，推动区域设立创业投资基金和产业发展基金，对属于国家、自治区鼓励类产业的企业、项目给予倾斜支持。推行 PPP 模式，支持社会资金参与区域基础设施项目建设、运营和管理，制定区域税收优惠政策，推动区域协调发展。

三是强化创新和人才政策支持。自治区和各盟市要加大财政投入，提高科技创新专项资金（基金）对区域创新平台和关键技术研发的支持力度，并积极争取国家的支持。拓展科技创新融资渠道，引导银行信贷、创业投资、资本市场加大对科技服务企业的支持。落实创新人才激励政策，大力引进创新人才，推动科技创新和成果转化。

社会进步

第 十 章

“十三五”期间内蒙古人口变动趋势、影响及对策

人口问题是影响社会经济可持续发展的首要因素。人口及其结构对一个区域的经济发展有着相当重要的作用,而区域经济的发展又同样影响着区域人口及其结构。在人口与社会、经济发展相互作用下,人口的年龄结构、城乡结构、产业结构、职业结构以及文化结构等形成了自身的特点和变动的规律性,了解人口结构变动的规律及趋势,对于进行人口预测,制定经济与社会发展规划,人口政策和社会经济政策等,有着重要的意义。本章基于 2000 年中国第五次人口普查资料、2010 年中国第六次人口普查资料及 2013 年抽样调查数据分析内蒙古人口结构变动的趋势及对经济社会发展的影响,并提出政策建议,为内蒙古人口决策工作和社会经济政策提供依据。

一、内蒙古人口现状

(一)人口数量

1. 人口演变历史。1947 年内蒙古自治区成立时只有人口 561. 7 万人,1949 年为 608. 1 万人。到 2013 年全区总人口已达 2497. 6 万人,比 1949 年增加了 1889. 5 万人,增长 4. 1 倍。从内蒙古人口总的发展变化来看,人口的增长可分为 4 个阶段:第一阶段(1949—1960 年),是人口急剧增长的一个时期,年均增长率高达 6. 30%,其中迁入人口占了大部分;第二阶段(1960 — 1962 年),是人口增长的低谷时期,人口自然增长相对低,人口大量迁出;第三阶段

（1962—1970 年），是人口持续快速增长的时期，人口出现补偿性生育，平均每年增加 43.57 万人，年均增长速度为 3.17%；第四阶段（1971 年—　），是人口缓慢增长时期。人口出生率和自增率分别由 1971 年的 29.7‰和 24.1‰下降为 2013 年的 9‰和 3.4‰。人口增长由新中国成立初期的“高出生率、低死亡率、高自然增长率”演变为“低出生率、低死亡率、低自然增长率”。同全国相比，我区人口总量虽然增长很快，但占全国人口总量的比重仍很小。2013 年全区总人口占全国人口总数的比重为 1.84%，人口总数在大陆 31 个省、市、自治区中居第 23 位，在全国 5 个少数民族自治区中居第二位。

2. 人口自然增长速度略有波动，总体趋势下降。2013 年全区总人口为 2497.6 万人，比 2000 年增加了 125.4 万人，但增长速度逐年减缓，人口自然增长率由 2000 年的 6.1‰下降到 2013 年的 3.4‰，人口总量的增长已得到有效的控制。进入 21 世纪以来，随着我区经济进入快速增长阶段，流动人口数量也逐步由净迁出转为净迁入，2002 年自治区经济进入高速增长阶段时，人口流动为净迁出状态，净迁出 62 万人，随着我区经济高速增长，人口机械增长率到 2008 年时达到峰值，为 2.1‰，净迁入 51.33 万人，2008 年以后，受全球金融危机的影响，我区经济增长速度逐步趋缓，开始进入中高速增长阶段，人口机械增长率逐年下降，到 2013 年降为-0.3‰。

表 1　2000—2013 年内蒙古自治区总人口数

年份	年末总人口（万人）	出生率（‰）	死亡率（‰）	人口自然增长率（‰）	人口机械增长率（‰）
2000	2372.4	12.10	5.90	6.1	-0.6
2001	2381.4	10.80	5.80	5	-1.2
2002	2384.1	9.60	5.90	3.7	-2.6
2003	2385.8	9.20	6.20	3.1	-2.4
2004	2392.7	9.50	6.00	3.6	-0.6
2005	2403.1	10.10	5.50	4.6	-0.3
2006	2415.1	9.90	5.90	4	1
2007	2428.8	10.2	5.70	4.5	1.2

续表

年份	年末总人口（万人）	出生率（‰）	死亡率（‰）	人口自然增长率（‰）	人口机械增长率（‰）
2008	2444.3	9.8	5.50	4.3	2.1
2009	2458.2	9.6	5.60	4	1.7
2010	2472.2	9.30	5.50	3.8	1.9
2011	2481.7	8.90	5.40	3.5	0.3
2012	2489.9	9.20	5.50	3.7	-0.4
2013	2497.6	9.00	5.60	3.4	-0.3

数据来源:内蒙古自治区统计年鉴

3. 呼包鄂地区人口快速增长,东部盟市则有所下降。从人口的地区分布来看,2013年人口占全区总人口较高比例的盟市分别为赤峰、通辽、呼和浩特、包头和呼伦贝尔,五市合计人口占全区总人口的62.98%。从各盟市人口的变化情况看,2000年至2013年,鄂尔多斯、呼和浩特、包头、乌海和阿拉善盟常住人口增加较多,而赤峰、呼伦贝尔、乌兰察布、巴彦淖尔和兴安盟常住人口则有不同程度的减少,其中赤峰、呼伦贝尔和乌兰察布十三年间常住人口分别减少了21.18万人、20.46万人和20.33万人。

表2 2000—2013年内蒙古人口分布变化情况 （单位:万人、%）

地 区	2000年	占 比	2013年	占 比	增 减
全 区	2372.4	100	2497.61	100	125.21
呼和浩特市	243.79	10.26	300.11	12.02	56.32
包头市	229.74	9.67	276.62	11.08	46.88
呼伦贝尔市	273.65	11.52	253.19	10.14	-20.46
兴安盟	161.89	6.82	160.34	6.42	-1.55
通辽市	308.35	12.98	312.57	12.51	4.22
赤峰市	451.8	19.02	430.62	17.24	-21.18

续表

地　区	2000 年	占　比	2013 年	占　比	增　减
锡林郭勒盟	99. 34	4. 18	103. 89	4. 16	4. 55
乌兰察布市	232. 63	9. 79	212. 3	8. 5	-20. 33
鄂尔多斯市	139. 54	5. 87	201. 75	8. 08	62. 21
巴彦淖尔市	171. 38	7. 21	167. 06	6. 69	-4. 32
乌海市	43. 39	1. 83	55. 31	2. 21	11. 92
阿拉善盟	19. 94	0. 84	23. 85	0. 95	3. 93

数据来源：内蒙古自治区统计年鉴

（二）人口结构

1. 性别比区域间不平衡，东部盟市较为正常。2013 年内蒙古自治区人口性别比为 107. 58，略高于全国平均水平，比 2000 年有小幅增长，增长了 0. 42 个百分点。从各盟市情况来看，性别比较高的盟市为鄂尔多斯、阿拉善盟、巴彦淖尔和乌海，集中于蒙西地区，东部盟市人口性别结构较为平衡。2000 年至 2013 年，大部分盟市人口性别结构都向趋于平衡的态势发展，鄂尔多斯、阿拉善盟、巴彦淖尔和乌海则有不同程度的上升，其中鄂尔多斯上升到了 131. 6，人口性别结构严重失衡。从历史上看，鄂尔多斯一直是内蒙古自治区性别比最高的地区，1990 年和 2000 年鄂尔多斯常住人口性别比即为 113、113. 75，始终居高不下；另一方面，近年来鄂尔多斯市经济高速增长，各种要素迅速聚集，吸引了全国各地人口到鄂尔多斯务工、经商，且多以男性为主，直接促使人口性别比进一步攀升。

表 3　2000—2013 年内蒙古自治区人口性别比变化情况　（单位：%）

地　区	2000 年	2013 年	增　减
全　国	106. 74	105. 22	-1. 52
全　区	107. 16	107. 58	0. 42

续表

地 区	2000 年	2013 年	增 减
呼和浩特市	108. 51	103. 8	-4. 71
包头市	107. 91	106. 4	-1. 51
呼伦贝尔市	106. 25	105. 34	-0. 91
兴安盟	106. 84	104. 72	-2. 12
通辽市	104. 33	102. 91	-1. 42
赤峰市	105. 81	105. 42	-0. 39
锡林郭勒盟	107. 78	108. 32	0. 54
乌兰察布市	107. 74	103. 84	-3. 9
鄂尔多斯市	113. 75	131. 6	17. 85
巴彦淖尔市	107. 06	112. 65	5. 59
乌海市	110. 1	112	1. 9
阿拉善盟	114. 87	119. 01	4. 14

数据来源:内蒙古自治区统计年鉴

2. 老龄化和少子化并存,年龄结构“头重脚轻”。2013 年全区人口年龄构成中,0—14 岁人口占总人口的 13. 73%,15—64 岁人口占总人口的 77. 72%,65 岁以上人口占总人口的 8. 55%,少年儿童和老年人人口占比均低于全国平均水平,而劳动人口占比则高于全国 3. 81 个百分点,表明我区劳动力资源较为丰富,但就业压力也随之加大。从 2000 年至 2013 年全区人口年龄结构变化情况看,虽然劳动年龄人口略有上升,但少年组人口下降较快,从 2000 年的 21. 23%下降到 2013 年的 13. 73%,十三年间下降了 7. 5 个百分点,将会对未来劳动力资源储备造成直接影响,但同时也为我区优化教育资源提供了较为宽松的空间。另一方面,老年组人口占比虽然始终低于全国平均水平,但老年组人口占比增长较快,十三年间上升了 3. 04 个百分点,比全国平均水平快了 0. 46 个百分点。人口老龄化速度开始加快,人口年龄结构步入老龄化门槛。2013 年我区总抚养比为 28. 67%,低于全国平均水平 6. 62 个百分点,与 2000 年相比下降了 7. 83 个百分点,而老年抚养比为 11%,比 2000 年上升了 3. 48 个百分点,比全国平均水平高 0. 53 个百分点。

表 4　2000—2013 年内蒙古自治区人口年龄构成变化情况

	2000			2013		
	0—14 岁	15—64 岁	65 岁以上	0—14 岁	15—64 岁	65 岁以上
全国	22.9	70	7.1	16.41	73.91	9.68
全区	21.23	73.26	5.51	13.73	77.72	8.55

数据来源：内蒙古自治区统计年鉴

表 5　2000—2013 年内蒙古自治区抚养比变化情况

	2000			2013		
	总抚养比	少年儿童抚养比	老年抚养比	总抚养比	少年儿童抚养比	老年抚养比
全国	42.86	32.71	10.15	35.29	22.2	13.1
全区	36.5	28.98	7.52	28.67	17.67	11

数据来源：内蒙古自治区统计年鉴

（三）社会结构

1. 就业结构趋向合理，一产从业人员转移压力较大

2013 年全区三次产业就业人员占比为 41.25：18.79：39.96，其中第一产业从业人员占比仍较高，高于全国平均水平 9.85 个百分点，农牧业仍需提高劳动生产率，加快农牧业产业化进程；第二产业从业人员占比较低，一方面说明我区仍处于工业化加快发展阶段，同时也与我区采掘业比重较大，制造业不发达有关；第三产业从业人员占比 39.96%，略高于全国平均水平，第三产业就业较为充分，也说明我区传统服务业比重偏大。

从 2000 年至 2013 年三次产业从业人员变化情况看，一产从业人员占比下降 10.95 个百分点，第三产业从业人员占比上升了 9.26 个百分点，第二产业从业人员占比仅上升了 1.69 个百分点，表明第二产业吸纳劳动力的能力较低。

分盟市看，2013 年大多盟市一产从业人员占比下降较快，第三产业从业人员占比有不同程度的上升，唯一例外的是乌兰察布市第一产业从业人员占比比 2000 年上升了 3.71 个百分点，而第三产业从业人员则下降了 3.44 个百

分点。这与乌兰察布市农牧业现代化程度较低、第三产业发育不足直接相关。

表6 2000—2013年内蒙古按产业分的就业人口构成变化情况

	一产构成(%)			二产构成(%)			三产构成(%)		
	2000	2013	增减	2000	2013	增减	2000	2013	增减
全　国	50	31.4	-18.6	22.5	30.1	7.6	27.5	38.5	11
全　区	52.2	41.25	-10.95	17.1	18.79	1.69	30.7	39.96	9.26
呼和浩特市	42.18	21.9	-20.28	17.28	30.9	13.62	40.54	47.2	6.66
包头市	23.16	13.7	-9.46	31.37	28	-3.37	45.47	58.3	12.83
呼伦贝尔市	48.41	42.1	-6.31	26.95	14	-12.95	24.64	43.9	19.26
兴安盟	65.73	60.1	-5.63	7.59	8.8	1.21	26.68	31.1	4.42
通辽市	67.35	51.5	-15.85	9.03	15.8	6.77	23.62	32.8	9.18
赤峰市	58.57	51.9	-6.67	14.19	20	5.81	27.24	28.1	0.86
锡林郭勒市	62.46	42.7	-19.76	7.23	16.7	9.47	30.31	40.6	10.29
乌兰察布市	52.89	56.6	3.71	13.37	13	-0.37	33.74	30.3	-3.44
鄂尔多斯市	60	25.9	-34.1	17.3	30.2	12.9	22.7	44	21.3
巴彦淖尔市	75.56	54.3	-21.26	11.54	14.3	2.76	12.9	31.4	18.5
乌海市	29.56	2.8	-26.76	65.27	34.7	-30.57	5.17	62.6	57.43
阿拉善盟	43.81	23.5	-20.31	20.42	30.1	9.68	35.77	46.4	10.63

数据来源:内蒙古自治区统计年鉴

2.人口城镇化进程加快,区域间差异较大

2013年我区常住人口城镇化率为58.71%,比全国平均水平高4.98个百分点。与2000年相比提升了16.51个百分点,平均每年提升1.27个百分点,而同期全国提升了17.51个百分点,平均每年提升1.35个百分点,十三年间,我区城镇化率提升速度略低于全国平均水平。

从各盟市情况看,受地理位置、自然环境和经济发展水平影响,各盟市城镇化发展水平差异较大。2000年我区城镇化率最高的地区乌海市为93.02%,最低的乌兰察布市仅为28.39%,两者相差64.63个百分点。经过十三年的发展,全区各盟市间差异已缩小到56.32个百分点,呼和浩特、包头、呼伦贝尔、锡林郭勒盟、鄂尔多斯、乌海和阿拉善盟城镇化率高于全区平均水平,其中,发展最快的鄂尔多斯市较2000年提升了28.91个百分点。

表7　2000—2013年内蒙古自治区城镇居民占比变化情况

地　区	2000年	2013年	增　减
全　国	36.22	53.73	17.51
全　区	42.2	58.71	16.51
呼和浩特市	51.07	66.24	15.17
包头市	68.72	82	9.8
呼伦贝尔市	65.14	69.73	4.3
兴安盟	33.85	44.37	10.52
通辽市	28.45	38.27	9.82
赤峰市	26.58	44.9	18.32
锡林郭勒盟	46.12	62.7	16.58
乌兰察布市	28.39	44.3	15.91
鄂尔多斯市	43.49	72.4	28.91
巴彦淖尔市	36.9	51	14.1
乌海市	93.02	94.59	1.57
阿拉善盟	67.26	76.94	9.68

数据来源:内蒙古自治区统计年鉴

3. 人口文化素质稳步提高,高素质人口增势较缓

2013年全区6岁以上人口未上过学、小学、初中、高中和大专以上人口分别占总人口的4.93%、25.22%、42.94%、16.83%和10.08%,其中初中教育程度人口占比最高,比全国平均水平高2.13个百分点,未上过学和小学教育程度人口占比均低于全国平均水平,与2000年相比有大幅度的下降,表明我区义务教育健康发展及人口受教育程度迅速提高,高中教育程度人口略高于全国平均水平,但大专以上教育程度人口低于全国平均水平0.52个百分点,与2000年相比,提高的速度也低于全国平均水平。

表8 6岁以上人口受教育程度构成情况 （单位:%）

指标	全国			全区		
	2000年	2013年	增减	2000年	2013年	增减
未上过学	9.54	4.99	-4.55	10.83	4.93	-5.9
小学	38.18	26.36	-11.82	33.25	25.22	-8.03
初中	36.52	40.81	3.66	37.16	42.94	5.78
高中	8.57	16.52	7.95	14.7	16.83	2.13
大专以上	3.81	11.32	7.51	4.06	10.08	6.02

数据来源:内蒙古自治区统计年鉴

4. 民族结构

内蒙古共有55个民族的成员繁衍生息。自治区成立前,内蒙古的各少数民族由于受社会、历史和自然等因素的影响,人口增长一直比较缓慢。自治区成立时少数民族人口只有92.1万人,占地区总人口数的16.4%。新中国成立后特别是改革开放以来,随着党的民族政策的深入贯彻,对区内少数民族在计划生育方面适当放宽和区别对待,再加上过去没有表达出少数民族成分的一些人,如实填报或改正为少数民族等因素,使自治区少数民族人口迅速增长,而且人口素质也有了明显提高。

2013年我区少数民族人口579.2万人,占总人口的23.19%,比2000年增长了7.28%,增长速度快于总人口和汉族人口的增长速度,其中,蒙古族人口为454.9万人,占总人口的18.21%,比2000年增长了17.85%,满族及三少民族也均以较快的速度增长,其中鄂伦春族13年间只增加了1000人左右,但由于人口基数较小,增长速度较快,达27.03%。从区域分布来看,蒙古族多集中在通辽、兴安盟、赤峰、呼伦贝尔和锡林郭勒盟,占全区蒙古族的80%以上,其中通辽、兴安盟蒙古族占总人口的40%以上,三少民族集中于呼伦贝尔市。

表9　民族人口变化情况

	2000(万人)	占比	2013(万人)	占比	增长(%)
全区总人口	2372.4	100	2497.6	100	5.28
汉　族	1832.5	77.24	1918.4	76.81	4.69
蒙古族	386	16.27	454.9	18.21	17.85
回　族	20.9	0.88	21.9	0.87	4.78
满　族	47	1.98	54	2.16	14.89
达斡尔族	7.64	0.32	8.43	0.34	10.34
鄂温克族	2.65	0.11	3.15	0.13	18.87
鄂伦春族	0.37	0.016	0.47	0.019	27.03

数据来源:内蒙古自治区统计年鉴

(四)人口迁移

据卫计委全员流动人口报表统计,截至2014年9月底,全区流动人口总数为378万人,其中,跨省流入人口为93万人,省内流入人口205万人,总的流出人口为285万人,流动人口总数较2013年同期增加11.2万人,其中,跨省流入人口增加1万人,省内注入人口增加7万人,总的流出人口增加10.2万人。

从流动人口户籍地构成与分布来看,省内流动占73.3%,省外流动占26.7%。省外流入主要来自接壤的山西省、河北省、陕西省、黑龙江省、甘肃省、辽宁省和邻近的河南省,这八个省份流入人口占全区流入人口的94.6%。省内流动人口主要集中在鄂尔多斯市、包头市和呼和浩特市,占流入人口总数的57.9%,阿拉善盟、通辽市和乌兰察布市所占比例较低,仅占7.1%。

从流动人口的年龄性别结构看,我区流动人口的年龄和性别特征与全国相似,以年轻人为主,男女人数大致持平。流动人口平均年龄为28.6岁,其中男性流动人口平均年龄为29.1岁,女性为28.1岁,男性流动人口在30—34岁年龄组所占比重最高,而女性流动人口在25—29岁年龄组所占比重最高。

流动人口从受教育程度看,15岁及以上流动人口中初中教育程度者所占比例最大,为52.4%,高中及以上流动人口比例为28.9%,略低于全国平均水平。省外流入的流动人口受教育水平低于省内流动人口,高中及以上流入人口比例为22%，低于省内6.1个百分点，说明我区目前对外省高素质人口的吸引力较弱。

流动人口从就业情况看，我区流动人口就业率为72.7%，远低于全国以及西部地区流动人口就业水平（分别为89.1%和85.%）。就业流动人口从事第三产业的比例为71.1%，第二产业为26.8%，第一产业为2.1%。已就业劳动年龄流动人口就业行业依次为居民服务、修理和其他服务业（20.3%），批发零售（19.9%），住宿餐饮（10.1%），制造业（7.1%），科教文卫（5.5%）。

二、存在的主要问题

（一）人口自然增长率下降较快，人口结构失衡

从我国妇女生育率变化情况看，20世纪70年代以前，我国妇女生育率维持在6.0左右，实行计划生育政策后生育率一直下降，90年代中后期，我国总和生育率为1.8，已进入低生育率阶段。根据六普数据，有关专家推测，目前我国的总和生育率在1.4—1.5，我国将长期处于超低生育率的状况下，并且是发展中国家中最低的。

从我区的人口再生产情况看，我区的人口自然增长率由2000年的6.1‰下降为2013年的3.4‰，下降了2.7‰，其中出生率由12.1‰下降为9‰，下降了3.1‰。2013年我区人口自然增长率低于全国平均水平1.52个千分点，而出生率则低于全国平均水平3.08个千分点。由于生育率下降导致内蒙古0—14岁人口占总人口的比重由2000年的21.23%降为2013年的13.73%，下降了7.5个百分点，比全国平均水平低2.68个百分点，下降速度更快。根据人口学统计标准，当0—14岁人口占总人口的比例低于18%或总和生育率低于1.8时，就表明进入“少子化”社会。

从经济学角度看，人的生育本质就是劳动力资源的生产和再生产，所以超低生育率将使我国面临劳动力日益减少的局面。这些年来，中国之所以能成为“世界工厂”，主要是因为有丰富的劳动力资源，一旦劳动力减少，中国在世界市场上的优势就会逐渐消失。如果生育率长期超低，将给我国的经济发展带来负面影响，这同样也是我区人口发展中面临的问题。

（二）老龄化进程不断加快，人口负担加重

2013年我区65岁及以上人口比重为8.55%，比2000年上升了3.04个百分点，老年抚养比由7.29%上升为11%，上升了3.71个百分点。按国际通行的标准，65岁以上的老年人口在总人口中的比例超过7%，即可看作是达到了人口老龄化，而我区2002年的抽样调查中该比例即超过了7%，2013年进一步达到8.55%，考虑到20个世纪50年代生育高峰时出生的人口将在2020年前后陆续进入老年阶段，未来几年我区老龄化人口的规模和比重仍将快速上升。

1990、2000、2010年我区老年人口比重分别为4%、5.35%和7.56%。1990—2000年老年人口比重平均每年提高0.135个百分点，2000—2010年平均每年提高0.221个百分点，而2010—2013年平均每年提高0.33个百分点，老年人口比重呈现逐年加快的态势。

同全国情况一样，我区老龄化也伴随着独子高龄化、高龄病残化、老年空巢化、空巢孤独化的特点，六普数据显示，2010年我区老年空巢家庭为55.64万户，占全区家庭总户数的6.57%，其中，老年一人户占老年空巢家庭的45.94%。随着社会经济发展，人们生活观念的改变，住房条件的改善，以及独生子女的父母开始进入老年期，空巢现象将更加普遍，空巢期也将明显延长。

老龄化的到来使全社会人口抚养负担进一步加重，现有的养老设施总量很难满足日益增长的养老需求，这就要求各级政府在经济、社会转型和人口迅速老龄化的条件下，建立起公平、合理、有效的养老制度安排和社会应对机制，完善老年人口的社会保障和健康服务。

（三）人口性别比高于常态标准值，乡村人口性别失衡严重

内蒙古在历史上就存在人口性别比偏高的问题，从历次人口普查结果看，内蒙古1990年、2000年和2010年人口性别比分别是108.3、107.1和108.5，均高于全国106.6、106.7和105.2的水平。一般把95—105的人口性别比视为基本平衡，而我区的人口性别比始终保持在107以上，人口性别比呈现出偏高势头。2010年六普数据显示，我区的鄂尔多斯市、阿拉善盟、巴彦淖尔市和乌海市的人口性别比分别高达132.27、119.92、113.22和112.67。从全区城市、镇和乡村的人口性别比看，1990年分别为106.55、105.75和110.48，到

2000年分别下降到103.4、105.8和109.14,城市和镇已经下降到正常范围,而乡村仍然超出正常范围。而到了2010年分别上升为105.35、106.44和111.21,乡村人口性别比上升幅度较大,由此可见,乡村人口性别比偏高是导致全区人口性别比偏高的原因。人口比例失衡会带来婚姻挤压问题,同时还会产生就业性别挤压问题,影响家庭的稳定和社会的安宁。在当前农村以家庭赡养为主的养老保障体制下,乡村人口性别比偏高将造成大量终身未婚者没有子女养老的情况,这无疑会增加社会保障问题的复杂性和艰巨性。

(四)高学历人才缺乏,人口素质需进一步提高

改革开放以来,随着教育事业的蓬勃发展,内蒙古的人口文化程度有了显著提高,人口的文化构成发生了重大变化。同全国相比,我区6岁及以上人口中拥有高中和初中文化程度人数的比重高于全国平均水平,而拥有大专及以上文化程度人数的比重低于全国平均水平。特别是2013年拥有大专及以上文化程度人数的比重比全国低1.23个百分点,该比重在全国仅排第15位。今后随着产业结构的调整、经济发展方式的转变,对人口素质提出了更高的要求,但是我区人口素质总体不高,人力资本对经济增长的贡献率远低于发达地区平均水平,正在成为影响我区区域竞争力的重要因素。

三、我区人口变动趋势及对经济和社会发展的影响

(一)人口年龄金字塔呈纺锤形,属于成年型的人口金字塔

人口规模、结构对于经济社会的发展具有深远而长期的影响。目前我区人口规模已得到有效的控制,人口发展进入低速稳定增长阶段。人口结构可以从各种角度来考察,如职业、教育、城乡、民族结构等,但最根本的是年龄性别结构。近年来出现的“少子化”、“老龄化”和性别失衡等问题都是年龄性别失衡的具体体现,并将随着时间推移对经济社会的发展起到越来越显著的影响。

反映人口年龄性别结构的最生动直观的方式就是“人口金字塔”,以年龄为纵轴,以人口数为横轴,左男右女绘制图形,人口金字塔可以形象直观地反映人口年龄状况的特征、类型和未来发展趋势以及过去各时期出生、死亡和迁

移对人口构成的影响。人口金字塔可分为三种类型:年轻型、成年型和年老型。它们的形状各不相同。年轻型:塔顶尖、塔底宽。成年型:塔顶、塔底宽度基本一致,在塔尖处才逐渐收缩。年老型:塔顶宽,塔底窄。

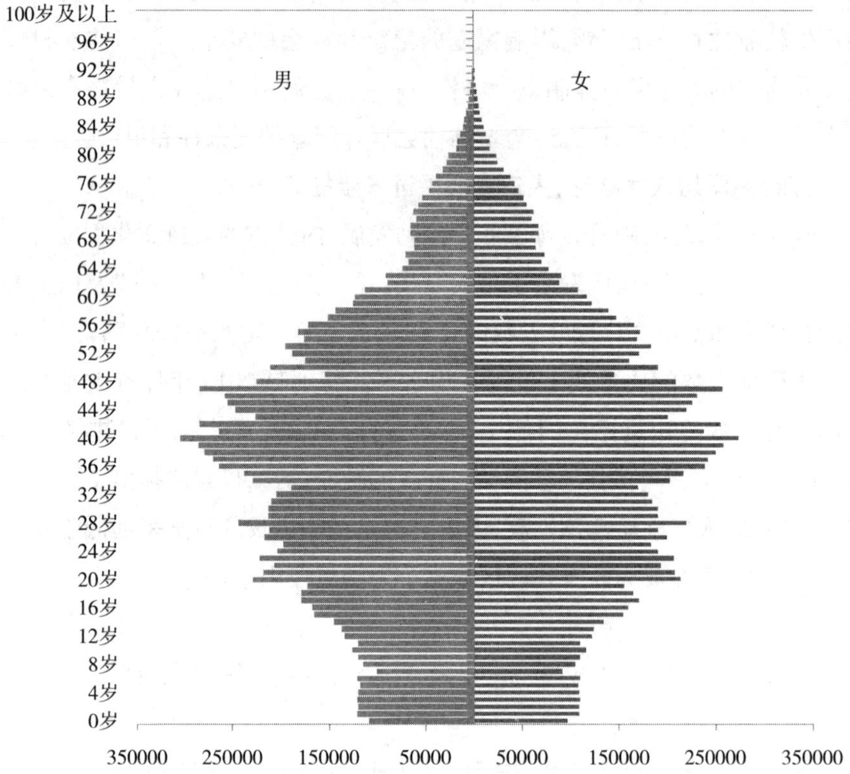

图 1　2010 年内蒙古自治区人口年龄性别金字塔

从图 1 可以看出,塔形下端少儿人口和塔尖老年人口呈明显缩减趋势,塔腰成年人口则向外扩张,呈典型的纺锤形,塔顶、塔底宽度基本一致,在塔尖处才逐渐收缩,属于成年型的人口金字塔。四十岁左右的人口形成一个波峰,这是 1963—1974 年新中国成立后持续时间长、出生率高的第二个生育高峰期所出生的人口,这一波峰人口所形成的劳动力对我区经济高速增长起到了重要的支撑作用,而随着时间的推移,到 2030 年,这一年龄段人口相继步入老年,同样会对我区经济社会的发展产生深远的影响。从图中可以看到,14 岁以下人口呈现收缩趋势,在单独二孩政策效果还没有显现的情况下,如果保持目前的趋势发展下去，将影响未来我区劳动力资源的供给，并进一步加重老龄化程度。

（二）主要劳动力逐年递减，对产业发展和社会消费产生影响

2013年内蒙古常住人口中15—64岁劳动年龄人口比重为77.72%，比2000年提高4.46个百分点，劳动年龄人口的增长速度超过人口总量的增长速度，劳动力资源较为丰富，仍将助推经济健康稳定发展。但当前经济进入新常态，经济转为中高速增长也一定程度上增加了就业压力。

从长远来看，劳动力资源将呈逐年递减的态势。18—45岁年龄段人口是全社会劳动力资源的中坚力量，同时也是拉动消费的主要群体。从图2可以看出，全区18—45岁人口从2000年逐年上升，到2008年达到1266.95万人的峰值，这也和我区经济高速发展期相重叠。2009年这一主要劳动力人口总量逐年下滑，到2020年下降到994万人，比2008年峰值减少了1/5。

主要年龄段劳动力的逐年减少，将会推动劳动力成本上升，我区正处于工业化的关键时期，劳动力成本的上升将影响我区工业化进程，由于我区产业低端化、科技含量不高、企业整体竞争力不强，对要素价格的变动非常敏感，劳动力成本上升将直接影响大部分中小企业的生产经营状况。劳动年龄人口的比例和绝对数量的减少，除了对经济发展可能产生负面影响，也逐渐凸显我区现有人口结构失衡的严重问题，从我区人口金字塔可以看出，十五年后，2010年时四十岁最大峰值人口群体进入老年后，我区的人口年龄结构就要变成高度不稳的倒三角形，那将意味着劳动力严重短缺、人口高度老年化、经济丧失活力。

（三）乡镇转移人口逐年减少，城市化步伐将逐渐放慢

2013年我区常住人口城镇化率为58.71%，比全国平均水平高近5个百分点，大量农村牧区剩余劳动力为提高我区城市化水平提供了人力资源保障，也为我区经济和各项社会事业的发展作出了巨大贡献，同时，农村牧区劳动力转移也切实增加了农牧民收入，提高农牧民的生活水平和文明程度，确保社会和谐稳定。

乡镇16—45岁人口是推动我区城市化的主要力量，除一部分人通过高考、参军、征地转为城市户口外，大部分人是进城务工，为我区建筑业、制造业

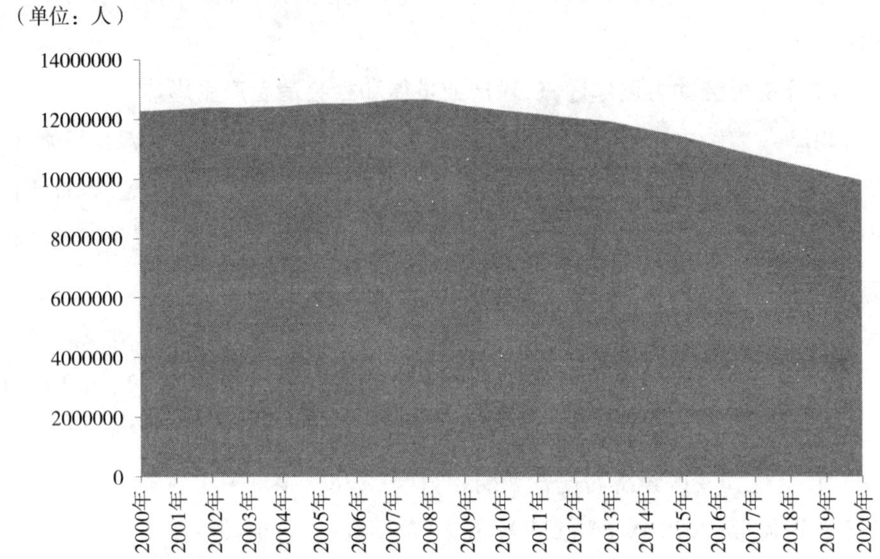

图2 全区18—45岁人口变化趋势

和服务业的发展提供了丰富的人力资源。从图3中可以看到，2000—2008年我区乡镇16—45岁人口总量始终保持在875万—885万，从2008年开始逐年减少，到2020年，减少到2008年的78%。

虽然当前我区大力推进农牧业现代化，在一定时期内，第一产业向二、三产业转移人口会保持增长，但大的趋势不可逆转，乡镇16—45岁人口的减少会使我区城市化的步伐放慢，同时低端劳动力的短缺将极大地打击依赖简单劳动力的行业，其中包括农畜产品加工业和餐饮、零售、电商、旅游等依赖劳动力绝对数量的服务业。

（四）消费主力人群减少，影响未来消费对经济增长的拉动

人是财富的创造者，同时也是财富的消费者，人们共同的生产和消费行为构成了总体的市场需求，从生产的角度来看，形成地区劳动力的有效供给，必须有一定数量、质量的人口，从消费的角度来看，消费市场的繁荣也要求有一定规模的、消费能力旺盛的人群。

25—40岁人口构成社会消费主力，这部分人大部分已成家立业，是劳动力的主力军，有比较稳定的收入来源和相对较高的收入水平，他们的消费方式

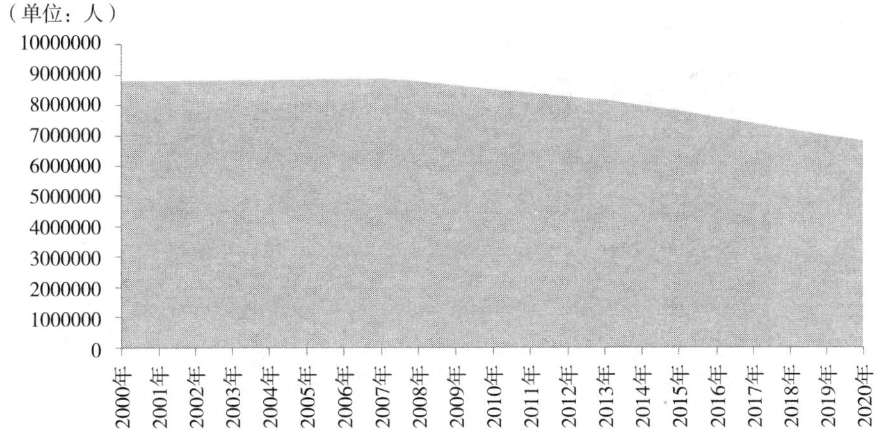

图3 全区乡镇16—35岁人口变化趋势

和消费观念也有别于中老年人群,他们更乐于为提高生活质量而消费,如住房投资、社交支出、交通通信工具的购买等,同时这部分人也有更强烈的投资意愿。2000—2008年我区城市25—40岁人口总量保持在253万—263万人,这一年龄段的人口为我区住房、汽车消费及教育投资、金融投资作出了巨大贡献,从2009年开始,这一年龄段人口总量逐年下滑,到2020年下降到2008年的85%左右。

商务部研究院消费经济研究部发布《2015年消费市场发展报告》显示,高端消费人群呈现逐渐向大众扩散和逐渐年轻化的特点。随着国际化步伐的加快,以及奢侈品价格的下调,年轻人将开始成为消费主力,很多奢侈品消费者开始集中于40岁以下的年轻人群,消费人群呈现不断下沉的趋势。而我区“少子化”速度正在加速,未来消费主力人群的基础在削弱,将从总体上影响我区依靠消费增长带动结构调整的进程,对于增强我区经济韧性和发展潜力,促进消费成为拉动经济增长的主要贡献力量产生负面影响。

（五）老龄化加速,养老服务需求剧增

2002年我区65岁以上人口占总人口比重即达到了国际公认的7%的标准,此后老年人口比重逐年增长,到2013年,我区65岁以上人口比重达到8.55%,2030年左右,20世纪60—70年代初人口生育高峰期出生的人口进入老年,我区老龄化将达到顶峰,且至少持续10年。

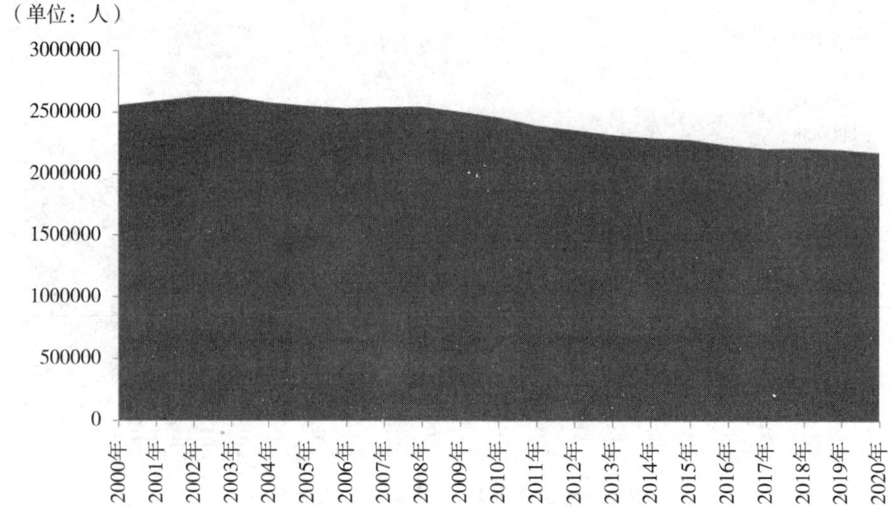

图4　全区城市25—40岁人口变化趋势

老龄社会加剧带来的突出问题，一是会对社会总需求产生压制，这是由于老年人的消费能力、边际消费货币和消费习惯的特殊性所致；二是居民储蓄率降低影响社会资本的积累；三是现代家庭和企业养老负担加重，社会保障成本大幅升高。同时人口老龄化还将影响社会的生机和活力，因为老年人的生活节奏、生活习惯、价值观念和思维方式等均与青少年有明显的不同，无论是在一个国家、地区，还是一个社会组织、团体中，年轻人的比例相对较少，就会缺少生机，活力衰退。

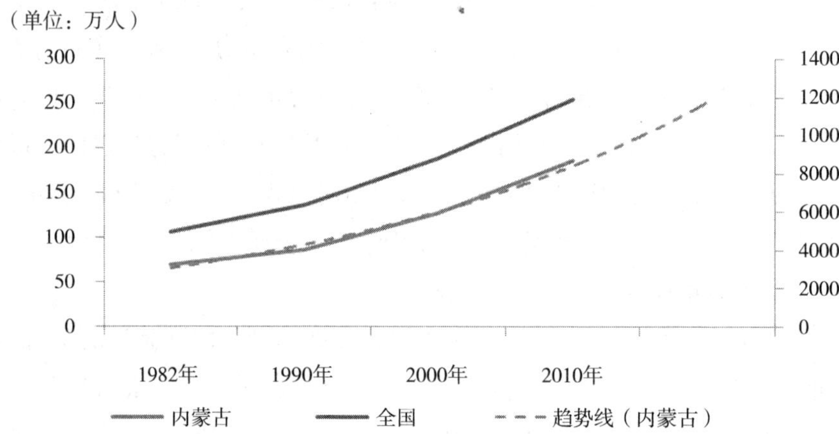

图5　全区65岁以上人口变化趋势

四、对策和建议

人口发展问题是可持续发展的核心问题。当前我区劳动力资源仍比较丰富,处于抚养负担较轻的“人口红利期”,我区“十三五”规划的编制应该对人口数量、质量和结构的可持续发展问题提出全面系统的应对之策,最大化地兑现人口红利,为经济社会的发展提供持久动力。

(一)完善促进人口长期均衡发展的政策和调控机制

调整完善生育政策,加快制定《内蒙古自治区启动“普遍两孩”政策实施方案》,统筹做好全面两孩政策落地前的各项准备工作,制定和完善配套的规范性文件,创新稳定低生育水平、统筹解决人口问题的工作思路和方法,促进人口长期均衡发展。加快人口发展监测评估体系建设,研究制定涵盖人口数量、素质、结构、分布等综合指标体系,监测人口发展动态,为人口宏观调控提供信息和技术支撑。以人口发展规划为载体,健全人口发展规划与其他规划衔接协调机制,统筹协调政府公共政策、公共资源,更加注重以经济手段引导和调节生育、迁移流动等行为,充分发挥人口发展规划在人口宏观调控中的基础性导向作用。

(二)建立完善全社会养老保障体系

针对社会保障体系不健全、覆盖范围窄、保障水平低的情况,要抓紧完善以养老保险、失业保险、医疗保险、工伤保险和优抚社会救济等福利为内容的社会保障体系。积极发展社会养老保障:一是扩大养老保障覆盖面,逐步拆除城乡二元养老保障机制的体制屏障,建立覆盖城镇居民和广大农民的社会养老保障制度体系。二是提高养老保障水平,根据经济发展和人均收入增加情况,适时适度提高养老金水平。三是完善法律保障制度,建立养老金个人账户,以法律的效力保障社会各部门按时足额发放养老金。确保老有所养,老有所归。

(三)推进以人为核心的城镇化

城镇化建设应以“人”字当先,注重城镇质量提升,走可持续发展之路。城镇化规划要以人为本,突出人的主体地位,真正实现人的城镇化,而不仅仅是圈地造城,盲目扩张。应使所有在城镇的常住人口,无论是户籍人口还是外来人口都享受到真正平等的基本保障和权益。这样城镇化对经济社会的强大推动力才能真正实现。一是坚定不移地推动城镇化战略,促进城市群的发展,充分发挥呼包鄂在内蒙古经济社会发展中的核心增长极的作用,进一步挖掘潜力,提升呼包鄂一体化发展水平,带动周边盟市并进而促进全区的城镇化发展。二是科学规划,合理布局,做到五个结合,即城镇化与现代交通网络、产业园区、资源集散中心、房地产业发展和保障房建设、新农村建设相结合。三是加快配套改革,通过加快户籍制度配套改革,实现就业方式、居住环境、社会保障等一系列由乡到城的重要转变。四是重视生态文明。在发展城镇的同时提升城镇资源承载力,注重民生,走集约、智能、绿色、低碳的新型城镇化道路。

(四)着力解决农村牧区“空心化”问题

由于我区农村牧区农牧业产业发展不足,对农牧业的支持保护力度不够,同时工业化和城镇化进程加快,加速了农村牧区劳动力向城市的流动,造成了农村牧区资源匮乏、农牧业生产萧条、公共事业衰败,这也是工业化城镇化发展过程中劳动力、资金等资源自由配置的结果。要破解“空心化”难题,核心就是要培养真正在村的“人”。一是加大力度培育农村牧区新型经营主体,通过政策扶持和资金引导,把农牧民尤其是青年农牧民培育成为新型职业农牧民,使其收入多于或至少等于外出打工。二是要加大力度推广现代农业技术,鼓励规模化农业生产,同时拓展农牧民增收渠道,发展休闲观光农牧业和生态旅游农牧业。三是要健全农牧业社会化服务体系,加大投入改善水利、交通、信息网络等公共基础设施,为农牧户的农牧业生产和生活提供便利。四是要保护和发展农村牧区传统文化,积极开展多种形式的群众喜闻乐见、寓教于乐的文化活动,创新农村文化生活的载体和手段,引导文化工作者深入乡村,满足农民群众多层次、多方面的精神文化需求。

(五)全面提升国民素质

以本土培养为切入点,全面提高人口受教育年限,结合区域产业发展,科学合理地设置高校课程。大力发展私立学校和民办学校,加强在职人员尤其是农村转移人口职业技能教育和成人继续教育,提高职业技能和文化素质。实行“工学结合”培养模式,按照企业的需求开展个性化技能培训,突出应用能力培养，推行教学要求与岗位需求相结合、学校教学与企业实习相结合等成人高等教育模式。切实加强对农民的文化和科技培训，提高农村劳动力的就业能力。采用多手段鼓励、吸引外来技术和管理人才来我区定居，出台优惠政策吸引外地上学的本土人才回区创业和就业。

第十一章
内蒙古“十三五”基本公共服务建设的重点

“十三五”时期(2016—2020年)是全面建成小康社会的关键期,是落实全面科学发展的战略机遇期。十八届五中全会通过的《“十三五”规划建议》中首次提出“创新、协调、绿色、开放、共享”五大发展理念,其中,坚持共享发展,就是坚持发展为了人民、发展依靠人民、发展成果由人民共享,使全体人民在共建共享发展中有更多获得感。为此,五中全会强调指出,按照人人参与、人人尽力、人人享有的要求,坚守底线、突出重点、完善制度、引导预期,注重机会公平,保障基本民生,实现全体人民共同迈入全面小康社会。“十三五”期间,我区要毫不动摇地落实五中全会精神,结合我区实际,将共享理念有机融入基本公共服务体系建设中,提升基本公共服务的共建能力和共享水平,促进基本公共服务均等化。

一、内蒙古基本公共服务基本情况

(一)发展概况

近年来,我区积极实施城乡统筹发展战略,突出重点领域和关键环节,加快建设城乡基本公共服务体系,提高均等化水平和质量,在保持经济持续快速健康发展的同时,以改善民生为重点的社会建设取得重大进展。

公共教育体系不断完善。城乡义务教育全面实现,学前教育资源进一步扩大,高中阶段免费教育率先全面实现,民族教育得到优先重点发展,现代职业教育体系建设和高等教育转型发展迈出新步伐。截至2014年年末,全区小学适龄人口入学率达到100%,初中毛入学率达到97.3%。教育投入持续增加，全面推进素质教育取得明显成效，教育保障机制更加完善，各项教育资助政策得到有效落实，为促进教育公平发展、均衡发展迈出了坚实步伐。

公共就业服务体系初步建立。实施就业优先战略和更加积极的就业政策，促进就业创业的政府责任体系、政策法规体系和管理服务体系不断健全，就业困难人员和零就业家庭的动态帮扶机制日趋完善，2014 年年末全区就业人员 1487.6 万人，比上年末增加 79.4 万人，增长 5.6%。其中，城镇就业人员 740.4 万人，比上年末增加 75 万人，增长 11.3%。城镇私营个体就业人员 437.3 万人，比上年末增加 75.8 万人，增长 21%。2014 年年末城镇登记失业率为 3.59%。2014 年全年实现失业人员再就业人数为 6.2 万人。

社会保障制度实现城乡全覆盖。城乡基本养老保险制度全面建立，截至 2014 年年末全区参加城镇职工基本养老保险和城乡居民养老保险人数分别达到 524.9 万人和 761.9 万人，参加失业保险职工人数 236.3 万人，领取失业保险金人数为 4.8 万人。全民医保基本实现，参加基本养老保险的离退休人员 188.7 万人，增长 11.8%。参加基本医疗保险人数 998.1 万人，增长 1.2%；参加农村合作医疗农牧民人数为 1289.3 万人，增长 2.2%。新型社会救助体系基本形成，困难群体、特殊群体、优抚对象生活得到有效保障，实施农村牧区“十个全覆盖”工程，为每个低收入农牧户发放 1 吨取暖煤，惠及 336.7 万户农牧民；为每个低保家庭大学生每年发放 1 万元就学补助并一次性补贴到位，解除了 1.8 万大学新生的后顾之忧；为每个零就业家庭至少解决 1 人就业，实现了动态清零。

居民健康保障能力持续提升。覆盖城乡的基本医疗卫生服务体系不断完善，群众就医更加方便；基本公共卫生服务均等化全面推进，基本药物制度初步建立，基层医疗卫生机构运行新机制逐步完善；公立医院改革稳步推进；基本医疗保障制度不断健全，居民就医负担逐步减轻。2014 年人均基本公共卫生服务经费补助标准由 30 元提高至 35 元，全区医疗卫生单位拥有病床 12.9 万张。开工建设自治区妇产医院等 6 个本级重大卫生项目，蒙中医医药事业健康发展。实施“单独两孩”政策，人口出生率控制在 9.3‰。人口和计划生育公共服务能力明显增强，低生育水平保持基本稳定。

保障性安居工程加快建设。以廉租住房、公共租赁住房、棚户区改造和农村危房改造等为主要内容的基本住房保障制度初步形成。深入实施百姓安居工程，截至2014年年底，开工建设各类保障性住房24万套，基本建成22.9万套，完成农村牧区危房改造17万户，包头北梁、赤峰铁南、兴安盟阿尔山等重点棚户区改造进展顺利。

公共文化服务体系逐步健全。每个盟市有文化馆、图书馆，镇镇有综合文化站，广播电视全面覆盖，公共文化设施建设、广播电视传输覆盖、公共数字文化建设、农村牧区电影放映、民族广播译制、少数民族新闻出版、草原（农家）书屋建设、公共文化产品创作生产与供给等文化惠民工程深入实施，公共博物馆、纪念馆、美术馆、公共图书馆、文化馆、科技馆等公共文化设施逐步向社会免费开放。2013年，我区财政投入近11亿元，用于支持公共文化服务体系建设。2014年，村嘎查文化室建设纳入到自治区农村牧区“十个全覆盖”工程。目前，自治区具有民族特色的公共文化服务体系基本形成，民族文化遗产保护传承取得新突破，民族艺术精品创作得到扶持引导，民族传统体育在弘扬中逐步走上了规范的道路。

总体上看，我区基本公共服务体系框架已初步形成，公共服务财政投入显著增加，基本公共服务水平和均等化程度明显提高。

（二）存在的问题和面临的挑战

虽然近年来我区在保障和改善民生及健全基本公共服务方面取得了很大进展，但受多方面基础条件以及长期形成的体制、机制因素影响，特别是面对新形势、新需求、新任务，健全基本公共服务体系仍存在一些困难，也面临着新的挑战。

1.存在的问题

一是基本公共服务的总体水平不高。虽然近年来我区基本公共服务扩展和提升速度较快，但总体来看，与全国其他省市相比，还有一定差距。义务教育的优质资源不足，基层医疗服务的水平和质量不高，低保和养老保险特别是农村养老保险的保障水平还偏低，劳动就业形势严峻。

二是基本公共服务资源配置不均衡。公共服务地区间发展不均衡，包括城乡间不均衡、区域间不均衡。城乡居民享有的基本公共服务在内容、范围和标准上的差异明显，农村牧区仍是基本公共服务的薄弱环节。在城镇密集的呼包鄂、赤峰—通辽地区，公共服务覆盖较为全面，而在广大牧区、林区和戈壁，由于城镇点稀少，相当部分小城镇及基层苏木和嘎查的医疗、教育等民生设施的配给不足，部分生活在农村牧区、从事农牧业生产的人口仍面临着基本民生保障的缺失。同时随着区域经济差距的不断拉大，基本公共服务的差距也在扩大。各类基本服务之间资源配置的不均衡，主要表现为重视教育、医疗卫生及社会保障，而在环境保护和文化体育等领域的投入则相对较少。另外，公共服务配置群体间不均衡，主要体现在垄断行业和机关单位及部分企业员工享受的公共服务水平远远高于下岗职工、失业人员、农民工等社会底层人员。

三是基本公共服务制度不够完善。当前我区基本公共服务建设主要是靠行政力量推进，缺少健全的法律法规体系。在我国的基本公共服务制度中，政府既是供给者，又是决策者和监督者，缺少公民和其他社会组织的监督。在这种情况下，由于政策的制定和实施过程缺乏足够的透明度，所以很难对公共服务提供的内容、质量和效率等进行考核，也很难应对和解决公共服务提供过程中出现的资源分配不均衡现象，极容易造成公共服务提供和需求相脱节、公共服务均等化差距扩大等情况。

四是公共服务支出占财政总支出的比例偏低。我区基本公共服务供给总量不足，尤其是优质公共服务资源相对短缺，政府财政支出长期偏重于经济建设，对社会保障、公共卫生、基础教育等基本公共服务的投入相对不足，财政支出多集中在经济发展领域，改善百姓民生的公共服务支出则明显低于经济建设的支出，缺乏对基本公共服务供给水平和能力的评价和衡量标准，导致政府基本公共服务职能薄弱，居民在教育医疗及社会保障等方面承担的费用与压力仍然较大。2014 年内蒙古教育、医疗卫生以及社会保障和就业支出占财政总支出的比重为 31. 82%，比全国平均水平低 0. 43 个百分点，与全国其他省市相比，也有较大差距。同时，新常态下经济增速换挡，财政增收难度加大，对公共服务支出带来了新的压力。

2. 基本公共服务建设面临的挑战

一是老龄化加速，对公共服务建设带来新课题。2013 年我区 65 岁及以上人口比重为 8. 55%，比 2000 年上升了 3. 04 个百分点，老年抚养比由 7. 29%

上升为11%,上升了3.71个百分点。按国际通行的标准,65岁以上的老年人口在总人口中的比例超过7%,即可看作是达到了人口老龄化,而我区2002年的抽样调查中该比例即超过了7%,2013年进一步达到8.55%,考虑到20世纪50年代生育高峰时出生的人口将在2020年前后陆续进入老年阶段,未来几年我区老龄化人口的规模和比重还会较快上升。人口老龄化、劳动力数量减少等问题日益凸显,“未富先老”、青壮年劳动力全面短缺,将给医疗卫生、养老体系、社会保障等带来巨大压力,对公共服务和社会保障项目的筹资和服务能力形成巨大挑战,尤其是养老保险、医疗保险和老年护理。

二是城市化步伐加快,对基本公共服务建设带来新挑战。目前,我区仍然处在快速城市化和大规模人口流动的时期。2010年第六次人口普查数据显示,我区外来流动人口已经超过了717万人。2013年全区常住人口城镇化率为58.71%,与2000年相比提升了16.51个百分点,城市人口结构变化趋势明显。大量的农村人口涌向城市,经济发达地区人口过度集中带来了资源紧缺、生态环境破坏、住房交通拥挤、教育医疗供应不足等一系列负面效应。这就要求扩张城市服务能力,加大对城市公共服务体系建设的投入,调整规划和布局。随着新型城市化的加速推进,基本公共服务覆盖进城务工农民,优质公共服务资源覆盖农村地区的要求更加紧迫。

三是需求结构升级,对公共服务供给提出新任务。近年来我区居民收入增加、人口结构的调整以及城镇化的快速推进将带来教育、医疗、环境、社会保障、文化体育等领域的基本公共服务需求数量的显著增加,对公共服务供给总量提出了更高要求。同时,居民对公共服务的认识和标准普遍提高,个体需求之间多样化、个性化的差异更为明显,对公共服务供给的质量、结构优化升级提出了更高要求。虽然近年来我区在保障和改善民生及健全基本公共服务方面取得了很大进展,但与日益提高的公共服务需求相比,公共服务在供给总量、供给渠道、资源配置、体制创新等方面还有待进一步提升。

四是经济增速换挡,对民生支出带来新压力。随着我国经济进入新常态,经济增长从高速增长向中高速平稳增长过渡,预计“十三五”时期内蒙古经济增长速度将放缓,财政增收难度加大,对民生支出带来了新的压力。一方面是民生支出刚性增长与财政收入增幅下降之间的矛盾,对继续提升民生支出标准带来压力。另一方面是民生需求多面与政府财力有限的矛盾，对优化民生支出结构提出新课题，民生支出要更加关注低收入群体，更加重视就业，加快与当前经济社会发展的转型相适应。

二、“十三五”我区基本公共服务建设重点

“十三五”时期，是我区产业加快转型、城镇化全面推进的重要战略机遇期，也是加快构建基本公共服务体系的重要阶段和关键时期。党的十八届五中全会提出“共享发展”理念，将保障和改善民生将放在更加突出的位置，“十三五”期间我区要按照人人参与、人人尽力、人人享有的要求，着力增强基本公共服务共建能力和共享水平，加快人民群众的基本生存、基本发展、基本公共安全和基本环境四大服务体系建设，着力创新体制机制，推进基本公共服务均等化。

（一）基本生存服务体系

基本生存服务是指政府提供劳动就业、社会保障、住房保障、残疾人服务等基本公共服务，保障公民基本生存权利，努力使城乡居民有尊严、体面地生存。

建立健全城乡一体化的公共就业服务体系。以高校毕业生、农村转移劳动力、城乡就业困难人员、零就业家庭和退役军人等为重点服务对象，提升就业全过程公共服务能力。积极推进创业带动就业，实施“创业内蒙古”行动，组织落实创客逐梦计划、创业领航计划、创业筑巢计划、创业融资畅通计划、青年创业计划、返乡农牧民创业计划等6项计划。培育创业创新公共平台，整合各类创业基地，落实科技企业孵化器、大学科技园的扶持政策和税收优惠政策，大力发展技术转移转化、科技金融、认证认可、检验检测等科技服务业，打造一批特色突出、功能完备、承载力强、具有示范和带动效应的自治区众创空间试点基地。加强就业援助工作，调整就业困难人员认定范围，把毕业3年以上仍未就业的蒙古语授课高校毕业生和贫困家庭高校毕业生纳入就业困难人员范围，对就业困难人员实行实名制动态管理和分类帮扶。加强公共就业服务信息化建设。健全人力资源市场调查统计制度。建立健全面向全体劳动者

的职业培训制度。全面推行劳动合同制度,着力提高小企业和农民工劳动合同签订率。积极稳妥推进工资集体协商,建立企业职工工资正常增长机制。健全劳动标准体系,健全协调劳动关系三方机制,充分发挥政府、工会和企业组织作用,维护职工和用人单位合法权益。

完善社会保险制度。以农民工、非公有制经济组织从业人员和灵活就业人员为重点,扩大职工基本养老保险覆盖面。加强养老保险基金管理,推进做实个人账户。完善基本养老保险关系转移接续办法。落实被征地农民养老保险制度,实行先保后征。按照国家、自治区统一部署,推动机关事业单位养老保险制度改革,做好企业退休人员基本养老金调整工作。不断扩大职工基本医疗保险制度覆盖范围,重点提高农民工、个体工商户和灵活就业人员参保率。巩固提高城镇居民基本医疗保险和新型农村合作医疗保险参保(合)率,逐步提高人均筹资标准和财政补助水平。逐步提高门诊医疗费用报销比例。完善基本医疗保险关系转移接续办法和医疗费用结算办法。完善工伤预防、补偿、康复相结合的工伤保险制度,健全工伤保险费率浮动机制。健全失业保险待遇正常调整机制,完善失业保险金标准与物价上涨挂钩联动机制。完善生育保险制度,加强与基本医疗保险制度的衔接。

完善社会救助制度体系。逐步建立城乡一体的低保救助制度,完善对低保家庭中80岁以上老年人、未成年人、重病患者、重度残疾人等的特殊生活补助制度,加大困难家庭在读子女的救助力度,制定城乡困难家庭新入学大学生救助制度。完善社会救助运行机制,建立救助申请家庭经济状况核对机制,完善城乡低保、农村五保标准正常调整机制。健全自然灾害监测预警、评估调查、信息发布制度,完善减灾备灾、应急救灾、灾后生活救助和恢复重建、社会应急动员等工作体系。坚持政府主导、政策扶持、多方参与、统筹规划,加快推进以居家为基础、社区为依托、机构为支撑的社会养老服务体系建设,满足基本养老服务需求。全面落实优抚对象各项优待抚恤政策。做好荣军休养和退伍军人精神病患者康复防治工作。

采取分散配建和集中建设相结合方式建设保障性住房。大力发展公共租赁住房,逐步使其成为保障性住房的主体,并逐步实现与廉租住房统筹建设、并轨运行。全面推进棚户区改造,优先建设安置房,精心编制改造方案,优先改造城市建成区范围内规模大、条件差、安全隐患严重的集中片区；稳步推进非成片棚户区、零星危旧房改造。坚持政府主导与市场运作相结合的改造方式，加快实施城中村改造。结合“十个全覆盖”工程，加快推进农村危房改造工作。完善保障性住房建设、分配、运营、管理制度，做好政策衔接，推动住房保障工作制度化、规范化长效运行。

落实重度残疾人参加社会保险的政府补贴政策。着力解决重度残疾、一户多残、老残一体等特殊困难家庭的基本生活保障问题，做好低收入残疾人家庭生活救助。落实城镇贫困残疾人廉租住房优先保障政策、实施农村贫困残疾人安居工程。建立健全以专业机构为骨干、社区为基础、家庭为依托的社会化残疾人康复、托养服务体系，不断强化康复进社区、服务到家庭的康复服务模式。全面落实残疾学生助学政策，对不能到校就读的适龄残疾儿童、少年，采取送教上门、社区教育等有效措施实施义务教育，保障残疾学生和残疾人家庭子女免费接受义务教育。完善残疾人就业促进和就业保护的政策措施，加强对残疾人个体就业的政策扶持，对零就业残疾人家庭和就业困难残疾人重点实施就业援助。有针对性地开展残疾人职业培训。加快推进无障碍建设和改造，不断强化公共设施设备和信息交流无障碍。

（二）基本发展服务体系

基本发展服务是指政府提供公共教育、医疗卫生、人口计生、文化体育等基本公共服务，保障公民基本发展权利，努力使城乡居民实现全面发展。

建立完善基本公共教育制度。适应新型城镇化发展需要，制定实施义务教育学校布局规划，建立义务教育生均公用经费增长机制。积极推进农村牧区学前教育发展。逐步提高农村牧区学前教育普及程度。着力保证留守儿童入园。有计划、有重点地实施“苏木乡镇中心幼儿园建设工程”。坚持以输入地政府为主、以公办中小学校接收为主，确保进城务工人员随迁子女平等接受义务教育。积极推进小班化教学，加快课程内容、教学方法、评价制度改革，进一步提高教育教学质量。调整优化普通高中布局，合理控制学校规模。鼓励和支持社会力量参与普通高中学校发展，促进办学体制多元化。大力发展中等职业教育，加快提高办学水平和服务能力。加强中等职业教育基础能力建设，实施中等职业学校规范化建设工程，扶持示范校、优质特色校建设，加强公共实训基地和公共实训中心建设。鼓励行业、企业与学校开展实习实训、教师实践、课程共建等合作。建立政府主导、公办为主、民办补充的办园体制,构建覆盖城乡、布局合理的学前教育公共服务体系。

提高全民健康水平。全面实施国家基本公共卫生服务项目,逐步提高人均基本公共卫生服务经费标准。实施国民健康行动计划,将健康教育纳入国民教育内容,增强全民健康意识,倡导健康生活方式,提高全民健康行为能力。完善重大疾病防控、计划生育、妇幼保健和院前急救等专业公共卫生服务网络,加强卫生监督、食品安全风险监测、农村急救等能力建设。加强突发公共事件紧急医学救援能力和突发公共卫生事件监测预警、应急处理能力建设。建立饮用水卫生监督监测体系。加强农村三级医疗卫生服务网络建设,健全以社区卫生服务为基础,社区卫生服务机构、医院和预防保健机构分工协作的城市医疗卫生服务体系。健全基层医疗卫生机构和大医院功能区分合理、协作配合、相互转诊的服务机制。积极推进公立医院改革,完善医院管理体制、补偿机制、人事管理、收入分配、药品供应、价格机制和医疗机构分类管理制度。加强中蒙医医疗服务机构能力建设,健全中蒙医药医疗预防保健体系。加强医疗服务监管,鼓励社会资本进入医疗领域,推动形成多元化办医格局。建立和完善以国家基本药物制度为基础的药品供应保障体系。鼓励非政府办基层医疗卫生机构实施基本药物制度,积极推动其他医疗机构优先配备使用基本药物。完善基本药物报销办法,逐步提高实际报销水平。

创新人口和计划生育服务理念和模式。增强基层服务机构服务能力,依法拓展服务范围,加大流动服务、上门服务工作力度。加强城市社区和流动人口管理服务,建立流动人口现居住地计划生育技术服务保障机制。落实计划生育技术服务项目免费制度,完善避孕药具发放等服务管理办法。加大出生人口性别比偏高综合治理力度,制定实施有利于女孩健康成长和妇女发展的政策。加快人口和计划生育信息化建设。积极开展人口和计划生育科普知识宣传。

进一步完善公共文化服务体系。促进城乡基层公共文化服务资源的共建共享。以农村为重点,提升综合文化站、文化活动室等基层文化阵地建设水平,最终实现盟市有“三馆”,即图书馆、群艺馆、博物馆;旗县有“两馆”,即图书馆、文化馆；苏木乡有一站，即文化站；嘎查村有一室，即文化室，形成自治区、盟市、旗县、苏木乡镇、嘎查村五级公共文化设施网。繁荣发展优秀传统文化，加大文化和自然遗产、非物质文化遗产保护力度，逐步提升面向公众开放、展示的水平。加强农村牧区广播电视和无线发射台站建设，加快城乡广播电视由“村村通”向“户户通”推进。深入开展多种形式的全民阅读活动，提升农家书屋建设水平。加强基层公共体育设施建设，健全城乡基层全民健身组织服务体系，广泛开展形式多样、面向大众的群众性体育活动。大力发展校园足球，努力为国家培养足球后备人才。

（三）基本公共安全服务体系

基本公共安全服务是指政府提供生活生产、防灾减灾、应急管理等基本公共服务，为城乡居民生存与发展创造安全和谐的良好环境。建立健全基本公共安全服务体系，扎实推进平安内蒙古建设，努力为城乡居民创建安全有序的社会环境，促进社会和谐。

加大食品安全监管力度。深入开展食品安全治理整顿，严厉打击食品安全违法犯罪行为，加强食用农畜产品、食品生产经营监管。完善食品安全标准和风险监测评估体系，加强检验检测能力和信息化建设，提高应急处置能力，强化食品安全科技支撑。

构建覆盖城乡的药品安全保障体系。加强药品研制、生产、经营和使用监管。建立健全药品不良反应监测体系，完善药品不良反应监测制度。加强药品检验检测，加强基本药物质量监管，实行基本药物全品种覆盖抽验和电子监管。健全药品安全监测预警和应急体系。

严厉打击违法犯罪。改进治安巡防模式，规范等级勤务，加强治安特勤队伍和辅警力量建设，提高社会见警率、管事率。加大“天网”工程建设力度，健全完善管理应用长效机制，进一步提高控制社会治安的能力。加强社区警务工作，创新群防群治工作模式，夯实社会治安工作的基础。深化完善网络安全管理体系，深度净化网络社会环境。加强流动人口服务管理工作，推进流动人口信息社会化采集。加快推进应急处置体系建设，提升应急处置能力和水平。

加大流通领域商品质量监测力度。公开商品和服务信息，营造安全放心的消费环境。完善基层维权网络建设，推进 12315 进商场、进超市、进市场、进企业、进景区,教育引导消费者增强自我保护意识,倡导经营者加强自律,营造公平公正消费环境。建立健全申诉、举报机制,畅通维权诉求受理渠道,提高消费纠纷调处能力。

建立完善气象灾害防御管理机制。建设城市气象防灾减灾管理体系,将精细化气象灾害信息发布纳入城市管理。建立预案到村、责任到人的农村气象灾害应急处置体系。

(四)基本环境服务体系

基本环境服务是指政府提供基本生活服务、公共信息服务、环境保护等基本公共服务。以保障群众健康为出发点,以居民需求为导向,为城乡居民提供较为便利的基本环境服务,方便城乡居民生活,改善城乡居民环境质量。

加快构建城乡公交一体化交通格局。建立“结构优化、布局合理、城乡互通、价格适度、安全便利”的城乡公共交通网络,逐步实现城乡居民公交服务均等化。

提升社区公共服务的质量和水平。推进公共服务项目化运作试点,不断扩大政府购买社会组织服务的范围和内容,积极引导社会组织参与社区服务和管理。构建政府、社区、社会组织、物业企业、志愿者联动服务机制,扩大社区服务的范围,拓展社区服务的内容。依托社区信息化平台,实现政府公共服务的“无缝隙、全覆盖”。

改善环境空气质量。以改善环境空气质量为目标,以细颗粒物污染防治为重点,调整能源结构和产业结构,提高污染综合治理水平,加强执法监管,健全体制机制,实施大气污染综合防治工程,减轻灰霾污染,提高公众对大气环境质量的满意度。

三、政策和建议

提高基本公共服务共建能力和共享水平是统筹城乡发展的重要内容,关系到能否实现全体人民共同迈入小康社会的宏伟目标,要实现这一宏伟目标,不仅要加强基本公共服务能力建设,还要通过制度创新和政策完善,破除体制机制方面的障碍,逐步缩小差距并最终向均等化迈进。

（一）户籍制度改革

户籍制度是导致城乡二元公共服务结构的制度基石之一，改革现存户籍制度，逐步取消城乡户籍差别，建立城乡统一的基本公共服务供给体制，是改变城乡公共服务二元结构的根本措施。要切实落实《内蒙古自治区人民政府关于进一步推进户籍制度改革的实施意见》精神，抓紧出台具体的户籍制度改革办法，并向社会公布。同时，抓紧制定落实教育、就业、医疗、计划生育、养老、住房保障等方面的配套政策。到2020年基本形成以经常居住地登记户口为基本形式，与自治区经济社会发展相适应，有效支撑社会管理和公共服务，依法保障公民权利，以人为本、科学高效、规范有序的新型户籍制度，户籍人口城镇化率得到较大提高。

（二）优化财政支出结构

推进城乡基本公共服务均等化，要因地因时具体规划和安排，分类分层的进行我区财政资金的统一调度，重点向农村牧区教育、医疗、社会保障、就业和生态等领域倾斜，支持重点地区、领域的优先发展，重视财政投入的长效化机制建设。新增教育、医疗、住房、社会保障等事业经费应主要用于农村牧区。财政支农的支出增长幅度要继续高于财政经常性收入的增长幅度，并按照建立公共财政体制的要求，调整财政支农资金的使用方向，转变补贴方式。

（三）完善城乡基本公共服务的决策参与机制

目前，我区基本公共产品供给整体上呈现“自上而下”的模式，这一模式不能准确及时地反映广大城乡居民对公共产品的实际需求，这会导致部分公共产品供给过剩和不足状况并存，且供给质量和效率低下。因此，应该建立和拓宽城乡公民参与政府公共服务决策的渠道，通过法律将听证、咨询、公示等制度的适用范围、代表产生程序、效力等问题明晰化，加强这些参与机制的制度化建设，使公共服务的受益方能够把自身的公共产品需求偏好得以充分表达，监督政府进行有效供给和高效服务，最终实现城乡基本公共服务均等化的目标。

（四）建立基本公共服务供给的社会参与机制

公共服务的主体多元化、渠道多元化和方法多元化是公共服务供给的发展趋势。尽管政府应该承担起公共服务的主体责任，但在国家和政府资源有限的情况下，必须将政府主导、社会组织参加、个人参与有机地结合起来，既要发挥政府在基本公共服务中的主导和主要职责作用，又要充分发挥社会组织和个人参与的积极性。通过拓展多元公共服务供给模式把社会生活中分散的服务需求与非规模化的服务供给进行对接，有效提高供给效率和公平程度，使政府摆脱单纯的提供或者购买的角色，根据公众需求及时扮演不同的角色，成为公共服务保证提供的协调者。当前我区社会组织的力量还很弱小，涉足社会公共服务领域的能力还很有限，因此更需要政府对社会组织提供引导和帮扶，为其发展壮大提供一个突破口，这既是对政府工作的有益补充，也是对社会发展的有力促进。

（五）推进行政问责制度建设

建立更能体现均等化要求的城乡基本公共服务发展评价指标体系，同时使之与政府官员的政绩考核挂钩，通过对政策制定和实施主体的激励、引导，提高城乡基本公共服务均等化发展效用。对那些不能有效履行职责、疏于推进城乡公共服务均等化的官员，则要严格启动行政问责。

第十二章

内蒙古城乡居民收入的影响因素及对策

“十二五”前四年我区城乡居民收入增长快于经济增长,改变了过去经济增长普遍快于居民收入增长的现象,国民收入分配格局得到了改善,但城乡居民收入结构仍然不合理,行业职工收入差距以及城镇居民内部差距有逐渐扩大的趋势。“十三五”期间,我区要以党的十八大和十八届三中全会关于深化收入分配制度改革精神为指导,改善居民增收环境,培育居民就业和增收能力,积极扩大就业,完善社会保障体系,以积极增加工资性收入为突破口,带动其他各项收入的协调增长,全面实现城乡居民人均收入的稳固提高。

一、内蒙古城乡居民收入现状

(一)城乡居民收入平稳增长

2014 年我区城镇居民人均可支配收入达到 28349.6 元,比 2010 年增加 10651.4 元,居全国第 10 位,4 年间位次保持稳定,年均增长 12.5%;农牧民人均纯收入达到 9976 元,比 2010 年增加 4446 元,居全国第 18 位,比 2010 年上升了 9 个位次,年均增长 15.9%,“十二五”时期农牧民人均纯收入的增长要快于城镇居民人均可支配收入增长,这与“十一五”时期有着明显的不同。

从我区城乡居民收入增长速度的位次变化看,“十二五”时期,我区城镇居民人均可支配收入保持增长,但相对于“十一五”时期增速有所回落,增长动力略显不足，增长速度在全国第 10 位徘徊。农牧民人均纯收入稳步增长，但由于增速放缓，2013 年农牧民人均纯收入增速居全国第 8 位，2014 年下滑到第 18 位。

表 1　2010—2014 年内蒙古城乡居民收入全国位次（单位：元、%、位）

指标 年份	农牧民人均纯收入				城镇居民人均可支配收入			
	绝对值	位次	增速	位次	绝对值	位次	增速	位次
2010 年	5530	16	11.99	27	17698.2	10	11.67	7
2011 年	6642	15	20.1	—	20407.6	10	15.31	11
2012 年	7611	15	14.6	12	23150.3	10	13.4	10
2013 年	8596	15	12.9	8	25496.7	10	10.1	13
2014 年	9976	16	11	18	28349.6	10	9	10

数据来源：2010—2014 年内蒙古统计年鉴

（二）我区居民收入增长中存在的主要问题

2010 到 2014 年间，我区城乡居民收入增速与经济增长增速逐渐靠拢，但是与全国平均水平的差距依然存在。我区城镇居民工资性收入以及财产性收入与全国平均水平相比仍然存在差距，转移性收入处于全国下游水平。我区农牧民工资性收入比例偏低，非农牧产业对经营性收入的拉动较弱。此外，我区内部差距依然明显，其中行业职工收入差距以及城镇居民内部差距有逐渐扩大的趋势。

1. 收入增速与经济增长逐渐靠拢

与“十一五”期间收入增速滞后于经济增长不同，“十二五”期间的前四年我区每年收入的增速与经济增长差距变小甚至反超。就四年间年均增长速度而言，其中我区国内生产总值年均增长 11.12%，比城镇居民人均可支配收入增速低 1.38 个百分点，比农牧民人均纯收入增长速度低 4.78 个百分点；公共预算收入年均增长 14.56%，比城镇居民人均可支配收入增速高 2 个百分点，比农牧民人均纯收入增长速度低 1.34 个百分点。

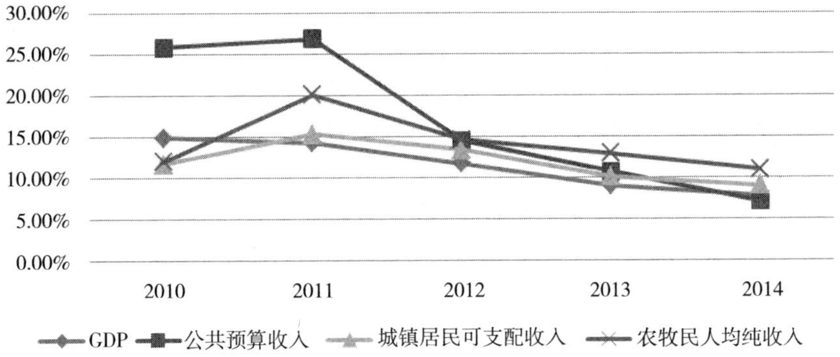

图 1　2010—2014 年内蒙古 GDP、公共预算收入、城镇居民可支配收入及农牧民人均纯收入增速变化情况

数据来源:2014 年中国统计年鉴

2. 与全国平均水平的差距

从与全国平均水平差距看,2010—2013 年我区城乡居民收入与全国平均水平的差距处于稳定的水平,2014 年城镇居民人均可支配收入与全国的差距陡降,低于全国平均水平 494 元,农民人均纯收入与全国的差距陡升,低于全国平均水平 513 元。

表 2　2010—2014 年内蒙古城乡居民收入与全国平均水平差距(单位:元)

指标 年份		2010 年	2011 年	2012 年	2013 年	2014 年
农民人均纯收入	全　国	5919	6977	7917	8896	10489
	内蒙古	5530	6642	7611	8596	9976
	差　距	-389	-335	-306	-300	-513
城镇居民人均可支配收入	全　国	19109	21810	24565	26955	28844
	内蒙古	17698	20407. 6	23150. 3	25496. 7	28350
	差　距	-1411	-1402. 4	-1414. 7	-1458. 3	-494

数据来源:2010—2014 年内蒙古统计年鉴、中国统计年鉴、内蒙古统计公报

与全国其他省区相比较,内蒙古初次分配中企业收入所占比重较高,居民

和政府收入所占比重较低①。2012 年内蒙古劳动者报酬所占比重居全国第 21 位，比全国平均水平低 5.88 个百分点，处于全国下游水平。企业收入所占比重居全国第 7 位，高于全国平均水平 8.24 个百分点，处于全国上游水平，与最高的吉林省相差 3.37 个百分点。政府收入所占比重居全国第 28 位，比全国平均水平低 2.36 个百分点，处于全国下游水平，与最高的云南省相差 8.92 个百分点。与 2012 年地区生产总值相近的陕西、安徽及黑龙江相比，内蒙古居民收入比重仅略高于黑龙江及陕西，比安徽低 5.24 个百分点；企业收入比重与黑龙江及陕西的比重相近，比安徽高 7.76 个百分点；政府收入比重比黑龙江、安徽及陕西分别低 1.84、0.11 以及 4.34 个百分点。

表 3　2012 年全国各地区国民收入初次分配结构情况　（单位：%）

地　区	劳动者报酬比重	生产税净额比重	（营业盈余比重+固定资产折旧）比重	地　区	劳动者报酬比重	生产税净额比重	（营业盈余比重+固定资产折旧）比重
全国平均	49.71	15.91	34.38	河　南	50.12	15.65	34.23
北　京	50.91	16.19	32.90	湖　北	48.60	14.21	37.19
天　津	39.09	16.58	44.33	湖　南	49.60	16.23	34.17
河　北	51.39	12.83	35.78	广　东	47.73	15.75	36.52
山　西	43.91	16.43	39.66	广　西	55.11	13.19	31.70
内蒙古	43.83	13.55	42.62	海　南	50.69	19.13	30.18
辽　宁	46.52	20.90	32.58	重　庆	49.78	14.59	35.63
吉　林	38.44	15.58	45.99	四　川	44.14	15.40	40.46
黑龙江	39.57	15.39	45.04	贵　州	53.28	18.12	28.60
上　海	41.57	19.93	38.50	云　南	50.57	22.47	26.95
江　苏	42.30	14.54	43.15	西　藏	64.27	8.86	26.87
浙　江	42.07	15.85	42.08	陕　西	38.51	17.89	43.60
安　徽	49.07	13.66	37.28	甘　肃	46.53	17.47	36.00
福　建	50.65	14.26	35.09	青　海	43.49	14.70	41.80
江　西	42.70	16.33	40.97	宁　夏	49.15	14.01	36.83
山　东	38.46	16.61	44.93	新　疆	53.02	15.20	31.78

数据来源：2012 年中国统计年鉴

① 按照收入法分析初次分配结构，其中：生产税净额相当于初次分配中政府收入，固定资产折旧与营业盈余相当于初次分配中企业收入，劳动者报酬相当于初次分配中居民收入。

从内蒙古自身的国民收入初次分配机构来看，我区劳动者报酬比重由2010年的43.58%微增到43.83%，生产税净额比重也有所提高，表明国民收入分配格局得到了改善，居民收入比重提高，企业收入下降，政府收入小幅上升。但这一好势头是不是一个趋势性变化，“十三五”是否会继续延续，取决于分配政策的调整力度。

表4　2010—2012年内蒙古国民收入初次分配结构情况　（单位：%）

年　份	劳动者报酬比重	生产税净额比重	（营业盈余比重+固定资产折旧）比重
2010	43.58	13.14	43.28
2011	43.46	14.51	42.03
2012	43.83	13.55	42.62

数据来源：2011—2013年中国统计年鉴

从城镇居民不同收入来源差距看，主要表现在：一是工资性收入与全国平均水平的差距减小。2010年到2013年间，内蒙古城镇居民的工资性收入在稳步增长，与全国的差距由2010年的1093元缩小到2013年的551.9元，居于全国第10位。内蒙古城镇单位在岗职工平均工资为由2010年的37147元上升到2013年的51388元，与全国平均水平的差距由2010年的1640元缩小到2013年的1000元。平均工资的稳步上升使得我区城镇居民工资性收入与全国平均水平逐渐缩小了差距。二是转移性收入与全国差距较大。2013年内蒙古城镇居民人均收入为26978.05元，与全国平均水平差距为2569元，其中主要差距来源为转移性收入。2013年内蒙古城镇居民转移性收入水平处于全国倒数第三，只为全国平均水平的63.9%，仅高于西藏与贵州。三是财产性收入明显偏低。受理财渠道狭窄、资源收益分配机制尚未建立等因素影响，我区城镇居民财产性收入明显偏低，而出租房屋财产性收入占比为24%，利息收入、红利收入及保险净收益对财产性收入的贡献率很低。2013年我区城镇居民财产性收入为508.64元，低于全国平均水平300多元，在全国居第20位，与排位第1的福建相比，相差1598元，比西部省区中的云南和广西也分别低950元和489元。

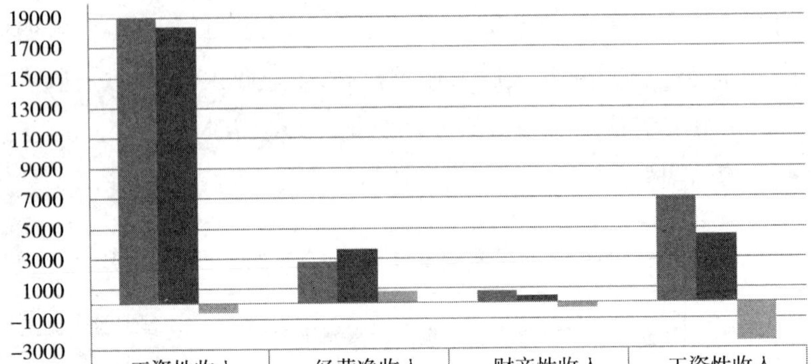

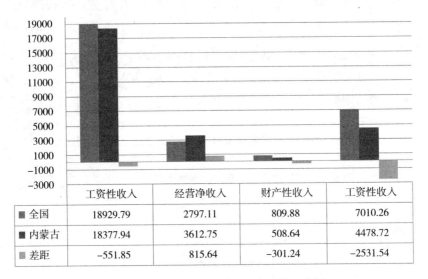

	工资性收入	经营净收入	财产性收入	工资性收入
全国	18929.79	2797.11	809.88	7010.26
内蒙古	18377.94	3612.75	508.64	4478.72
差距	-551.85	815.64	-301.24	-2531.54

图2　2013年内蒙古城镇居民人均收入来源与全国平均水平差距

数据来源:2010—2014年内蒙古统计年鉴、中国统计年鉴、内蒙古统计公报

从农牧民不同收入来源看,主要表现在:一是工资性收入比例偏低,与全国的差距呈逐渐扩大趋势,由2010年的1394元扩大到2013年的2330.8元,占农牧民人均纯收入的比重也仅为19.71%,与全国平均水平相差近26个百分点。农民纯收入名列前茅的广东、浙江、江苏等沿海发达省区,农民收入主要来源是工资性收入,高出内蒙古工资性收入30—40个百分点,形成鲜明的反差。内蒙古工资性收入仅高出排列于全国最低的新疆3.4个百分点,与相邻的农业省区吉林、黑龙江水平相当。可见,与全国和其他省区相比,内蒙古农牧民的收入差距主要体现在工资性收入方面。二是我区农牧民收入主要依赖第一产业增收,非农牧产业对经营性收入的拉动较弱。2013年经营性收入中农业净收入所占比重为57%,牧业净收入所占比重为31%,农牧业产业仍然是我区农牧民收入的构成主体。三是财产性收入对农牧民收入增长的贡献率低。农牧民获取财产性收入的渠道狭窄,目前,仅有银行储蓄、租金(包括出租农机具)和土地流转等少数几种方式。此外,土地流转、征用、房屋产权等制度体系不完善。2013年我区农牧民财产性收入为371元,贡献率仅为

4.32%，在全国居第8位，与排位第1的北京市相比，低1652.5元。

表5　2012年全国各地区农民收入结构比例　　（单位：%）

地　区	工资性收入	家庭经营收入	财产性收入	转移性收入	地　区	工资性收入	家庭经营收入	财产性收入	转移性收入
全国平均	43.55	44.63	3.15	8.67	河　南	39.73	52.80	1.80	5.67
北　京	65.82	8.00	10.42	15.77	湖　北	40.63	52.52	0.84	6.02
天　津	56.48	29.42	6.57	7.53	湖　南	51.71	39.02	1.52	7.75
河　北	49.56	40.27	2.70	7.46	广　东	64.54	24.34	5.28	5.84
山　西	49.96	36.72	2.22	11.10	广　西	37.39	53.84	0.90	7.88
内蒙古	19.17	61.61	4.24	14.98	海　南	33.42	56.46	2.34	7.78
辽　宁	38.69	50.98	2.62	7.72	重　庆	46.06	40.30	2.38	11.26
吉　林	20.84	65.33	4.57	9.25	四　川	44.12	42.92	2.38	10.59
黑龙江	21.12	63.15	6.74	8.98	贵　州	41.61	47.32	1.50	9.56
上　海	64.47	5.07	7.76	22.70	云　南	26.51	61.44	4.32	7.72
江　苏	55.53	31.75	3.76	8.96	西　藏	21.01	64.32	2.23	12.43
浙　江	52.76	36.36	4.04	6.83	陕　西	47.34	39.82	3.47	9.37
安　徽	45.30	45.61	1.56	7.53	甘　肃	39.67	46.93	2.49	10.92
福　建	44.89	45.85	3.21	6.04	青　海	37.09	41.42	1.78	19.71
江　西	45.12	47.80	1.54	5.54	宁　夏	40.62	49.70	1.64	8.04
山　东	46.40	44.83	2.72	6.05	新　疆	15.77	66.30	2.67	15.27

数据来源：2012年中国统计年鉴

3. 内部差距依然明显

从城乡间居民收入差距看，随着农牧民非农就业机会增加、工资率上升、“三农三牧”补贴力度加大等多方利好因素推动下，农牧民收入实现大幅增长。2010年到2014年间，城乡居民收入差距比由3.20∶1下降到2.84∶1，但城乡居民收入差距绝对量由 12168. 2 元扩大到 18373. 6 元。

表 6　2010—2014 年内蒙古城乡居民收入差距　　（单位:元）

指标/年份	城镇居民人均可支配收入		农牧民人均纯收入		城乡差距	
	绝对值	增速	绝对值	增速	绝对量	比值
2010 年	17698. 2	11. 67	5530	11. 99	12168. 2	3. 20 : 1
2011 年	20407. 6	15. 31	6642	20. 1	13765. 6	3. 07 : 1
2012 年	23150. 3	13. 4	7611	14. 6	15539. 3	3. 04 : 1
2013 年	25496. 7	10. 1	8596	12. 9	16900. 7	2. 97 : 1
2014 年	28349. 6	9	9976	11	18373. 6	2. 84 : 1

数据来源:2010—2014 年内蒙古统计年鉴、内蒙古统计公报

从地区间差距看,由于各盟市经济发展条件和发展水平差异较大,城乡居民收入差距也较大,我区西部地区城乡居民收入整体高于东部地区。2013 年城镇居民可支配收入最高的地区为包头市,达到 32694 元,比最低的兴安盟高 1. 74 倍,两者相差 13894 元。农牧民人均纯收入最高的地区为乌海市,达到 11878 元,比最低的兴安盟高 1. 86 倍,两者相差 5496 元。

表 7　2008—2013 年内蒙古各盟市城乡居民收入情况　　（单位:元）

指标/年份		2008 年	2009 年	2010 年	2011 年	2012 年	2013 年
呼和浩特	城镇居民	20269	22397	25174	28877	32646	32003
	农牧民	7051	7802	8746	8746	11361	11398
包　头	城镇居民	20861	23089	25862	29628	33488	32694
	农牧民	7076	7826	8766	8766	11421	11547
呼伦贝尔	城镇居民	12099	13298	14857	17142	19492	22616
	农牧民	5061	5606	6295	6295	8806	9642
兴安盟	城镇居民	9385	10251	11505	13232	15573	18800
	农牧民	3029	3401	3712	3712	5064	6382

续表

年份＼指标		2008 年	2009 年	2010 年	2011 年	2012 年	2013 年
通　辽	城镇居民	11721	12812	14263	16548	18828	21349
	农牧民	5009	5315	6002. 2	6002	8501	8924
赤　峰	城镇居民	11538	12670	14108	16416	18678	21148
	农牧民	4240	4500	5010	5010	7079	7284
锡林郭勒	城镇居民	12504	13752	15464	17960	20508	25666
	农牧民	4870	5417. 5	6153	6153	8925	10050
乌兰察布	城镇居民	11749	12866	14289	16313	18608	20895
	农牧民	4061	4144	4451	4451	5853	6964
鄂尔多斯	城镇居民	19436	21884	25205	29283	33140	32243
	农牧民	7052	7803	8756	8755	11416	12107
巴彦淖尔	城镇居民	11977	13067	14421	16368	18455	20674
	农牧民	6603	7342	8240	8240	10716	11045
乌　海	城镇居民	15999	17621	19741	22349	25447	28802
	农牧民	7475	8226	9244. 7	9244	12428	11878
阿拉善	城镇居民	14961	16604	19111	21622	24448	27399
	农牧民	6069	6821	7836	7836	10420	12869
高低差距	城镇居民	11476	12838	14357	16396	17915	13894
	农牧民	4446	4825	5532. 7	5532	7364	5496

数据来源:2008—2013 年内蒙古统计年鉴、中国统计年鉴、内蒙古统计公报

从行业职工收入差距看,近年来,我区收入最高的行业与收入最低行业间的差距也在不断扩大。2013 年我区金融、采矿、电力三个行业平均职工工资位居各行业前三位,分别为 73120 元、70301 元、65109 元,分别高出全区平均水平 21732 元、18913 元和 13721 元;而最低的农、林、牧、渔业平均职工工资仅为全区平均水平的 58. 2%。工资最高的金融业的工资与最低的农、林、牧、渔业相差 43190 元,比 2010 年扩大了 13155 元。

表 8　2008—2013 内蒙古六大行业职工平均工资比较　（单位:元）

年份＼指标	较低工资行业		较高工资行业		最高最低行业差距
	行业	工资	行业	工资	
2008	建筑业	17730	电力、燃气及水的生产和供应业	41241	28049
	住宿和餐饮业	16092	金融业	37404	
	农、林、牧、渔业	13192	采矿业	32246	
2009	批发和零售业	21658	电力、燃气及水的生产和供应业	44584	29557
	住宿和餐饮业	18202	金融业	43496	
	农、林、牧、渔业	15027	教　育	37452	
2010	批发和零售业	24652	电力、燃气及水的生产和供应业	49105	30800
	住宿和餐饮业	21469	金融业	48340	
	农、林、牧、渔业	18305	教　育	43621	
2011	批发和零售业	28897	电力、燃气及水的生产和供应业	52779	35619
	住宿和餐饮业	25462	金融业	58575	
	农、林、牧、渔业	22956	采矿业	51779	
2012	批发和零售业	37631	电力、燃气及水的生产和供应业	59287	40774
	住宿和餐饮业	30676	金融业	67378	
	农、林、牧、渔业	26604	采矿业	59874	
2013	批发和零售业	40630	电力、燃气及水的生产和供应业	65109	43190
	住宿和餐饮业	32012	金融业	73120	
	农、林、牧、渔业	29930	采矿业	70301	

数据来源:2008—2013 年内蒙古统计年鉴、中国统计年鉴、内蒙古统计公报

从城镇居民内部差距看,2013 年我区城镇居民最高收入组人均可支配收入为 91149. 90 元,最低收入组人均可支配收入为 4062. 93 元,二者对比为 22. 4 : 1,内部差距显著扩大。从绝对值来看,高低收入组的差距由 2010 年的 42727. 31 元扩大为 2013 年的 87086. 97 元,扩大了两倍多。

表 9　2008—2013 年内蒙古城镇居民家庭人均可支配收入分布情况

（单位:元）

指标 年份	最低收入户	中等收入户	最高收入户	高低收入差	高低收入比
2008 年	4554	13715	40205	35651. 11	8. 83 : 1
2009 年	5579. 71	15802. 88	43595. 27	38015. 56	7. 81 : 1
2010 年	6518. 46	17302. 56	49245. 77	42727. 31	7. 55 : 1
2011 年	7369. 49	20096. 81	59508. 67	52139. 18	8. 07 : 1
2012 年	8845. 92	23219. 06	63607. 01	54761. 09	7. 19 : 1
2013 年	4062. 93	23727. 33	91149. 90	87086. 97	22. 4 : 1

数据来源:2005—2010 年内蒙古统计年鉴、中国统计年鉴、内蒙古统计公报

二、成因分析

造成我区城乡居民收入水平总体偏低和内部差距的原因比较多,既有分配制度改革滞后的体制性因素,也有收入来源单一的结构性因素;既有经济发展方式粗放的产业因素,也有人才培养不足的内在动力原因。主要表现在:

(一)投资主导型发展模式抑制了居民收入增长

内蒙古属于典型的投资主导型经济结构,投资驱动型增长方式对居民增收拉动力弱,投资拉动型经济对就业增长拉动力低。2013 年内蒙古投资率为 93. 4%,高于全国平均水平 45. 6 个百分点,比 2000 年提高 51. 7 个百分点。从投资方向上看,主要投资于一些大型的能源重化工业项目,2013 年内蒙古采矿业和制造业固定资产投资达到 6320. 5 亿元,占全区城镇固定资产投资的比重达到 47%,这些产业资本有机构成高,尤其是大型重化工业项目技术含量、自动化程度较高,资本和技术替代劳动现象明显,导致吸纳的就业人员也相对较少,直接导致企业收入挤占劳动者收入,形成了“强资本、高回报,弱劳动、低收入”的格局。

表 10 2005—2013 年内蒙古投资率、消费率与全国平均水平比较

（单位:%）

指标 年份	投资率		消费率	
	内蒙古	全　国	内蒙古	全　国
2005 年	72. 9	40. 5	46. 3	54. 1
2006 年	70. 1	40. 0	43. 1	52. 4
2007 年	70. 0	40. 7	41. 0	50. 6
2008 年	67. 3	42. 6	38. 7	49. 7
2009 年	77. 0	45. 7	40. 7	50. 0
2010 年	77. 3	47. 2	39. 5	49. 1
2011 年	76. 7	47. 3	38. 5	50. 2
2012 年	84. 6	46. 5	39. 3	50. 8
2013 年	93. 4	46. 5	40. 9	51. 0

数据来源:2005 年—2010 年内蒙古统计年鉴,中国统计年鉴

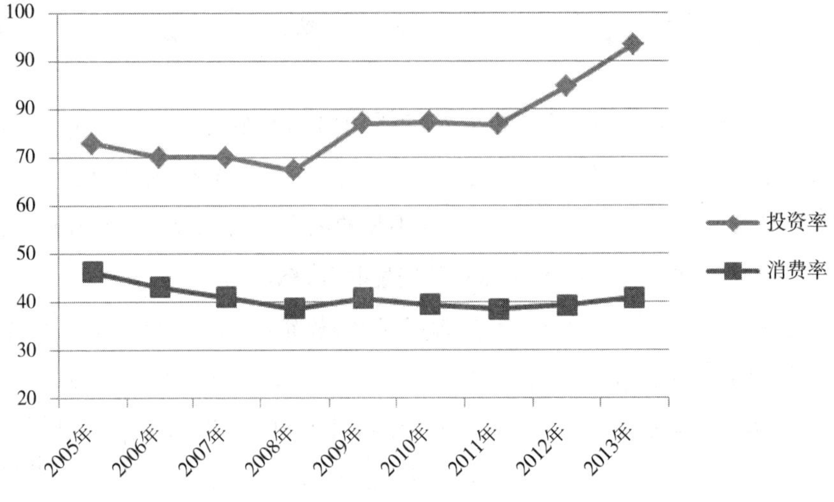

图 3 2005—2013 年内蒙古投资率与消费率趋势分析

数据来源:2005 年—2010 年内蒙古统计年鉴,中国统计年鉴

我区投资主导型经济发展模式容易导致以下问题:

一是投资主导型发展模式造成初次分配失衡。内蒙古的经济发展方式表现为投资拉动的外生性发展模式,固定资产投资成为最强劲的“三驾马车”之

一,这种经济发展模式,在保持较高的经济增速的同时,使经济缺乏内生的发展动力,也对收入分配格局产生了一定的副作用。大量的投资使得在内蒙古的生产组织中,资本相对于劳动占据强势地位。由于劳动处于劣势地位,影响了包括技术工人在内的整个社会就业形势和就业人员的工薪谈判能力。在按生产要素贡献大小取得收入分配的原则下,强势资本替代了劳动,不仅减少了劳动力的总量需求,而且减少了劳动力的收益水平,使得在初次分配中,劳动者报酬所占的份额持续下降,形成了“强资本,高回报;弱劳动,低收入”的分配格局。

二是居民收入来源单一。内蒙古居民收入主要是劳动报酬收入。进入21世纪以来,内蒙古由农牧业主导型经济转变为工业主导型经济,产业结构逐步升级,第二产业产值占生产总值比重提升并成为内蒙古的主导产业,随着资本有机构成的提高,劳动报酬收入占要素收入的份额必然下降。再由于内蒙古劳动力资源丰富,劳动力供给长期供大于求,导致平均工资水平长期增速较慢。

三是“高投资、低消费”发展模式抑制了居民收入增长。近年来,我区经济的快速增长主要是受投资拉动贡献,消费对经济的拉动作用不明显,2010—2013年内蒙古投资率由77.3%跃升至93.4%,消费率则由39.5%微升至40.9%。在投资主导型经济增长模式下,投资率连年提高,而消费率总体是下降的趋势,个别年份有局部的提高,我区处于“居民收入低—消费需求小—高投资拉动经济增长—抑制居民收入和消费”的怪圈。

(二)现阶段资源型发展模式对居民收入带动作用小

我区大部分产业均属于资源型产业,产业结构单一、链条不长,产业初级化明显,资源综合开发水平不高,新兴产业发育不足,对经济增长和就业拉动作用弱。

一是直接导致就业拉动作用弱。2013年采矿业和制造业年末职工达到67.1万人,占全部行业年末职工总数的22.8%。尤其是大型煤矿开采,直接雇用的劳动力人员仅为传统煤矿的3%,职工收入占煤炭产业增加值的比重仅为5%左右。

二是在矿产资源开发中居民获得的收益相对较少。在各种税费的收入分配中，当地政府分配给矿区所在地的乡镇或村的收益比较少。以鄂尔多斯为例，鄂尔多斯政府收取的煤炭开采行业税收中，90%左右的所得税都上缴鄂尔多斯政府，只有10%左右留在矿区；在中央返还25%的增值税主要在自治区、鄂尔多斯及矿区所在政府进行分配。此外，资源税收入也主要在自治区与鄂尔多斯市共同分成，留给矿区的比例非常小。

三是从三次产业对居民收入增长贡献看，2013年我区第一产业占地区生产总值的比重达到9.5%，对经济增长的贡献率为4.7%；第二产业占地区生产总值的比重为53.97%，对经济增长的贡献率为67.6%；第三产业占地区生产总值的比重为36.52%，对经济增长的贡献率为27.7%。

表11　2008—2013年内蒙古三次产业生产总值及占比

（单位：亿元、%）

指标 年份	第一产业		第二产业		第三产业	
	绝对值	比重	绝对值	比重	绝对值	比重
2008年	907.95	10.69	4376.19	51.51	3212.06	37.81
2009年	929.60	9.54	5114.00	52.50	3696.65	37.95
2010年	1101.38	9.45	6365.79	54.62	4187.83	35.93
2011年	1304.91	9.16	8092.07	56.80	4849.13	34.04
2012年	1447.43	9.05	9032.47	56.49	5508.44	34.45
2013年	1599.41	9.5	9084.19	53.97	6148.78	36.52

数据来源：2008—2013年内蒙古统计年鉴

但从三次产业就业看，就业结构呈现“一、三、二”与产业结构相反的格局，对经济增长贡献较小的第一产业从业人员数量占总就业人员数的41.25%，而对经济增长贡献巨大的第二产业从业人员数量仅占总就业人员数的18.8%，产业结构调整不足，导致就业吸纳能力弱，进而影响居民收入水平。

表 12　2008—2013 年内蒙古三次产业年末就业情况（单位:万人、%）

指标 年份	就业总量	第一产业		第二产业		服务业	
		绝对值	比重	绝对值	比重	绝对值	比重
2008 年	1103.3	556.7	50.45	186.2	16.88	360.4	32.67
2009 年	1142.5	558.0	48.84	193.3	16.92	391.2	34.24
2010 年	1184.7	571	48.2	206.2	17.4	407.5	34.4
2011 年	1249.3	573	45.87	221.5	17.73	454.8	36.4
2012 年	1304.9	583.4	44.7	236.1	18.1	485.4	37.2
2013 年	1408.2	580.9	41.25	264.6	18.79	562.7	39.96

数据来源:2008 年—2013 年内蒙古统计年鉴

（三）国民收入初次分配向企业和政府倾斜导致居民收入偏低

近年来,我区国民收入分配格局不断地发生着变化,但仍不尽合理,居民收入占 GDP 的比重在不断地下降,政府和企业收入所占比重不断提高。居民收入(劳动者报酬)所占比重由 2000 年的 62.5%下降为 2012 年的 43.83%,下降了 18.67 个百分点。企业收入(营业盈余和固定资产折旧)所占比重由 25.15%上升到 42.62%,提高了 17.47 个百分点,政府收入(生产税净额)所占比重由 12.34%上升到 13.55%,提高了 1.21 个百分点。

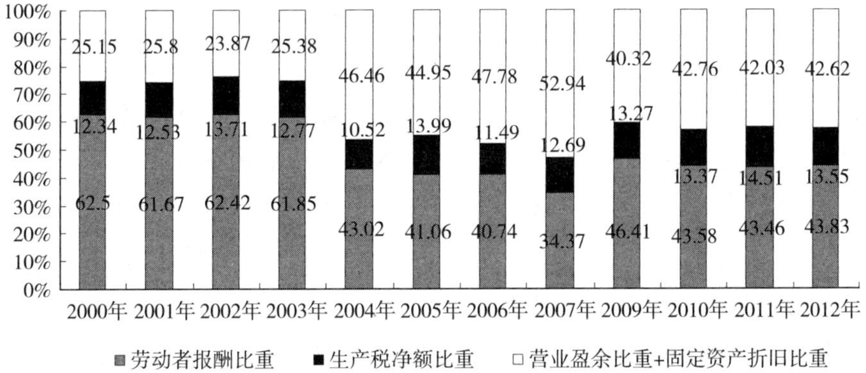

图 4　2000—2012 年内蒙古初次分配结构情况

数据来源:内蒙古统计年鉴

(四)促进居民收入增长机制不活成为制约居民收入的增长的“瓶颈”

收入分配领域改革进展缓慢,成为制约居民收入增长的体制性因素。主要表现在:一是缺乏体现“富民”的综合指标体系。现行政府考核指标仍然过多偏重经济增长和财政收入的增长,对居民收入增长的考核没有进入硬性考核范围;二是现行投资管理过多注重投资对经济增长的拉动效益,忽视了对就业、职工工资等影响居民收入的管理。尤其在统计分析上,以规模以上投资按年度、月度进行统计,没有突出相应的社会效益指标;在投资计划中,更多注重项目的实施和投资来源、比例,均不涉及行业就业率、职工工资和对地方财政的贡献内容;在项目审批和核准环节中,重点考查产业发展方向、用地、环境及资金落实情况,而不考核就业岗位、职工工资、投资收益分配等内容;在投资政策上,主要对投资额度大的项目,在资源配置、土地出让、收益转让等方面提供优惠政策,没有对增加就业岗位、增加地方财政收入等方面进行支持和奖励。三是从目前我区资源开发收益分配看,尚未赋予被征用土地、草场环境受损的矿区农牧民,以征地拆迁、补偿入股资源开发企业的投资权利,没有实现按股份或约定优先分红,未形成居民收入增长的长效机制。

三、促进我区居民收入增长的思路

党的十八大报告中提出,要在转变经济发展方式取得重大进展,在发展平衡性、协调性、可持续性明显增强的基础上,确保到2020年实现城乡居民人均收入比2010年翻一番。党的十八届三中全会提出的有关中国收入分配改革的目标更具有指向性和清晰度,即通过体制机制创新,厘清政府与市场权力在收入分配领域内的边界,逐步形成合理有序的收入分配格局,让发展成果更多更公平地惠及全体人民。全会针对国民收入分配的内容主要涉及两条:一是关于划转部分国有资本充实社会保障基金的问题,二是提高国有资本的收益上缴比例,在2020年上交公共财政提到30%,并且更多地用于保障和改善民生。

规范收入分配秩序,是形成合理有序的收入分配格局的重要途径。形成合理有序的收入分配格局,具体要形成如下六个方面的收入分配格局。

一、形成市场化机制和效率导向的初次分配格局。初次分配的本质是要求市场在各种生产要素的定价机制中起决定性作用，以充分体现生产要素按“贡献和价值大小”进行分配即功能性收入分配的原则。目前，我国初次分配中的市场定价机制发育尚不健全，主要表现在，要素收益未被合理分享与分配。

二、形成政府调节和公平正义的再分配格局。在市场经济条件下，再分配本质上是政府职能的体现，是政府对“市场失灵”的有效弥补，重点是运用税收等再分配手段，调节规模性收入分配，缩小收入差距，实现公平正义的再分配格局目标。一般来说，正常市场机制下形成的收入差距具有阶段性和可控性，发达国家经验表明，再分配机制基本上可以改善30%至40%的不平等状况。然而，我国税收和转移支付等再分配政策对收入差距起着微弱的调节作用，调节前后收入的基尼系数相差不大，而且部分地区还存在逆向调节的现象。所以我国收入差距过大，一定程度上还与再分配的差距调节能力弱密切相关。

三、形成一体化发展的城乡收入分配格局。长期以来，我国城乡二元结构体制下，居民收入的“规模性”差距主要表现为城乡收入差距。农民收入的有效提升取决于农业生产要素即对土地的确权，这是城乡要素平等交换的前提条件。《决定》指出要“建立城乡统一的建设用地市场”，这意味着“农村集体经营性建设用地出让、租赁、入股，实行与国有土地同等入市、且同权同价”。《决定》围绕土地流转与增值过程中所涉及的征地范围、征地程序、农民公平分享土地增值收益的保障机制、农民工同工同酬，以及统筹城乡基础设施建设等方面提出改革思路，抓住了城乡发展失衡的关键问题，体现了城乡一体化的发展思路，为构建一体化发展的城乡收入分配格局指明了方向。

四、形成规范化透明化导向的分配秩序格局。改革开放以来，在按劳分配与按要素分配相结合的多元化的收入分配体制和制度作用的影响下，人们的收入进一步多元化，除了劳动收入、货币收入、财产性收入，包括金融资产以及各种其他经营性财产收入、保障性收入、转移性收入。在确保收入来源多元化，激发各类财富创造主体活力的同时，更要确保收入规范化和透明度，消除一切不合理不规范不透明的非法收入，以及由行政垄断、权力寻租、腐败滋生等非市场因素产生的隐性收入和灰色收入。有鉴于此，《决定》明确提出，要通过“保护合法收入，调节过高收入，清理规范隐性收入，取缔非法收入”。

五、形成科学高效导向的分配管理格局。完善的个人信用体系的是社会征信体系的重要组成部分，也是运用科学方法健全收入分配监控与管理格局的基础。我国现行的收入统计指标体系是在20世纪80年代制定的，90年代后期进行了一定的调整，但从实际运行情况看，个人信用体系建设严重滞后、个人信息数据采集失真等，已经成为完善分配监管体制和健全分配管理格局的制约因素。《决定》指出，“建立个人收入和财产信息系统”是形成科学高效的分配监督与管理格局的关键。

六、形成激励化导向的分配制度格局。改革开放以来，收入分配制度改革为中国30多年来经济高速增长提供了重要的内部激励机制，即所谓“改革就是把激励机制搞好”，从而为经济增长提供动力。同样，未来中国经济的发展有赖于进一步理顺收入分配中政府与市场的关系，形成与释放出更加有效的制度激励。目前在一些公共部门，如机关事业单位、医院和学校等，普遍存在着收入激励的扭曲现象，使得“官民关系”、“医患关系”、“教学关系”等处于紧张和不信任状态，不利于社会和谐。《决定》提出“改革机关事业单位工资和津贴补贴制度，完善艰苦边远地区津贴增长机制”，正是出于加强对公务员队伍的激励，提升行政效能和转变政府职能的考虑。

目前我区面临城乡居民收入水平总体不高，内部差距较大，居民财产性收入偏低，居民增收渠道有限，居民收入在国民收入分配中的比重较低等问题，我区要按照十八大、十八届三中全会精神以及国务院的部署，继续深化收入分配体制改革，完善收入分配调控机制和政策体系，努力缩小收入分配差距，逐步形成橄榄型分配格局。

全区要坚持不懈地推动经济增长、深化收入分配改革，抓好以下几个方面：

——建立健全城乡居民收入增长与经济增长相关联的考核指标体系。坚持经济建设和社会建设并重的原则，把以民生为主的社会建设提高到战略高度，相应把收入、就业等与民生紧密相关的指标纳入考核体系。

——建立投资与就业相关联的投资体制。按照项目投资规模分层次确定就业岗位数量和职工工资水平，在招商引资优惠政策上，增加新增就业岗位、增加地方财政收入等方面的协议约定。

——完善促进城乡居民收入增长的资源开发利益分配机制。按照国家赋予我区“先行先试”的政策要求，在矿产资源开发中建立居民、企业、政府的利益均衡机制，提高居民矿产资源开发的收益。

——积极拓展居民增收渠道。拓展金融产品投资渠道，积极健全多层次资本市场，优化上市公司投资者回报机制，丰富债券基金、货币基金等基金产品，探索网络交易模式。加强规范发展实业投资和租赁服务，规范房屋租赁、收藏品投资、房地产等市场，依法保障居民不动产权及其抵押、转让、出售、出租等权利，保障形成可交易的流动资产。

——深入推进收入分配制度改革。合理调整收入分配关系，努力提高居民收入在国民收入中的比重，提高劳动报酬在初次分配中的比重。

——完善政策环境与监督管理机制。逐步创造让每个劳动者平等竞争的环境，清除劳动者流动、选择的各种制度、政策障碍，打破某些行业、部门的垄断，创造更多的就业岗位。强化劳动监察和劳动合同管理，改革现有财税体制，切实减轻中低收入人群的纳税负担，完善社会保障体系，扩大社会保障覆盖面。

四、主要对策建议

（一）建立城乡居民收入与经济增长联动的考核评价机制

树立正确的政绩观，就要有科学的考核评价体系和考核评价机制。应该把城乡居民收入倍增作为重要的考核指标，考核经济发展的成果是否落实到人民身上，是否落实到以人为本上。要把政府工作重心向“富民”转变，强化各级政府在指导思想上和工作布局中对城乡居民收入问题的重视，改变现在居民收入与经济增长“两张皮”的态势。重点抓好以下两个方面：一是在政府考核体系中增加财政收入年均增长与地区生产总值年均增长、城乡居民收入增长与地区生产总值增长的考核指标，或者，增加财政收入占地区生产总值比重、城乡居民收入占地区生产总值比重考核指标；二是增加 GDP 含金量（城乡居民收入之和与城镇人口占总人口比重的乘积除以人均 GDP）指标，用以衡量经济发展惠及居民的质量。

（二）建立城乡居民就业与投资相关联的硬性约束机制

当前我区投资项目的核准与审批考虑更多的是依据国家和自治区宏观经济政策，以产业、土地、资源、环保、资金等为主要关注内容，而对项目实施后对就业拉动，职工工资增长等民生问题提出的要求很少，投资增长对城乡居民收入增长带动作用不强。要探索建立投资与就业、职工工资、地方财政收入增长挂钩的投资体制，按照项目投资规模分层次确定就业岗位数量和职工工资水平，增设地方就业人数年均增长与固定资产投资年均增长、职工工资收入总额与固定资产投资总额两个考核指标。提升就业率和促进农村劳动力转移，探索将就业率等指标纳入考核指标体系。在招商引资投资优惠政策上，除给予土地和资源配置、收益转让等优惠外，增加新增就业岗位、增加地方财政收入等方面的协议约定。此外，建立地方财政投资购买社会公益岗位制度，加大对就业岗位的提供力度，主要用于向四零五零人员等就业困难群体提供就业帮助。

（三）完善居民、企业和政府资源开发利益分配机制

资源利益分配机制不合理，市场在资源配置过程中严重缺位，政府仍然是资源配置的主角，资源开发区群众没有话语权。要积极探索建立资源开发企业与当地政府、居民利益分配共享机制，试行资源作价入股、征地拆迁补偿入股等资源开发利益分配机制。除以资源作价入股方式外，还可考虑建立企业利润与农牧民分享机制。工矿企业占用农牧民耕地、草场，农牧民按耕地、草场承包合同所填报的户数为单位享受工矿企业利润分享金，企业以生产用电量为依据给予农牧民一定数额的分享金，具体分享数额由当地政府、企业和农牧民三方共同商定。同时要建立草场补偿梯次增长机制。工矿企业占用草场，补偿实行梯次增长。工矿企业生产区项目控制在规划和批复的用地范围内，按国家规定的标准进行草场补偿。对在原有基础上扩大占用草场的企业实行补偿梯次增长，补偿费逐级提高，并规定草场占用上限。另外，工矿企业在生产运营过程中对周边环境造成污染而影响农牧民的生产生活，应对涉及的农牧民给予一定数额的补偿。

（四）调整产业结构促进居民增收

全区上下确立“放水养鱼”、“藏富于民”的发展思路，通过调整产业政策、

优化税收政策等手段，促进产业发展与就业增长的协调。大力发展服务业、劳动密集型产业，完善配套投融资、税收、用地、价格、人才等政策，放宽市场准入，促进产业结构优化。加快县域经济发展，增加城乡居民多样就业渠道，增加居民经营性收入。结合内蒙古的实际创造性地落实好国家支持小型微型企业发展的财税和金融政策，加大对农牧民兴办二三产业、农村牧区农畜产品加工、流通中小企业进行贴息贷款的支持力度，促进中小企业、民营经济发展壮大，拓展农牧民增加非农牧收入渠道。

创新农牧业产业化经营方式，引导农牧户与龙头企业巩固利益联结，由目前单纯依靠购销合同为主转变为向投资人入股等风险共担形式。积极推广“返租倒包”[①]模式，在政府支持下，促进农牧业龙头企业将农牧民的土地使用权租过来，由企业统一规划、统一种植、统一经营，然后再承包给农牧民进行产业化经营，由农牧民按双方合同和考核办法进行生产管理，公司支付劳务费，确保农牧民获得土地租金、劳务收入、超产收购款等收入。

（五）建立“创业富民”长效机制

树立创业带动就业观念，把创业带动就业作为居民增收的关键举措，创造条件营造有利于居民自我创业的环境机制，促进创业富民，最大限度地激发公民的创业热情，让更多的人通过创业促进收入增长。

落实促进创业的扶持政策。降低创业门槛，凡我区居民申请个体工商业、合伙企业、独资企业登记，不受出资额限制。征得利害关系人同意和合同约定情况下，允许创业者将家庭住所、租借房、临时商业用房等作为创业经营场所。允许将能够有效划分的同一地址登记为多家企业或个体工商户经营场所。

增加促进创业资金支持。建议地方各级政府设立并多渠道筹集创业引导资金，利用开发区、工业园区、高新技术园区、大学科技园区、科技成果转化服务中心等企事业单位，建立一批创业孵化基地及创业见习（实训）基地。加强信贷支持，扩大小额担保贷款规模，提高贷款额度，降低反担保门槛。符合条

① 返租倒包原指某一农村集体（乡、镇）以一定数量的租金从农户手中将土地使用权返租回来（后来也通指某些农合组合或公司从农户手中将土地使用权租赁回来），通过土地治理和基础设施改造，或是某种良种或技术的应用，再倒包给原承包农户或其他农户和单位。它具有明显的产业化带动和科技推广示范作用。

件的城乡劳动者，申请小额贷款并从事微利项目的，由财政据实全额贴息；从事非微利项目的，给予50%的贴息。对利用自有住房初次创业运营正常的，给予水、电等方面创业运营经费补贴。

优化政府的创业服务。扩大创业培训范围，对符合条件人员按规定给予创业培训补贴。依托公共就业服务体系，建立公共创业指导中心。完善创业项目开发、征集、论证、推介机制，促进项目与创业者有效对接。

（六）加快推进城镇化进程，促进农牧民持续增收

现阶段“三农”问题的核心是农民收入问题，农民收入增长缓慢，城乡居民收入差距进一步拉大，严重阻碍了我区社会经济的发展。农民增收问题成为我区当前社会刻不容缓的经济问题。随着“十二五”城镇化战略地进一步推行，通过有序转移农村富余劳动力，以工促农、以城带乡，实现农村城镇化，是农民增收的根本。

要提高农村劳动力吸纳能力，加快中等城市发展。在加快建设呼和浩特、包头中心城市的基础上，积极推动区域中心城市和中等城市建设，加快县城扩容升级步伐，增强农村劳动力转移的承载能力。加大城镇化规划引导，促进大中小城市和小城镇协调发展，做大城市经济。推动新兴城市发展，完善城镇基础设施和配套服务设施，促进产业和人口集聚，提高城镇综合承载能力。

加快制定农村剩余劳动力进入城镇的相关政策，取消对农村人口进入城镇的各种制约，降低农村人口进入城镇的成本，并给予其与城镇人口同等的待遇。在住房方面，对于由农村到城镇务工、经商人员，各地可以提供公寓集中管理，并适时制定农村进城务工人员购买经济适用房政策，以帮助他们解决住房问题；在其子女就学方面，应享有与城镇子女相同的待遇，取消对学校所收取的借读费等费用；在社会保障方面，用人单位必须为务工人员办理各项社会保险，鼓励个体从业人员自主办理各项社会保险，对于失业人员也可以领取失业保险金或城镇最低生活保障金；解决好农村进城务工人员的生产、生活安全问题。

加大农村牧区劳动力转移培训支持力度。进一步完善培训补助奖励措施，按照农村牧区劳动力培训后的就业率，对培训机构给予一定的财政补贴。建议各盟市尽快建立劳动力资源信息库，按照农牧民技术特长，有组织地引导农牧民进入城市就业。城市开办的劳务市场、职介所、人才市场，向农牧民就业提供绿色通道,取消各种歧视性就业准入条件。探索建立转移创业就业园,积极为转移农牧民创业提供贷款担保和各类税费、管理费用减免优惠。构建多层次农牧民工培训体系,完善政府主导、输出地与输入地联合,学校教育、机构培训与远程培训结合的多层次的技能培训体系,探索建立农牧民工“培训券”制度,使农民能够根据市场需求与自身发展的需要随时随地参加培训。

(七)努力提高城乡居民工资性收入水平

城乡居民工资性收入在我区居民收入中占较大比重,大幅调高居民工资性收入对促进居民收入快速增长有着显著的效果。健全最低工资标准动态调整机制,由政府主管部门根据不同行业的劳动强度、工作特点、收益率等,分别规定上、中、下三条工资增长指导线,并进行定期发布,企业工资增长基准线不低于12%。完善企业薪酬调查、人力资源市场工资指导价位和人工成本预测预警制度,指导企业形成以一线职工为重点的工资正常增长机制,保证一线职工工资增幅不低于本企业职工平均工资增幅,逐步缩小一线职工工资与经营管理者收入的差距。

完善工资集体协商和支付保障机制。依法保障职工对企业工资分配的知情权、参与权和监督权。职工50人以上已建工会的企业普遍建立工资集体协商制度,职工50人以下企业通过区域、行业工资集体合同覆盖,力争全区建有工会的企业工资集体协商制度覆盖面达95%以上。强化工资支付预警,重点解决建设领域农民工工资支付保障问题,建立总包企业和分包企业、劳务企业工资支付连带责任制,推行工程款与职工工资分离和建设单位工程款支付担保制度。健全企业欠薪保障应急周转金制度,扩大工资保证金制度的实施范围。

稳定机关事业单位人员收入增长。机关事业单位人员收入年增幅原则上与经济发展相适应。建立健全事业单位绩效工资制度,逐步提高绩效工资总量水平。在规范公务员津贴补贴的基础上,建立机关工作人员津贴补贴水平正常增长机制,严格德、能、勤、绩、廉考核,根据目标任务完成情况兑现。调整完善机关事业单位在职职工住房公积金政策和住房补贴政策。同步调整机关事业单位离退休人员生活补贴标准。

促进农牧民增加工资性收入。落实农牧民就业失业登记、求职登记、农村牧区困难家庭就业援助和农牧民创业服务制度。实施百万农牧民工培训工程,统筹农牧民培训补助资金。推行普惠制的农牧民职业技能培训鉴定获证奖补制度,加快推进农村牧区劳动力转移。实行城乡农牧民工最低工资标准全覆盖,建立合理的工薪增长机制。支持各类企业和农村牧区合作经济组织吸纳农牧民就近就业。发展富民合作劳务合作等新型农牧民合作组织,鼓励其参与城乡建设、社区公共设施维护及管理等服务。对农牧民专业合作社销售社员生产的初加工农畜产品视同农民自产自销,免征个人所得税。健全合作社盈余分配、内部积累、成员优先用工和风险保障机制,逐步提高成员分红比例。

(八)拓宽城乡居民财产性收入来源渠道

理顺和创新促进居民财产性收入增加机制,通过制度创新与完善,让居民财产能够通过适当途径转化为资本,为居民拥有财产性收入创造更为完备的市场条件。

推进农村牧区产权制度改革,探索农村牧区资源资产化、资产资本化、资本股份化的有效实现形式。加快推进农村集体土地所有权、宅基地使用权、集体建设用地使用权、土地承包经营权确权登记颁证,建立城乡统一的土地市场,实现“两种产权、一个市场”。积极探索赋予农民房屋完整产权,使农民在房屋出卖、出租、抵押、继承等流转中增加财产性收入。

推进村级集体资产产权制度改革,发展土地股份合作、农村社区股份合作等农村合作经济组织,增加农民股份合作收入。完善征地制度,建立征地补偿标准动态调整机制。规范城乡建设用地增减挂钩,健全土地承包经营权流转、退出制度,建立土地承包经营权流转价格与农畜产品价格挂钩增长机制。通过“两盘活”①和“两置换”②提高农牧民财产性收入。

---

① “两盘活”即盘活产权,盘活经营方式。盘活产权就是盘活农牧民土地和草牧场承包经营权、宅基地使用权、房屋所有权、林权和集体经济所有权,允许农牧民以入股、担保、质押、租赁、联营等方式,“变资源为资产、变资产为资本、变资本为股本”,从而提高农牧民财产性收入。坚持凡是政府投入龙头企业的扶持资金,要变成农牧民的股本,允许农牧民参与收益分配;凡是企业进入农村牧区进行资源开发和项目建设,都要以集体入股、合作社参股等形式,给予当地农牧民分红;征占用农村牧区集体土地,要提取一定比例的征地补偿费,由村集体入股经营参与收益分配。

② “两置换”,就是建立土地、草牧场和宅基地退出和流转机制,创设载体和平台,鼓励和支持农牧民用土地换租金、换股权,走农牧业集约化经营的路子,用宅基地换住房、换保障,走农牧民集中居住的路子。

鼓励居民财产向资本转化。坚持房屋拆迁市场定价，根据经济社会发展及物价等情况，适时调整土地征收补偿标准。鼓励通过动产、不动产投资，将资金、技术、管理等要素转化为经营性产权，开展股权、债权、知识产权质押、抵押融资，依法增加红利、租金、利息等财产性收入。

发展和完善房屋租赁市场，保持房屋出租收益。加强对房屋租赁市场的管理，规范房屋租赁市场的服务行为，建议各盟市要建立一套资料共享的房屋租赁辅助管理和服务网络，并辅以房屋租赁指导租金制度，为租赁双方当事人提供参考，减少待出租房屋空置时间。

适时推出"以房养老"的"倒按揭"业务。即，老年居民在退休时将房屋抵押给商业银行，由银行根据房产的价值向投资者每月发放养老金，投资者过世后银行将房产的残值作为遗产向继承人清偿，通过财产性收入解决养老金问题。

（九）完善农牧民转移性收入制度

继续加大各类惠农惠牧政策实施力度，探索农村牧区生产要素资本化运作，创造有利于农牧业发展和农牧民增收的新机制。建议实施涉农企业就业补贴政策。为鼓励各类涉农企业和涉农经济组织充分吸纳我区农牧民就业，促进农牧民就业转移，实行对涉农企业和涉农经济组织吸纳本区农牧民就业补贴政策。每吸纳一名农牧民就业并为其缴纳社会保险的，给予涉农企业和涉农经济组织每人每月 500 元的就业用工补贴，专项用于补贴用工单位所缴纳的户籍农民社会保险费部分。实行土地流转补偿政策，增加农民土地收入。为保障农民土地流转权益，建立全区农村土地承包流转指导价，各盟市在指导价的基础上，根据本地区实际，确定相应的土地流转价格。

改革开放

第十三章

内蒙古改革创新驱动发展的路径选择

创新是引领发展的第一动力，通过科技、要素、产业、产品、组织、管理、品牌、业态和商业模式等全面创新，可以发挥对拉动经济增长、推进结构优化、促进动力转换的乘数效应。《内蒙古自治区党委关于制定国民经济和社会发展第十三个五年规划的建议》明确提出，要坚持创新发展，提高发展质量和效益。"十三五"时期，我区必须把创新摆在发展全局的核心位置，实施创新驱动发展战略，把发展基点放在创新上，不断推进理论创新、制度创新、科技创新、文化创新等各方面创新，改善要素禀赋结构，转变经济发展方式，加快形成以创新为主要引领和支撑的经济体系和发展模式。

一、实施创新驱动发展战略

国际上通常将一个国家或区域经济发展分为 4 个阶段：即"生产要素驱动发展阶段"、"投资驱动发展阶段"、"创新驱动发展阶段"和"财富驱动发展阶段"。其中，经济发展的第三个阶段——"创新驱动发展阶段"的内涵是依靠科技创新，利用先进技术成果，提高技术含量，实现经济发展和科学技术相互配合，不断优化产业结构，扩大经济的增长规模，推进经济又好又快发展。这主要是因为创新具有以下两大功能：一是创新可以通过不断地提高单一或者综合要素的生产率，抵消因为要素投入数量的增加而导致的单一要素或者全要素报酬递减的趋势；二是创新可以通过生产要素的新组合，突破经济发展中迟早要发生的、由要素或资源的短缺所造成的瓶颈。

2011 年以来,内蒙古深入贯彻党的十八大、十八届三中、四中和五中全会精神,紧紧围绕“8337”发展思路,坚持“自主创新,重点跨越,支撑发展,引领未来”的科技工作指导方针,坚定不移地走创新驱动的发展道路,大力推进创新驱动发展战略,努力提高科技创新对经济社会发展的支撑作用,全区科技发展进入重要跃升期。全区专利申请总量近 3 万件,增长速度达到 25%左右。一批科技重大专项全面实施,取得重要阶段性成效,绘制完成了世界首例蒙古族基因组序列图谱,研制完成了世界最大的 3.6 万吨黑色金属垂直挤压机,煤炭开采和深加工、智能电网及非稳定电源接入、稀土新一代冶炼工艺及功能材料、生物制药及生物疫苗生产、大风机制造及太阳能热利用、多种类型区域生态治理技术等方面多项新技术居全国第一,粉煤灰提取氧化铝、煤制油气、煤制烯烃、煤制乙二醇等项目技术达到了世界先进水平,技术创新对产业发展的支撑作用进一步增强。根据国家科技部统计监测,2014 年内蒙古综合科技进步水平指数居全国第 20 位,较“十一五”上升了 1 位。

同时需要看到,内蒙古科技创新水平和创新成果产业化水平低,关键技术和核心技术缺乏,技术创新平台建设滞后,科技发展综合实力尚处于国内第三梯队靠后位置。在 2014 年科技部统计监测的 33 项三级指标中,我区排名在 20 位之后的指标有 15 项。2013 年科技进步贡献率比全国平均水平低 14 个百分点。目前反映原始性创新状况的知识创新能力仅位列全国第 27 位。每万人发明专利拥有量不足全国平均水平的 20%。“十二五”以来全区专利申请总量仅占全国同期专利申请总量的 0.2%,其中具有代表自主知识产权的授权发明专利占全国授权发明专利的总量更是不足 0.3%。科技创新能力低,导致了我区很多产业处于国际国内产业链的中低端,消耗大、利润低,在激烈的国内外竞争中难以把握先机、赢得主动。

因此,我们必须紧紧围绕“8337”发展思路和自治区党委、政府的重大决策部署,全面实施创新驱动发展战略,以前瞻性的思维确立创新驱动发展的战略举措和重点任务,以解决实际问题为创新活动的出发点和落脚点。发挥科技创新在全面创新中的引领作用,促进经济增长由主要依靠物质资源消耗向主要依靠科技进步、劳动者素质提高、管理创新转变。坚持问题导向,从自治区产业转型升级的实际需求出发确定跟进和突破策略,紧密跟踪全球科技发展方向，坚持主动跟进、精心选择、有所为有所不为，制定技术路线图，明确科技创新主攻方向和突破口，围绕产业链部署创新链，以“五大基地”建设为重点，组织实施一批重大技术攻关工程，集中力量、协同攻关，在优势产业领域取得一批重大科技成果，建立一批基本技术标准，培植一批自主品牌，努力形成新的比较优势。

（一）组织实施清洁能源输出基地建设技术攻关

攻克清洁能源重大核心技术，促进能源结构优化，推动装备改进升级，实现能源的清洁、安全和高效生产利用，加快节能减排步伐。一是煤炭清洁高效利用：在自治区规划的大型清洁煤炭生产基地，开展煤炭高效开采、综合提质和低污染转移技术开发，开展煤化电多联产系统核心单元技术和系统集成技术，高效洁净燃煤火力发电智能输电及环保技术，超大规模互联电网安全稳定运行控制技术开发和应用。二是太阳能利用：突破太阳能发电、储热关键技术，开展太阳能光伏材料及电池制备清洁生产技术研发、太阳能热发电技术研发及应用示范。三是风能利用：加快新型风机研发应用，开展大规模风电并网接入及分布式风电接入技术研发和应用。四是能源互补利用：重点推进高效能量转换存储装置及系统集成技术研发，开展风电、光伏发电等多能互补系统关键技术研发及示范，新能源产业自给型高效应用技术科技攻关；开展页岩气勘探、开采和利用技术的引进与开发；开展地热综合利用技术研究与应用。五是节能环保：打造新型清洁能源循环利用技术体系，重点示范新型热电联产集中供热技术，广泛推广应用工业余热余压利用技术；支持大型国企、资源型城市综合节能改造工程和循环产业链工程，扩大产业园区节能减排、循环经济、清洁生产覆盖面；大力推广绿色建筑技术。

（二）组织实施现代煤化工生产示范基地建设技术攻关

针对内蒙古不同区域煤种特性，跟踪国内外现代煤化工前沿技术发展，合理选择煤炭转化路径，加快改造和提升现有技术，积极引导煤化工下游产品深加工技术研发，提升煤炭分类分质、高效清洁和高附加值转化水平。一是煤气化：积极引进、开发以低阶煤利用为重点的、合成气组分可灵活调节的新型高效清洁煤气化技术；同时对现有气化工艺进行不断优化改造，进一步提升技术水平和经济性。二是煤制油：开展单台百万吨级铁基费托合成浆态床反应器及单台三十万吨级钴基费托合成固定床反应器的设计与制造工艺、新型合成催化剂的生产与应用等关键技术研发，形成涵盖催化剂、反应器以及合成工艺等为核心技术的自主知识产权体系；研究开发不同煤基油品（煤加氢液化生成油、费托合成油、煤热解焦油等）联合加工的关键单元技术，开展工程化技术研究，制定联合加工工艺路线；优化现有工艺流程，提升系统能量梯级利用水平，加强合成尾气转化，提高产品回收率，降低资源消耗。突破高附加值费托合成深加工产品的生产技术，加快自主知识产权技术的工程化研发和集成示范。三是煤制天然气：开发合成气完全甲烷化催化剂制备、大型甲烷化反应器和绝热多段循环固定床完全甲烷化工艺，形成完整的具有自主知识产权的煤制天然气成套技术工艺包。四是煤（甲醇）制烯烃：重点研发相关技术以解决现有示范工程存在的工程化问题，完善工艺技术和装备，降低煤耗、水耗、污染物排放；加快烯烃下游高等级、高附加值产品的研究开发；积极探索碳四副产品优化利用途径，提高项目整体能效。五是煤制乙二醇：重点突破合成气羰化加氢生产乙二醇的技术瓶颈，提高乙二醇产品质量；推进新型草酸二甲酯加氢催化剂、加氢反应器及配套工艺的研发，形成一批自主知识产权；加快合成气一步法制乙二醇、甲醇制乙二醇等其他新技术路线的研究；加大乙二醇下游精细产品的生产技术研发，提高就地转化能力。六是煤制芳烃：积极跟踪国内知名科研机构和大学煤制芳烃技术进展，稳步推进新技术工程化示范，与已有煤制乙二醇项目结合，形成区域性聚酯生产基地。七是褐煤提质：针对内蒙古褐煤特点，开展褐煤干燥、热解、成型技术基础研究，联合攻关褐煤热解过程中反应调控、油气质量控制、回收水利用和提质煤粉成型等关键技术；加快解决目前存在的提质煤自燃、粉尘大、污染严重、能源利用效率低等问题，推进褐煤大规模开发利用。八是在煤制乙醇、甲醇合成聚甲氧基二甲醚（DMMn）、二甲醚制乙醇、甲醇制乙二醇、合成气一步法制汽油、合成气制异丁醇、合成气制低碳混合醇、尿素醇解制碳酸二甲酯等新技术、新工艺的研发方面进行积极探索。九是在对甲醇、化肥、电石等传统煤化工进行升级改造；在焦炉煤气高效脱硫工艺，煤焦油有效成分分离、提取技术及下游产品开发方面取得突破。十是积极采用国内外先进的节水、节能、废弃物综合利用技术，研究开发一系列适应不同废弃物类型及特性，同时具备较强消纳能力和高附加值的新型工艺技术;稳步推进二氧化碳捕获、封存和转化利用(CCSU)等关键技术的工业化示范。

(三)组织实施有色金属生产加工和现代装备制造等新型产业基地建设技术攻关

解决冶炼产品转化率不高、资源保障程度低、高新技术储备和高精尖产品开发不足、整体装备水平低、高耗能高污染仍然突出等问题,促进有色金属深加工技术的发展,提高稀土等新材料的开发利用水平,积极发展以数字化、柔性化及系统集成技术为核心的专用智能制造装备。一是加大电解铝业传统工艺装备改造升级技术开发力度,消化吸收再创新国内外先进的铜、镁、铅、锌等有色金属开采、冶炼及加工技术;在特色精细品种开发、有色金属材料挤压和锻造模具设计制造,难选冶、低品味金属矿产综合利用,冶金过程能源综合利用和污染物控制燃烧技术等方向取得进展;促进铜、铅、锌等冶炼企业原料中各种有价元素的回收及冶炼余热利用,建立完善铜、铝再生资源利用技术体系;突破精铝、铝板带、高纯高压电子铝箔及铝基系列合金深加工关键技术。二是大力推进重型及专用车辆、铁路车辆、工程机械、煤化工大型设备、煤矿机械等重型装备的技术升级;自主开发相关配套零部件产业,突破汽车关键零部件设计技术及传动系统、制动系统控制技术;发展智能化、多功能农牧联合型机械,加快开发节水灌溉、大型马铃薯种植收获、优质牧草收获加工技术及装备;积极推进 MW 级以上大型风力发电系统国产化进程,研发光伏电池组件及控制设备等关键产品,发展第四代核电燃料元件制造技术;强化装备制造业基础配套能力,积极发展以数字化、柔性化及系统集成技术为核心的专用智能制造装备;探索新能源汽车的技术引进与集成,优化大容量镍氢动力电池生产工艺技术,研究大容量锂离子动力电池生产工艺及制造技术,提高电动汽车用永磁电机技术性能,积极研制具有自主知识产权的电动汽车发动机、发电机、传动装置等关键部件。三是加大稀土尾矿资源综合利用关键共性技术研发、稀土冶炼分离新工艺及清洁生产技术开发;积极开展稀土元素特性及其特殊作用机理研究;重点突破稀土高端功能材料及终端应用产品技术瓶颈,开发高性价比稀土永磁材料、高容量稀土储能新材料、高品质稀土发光、抛光、催化材料、高性能稀土铝、镁合金材料以及下游应用产品,技术水平达到国际先进水平。四是加强盐化工精深加工及清洁生产技术研发及产业化，开展新型轻质、高性能金属基复合材料研发；提升高端有机氟材料、高强有机纤维、新型陶瓷及特种光纤等非金属材料研发及应用水平；开展燃料电池及组件研发；突出抓好高导热石墨材料研发，石墨烯复合材料产品制备及应用技术研发；加快优势资源汽车用钢的研究与开发。

（四）组织实施国家重点农畜产品生产加工输出基地建设技术攻关

以优势和特色农牧产业为重点，引进集成现代农牧业技术，在产业化、规模化、集约化、标准化、良种化和信息化等六化技术研发和集成上狠下功夫，在主要粮食作物、经济作物、特色作物、肉牛肉羊、奶牛、绒山羊品种选育，栽培技术、健康养殖、食品安全、植物保护和草原生态保护等方面开展研究，推动全区现代农牧业走产业高效、产品安全、资源节约、环境友好的发展道路。一是开展主要农作物高产高效栽培管理技术集成示范，重点发展区域优势农作物节本增效和高产低耗栽培技术；开展中低产田综合治理技术、旱作农业技术、保护性耕作技术、农田病虫草害综合防护技术集成示范。二是开展主要家畜优良品种高效养殖技术模式示范，在地方肉羊和杂交肉羊优良品系选育及产业化示范，优质肉牛和奶牛品种培育、饲养加工技术研发与产业化示范，动物疫病防治等方面取得突破。三是开展乳、肉、羊绒、主要粮油产品加工新技术研究；加强食品添加剂和配料高效安全制造技术、食品原料和食品包装材料纳米化加工技术、食品高效分离提取技术、食品非热加工技术、可食性全降解食品包装材料工业化制造技术的研究开发。支持这些优势领域科技创新平台建设，继续保持优势领域的生产装备与工艺技术的国内领先水平，加快形成粮油、薯菜、饲草料产业加工技术体系。四是推进生物技术研究应用。积极发展发酵技术，酶生产技术及活性物质提纯技术；研究动植物优良种质资源生物基因图谱，建立优良农作物和动物种质资源库；挖掘特色生物资源；实现乳酸菌资源利用及相关产品开发及产业化；开展生物农药、生物兽药、复合活菌制剂研究及产业化；开展抗体、疫苗、细胞、血液、生物医药材料等生物医药工程产业技术及产品研发。

（五）组织实施体现草原文化和北疆特色旅游休闲基地建设技术攻关

推动我区民族文化与科技的深度融合，促进文化科技领域技术不断突破，加快高新技术在草原文化领域的应用示范，为我区民族文化的传承和发展提供坚实的科技支撑。应用现代科学技术优化提升各类旅游资源品质。结合自治区民族优秀文化特点，积极开展文化休闲、文化艺术、文化传媒、创意设计等领域的技术创新与应用，重点突破数字文化、蒙医药文化、数字医疗、数字出版、数字动漫、数字旅游、游戏设计制作、文化创意服务、民族艺术品生产数字化等关键技术。二是加快广播电视公共服务体系、现代传播体系建设关键技术研发与应用示范等；支持建设蒙古文数字资源库、国际标准蒙古文数字出版系统、草原音乐资源网络化高新技术服务平台。三是进一步推进文化科技创新，加强文化和科技融合，为全面提升我区文化科技创新能力、促进文化产业快速发展发挥重要的作用。四是支持景区旅游资源数字化、票务代理和银行支付网络化协同服务等关键技术集成、标准规范的研究开发；支持建设草原旅游景区营销服务信息平台，完善旅游公共服务体系，促进草原文化景区营销服务信息化产业发展。

（六）组织实施生态安全屏障建设技术攻关

开发废物无害化、资源化新技术，解决长期制约生态环境建设的关键技术问题，促进生态恶化趋势明显减缓，改善城市生态环境。一是重视生态系统退化与恢复重大基础理论研究，支持开展区域生态综合治理与技术集成示范；加强不同生态类型区生态监测与评估及风险预测技术研究，研究不同生态类型区保障生态系统稳定的综合配套技术和优化模式。二是构建森林、草原、荒漠、沙地、湿地等重点生态系统退化类型区植被恢复与重建技术体系，开展草原矿区、湖盆区生态修复重建关键技术研究与示范，开展生态治理、资源利用与产业发展良性互动发展模式研究与示范，开展生态治理成效动态监测评价系统研究。三是开展“黄金奶源带”、“葡萄酒黄金带”、“马铃薯种薯黄金带”、“肉羊产业带”、“玉米黄金带”等不同类型区域综合节水技术集成与示范；研究牧区水资源合理利用关键技术，开展综合高效节水技术研究应用；建立旱情监测预警评估综合应用技术及决策支持系统；支持土壤保水与结构调理技术与产品产业化。四是开展高铝粉煤灰、尾矿、煤矸石、脱硫石膏、冶炼渣、化工废渣等大宗工业固体废物资源化、规模化利用技术，开发应用工业废水、废气综合利用和城市污水、垃圾等无害化处理、资源化利用技术，开展主要污染物减排、节能和应对气候变化科技研究。

同时,要优化创新要素和资源配置,发挥市场对技术研发方向、路线选择和创新资源配置的导向作用,提高原始创新、集成创新和引进消化吸收再创新能力。完善有利于促进创新的政策体系,推动政府职能从研发管理向创新服务转变,提升信息、知识、技术、管理、资本等创新要素的效率和效益。加强知识产权保护。弘扬创新文化,营造创新环境,激发全社会创新动力。

二、加强创新能力建设

“十二五”以来,内蒙古创新能力建设得到不断加强。企业作为创新主体的作用越来越明显,2011—2014 年全区规模以上工业企业 R&D 经费累计投入 364 亿元以上,年均增长 15. 5%,高于全区全社会 R&D 经费支出年均增速 2. 7 个百分点。创新平台载体成为集聚创新要素、凝聚人才队伍、提高自主创新能力的重要基地,国家重点实验室建设实现重大突破,新增 2 家国家级企业重点实验室、1 家国家级高新区,目前国家级科技创新平台数量达到 20 家;全区建成了各类创新平台载体近 600 家,其中组建运行的新型研发机构达到 38 家,在关键领域的科技创新和示范引领探索道路方面发挥着重要作用;建立了院士专家工作站 52 个。

但必须清楚地认识到,同国内发达地区相比,内蒙古创新能力建设依然滞后。一是企业技术创新的主体地位尚未真正确立。目前我区企业技术创新能力、高新技术产业化水平分别仅列全国第 29 位、第 28 位,设有技术开发机构大中型企业比重仅为 10%,70%以上的企业缺乏核心技术能力;2014 年全区开展研究与开发活动的规模以上工业企业 268 家,占规模以上工业企业的比重为 6. 1%,尚不到 2013 年全国平均水平的 50%。二是高水平的创新平台和载体建设滞后。目前我区还没有 1 家国家级重点实验室,332 个国家工程技术中心、129 家国家级高新技术开发区中内蒙古均只有 2 家。三是网络化、市场化、社会化的科技创新服务体系与科技中介体系不完善,还不能适应多样化的科技创新市场需求。四是科技体制机制不活,与技术创新的需求不相符。

基于上述分析,“十三五”期间,内蒙古要坚持以企业为主体、平台为支撑、市场为导向、政策为保障，完善产学研用相结合的区域创新体系，着力提升创新能力。

（一）强化企业创新主体地位和主导作用

尊重创新规律，促进企业成为技术创新决策、研发投入、科研组织和成果转化的主体，加快推进“要我创新”向“我要创新”转变，实现创新链、产业链和市场需求的有机衔接。健全产学研协同创新机制，支持企业与区内外的科研院所、高校按照市场机制建立长期稳定的合作关系。促进各类科技创新计划、资金、人才等创新要素向企业倾斜，增强为企业提供政策、技术、成果、专利等服务的主动性，开展“创新政策进企业行动”，将鼓励创新的相关优惠政策送入基层。实施企业创新工程，引导企业制订科技创新计划、建立创新平台、组建攻关团队，形成支撑企业可持续发展的技术创新体系。通过强化企业研发费加计扣除、高新技术企业税收优惠、技术转让所得税减免等政策，提高对企业技术创新投入的回报，引导和鼓励企业加大科技投入。大型企业是技术创新的骨干力量，要充分发挥大型企业的创新骨干作用，支持骨干企业开展前沿先导技术研发、产业共性技术研发和重大战略产品开发，鼓励企业加大先进技术收购引进、消化吸收和再创新，支持有条件的创新型企业承担国家重大科技攻关任务，牵头带领中小企业和科研院所，组建产业共性技术研发基地，争取国家和自治区级相关科技重大专项、战略性新兴产业专项，形成良好的创新集群；在研发实力较强的企业建设国家重点实验室和工程技术中心等技术研发机构，提高企业原始创新能力；建立自治区国有规模以上工业企业、高新技术企业、科技重大专项承担企业的科技投入监测与考核机制。中小微企业是市场经济条件下应对技术路线多样、商业模式多变的重要力量，要加大对中小微企业的创新支持力度，通过营造公平竞争的市场环境、构建中小微企业公共技术创新服务平台等措施，充分激发中小微企业创新活力；自治区科技创新引导奖励资金、中小企业创新基金、技术进步专项资金和战略性新兴产业专项资金等，优先支持和培育一批具有自主知识产权、自主品牌和持续创新能力的创新型企业，带动企业整体创新能力的跨越。

（二）加强科研机构建设

一是分类指导建设和发展不同类型科研机构。实施高等院校创新能力提升计划，推动煤化工、蒙中医药、生物工程等特色优势学科向国际前沿迈进。稳定支持一批公益类科研机构，加快推进开发类转制科研院所、应用型技术研发机构的市场化、企业化改革，建设一批行业共性技术研发中心，组建多种形式的科技型企业、新产品中试基地、成果转化中介服务组织；完善科研机构管理办法，建立综合评价机制。二是按照遵循规律、强化激励、合理分工、分类改革的要求，继续深化科研院所改革。加快科研院所“去行政化”进程。强化高校和科研院所创新服务功能，鼓励引导应用型、面向产业的高校和科研院所围绕市场需要、企业需要培育优势特色学科专业，开展基础与应用创新研究开发，更多地为企业提供支撑和服务，提升知识创新和科技服务区域经济的支撑能力；深化技术开发类科研机构企业化转制改革，提高转制院所行业关键共性技术的供给能力和产业化能力；建设一批优势特色学科技术研究平台，择优支持一批高校科技创新团队进入国家“创新团队计划”。三是鼓励和支持各级政府、社会力量组建一批以市场为导向、企业为主体、集科技创新与产业化为一体的新型科技研究开发机构。结合自治区和各盟市、旗县的产业特点，通过科技合作，建立特色产业创新研发平台，解决产业关键共性技术，拉动相关产业发展。

（三）加强研发平台载体建设

今后一个时期，围绕自治区“五大基地”建设和产业提质增效升级，搭建为全社会服务的创新平台和载体。建设一批自治区重点实验室、优势特色学科，合理布局和建设一批企业、科研机构和高等院校重点实验室、工程技术研究中心、企业技术中心、工程研究中心（工程实验室）、院士工作站等创新平台，形成一批具有核心竞争力的自主创新基地。争取推荐省部共建重点实验室培育基地和国家重点实验室。优化升级现有科技创新服务平台，推动现有的自治区重点实验室、工程技术研究中心、企业研发中心提升创新能力，实现各类创新服务平台优势互补。围绕自治区的优势特色产业支持多种形式的产学研用合作，组建一批产业技术创新战略联盟。

（四）加快发展示范推广体系

提升园区的示范引领作用，鼓励各地方培育和建设国家级、自治区级特色园区，全面推动自治区高新技术产业开发区（园区）升级，重点支持一批骨干开发区(园区)二次创业,有序推进各盟市建设不同类型、不同主题、各具特色的科技示范园区和基地,支持建设不同类型的县域科技示范园区、特色产业基地、可持续发展实验区。创新科技成果产业化体系,继续健全技术转移机制,加快建设技术交易平台,执行技术市场税收优惠扶持政策,促进科技金融结合,加快推动创新成果资本化、产业化。强化知识产权体系,加强知识产权运用和保护,构建知识产权创造、应用、保护体系,探索建立知识产权法院,加大对知识产权侵权和假冒行为的打击力度,提升知识产权创造与运用、保护和管理能力,不断提高自主知识产权的数量、质量和转化能力。

(五)完善创新体制机制

一是深化科技管理体制改革。不断完善鼓励创新的制度环境与社会生态,更加注重市场化导向,以顶层设计引领各类科技计划的衔接和合理布局,探索建立依托专业机构管理科研项目的机制,防止旧体制的惯性与新体制的滞后阻碍科技与经济深度融合。完善科技计划管理制度,从各个创新主体的实际需求出发,大幅调整归并科技计划类别,简化行政审批流程和手续,改进项目评审评价方式,统筹配置自治区重大科技项目所需的科技资源,形成良好的项目产生机制,达到申报平等、论证充分的要求。健全科技项目管理体制,创新计划项目设置、财政投入结构和投入方式等的设计,形成创新链条完整、资金链条匹配、监管链条完善的项目管理体系;针对立项决策、专家评审、资金分配等关键环节的漏洞,探索建立项目决策、立项、执行、评价相对独立且监督制约的运行机制;优化在项目资金统筹分配、审计监管、绩效考核、科研信用管理等方面的功能。

二是健全多元化科技创新投入机制。科技创新离不开必要的投入,而且创新投入模式也要多样化。近年以来,我区科技资金投入水平位居全国倒数几位的状况始终没有改观,与经济总量极不相符,因此要建立完善的全社会科技创新投入体系。建立财政科技投入稳定增长机制,依法加大各级财政科技资金投入,自治区财政用于科学技术的经费增长幅度要高于自治区财政经常性收入的增长幅度,力争使财政科技投入达到全国平均水平,推进盟市和旗县(市、区)财政设立科技专项资金,财政科技经费支出比例实现法定增长要求。充分发挥资本市场对创新创业的支持作用,引导金融机构综合运用买方信贷、卖方信贷、融资租赁等方式，对国家和自治区科技重大专项、星火计划项目、火炬计划项目等给予信贷支持，加大对科技型中小企业的信贷支持，鼓励发展知识产权和股权质押贷款，积极推广科技保险业务，促进科技金融结合。

三是建立健全多部门协同推进科技创新机制。创新驱动是一种新的发展模式，不仅仅局限于科技部门，而是涉及国民经济和社会发展的方方面面。因此，实施创新驱动发展战略，在充分发挥科技部门主导作用的同时，也需要打破部门分割，加强科技部门和经济部门、综合部门之间的互动，在政策制定和资源配置上相互配合，形成多个部门协同配合、协同创新的良好局面。围绕增强预见性和前瞻性，加快整合各部门的科技规划和资源，完善政府对基础前沿研究、战略高新技术研究和社会公益技术研究的支持机制，着力提高我区原始创新水平。自治区财政科技投入要持续稳定支持事关全区长远发展的重大基础和前沿研究。各相关部门加强规划制定、项目决策、基地建设、大型科学仪器采购等方面的沟通，避免重复购置和资源浪费。

四是完善科技资源共享机制。针对目前存在的科研项目重复申请、重复研究等问题，建立政府财政科研项目数据库，建立公开透明高效的自治区科研项目共享系统和统一规范的自治区科技管理信息系统，提高科研项目过程管理水平，促进应公开的科技报告在共享系统中公开，推动科研成果全社会共享并接受全社会监督。推进科技计划和重大科技专项信息的互联互通和科技报告制度。制定全社会科技资源开放共享的管理办法，编制科技资源开放共享目录，制定自治区大型科研基础设施向社会开放的改革方案，建立公开透明高效的科技创新资源共享平台。出台自治区科技基础设施管理办法，提高高校、科研院所科研设施开放共享程度，推进大型科学仪器设备、科技文献、科学数据等重大科研基础设施开放，加快实现自治区重大科研基础设施依照规定应该开放的一律对社会开放。鼓励自治区科技基础条件平台对外开放共享和提供技术服务。

三、拓展发展新空间

“十三五”期间，内蒙古要以优化空间结构、推进集中发展、增强承载能力为重点，优化劳动力、资本、土地、技术、管理等要素配置，挖掘区域发展潜能，激发区域经济活力。

（一）优化空间结构

内蒙古东西部地区发展差距明显。以呼包鄂为核心的西部地区经济增长迅速，占全区经济总量一半以上，但东部地区的工业化、城镇化水平滞后于以呼包鄂为核心的西部地区。“十三五”期间，内蒙古要根据不同区域的资源环境承载力、发展基础和发展潜力，按照发挥比较优势、改善薄弱环节和集中集聚集约的要求，进一步优化空间结构。

一是建设沿黄沿线经济带。以呼包鄂为核心沿黄河沿交通干线经济带，包括呼和浩特市、包头市、鄂尔多斯市、乌兰察布市、巴彦淖尔市、乌海市和阿拉善盟的沿黄河、沿交通干线的39个旗县市区。该区域区位优越，资源丰富，产业和城市基础较好，人口相对密集，已成为内蒙古主要的经济集聚区。“十三五”期间，从区域发展的全局出发，统一规划，优化空间开发格局，合理配置各种资源，推进集中集聚集约开发，提升区域发展整体质量和效益。沿黄河流域、沿交通干线规划建设现代农牧业产业带、重点产业园区、特色中小城镇带，引导生产要素集中聚合，建设一批带动能力强、辐射作用大的产业基地。

二是推进呼包鄂协同发展。呼和浩特、包头和鄂尔多斯三市地缘相接、人缘相亲，地域一体、文化一脉，交往半径相宜，是内蒙古区域核心区、全国“两化”融合试验区。改革开放以来，特别是国家实施西部大开发战略以来，呼包鄂区域经济社会发展取得了显著成就，三市之间资源互补、基础设施互联互通步伐加快，在产业分工合作、城镇化等方面联系紧密，具备了协同发展的条件和基础。“十三五”期间，按照现代产业分工和区域优势互补的要求，优化空间布局，统筹引导区域内人口集中、产业集聚、园区集约发展，强化资源节约集约开发利用，形成合理有序的产业分工协作、城镇功能互补、基础设施对接、基本公共服务共享、科技创新平台共建等协同开发格局，打造自治区创新发展核心区。

三是统筹乌海及周边地区一体化发展。立足现代产业分工要求，坚持区域优势互补、合作共赢的理念，充分发挥各地比较优势，推进资源整合与开放共享，构建优势互补、错位发展、分工协作、互利共赢的区域产业体系，促进区域产业协同发展和竞争力明显提升，建设资源型产业转型发展示范区。

四是促进东部地区跨越式发展。重点加快建设蒙东能源基地，培育锡赤通经济区，打造区域经济新增长极。依托交通干线和区域性中心城市及资源富集区，完善区域内部合作机制，坚持点状开发、面上保护，集中布局发展一批规模较大的特色产业集聚区。加快体制机制创新，加大扶持力度，增强自我发展能力和内在动力。

五是建设沿边经济带。以县域经济发展为依托，以非公有制经济发展为载体，着力优化生产力布局，着力加强基础设施，着力扩大对外开放，着力构筑特色产业体系，着力完善体制机制，加快沿边地区新型工业化、城镇化、农牧业现代化和国际化进程，不断增强自我发展能力，促进经济社会协调发展和民生改善，建成我国向北开放的重要桥头堡和充满活力的沿边经济带。

（二）推进集中发展

工业园区是集中发展经济、建设现代工业体系的重要载体和平台，包括经济开发区、经济技术开发区、高新技术产业园区、工业园区、边境经济合作区、口岸加工园区、产业基地等。经过多年的建设和发展，内蒙古工业园区的集聚效应和贡献率逐步显现，截至2014年底，全区共有各类工业园区117个，其中，国家级9个、自治区级55个；营业收入超百亿元工业园区达到50个。2014年，全区工业园区工业总产值占全部工业的比重达到64%，上缴税金占全部工商税收的比重达到70%。同时也要看到，内蒙古工业园区建设和发展中存在诸多突出问题，主要表现在：园区数量多、等级低，国家级工业园区数量不足全区总数的8%；园区产业定位有待进一步调整，存在同质化现象；园区集聚和承载产业能力弱，配套基础设施和公共服务设施不完善；管理体系、管理制度不健全，管理水平较低等。因此，“十三五”期间，内蒙古必须进一步工业园区优化空间布局，培育新的经济增长点。

一是优化工业园区空间布局。做大做强重点工业园区，坚持产业集聚和企业集群的发展导向，以国家级和自治区级工业园区为核心，以纳入呼包鄂为核心沿黄河沿交通干线经济带重点产业发展规划和东部盟市重点产业发展规划的工业园区为重点，尽快做大做强一批主导产业突出、核心竞争力强、辐射带动作用大的特色产业园区，推动若干重点园区升级为国家级示范产业园区，形成支撑工业经济增长的核心力量。引导工业园区整合发展，综合运用行政手段和市场手段，鼓励重点工业园区整合同一行政区域的其他工业园区，引导园区跨区域重组，促进产业链、价值链、供应链和资金链深度整合。按照“市场导向、政府推动、优势互补、利益共享”原则，采取共建或“飞地”等形式，鼓励与发达省份之间、盟市之间、旗县（市、区）之间合作共建工业园区。

二是提升工业园区综合承载能力。完善工业园区道路、给排水、供电、供气、供热、污水处理、固废处理、消防、绿化等功能性基础设施，提高园区产业发展配套能力。加强工业园区创新平台建设，支持园区建设研发中心、创业中心、孵化器、生产力促进中心等各类创新创业载体和平台，大力发展研究开发、技术转移、创业孵化、知识产权、科技咨询、技术推广等科技服务。强化工业园区信息基础设施建设，建立“互联网+工业”公共服务体系，建设智慧园区。完善生产服务体系，鼓励工业园区协同发展工业设计、现代物流、检验检测、金融保险、咨询服务等生产性服务业。

三是明确工业园区产业定位。坚持以产业规划引领工业园区发展，立足园区发展基础、比较优势和要素保障，充分考虑国家产业政策、市场趋势等因素，科学确定工业园区产业定位，促进园区错位发展。发挥园区比较优势，突出主导产业定位，延伸产业链条，引导大企业、大项目向园区集中，培育特色产业集群。加强招商引资和项目建设，重点围绕主导产业延链、补链、强链引进企业和项目，推进专业化协作配套，壮大特色产业集群，提高园区单位面积产出率，打造一批产值超千亿元园区。

（三）积极承接发达地区产业转移

承接产业转移是优化生产力布局、形成合理产业分工体系的有效途径。近些年来，内蒙古承接发达地区产业转移成效显著，产业转移在促进全区经济总量扩张、推动产业结构调整、提升产业发展水平等方面发挥了重要的作用。“十三五”期间，国际国内产业分工深刻调整，产业转移步伐加快，内蒙古应充分利用自身资源和区位优势，遵循市场规律，围绕建设“五大基地”和构建产业新体系，主动承接国内外产业转移，引进先进的管理、技术、资金和人才等要素，培育产业发展新优势。

一是明确产业承接重点。以自治区“8337”发展思路为指导，依托内蒙古现有区位、产业基础和资源等比较优势,承接发展重点产业,推动产业规模壮大、产业结构调整,打造产业发展新优势,构建现代产业体系。能源工业重点引进风力发电、太阳能光伏发电、光热发电、生物质能利用等项目。化学工业重点承接煤化工深加工、煤焦油深加工及其精细化工项目,聚氯乙烯深加工项目和氟化工深加工项目。冶金工业重点引进钢铁延伸加工项目、铝深加工项目、铜深加工项目、铅锌钼深加工项目、镁合金深加工项目。装备制造产业重点引进汽车及配套项目和火力发电设备、风力发电设备、煤炭机械、化工机械、农牧业机械及其配套零部件生产项目。农畜产品加工产业重点引进乳品、肉制品、羊绒、马铃薯、番茄、玉米、大豆、红干椒等精深加工项目。战略性新兴产业重点引进稀土新材料及其应用、硅材料及其应用、锗铀新材料及其应用、石墨新材料及其应用、电子信息、生物科技等项目。服务业重点引进信息服务、技术研发、工业设计和技术成果转化、质量体系认证等现代生产性服务业项目,以及文化旅游、电子商务、健康养老等生活性服务业项目。

二是促进承接产业集中布局。加强统筹规划,优化产业布局,引导转移产业重点向国家级、自治区级园区集中,促进产业园区按规范化、集约化、特色化的要求发展,增强工业园区产业集聚能力。充分发挥我区已有重点产业、骨干企业的带动作用,承接产业链条整体转移和关联产业协同转移,提升产业配套能力,促进专业化分工和社会化协作。发挥呼包鄂、锡赤通等重点地区引领和带动作用,促进承接产业集聚发展,发挥承接产业的规模效应,提高承接产业的辐射带动能力。加强统筹规划和政策支持,引导转移产业完善产业链条、实现转型升级。

三是优化承接产业转移环境。营造竞争有序的市场环境、公平公正的法制环境、亲商安商的人文环境和社会安宁的人居环境。继续搞好项目包装和推介,完善产业承接项目库。加强知识产权保护,建立完善公共信息、公共试验、公共检测、技术创新等服务平台,规范发展技术评估、检测认证、产权交易、成果转化等中介机构,建立区域间信用信息共享机制。坚持内资与外资、公有制企业和非公有制企业的法律法规统一、市场准入制度统一、市场监管统一,积极对接国际先进市场理念和通行规则,保障国内外市场主体依法平等使用生产要素、公开公平公正参与市场竞争、同等受到法律保护。加强与发展产业配套的必要的医疗、幼儿园、中小学校、商业网点、公共交通等公共服务设施建设，建立和完善综合服务业功能。

四、构建产业新体系

"十二五"以来，在资源型产品市场需求下降、部分行业产能过剩、劳动力成本上升、资源环境承载压力加大等旧矛盾与新问题交织作用下，内蒙古经济下行压力加大，传统产业发展面临的困境逐步凸显。内蒙古"8337"发展思路明确提出，要将内蒙古建成保障首都、服务华北、面向全国的清洁能源输出基地，建成全国重要的现代煤化工生产示范基地，建成有色金属生产加工和现代装备制造等新型产业基地，建成绿色农畜产品生产加工输出基地，建成体现草原文化、独具北疆特色的旅游观光、休闲度假基地。几年的发展实践证明，"五大基地"不仅符合内蒙古资源禀赋和产业发展的实际，而且充分体现了内蒙古在全国生产力布局中的分工和地位，对调整优化全区产业结构发挥着重要的指导作用。因此，"十三五"期间内蒙古要继续以建设"五大基地"为导向，加快传统产业转型升级，大力发展战略性新兴产业和现代服务业，构建产业新体系。

（一）推动传统产业转型升级

近年来，内蒙古依托丰富的煤炭、天然气、有色金属等资源，加快发展资源型产业、传统产业，目前资源型产业已形成规模，但存在产业结构单一、初级产品比重大、技术含量低、资源综合开发利用水平不高等问题，产业低端化特征明显。为此，"十三五"期间，内蒙古必须立足资源禀赋和现有产业基础，坚持新型工业化道路，以提质、改造、升级为重点，着力延长资源型产业链条，大力发展非资源型产业，推进传统产业新型化、新兴产业规模化、支柱产业多元化，构建现代工业新体系。

首先，建设四大基地。加快建设清洁能源输出基地。围绕"清洁"搞好资源转化，采用清洁、高效的洁净煤技术改造传统煤电产业，提高动力煤洗选比例，提升精煤、洁净煤生产和输出比重，推进煤炭清洁生产和洁净利用；加快煤炭清洁转化，以煤转电、煤炭深加工为方向，建设大型火电厂，发展新型煤化工产业，提高煤炭就地转化率。围绕“输出”加强通道建设，加快鄂尔多斯、锡林郭勒、呼伦贝尔等煤电基地至华北、华中、华东、东北电力外送通道建设，完善全区坚强电网，推进内蒙古至京津冀、东北等的外送油气管道和区内油气管道建设，构建综合立体清洁能源输出通道。围绕“基地”推进能源产业集约化、现代化发展，建设神东、准格尔、胜利等大型煤电基地和乌审、苏里格、大牛等大型石油天然气基地，构建新型清洁能源循环利用体系。

加快建设现代煤化工示范基地。加强试验示范，按照现代煤化工技术先进、产业链条较长、绿色环保方面的发展特征和要求，依托现有现代煤化工示范项目，在发展现代煤化工的技术、人才、资源高效利用和用水污染物排放等关键领域寻求突破，升级示范能源—化工—环保一体化和循环经济产业链，争取让更多的试验示范技术在内蒙古“生根发芽”，为实现我国现代煤化工关键技术的国产化做出重要贡献。有序推进现代煤化工产业化发展，立足市场需求，综合考虑经济合理性因素，争取国家优先在内蒙古布局煤制油、煤制稀烃、煤制芳烃和煤制天然气项目，稳步提高煤制烯烃、煤制天然气等示范项目的集聚化、规模化、产业化发展水平，防止试验示范项目“只开花不结果”。

加快建设有色金属生产加工和现代装备制造等新型产业基地。着力在产业延伸升级上下功夫，围绕装备制造业、战略性新兴产业发展需求以及国家重大工程建设需求，以提高性能、降低成本为方向，推进有色金属探、采、选、冶、加一体化发展，大力发展精深加工，提升产品档次，实现产品终端化、产业高端化。重点鼓励高精铜板、带、箔、管材，高精铝板、带、箔及高速薄带，锌铝合金锭、铅锌板、带、条、棒材，高品质镁合金铸造及板、管、型材，以及有色金属复合材料与高性能、高精度铜铅锌镍各种硬质合金。实施制造业提升计划，主攻煤机、矿机、风机、化机、重型机械等特色领域，掌握一批先进基础工艺，提高核心零部件产品性能和关键基础材料制造水平，有效破解制造业发展瓶颈。不断延伸装备制造产业链，提高产业配套能力，支持上游有色金属加工、钢铁等行业根据装备制造业对关键零部件的需求，发展配套延伸加工；支持中小企业围绕整机生产，加快模具、零部件生产，发展配套产业。

加快建设绿色农畜产品生产加工输出基地。最大限度地发挥好内蒙古农畜产品绿色无污染这一优势，坚持标准化、生态化、安全化、高端化的发展方向，巩固提高乳业和羊绒产业的领先地位，建立起覆盖优质奶源与羊绒基地建设、科研开发、生产加工、营销服务的一体化中心，调整优化乳业和羊绒产品结构，满足多样化的消费需求；适度扩张成长性好的肉产业和优质粮油产业，积极培育优质肉羊肉牛和玉米、大豆、油葵等品种，优化畜群畜种和粮油作物结构，突出发展标准化规模养殖和种植，着力提高单产水平；积极培育具有地区优势和特色的薯菜、饲草料产业及山杏、沙棘、山野菜、山野果、食用菌等林下经济特色产业。

其次，延长资源型产业链条。以资源精深加工和综合利用为导向，严格控制煤炭、铁、有色金属等资源单纯的规模扩张，突出发展延伸加工业，构建煤炭—电力—铝、煤炭—电力—冶金、煤炭—电力—煤化工、煤炭—电力—多晶硅—光伏制造、煤炭—电力—建材等煤电用一体化发展循环产业链条，抢占资源型产业延伸的技术高地。做好化解产能过剩和淘汰落后产能工作，加强对产能严重过剩行业的动态监测分析，建立完善预警机制，充分发挥市场机制作用，综合运用法律、经济、技术及必要的行政手段，引导企业主动退出过剩行业。

最后，应用先进适用技术改造资源型产业。充分发挥市场决定要素价格机制的作用，倒逼传统产业加快从依靠过度消耗资源能源、低性能低成本竞争，向依靠创新、实施差别化竞争转变，提升传统产业发展质量与水平。同时，坚持用高新技术和先进适用技术改造煤炭、电力、钢铁、有色、化工、冶金等传统产业，提高企业装备技术水平，促进产品升级换代，推动传统产业向全国产业链的高端环节迈进，增强传统产业市场竞争力；按照节能降耗、质量提升、安全生产等要求，推广运用新技术、新工艺、新装备、新材料，更好满足市场需求。煤炭产业围绕清洁生产，重点采用矿井井下开采运输、采空区充填、井上工业广场储存装车运输封闭和露天煤矿开采和剥离，以及煤炭铝、镓、锗等伴生资源利用和煤矸石、煤泥等废弃物再利用技术。现代煤化工产业瞄准国内外现代煤化工技术发展方向，以技术升级换代、节能减排、资源综合利用为重点，加快甲醇、化肥、电石等传统煤化工升级改造步伐，减少能源、资源消耗，降低环境污染。有色金属生产加工产业以质量品种、节能减排、环境保护、安全生产、两化融合等为重点，升级改造现有企业生产工艺及装备，加快淘汰落后工艺设备,实现清洁、安全生产,提高企业生产自动化、管理数字化水平。绿色农畜产品加工产业着力推进玉米、马铃薯、肉牛、肉羊、奶牛、草牧场保护建设、旱作农业等现代农牧业产业技术体系建设,启动建设小麦、大豆、奶牛、肉羊、生猪等现代农牧业产业技术体系,推广主导品种、主要技术。

(二)加快发展战略性新兴产业

首先,推进战略性新兴产业集群化发展。按照未来产业发展和国家政策导向,立足自治区实际,选择和扶持培育一批有基础、有条件、科技含量高、带动能力强的新能源、新材料等战略性新兴产业集群,把战略性新兴产业培育成为具有旺盛活力和持续竞争力的新的经济增长点。新能源产业集群:充分发挥内蒙古风光资源丰富的优势,重点发展风力发电、太阳能光伏发电、光热发电、风光互补发电和生物质发电等。先进装备制造产业集群:重点发展重型运输车辆、风电装备和矿山、工程、化工、农牧业等机械制造,加快培育乘用车、新能源汽车、民用航空飞行器等高端装备制造。新材料产业集群:依托稀土、石墨等矿产资源和化工、有色金属等产业基础,重点发展稀土新材料、石墨下游产品、高端铝材、高端铜镁铅锌合金、有机纤维、化工高分子材料、光伏新材料等。生物产业集群:坚持高端化、规模化的发展方向,重点研发作用机理明确、物质成分可控、临床疗效确切、使用安全的蒙药新品种,以及玉米和牛羊育种、玉米和蓖麻等精深加工、高性能生物环保材料和生物制剂和高效、低毒、低残留的生物农药与生物饲料等。电子信息产业集群:重点培育壮大新一代平板显示、LED、蓝宝石等。节能环保产业集群:按照建设生态文明的要求,重点培育壮大高效节能锅炉窑炉、余热余压利用、蓄热式燃烧技术装备、节能监测与能源计量新技术和装备、矿产资源回收利用、粉煤灰综合利用和污水垃圾处理、烟尘回收及脱硫、脱硝技术研发等。

其次,推动战略性新兴产业集约化发展。依托呼和浩特、包头、鄂尔多斯等优势高新技术产业园区,以领军企业为主体,以重大项目为抓手,以技术和人才为支撑,着力完善产业链和产业集群,培育一批创新能力强、创业环境好、特色突出、集聚发展的战略性新兴产业基地。围绕战略性新兴产业基地的重点产业和领域,集聚资金、技术、人才等生产要素,组织实施一批关键技术攻关、重大应用示范,增强对战略性新兴产业发展的创新支撑引领作用,培育和打造特色产业链。围绕促进产业链上下游协同发展，加强战略性新兴产业基地的技术研发、成果转化、产品中试、产业化示范、检验检测、标准体系等产业链关键环节建设，推动产业延伸、产业升级和产业集聚。优化产业发展政策环境，引导更多社会资本、技术、人才等要素投向新兴产业。

（三）大力发展现代服务业

首先，加快发展生产性服务业。生产性服务业涉及农牧业、工业等产业的多个环节，具有专业性强、创新活跃、产业融合度高、带动作用显著等特点，是国内外产业竞争的战略制高点。"十二五"以来，内蒙古高度重视生产性服务业发展，金融、现代物流、研发设计等生产性服务业供给规模和质量水平明显提高，在促进新型工业化、信息化、城镇化、农牧业现代化同步发展方面起到了重要的作用。但相对产业转型升级的要求而言，内蒙古生产性服务业发展相对滞后、水平不高、结构不合理等问题突出。因此，加快生产性服务业创新发展，实现服务业与农牧业、工业等在更高水平上有机融合，对于增强内蒙古结构调整的动力、引领产业向价值链高端提升和促进经济经济提质增效升级意义重大。

"十三五"期间，围绕"五大基地"建设、战略性新兴产业发展和全产业链整合优化，加快生产性服务业创新、融合、集聚、优化发展步伐，大幅提升生产性服务业与生产制造的融合度，促进产业由生产制造型向生产服务型加快转变。重点发展研发设计、信息技术服务、大数据服务等对产业发展具有全局性、支撑性的产业，第三方物流、融资租赁、人力资源服务等有一定发展基础且有较大提升空间的产业，商务咨询、节能环保服务、检验检测认证等符合发展导向、需加快发展的产业，电子商务、服务外包、售后服务、品牌建设等未来发展潜力较大、需着力培育的产业，充分发挥生产性服务业在研发设计、流程优化、市场营销、物流配送、节能降耗等方面的引领带动作用。积极应用云计算、大数据、物联网等下一代信息技术，开展科技创新、产品创新、管理创新、市场创新和商业模式创新，发展新兴生产性服务业态。

其次，丰富提升生活性服务业。生活性服务业领域宽、范围广，涉及人民群众生活的方方面面，与经济社会发展密切相关。"十二五"以来，内蒙古的商贸、旅游、文化等生活性服务业发展取得显著成效，生活性服务业稳增长、调结构、转方式、惠民生、促和谐的作用持续增强,但依然存在有效供给不足、质量水平不高、消费环境有待改善等问题。“十三五”时期是内蒙古全面建成小康社会的决胜阶段,随着城乡居民收入水平提升、信息网络技术突破拓展和新型城镇化步伐加快,生活性服务消费蕴含巨大潜力,经济社会发展将更多地依靠消费引领和服务驱动。

“十三五”期间,围绕增进人民福祉和满足人民群众日益增长的生活性服务需要,大力倡导崇尚绿色环保、讲求质量品质、注重文化内涵的生活消费理念,全面提升生活性服务业质量和效益,推动生活性服务业便利化、精细化、品质化发展。丰富提升传统生活性服务业,重点发展旅游服务、商贸服务、文化服务、健康服务、养老服务、居民和家庭服务、教育培训服务、体育服务、法律服务等贴近全区人民群众生活、需求潜力大、带动作用强的生活性服务领域,推动生活消费方式由生存型、传统型、物质型向发展型、现代型、服务型转变。积极培育生活性服务新业态新模式,围绕满足高中低不同收入群体的多样化、个性化潜在服务需求,抢抓产业跨界融合发展新机遇,推动业态创新、管理创新和服务创新,增加服务供给,丰富服务种类,提高发展水平。

五、推进金融创新

金融是现代经济的核心,在很大程度上影响甚至决定着经济健康发展。在当前经济下行,实体经济需求不足的背景下,内蒙古经济更加注重创新驱动。而如何通过金融创新,构建更具有创造力的金融体系,提高金融服务实体经济效率是关键。“十三五”期间,内蒙古要创新金融配套服务等体制机制,发展银行、保险、期货、证券、基金、信托和租赁等金融业,运用多层次资本市场,动态满足大众创业、万众创新的特色金融需求,提升金融对实体经济的支撑能力,助推创新驱动发展和发展动力转换。

(一)推进金融主体多元化发展

完善金融产业发展政策,吸引全国性股份制银行、民营银行、外资银行、有特色的城商行和证券机构、融资租赁公司、股权投资机构、资产管理公司等金融机构到我区设立法人、分支、办事机构,并重点支持鼓励升格为地区总部,增强金融机构多样性。鼓励民间资本进入金融业,探索发展民营银行、资金互助社,稳步发展村镇银行、小额贷款公司、信用担保公司等新兴金融机构,壮大资金实力。

(二)拓展多样化融资渠道和融资方式

积极争取国内外大型金融机构、战略投资者对接我区重点领域、重点区域、重点企业和重点项目。充分发挥驻区和地方银行业机构的融资主渠道作用,综合运用信托、融资租赁、资产证券化等金融产品,加大有效信贷投放。积极利用银行间债券市场和资本市场,扩大短期融资券、中期票据、企业债券、公司债券发行规模。鼓励社会资本发起设立投资公司。创新公共基础设施投融资体制,推广政府和社会资本合作模式。建立从实验研究、中试到生产的全过程科技创新融资模式。发展面向小微企业、三农企业以及创业者等的普惠金融,推动金融服务功能最大化。开发符合创新需求的金融服务,加大金融支持"双创"、"四众"、创新发展战略力度,为科创企业提供有针对性、持续性和体系化金融服务。优化信贷资金投向,加大对小微企业、"三农三牧"、高新技术企业的支持,保证重点工程和项目资金需求,形成金融支持实体经济的良性循环机制。建立融资担保体系,创新抵质押贷款方式,降低企业融资成本。

(三)发展多层次资本市场

建立支持企业上市、场外挂牌融资的激励机制,支持企业到境内外证券市场上市,鼓励企业发行各类债券,提高直接融资比例。加快引进产业投资、创业投资、股权投资等投资基金,加大支持发展风险投资力度。积极打造区域性产权交易平台,开展产权交易,拓展股权登记托管、股权质押融资等金融业务。引进期货经营机构,在我区设立期货交割库。在有条件的地方设立大宗商品交易所,打造区域性大宗商品集散中心和资源配置中心。引导企业加快资产证券化进程,加快金融租赁行业发展。适应互联网和金融深度融合步伐加快的态势,积极发展规范化、法制化、阳光化的互联网金融,鼓励发展第三方财富管理和股权众筹等,推动传统金融机构与互联网企业在促进小微企业发展、扩大就业、服务大众创业万众创新、改变传统的支付途径和贷款方式等方面进行良性的竞争和合作。

（四）改革创新地方金融机构

坚持分工合理、相互补充的原则，引导各类地方金融机构特色化、差异化发展，构建多层次、广覆盖、有差异的地方金融机构体系。以建立现代银行制度为目标，推动内蒙古银行、包头商业银行、各农村信用联社等地方银行业金融机构提升经营管理水平。发展壮大现代保险业。发展金融中介服务和新兴业态。加强对民间融资的监管和风险预警，遏制“脱实向虚”和非法集资，促进民间融资健康发展。加快推动传统银行进行互联网金融改造，鼓励银行利用大数据、云计算技术，把抵押贷款转化为信用贷款，逐步简化和取消审贷程序，推进个人业务数据化并实现系统内不同营业网点的数据共享，降低成本，提高服务效率。加强信用体系建设，完善地方金融监管协调机制，提高监管有效性，严守不发生系统性、区域性金融风险底线。

六、发展互联网经济

近些年以来，互联网作为技术，已经被广泛应用到国防、通信、信息交互、民生、交通、金融、零售、服务等多个领域。当前，互联网已经从单纯的互联互通，转变成大数据、云计算、移动互联、云存储等几乎所有社会经济方方面面。“十三五”时期，我国将大力实施网络强国战略。内蒙古也要把握新一代信息技术创新变革的重大机遇，推动工业化与信息化深度融合，促进云计算、大数据、物联网、移动互联网等为代表的新一代信息技术在经济社会各行业各领域广泛应用，充分发挥互联网促进经济结构调整、产业转型升级的作用。

（一）大力发展“互联网+”农牧业

利用互联网提升农牧业生产、经营、管理和服务水平，培育一批网络化、智能化、精细化的现代“种养加”生态农牧业新模式，促进农业现代化水平明显提升。加快完善新型农牧业生产经营体系，鼓励互联网企业建立农牧业服务平台，提高农牧业生产经营的科技化、组织化和精细化水平。发展精准化生产方式，因地制宜普及基于环境感知、实时监测、自动控制的网络化农牧业环境监测系统，实施智能节水灌溉、测土配方施肥、农机定位耕种等精准化作业，应用普及饲料精准投放、疾病自动诊断、废弃物自动回收等智能设备。培育多样化农牧业互联网管理服务模式，为农牧民提供灾害预警、耕地质量监测、重大动植物疫情防控等生产信息服务和政策、市场、科技、保险等生活信息服务。完善农副产品质量安全追溯体系，充分利用现有互联网资源，构建农副产品质量安全追溯公共服务平台。

（二）大力发展“互联网+”工业

紧紧围绕我区工业转型升级需求，加大“互联网+”重点领域支持力度，搭建“互联网+”开放共享平台，全面提升产业网络化、数字化、智能化水平。引导工业企业借助互联网推动生产全流程转型，改造升级生产方式、经济模式和产业结构。加快工业云及工业大数据创新服务平台建设和应用示范，推动软件与服务、设计与制造资源、关键技术与标准的开放共享，催生在线研发设计、协同供应链管理、协同制造等新业态。发展“互联网+”智慧能源，通过互联网促进能源系统扁平化，推动节能减排。加强分布式能源网络建设，加快发电设施、用电设施和电网智能化改造，提高能源利用效率，推进能源生产与消费模式革命。推动互联网与制造业融合，提升制造业数字化、网络化、智能化水平，加强产业链协作，发展基于互联网的协同制造新模式。打造一批网络化协同制造公共服务平台，在重点领域发展基于互联网的个性化定制、众包设计、云制造等新型制造模式，推动形成基于消费需求动态感知的研发、制造和产业组织方式。探索建设智能工厂。打造智慧工业园区，推进工业园区信息基础设施优化、开发管理精细化、功能服务专业化和产业发展智能化。加快信用、物流、安全、大数据分析等工业互联网配套体系建设。

（三）大力发展“互联网+”服务业

推动互联网、云计算、大数据、物联网等相应的信息技术在服务业各领域广泛应用，建成若干互联网经济集中区、电子商务集聚区、大宗商品电子交易市场。发展“互联网+”电子商务，培育发展农村牧区电商、行业电商和跨境电商，加快电子商务示范城市、示范基地和产业园区建设，实施面向中小微企业和农村牧区的信息化应用工程。建设内蒙古大数据公用平台，壮大煤炭、稀土、农畜产品交易中心规模。发展“互联网+”高效物流，加快建设跨行业、跨区域的物流信息服务平台，建设智能仓储体系，优化物流运作流程，提升物流仓储的自动化、智能化水平和运转效率，降低物流成本。规范发展互联网金融。

七、构建发展新体制

“十三五”时期是内蒙古全面深化改革的关键时期。要坚持社会主义市场经济改革方向，以促进社会公平正义、增进人民福祉为出发点和落脚点，进一步解放思想、解放和发展社会生产力、解放和增强社会活力，坚决破除各方面体制机制弊端，加快形成有利于经济发展的市场环境、产权制度、投融资体制、分配制度、人才培养引进使用机制。

（一）深化行政管理体制改革

坚持把处理好政府与市场的关系作为核心问题深化经济体制改革，着力解决市场体系不完善、市场发育不充分、政府干预过多和监管不到位问题，使市场在资源配置中起决定性作用和更好发挥政府作用。进一步转变政府职能，围绕建设法治政府、服务型政府，积极稳妥从广度和深度上推动市场化改革，大幅度减少政府对资源的直接配置，推动资源配置依据市场规则、市场价格、市场竞争，实现效益最大化和效率最优化。按照政企分开、政资分开、政事分开、政府与中介组织分开的原则，持续推进简政放权、放管结合、优化服务，大幅度减少投资项目、生产经营活动、资质认定和许可等行政审批事项，凡是市场机制能有效调节的经济活动，一律取消审批，提高政府效能，激发市场活力和社会创造力。全面正确发挥政府保持经济稳定、提供公共服务、保障公平竞争、加强市场监管、维护市场秩序等职能和作用，推动可持续发展，促进共同富裕，弥补市场失灵。改进政府决策协调机制，提高政府决策效率和科学性。

（二）坚持和完善基本经济制度

坚持公有制为主体、多种所有制经济共同发展，毫不动摇巩固和发展公有制经济，毫不动摇鼓励、支持、引导非公有制经济发展。健全归属清晰、权责明确、保护严格、流转顺畅的现代产权制度，推进产权保护法治化，保证各种所有制经济依法平等使用生产要素、公开公平公正参与市场竞争、同等受到法律保护。加快发展产权市场。推进不动产产权登记。依法监管各种所有制经济。深化国有企业改革，完善现代企业制度，提高国有资本效率，增强国有经济活力，做强做优做大国有企业；完善国有资产管理体制，以管资本为主加强国有资产监管；健全国有资本合理流动机制，推进国有资本布局战略性调整。支持非公有制经济健康发展，坚持权利平等、机会平等、规则平等，进一步放宽市场准入，鼓励民营企业依法进入金融、能源、运输、公共事业等更多领域，参与农牧业基础设施、文化、医疗卫生等社会事业发展，与国有资本享有同等待遇。大力发展混合所有制经济，引入非国有资本参与国有企业改革，支持国有资本、集体资本、非公有资本等交叉持股、相互融合，鼓励发展非公有资本控股的混合所有制企业，推动各种所有制资本取长补短、相互促进、共同发展。

（三）加快完善现代市场体系

充分发挥市场配置资源的决定性作用，加快形成企业自主经营、公平竞争，消费者自由选择、自主消费，商品和要素自由流动、平等交换的现代市场体系。深化市场准入制度改革，加快实施负面清单制度。加强对市场主体和市场行为的监督管理，创新监管方式，提升监管能力，创造统一开放、规范有序的市场环境和秩序。建立全社会征信体系，完善个人、企业、社会组织信用记录制度和信用“黑名单”制度，培育和发展种类齐全、功能互补、依法经营、有公信力的信用服务机构，依法查处提供虚假信息、侵犯商业秘密和个人隐私等行为。健全市场配置矿产资源机制，规范矿产资源配置，强化资源配置监管，防止政府不当干预。加快公共资源交易平台建设，完善矿业权招标、拍卖、挂牌出让制度，建立能源资源项目开发权市场化运作机制。推进水、供热、天然气、电力、交通等领域价格改革，完善主要由市场决定价格的机制。深化市场配置要素改革，促进人才、资金、科研成果等在城乡、企业、高校、科研机构间有序流动。

（四）深化财税体制改革

建立全面规范、公开透明的预算制度，完善由公共财政、国有资本经营、政府性基金和社会保障组成的完整政府预算体系。实施跨年度预算平衡机制和中期财政规划管理，建立权责发生制的政府综合财务报告制度，推进预算编制由约束性向预期性转变，由收支平衡为主向政府治理和绩效管理为主转变。完善一般性转移支付增长机制，提高一般性转移支付规模和比例，清理、规范专项转移支付项目，逐步取消竞争性领域专项和地方资金配套。完善政府性债务管理体系，规范地方政府举债融资，合理控制举债规模，建立债务风险预警防范机制。健全优先使用创新产品、绿色产品的政府采购政策。

（五）优化企业发展环境

加强市场监管，保护公平竞争。开展降低实体经济企业成本行动，优化运营模式，增强盈利能力。清理和规范涉企行政事业性收费，减轻企业负担。激发企业家精神，依法保护企业家财产权和创新收益。

第十四章

国内外土地草牧场制度改革的经验做法及对内蒙古的启示

为深入贯彻落实十八届三中全会精神，按照自治区“8337”发展思路，加快推进我区土地草牧场制度改革，释放农村牧区持续健康发展的活力动力，针对农村牧区发展现状及存在的主要矛盾和问题，借鉴国内外经验，提出具体措施建议，为自治区土地草牧场制度改革有效推进提供参考。

一、研究背景和重大意义

（一）研究背景

中国是一个农业大国，内蒙古是农牧业大区，土地一直是“三农”问题的关键。无论是在新民主主义革命时期还是在社会主义建设时期，农村牧区土地政策都是中国共产党一项极其重要的政策，关系到我国革命和建设的成败。目前，我国农村牧区实行的以家庭承包经营为基础的双层经营体制，是十一届三中全会后中国农牧民在中国共产党领导下的伟大创举，是马克思主义合作制理论在我国实践中的新发展。

可划分为以下几个阶段：

第一阶段（1978 年 12 月—1984 年 12 月）：改革开放前，我国农村牧区实行人民公社土地集体所有制的“三级所有，队为基础”的土地制度，这一土地政策在实施之初，确实比之前建立在个体私有制基础上，分散、落后的小农经济有活力。加之这种集体所有的土地制度缓解了个体农牧民生产工具落后和不足等的限制，是我党引导农牧民走上富裕道路，改变农牧业落后面貌唯一正确的制度选择。之后由于受“左”的指导思想影响，掀起合作化运动高潮，强行在全国建立高级农牧业合作社，并建立以“一大二公”为特点的人民公社，彻底废除农村牧区土地私有制，彻底剥夺农牧民对土地的私有权，从而使土地及农牧民的生产资料、生活资料等都归公社共有，由公社统一经营，片面强调发展纯粹的集体所有制经济，排斥并彻底废除个体所有制经济。到20世纪70年代，人民公社及土地集体所有的管理体制，已脱离中国国情，严重阻碍了生产力的发展，迫切需要通过新一轮土地制度变革推动发展。以安徽省凤阳县小岗村农民“包产到户”（是家庭联产承包责任制的最初形态）为开端，中国开始了农村牧区土地制度又一次重大变革。

1978年12月，党的十一届三中全会原则通过了《中共中央关于加快农业发展若干问题的决定（草案）》，肯定了“包工到作业组，联系产量计算劳动报酬”的责任制。1979年9月十一届四中全会通过的《中共中央关于加快农业发展若干问题的决定》，对包产到户严格限制在“某些副业生产特殊需要和边远山区”、“交通不便的单家独户”的范围内，这为一再涌起的包产到户激流在政策上放松了一步。1980年5月邓小平正式表态：“农村政策放宽以后，一些适应搞包产到户的地方搞了包产到户效果很好，变化很快。”1980年9月，中央召开省、市、自治区党委第一书记座谈会，专门讨论农业生产责任制问题，第一次以中央文件的形式阐明了包产到户的性质，初步肯定了包产到户，加速了包产到户在全国的发展。到1981年10月全国实行包产到户的生产队占总数的45.5%。1982年1月中央出台第一个涉农1号文件，明确指出：包产到户、包干到户或大包干，都是社会主义的生产责任制，不同于合作化前的小私有个体经济，而是社会主义农业经济的组成部分。这次中央完全肯定了包产到户、包干到户的合法地位，并以中央文件的形式给予肯定。据相关统计，到1982年11月，全国有78.8%的生产队实行了家庭联产承包制。家庭联产承包责任制的出现和在实践中的可行性标志着这一新制度的初步形成。但是它还需要逐步的规范和完善，1985年以来，出现的农业经济增长缓慢和增长潜力不足等问题，都明确地反映出，家庭联产承包责任制只是一种刚刚诞生的制度，它还需要进一步的规范和完善。

第二阶段(1985年1月—1991年12月):1985年1月中央一号文件将家庭联产承包责任制进一步系统化,提出并推行农产品统派购制度、产业结构调整、交通等活跃农村牧区经济的十项政策。1991年十三届八中全会发布了《关于进一步加强农业和农村工作的决定》,第一次明确规定:“把以家庭联产承包为主的责任制、统分结合的双层经营体制,作为我国乡村集体经济组织的一项基本制度长期稳定下来,并不断加以完善。”这种双层经营体制,在统分结合的具体内容和形式上有很大的灵活性,可以容纳不同水平的生产力,具有广泛的适用性和旺盛的生命力。

第三阶段(1992年12月—1998年12月):1992年,随着邓小平南方谈话,农村经济也掀起了一个新高潮,尤其是党的十四大的召开,拉开了中国社会主义市场经济的帷幕。这一阶段的土地政策主要有:1993年11月中共中央、国务院《关于当前农业和农村经济发展的若干政策措施》指出将原来15年的土地承包期延长至30年不变,这也意味着第一次家庭联产承包责任制的到期和第二轮家庭承包制的开始。1997年8月中共中央办公厅、国务院办公厅发出《关于进一步稳定和完善农村土地承包关系的通知》,要求第二轮土地延包时一定要按中央规定执行,并明确指出,土地承包期再延长30年。由于这个让农牧民分户经营的制度实际上既不“联产”,也不对国家再承担除了税费之外的“责任”,因此,中央在农村改革20年后把它修订为“家庭承包经营制”,并明确为“必须长期坚持的基本制度”。

第四阶段(1999年1月—2003年12月):1999年全面完成延长土地承包期的后续工作,承包合同和土地经营证书全面颁发到户,党中央的承诺落到了实处。2002年党的十六大报告要求,“长期稳定并不断完善以家庭承包经营为基础,统分结合的双层经营体制”。2003年10月,党的十六届三中全会又一次指出,“土地家庭承包经营是农村基本经营制度的核心,要长期稳定并不断完善以家庭承包经营为基础、统分结合的双层经营体制”。由此可见,家庭承包经营制度是我国农村牧区基本的经营制度,是我们必须长期坚持并不断完善的基本政策,这既是制度发展的要求,也是我们国家农村牧区经济发展的客观要求。

第五阶段(2004年1月—2013年10月):尽管国家已明确以家庭承包经

营为基础、统分结合的双层经营体制是必须长期坚持的制度模式，但在实践中，这一制度安排也面临着种种制度困境。一是农地草牧场产权的集体所有，导致产权主体缺位，从而造成了农地的公共池塘悲剧。农地草牧场的集体所有，造成了农地草牧场产权主体的模糊和缺位，从而使农地草牧场成为实质上的公共产品，公共产品的特性就必然导致农地草牧场资源配置和征用的不合理，从而造成农地草牧场资源效益低下和大量农地草牧场资源流失，使农牧民的收入减少，甚至成为失地农牧民。二是农地草牧场承包权的不稳定性，导致土地利用的短期化。农地草牧场承包权的频繁调整，使农牧民对土地的可靠性产生怀疑，从而减少对土地的长期投入，农地草牧场利用的短期化行为日益普遍。已有的研究也说明，不稳定的地权减少土地投资，尤其是附着于土地的投资（如农家肥、水利设施等），长此以往，造成了农地草牧场产出率下降和资源禀赋劣质化，成为农牧民增收困难的硬约束。三是现有农地草牧场制度的相关法律规定制约了农牧民向非农牧产业工人转化。2003 年颁布的土地承包法规定，农牧民进入小城镇务工或定居，仍保留原土地的承包权，而进入大中城市务工定居，则要放弃原土地承包权而得不到任何补偿，阻碍了城镇化的有效推进，成为限制农牧民向非农牧产业工人转化的制度性软约束。

当前农地草牧场制度的种种缺陷，关系到农村牧区发展的方方面面，是当前“三农三牧”问题的制度根源，也是进行新农村新牧区建设的制度性障碍。为此，党中央把“三农”问题列入全党工作的重中之重，使中央一号文件时隔18 年后又一次回归到“三农”，并不断关注农村土地制度问题。特别是《中共中央国务院关于推进社会主义新农村建设的若干意见》（中发〔2006〕1 号）文件首次提出，稳定和完善以家庭承包经营为基础、统分结合的双层经营体制，健全在依法、自愿、有偿基础上的土地承包经营权流转机制，有条件的地方可发展多种形式的适度规模经营。《中共中央国务院关于加大统筹城乡发展力度进一步夯实农业农村发展基础的若干意见》（中发〔2010〕1 号）文件明确提出，稳定和完善农村基本经营制度；有序推进农村土地管理制度改革。《中共中央国务院关于加快发展现代农业进一步增强农村发展活力的若干意见》（中发〔2013〕1 号）文件也提出，全面开展农村土地确权登记颁证工作，进一步完善了家庭承包经营为基础的土地经营制度，也增强了广大农民土地财产权益的保障水平。

第六阶段（2013 年 11 月—　）：随着党的十八届三中全的召开和《中共中央关于全面深化改革若干重大问题的决定》（以下简称《决定》）的出台，标志着我国进入了一个全面深化改革的新阶段。土地制度作为农村改革的一项重点内容，《决定》把农村建设用地、耕地、宅基地等土地都纳入改革内容，并明确了改革方向。《中共中央国务院关于全面深化农村改革加快推进农业现代化的若干意见》（中发〔2014〕1 号）文件也提出，完善农村土地承包政策；引导和规范农村集体经营性建设用地入市；完善农村宅基地管理制度；加快推进征地制度改革；发展多种形式规模经营；创新基层管理服务，进一步明确了农村各类土地制度改革的举措。2015 年 1 月国务院办公厅印发《关于引导农村土地经营权有序流转发展农业适度规模经营的意见》，确立了所有权、承包权、经营权“三权分置”的土地制度改革方向。《关于加大改革创新力度加快农业现代化建设的若干意见》（中发〔2015〕1 号）文件提出，稳步推进农村土地制度改革试点。文件强调在确保土地公有制性质不改变、耕地红线不突破、农民利益不受损的前提下，按照中央统一部署，审慎稳妥推进农村土地制度改革。

随着全国农村土地制度改革试点的实施，我区农村牧区土地草牧场制度改革也将加快推进。2014 年初，习总书记视察我区时指出，内蒙古要着力抓好农牧业和牧区工作，体现了我区加快农牧业发展是突出优势、壮大特色产业的重要途径，是调结构、转方式，做好我区农牧业改革创新工作的重要方向。在党的十八届三中全会全面深化改革精神的指引下，按照中央相关文件精神及《内蒙古自治区党委全面深化改革领导小组关于分类有序推进改革的方案》，我区加快推进农村牧区改革，有序开展家庭承包和其他方式承包的农村牧区土地经营权确权登记颁证工作。农村牧区改革的加快推进，必将极大地调动亿万农牧民的积极性，极大地解放和发展农牧区社会生产力，极大地改善广大农牧民的物质文化生活。

（二）重要意义

一是稳定土地承包制度的迫切需要。现有土地承包关系是在第一轮承包基础上延包形成的，加上承包期内农村牧区依传统习惯调整承包地和经济建设征占用承包地等,原确认的土地承包状况与实际土地承包情况存在一定误差。随着近年来城镇化步伐的加快,进城务工人员逐年增加,新生代务工人员也已逐步融入城镇生活圈,使农牧户承包土地流转规模和数量呈上升趋势。同时由于地形、地貌等的变化,也使承包土地的准确地理位置变得越来越模糊不清,为今后因土地流转产生矛盾纠纷埋下了隐患。这些问题不解决,既影响土地承包确权颁证的权威,又给稳定现有农村牧区土地承包关系并长久不变带来不利影响,迫切需要深入推进农村牧区土地制度改革,加快土地承包经营权确权登记颁证工作,把农牧民承包土地的各项权利落实到户,妥善解决农村牧区土地承包的现实问题。

二是稳固农村牧区基本经营制度的关键环节。稳固农村牧区基本经营制度,关键是赋予农牧民更加充分而有保障的土地承包经营权,核心是保持现有土地承包关系稳定并长久不变。农村牧区土地制度改革是以明确土地承包经营权归属、保持现有土地承包关系稳定并长久不变为基本原则。开展土地制度改革研究,探索对土地承包经营权的设立、变更、转让和灭失等进行登记管理,建立健全土地承包经营权登记簿,把承包地块、面积、空间位置和权属证书全面落实到户,强化承包农牧户的市场主体地位和家庭承包经营的基础地位,是稳固农村牧区基本经营制度的关键环节。

三是推动市场决定资源配置的必然要求。归属清晰、保护严格、流转顺畅的产权制度是推动市场决定资源配置的基本要求。在坚持农村牧区土地集体所有的前提下,依法赋予和保障农牧民的土地承包经营权,既是健全社会主义市场经济体制的重要内容,也是发展农村牧区市场经济的基础。开展农牧区土地制度改革研究,进一步探索依法确认农牧民对承包土地的占有、使用、收益权利的有效途径和办法,明晰土地承包经营权归属,强化物权登记管理,将为健全农村牧区市场决定资源配置中提供强有力的物权保障。

四是保障农牧民合法权益的重要举措。承包地是农牧民最基本的生产资料和最可靠的生活保障,土地承包经营权是农牧民最重要的财产权利和物质利益。在城镇化、工业化深入推进的过程中,要防止侵害农牧民土地承包权益现象的发生,避免给农村牧区社会和谐稳定带来不利的影响。开展农牧区土地制度改革研究,加快推进土地承包经营权确权登记颁证工作,是明确土地承包经营权归属、定分止争的根本措施是调处土地承包经营纠纷的关键环节，是解决农村牧区土地承包经营纠纷、维护农牧民土地承包合法权益的重要举措。

二、国内外土地草牧场制度改革做法和经验

（一）部分国家做法和经验

1. 美国的做法和经验

美国实行公私兼有多元化的土地所有制度，其中私人所有的土地约占60%，联邦政府所有的土地约占30%，州及地方政府所有的土地约占10%。美国法律极其重视私有土地的所属权利，一般来说，各种所有制形式之间的土地可以通过有偿方式取得确权，如自由买卖和出租等。美国农村土地基本是被家庭农场所占有，经营权、使用权、处置权大部分由农场主掌握。但美国政府也保留了相当多的对农村土地的控制、管理和收益权，比如出于公共用途并给予合理补偿，就可以征收私有土地。因此，可以说美国农场主获得的仅仅是具有产权保障的土地使用权，并非绝对的所有权。美国有关土地管理的法律法规十分健全，包括土地的所有权、使用权、处分权、收益权、租赁权、抵押权等相关的其他权益，应有尽有。比如，1785 年颁布的《土地法令》，1862 年颁布的《宅地法》，1997 年颁布的《联邦土地政策和管理法》等，从法律方面不断完善和界定农村土地各种关系。

美国农村土地产权管理职能分属在两个机构：地理信息服务办主要负责地籍信息收集、测绘等工作，审计办负责土地确权登记工作。美国农村土地测绘成果包含了道路信息、地块所有权信息、面积、土地用途及交易记录等信息。土地登记内容全面完整，程序简洁，信息公开透明。土地权属出现纠纷一律由法院解决，政府不担任调解仲裁角色。美国土地确权保护制度也较全面，既有土地利用规划管控的强制性措施，也有自愿保护的激励性措施。同时，规划管控也会充分考虑土地所有者和公众的意愿，如华盛顿州就规定限制和禁止对优质农村土地的非农开发。总之，家庭农场的科学组织模式，完善的私有产权制度，法制化及规范化的农村土地管控和监督是美国现代农村土地制度的基本框架。

2. 英国的做法和经验

英国的土地制度历史悠久，结构简洁但体系完善，法律和政策相对稳定又不失创新。英国的土地所有制很特殊，名义上英王为国家唯一的土地所有者，英国贵族和国民拥有的土地来自英王的授予，被称为土地的保有权。从这个意义上说，英国的土地权利主要是不同形式的土地保有权。英国按照在1925年颁布的《财产法》规定，英国的土地保有权简化为“自由的土地保有权”和“租赁的土地保有权”两大类。除此以外，衍生的其他土地权益还有用益权、抵押权和地役权等。自由的土地保有权是指保有权人对自己的土地永久所有，一般以契约或居住、使用等形式为基础确定，并能够随意处置包括自由出卖、赠送。租赁的土地保有权指土地保有权是有期限的，一般通过协议方式确定土地权利和内容，而且在租赁期内，双方都要严格遵守，不受自由的土地保有权人的随意干涉。目前，英国的土地法更倾向于保护土地租赁者的权益，如1986年颁布的《农业土地所有法案》中就规定，农村土地租赁者交纳租金的最高限制和权利纠纷处理，保证农村土地租赁者继续更有保障地使用土地的权利。

英国目前实行的是产权登记制度，主要是对农村土地尤其是大农场的绝对产权、有限产权、占有产权或有效的租赁保有产权几种形式去进行确权登记。土地登记局成立于1862年，是英国唯一从事土地产权的审查、确认、登记、发证、办理过户的部门。农村土地确权登记过程中，登记局首先必须去实地勘测边界线，查看农村土地保有人为其产权提供的证据，全面收集农村土地信息，以符合土地登记的需要。政府有关部门根据登记簿的信息制作权利证书，明确显示该土地现有权利内容、影响土地权利事项和衍生的土地其他权利，交付给权利人，该权利证书具有一定的法律效果，不得侵犯。土地确权登记是农村土地交易过程中律师所承办的各种法律的重要凭证，有助于农村土地市场的交易活跃，以获得土地发展权，即更高强度或更高价值的使用权。总之，英国土地是以土地利用为准的确权方式，对中国的土地确权改革中一味地追求所有权，忽视土地的高效配置具有较强的借鉴意义。

3. 日本的做法和经验

日本以地租自由化为准的农村土地确权体系日本也是世界上典型的土地

私有制国家。作为人多地少的岛国,土地资源尤为宝贵。为了保护优良土地,日本政府对土地的确认、购买、转用都有严格的规定。1950 年,政府制定的《土地法》又从法律上保障了自耕农对农村土地所有权的永久地位。后来,农业政策逐渐放宽了对农村土地的占有和流动的限制,实行地租自由化,尤其是以地域为单位实行土地经营权的自由流动是个创新,实现了农村土地所有权和经营权的分离,适应了土地规模经营的需要。农林水产省作为日本农业和农村土地管理最主要的政府部门,通过制定各种土地法令,保护耕作农民的权利和确保优质农村土地用于农业。比如,1952 年日本颁布的《农村土地法》,1961 年颁布的《农业基本法》,1980 年颁布的《农村土地利用增进法》,1999 年颁布的《食物、农业、农村基本法》,每部法律法规都对日本社会农业产生重大影响。

日本政府依法划定有农业振兴区域范围,并且法律规定在此区域范围内的农村土地不准任意转用。农村土地所有权转让、佃耕权或租赁的转让、重新设置有严格限制,须经都道府县知事或农林水产省大臣的许可才能进行,还要注重生态保护,否则要予以处罚。以耕作外的使用为目的取得农村土地所有权、租赁权、场地使用权时,也必须经过严格审查才有资格获取。日本农村土地虽然受政府的种种限制,但土地的所有权、经营权、收益权各自独立,土地界线明确,通常可以从政府低价购买、自由租赁和转让获得确权。总之,日本现今是以私有制为主、社会化服务、法制化和规范化管理的农村土地产权制度。

(二)部分省区做法和经验

1. 青海省做法和经验

一是加强组织领导,建立规章制度。为做好土地、草牧场确权登记颁证和农牧区土地承包经营权规范流转工作,各试点县均成立了由主管副县长任组长,各相关部门主要领导为成员的领导小组,负责协调处理有关重大问题。领导小组办公室下设在县农牧业局,具体负责日常业务相关工作。各乡镇也相应成立了由党政主要领导担任组长的领导小组,为有序开展土地确权登记颁证及规范流转工作奠定了良好的组织基础。同时,各试点县建立健全土地确权登记颁证及土地规范流转工作程序和暂行管理办法、土地规范流转合同及档案管理制度、乡镇土地流转服务中心工作人员职责等十余项工作制度，为土地确权登记颁证及规范流转工作扎实有效开展奠定了制度基础。

二是严格基础程序，注重督促指导。在确权登记颁证工作过程中，试点县坚持以第二轮农牧区土地承包合同及2006年、2007年土地承包经营权证换发补发登记簿为基础，按照政策和程序要求，积极稳妥地解决确权颁证工作中遇到的新情况和新问题，特别是坚持落实公示、农牧户摁手印、地籍图签字等关键程序，有力地促进了确权登记颁证各项工作规范有序开展。为确保确权登记颁证依法依规、公开透明，青海省于2014年5月和8月先后两次派工作组深入到试点县各乡镇、村、农牧户开展督促检查。并对省地矿测绘院的航测图片，宗地调查成果、面积误差和权属调查登记资料，以及农牧户承包地块的实测确权登记等进行实地随机抽样检查。

三是加大宣传培训，积极调处纠纷。土地改革涉及千家万户农牧民的切身利益，也离不开基层干部群众的大力支持。各试点县通过加大宣传培训、创新宣传方式，使基层干部和广大农牧民真正了解政策，消除群众顾虑，极大地激发了基层干部和农牧民主动参与土地改革各项工作的积极性，保证了试点工作的有序推进。针对确权过程中出现的各类土地纠纷，县、乡、村三级严格按照法律法规和现行政策规定，通过协商、调解、仲裁，妥善调处矛盾纠纷。对一些难以处理的矛盾纠纷，采取暂缓确权的办法，始终坚持先解决矛盾纠纷，后登记确权的原则，确保确权登记颁证工作顺利开展。

四是搭建服务平台，创新流转机制。各试点县为乡镇土地流转服务中心配备安装了电子显示屏，及时发布土地流转需求信息，实现了供需双方的有效对接。大通县农经站与明博科技有限公司合作建设“大通县农牧区土地承包经营权流转服务平台”，充分利用现代信息技术和网络服务，发挥信息收集、发布、项目对接和市场交易等服务平台作用，通过平台建设进一步规范土地流转行为。湟源县利用各乡镇综合服务大厅，增设流转服务平台，配备工作人员，为流转双方提供政策咨询和信息发布等服务。为促进土地有效流转，各试点县将培育土地经营大户作为土地流转的重点，注重土地流转与培育规模经营主体相结合，挖掘土地规模优势，提升产出效益。

2. 四川省做法和经验

一是加快全省确权登记的推进步伐。四川省已于2008年在成都市率先启动农村土地承包经营权确权登记改革工作,并取得了实质性进展,无疑对保护农民的土地财产权是具有破冰之举的关键突破。除成都市外,2011年又启动了2个农村土地承包经营权确权登记工作试点县,2012年扩大到55个试点县。截至2013年11月,除成都市外,全省共有20个市(州)所辖的96个县(省级试点50个、自主试点46个)不同程度地开展了确权登记工作。目前,四川省已被国家列入全国农村土地确权登记颁证试点省之一,各级政府和相关部门正加紧工作,力争最迟至2015年全面完成全省农村土地确权登记工作,为进一步促进全省土地规模经营发展、增加农民财产性收入和强化新型城镇化基础支撑争取宝贵的时间。

二是探索更有效率的确权登记方式。在坚决杜绝农村土地确权登记走过场、搞应付,真正确保"确实权、颁铁证、高效率"的前提下,有针对性地进行探索创新。鼓励和支持各地结合自身实际情况探索更低成本的确权登记方式,比如推广"航拍+调绘+实测"的测绘方式,采取相关部门联动方式提高确权效率等。一些地方为了回避矛盾和短期见效,对农村承包地、宅基地和农村集体建设用地采取分类分步推进的确权登记方式,不仅延误时间,增大成本,而且在一定程度上累积或叠加风险,影响改革的政策效果。对农民而言,农村承包地、宅基地和农村集体建设用地不仅与其利益直接相关,而且三者关联性强,不宜分割式确权登记。要求各地应充分做好基础准备工作,明确目标,整合资源,整体推进,一步到位,实现农村土地确权登记的全覆盖和高效率。

三是改革创新土地抵押担保权能。农村土地确权登记只是完成了农民土地产权的认定过程,要使农民的土地产权能够从确认到实现,就必须赋予农村土地基本的抵押担保权能,而这一权能正是十八届三中全会明确提出亟待改革推进的。2014年四川省率先出台《四川省农村土地流转收益保证贷款试点工作方案》,在9个县先期试点。这一重大政策举措,无疑将对突破四川省农村土地承包经营权缺乏基本抵押担保权能的现实困境产生导向性的积极促进作用。

四是加强农地股份合作社的政策支持。四川省人多地少矛盾尤为尖锐,土地产权的分散性更为突出,而突出的分散性从根本上又制约了其交易性和流动性,进而必然影响到土地规模化经营水平的提高。为此,四川省积极鼓励和引导农民以土地股份合作社为载体,有效规避分散的农民独自进行土地产权交易的高额成本,推动了农村土地股份合作的较快发展,初步形成了“内股外转、内股内转、内股外合”等多种模式。

三、国内外实践经验对内蒙古农牧区土地制度改革的启示

内蒙古虽与上述国家和省区在自然环境、历史背景、土地制度等有所不同,但它们的农村牧区土地确权管理方面的政策、原则和法律规范等成功经验,对内蒙古目前正在进行的农村土地确权改革有着重要启示和参考价值。

(一)国外经验启示

一是完善农村土地国家宏观管理制度,实现土地确权的法制化和科学化管理。美日国家对农村土地的宏观管理制度可谓结构科学、体系完整、规范明确、操作性强,是农村土地确权工作的根本。因此,内蒙古农村牧区土地管理也应加强政府领导,规范组织管理,明确职责分工,要求各部门积极配合参与,给予财政支持,保证经费预算与落实,积极稳妥推进农村牧区土地确权登记各项工作。同时,还要加强宏观管理体系法制化建设,做好立法和执法工作,实现农村牧区土地确权的法制化。对此,内蒙古可以借鉴美日等国农村牧区土地确权管理的经验,着力进行改革,具体操作有:先开展农村牧区土地的面积、质量、权属关系等基本信息的调查,建立农村牧区地籍管理档案;进一步完善土地承包制度,明确各主体的权利、责任和利益分配;完善集体组织对农村牧区土地建设用地承包金和地租的使用监督机制,并使监管制度化、常态化;建立农村土地确权纠纷的司法裁决机制,运用司法手段解决确权纠纷,减少政府干预。

二是设立农村土地发展权制度。土地发展权制度最早起源于英国。在1947年,英国颁布的《城乡规划法》中设立了土地发展权制度,土地权利的配置由静态向动态转变。目前内蒙古土地供需矛盾日益突出,农牧业用地未经

审批擅自改变土地用途，在耕地、草地保护任务非常繁重的情况下，设立土地发展权就显得极其重要。农村牧区土地发展权应包括：农村牧区土地变更为非农牧用地的发展权、在农村牧区土地用途不变的情况下扩大投入的发展权、未利用土地变更为农牧用地或建设用地的发展权、在集体建设用地上进行建设的发展权。同时，在坚持农村牧区土地集体所有的同时，需要在公共财政和预算方面进行科学规划，使土地收益更多地向农牧民倾斜。具体如下：从已开发土地的发展收益中拿出一部分补偿农牧民，体现农牧民的土地主体地位；加大农村公共设施投入，提高农牧民的生存环境和生活质量；加大国家监管力度，预防农村牧区集体组织或者个人任意变更土地用途；设立农村牧区社会风险基金，用来资助需帮助的农牧民家庭；保障集体农牧民公平享受土地发展增益，最大限度地保护农牧民的根本利益。

三是赋予农牧民长期而有保障的农村牧区土地使用权。不同于英美等国对土地使用权的侧重保障，中国的土地立法过分强调对土地所有权的保护，并以所有权决定土地的使用、收益、处分的权利，导致农村牧区土地权属纠纷不断，有限的土地资源不能得到高效、持续的利用。因此，改革农村牧区土地权利配置，就是在确保所有权人权益的基础上，赋予农牧民更多的农村牧区土地使用权。具体来说，一要配置所有权主体和使用权主体平等的法律地位，在不违反法律法规的前提下，所有权主体不能过多地干涉农村牧区土地使用方式。二要赋予使用权主体更多的权益，如增加农村牧区土地使用年限，农村牧区土地使用期满时，如果所有权主体继续转让，先前农村牧区土地使用者有土地的优先使用权等。三要坚持土地集体所有不变，土地农用牧用性质不变，搞活农村牧区土地市场，使农村牧区土地具有商品属性，农村牧区土地使用权主体可以依法具有有偿转让、出租等权利。四要把土地使用权作为土地财产的基础，在征地补偿、土地流转、抵押等方面侧重对土地使用权主体的收益分配，激发他们保护农村牧区土地的愿望。

四是建立健全农村牧区土地确权成果社会化服务体系。英日等国的土地确权成果都和社会化服务紧密联系。因此，完善农村牧区土地确权管理制度，也应注重提高土地确权成果的社会化服务水平。一方面，提高土地调查、土地确权等成果的公开程度，使土地调查测绘成果社会化得到充分应用。具体来说，就是要建立统一的农村牧区土地确权信息管理系统，包括权属调查、地籍测量、土地登记、土地交易、文件和纳税信息都要公开，逐步实现土地确权信息网络交汇、动态更新、成果共享。另一方面，加强监督土地确权成果在产权交易、抵押、收益等方面的应用，提高土地确权成果社会化应用水平。现阶段，内蒙古农村牧区土地普遍是有偿使用，在政策规定许可的范围内，农村土地可以自由流转、出租和转包。这种情况下，政府就可以根据农村牧区土地确权成果进行登记收费和规划引导，保证土地管理和监管工作的同步和有效。总之，建立健全农村牧区土地确权成果的社会化服务体系可以节约信息传送的成本，提高工作效率，降低工作的无序性和盲目性，更加合理有效地配置土地资源，保障基本农田和草原。

五是实行复合的土地所有制。我国是社会主义国家，农村牧区土地也不能走私有化的道路，农村牧区土地确权改革路径也要符合本国国情，不能完全照搬其他国家的模式。现阶段，实现土地让农牧民永久使用，或者让农牧民成为农村牧区土地唯一的所有者，条件还不成熟，要采取循序渐进的办法，首先要把目前的工作做好。界定产权是为了交易，否则，确定农村牧区土地权属就失去了经济意义。然而，因为体制所限，中国农牧民还不能完全地掌控土地，也就不能在产权层面保障广大农牧民应有的经济收益。因此，在遵循我国社会主义制度的前提下，实行国家和农牧民双层复合的土地所有制，能破除当前土地改革的瓶颈，即国家拥有土地的最高所有权，但不直接支配土地，在法律上规定农牧民享有最高限度的使用权，享有对农村牧区土地财产的实际占有权和处分权。这样，既能保障农村牧区土地灵活使用，又不违背体制，降低了改革阻力，更好地实现农村牧区土地管理的目标。

（二）国内经验启示

一是建立健全土地抵押担保权能。农村牧区土地抵押担保的有效性，在一定程度上是建立在对其现实价值合理评估的基础上的，正因如此，能否建立独立公正的评估体系至关重要。应在严格市场准入前提下，引入社会中介组织开展农村牧区土地价值评估业务，职能主管部门主要通过评估立项、备案、督查等做好评估管理工作，选择试点形成成熟的操作流程后进行全面推广。

二是防止助长短期化土地流转行为增长。当前在农村牧区劳动力大量外流和农牧业比较效益明显偏低的背景下，农村牧区土地缺乏抵押担保权能是土地流转率不高，规模经营发展迟缓的重要原因。一旦这一关键性障碍被突破，可以预期城市资本下乡的规模有可能迅速扩大，土地集中的水平将会显著上升。在此过程中，应当特别重视防范土地流转中本就存在的短期行为：既要防止以流转土地经营权抵押贷款用作非农牧业开发，也要力避出现对掠夺式土地利用方式抵押贷款的支持风险，应重点在用途管制、贷款期限、监督检查等方面设计完善的防范风险制度。

三是给予土地股份合作社合法的保障。四川省土地股份合作社的发展对于有效解决土地产权分散性问题，推动适度规模经营发挥了作用。但仍需要在政策上进行突破：一要以省级地方条例方式给予土地股份合作社合法地位，保障其基本运行合法有效。二要为土地股份合作社提供财政补贴、信贷优惠等政策支持，将政府投资建设形成的农牧业设施等资产以股份化的形式并入土地股份合作社，支持土地股份合作社做大做强。三要在合理设定进入门槛和加强监管的前提下明确支持城市资本下乡的政策取向，引入稀缺的资金、人才、管理等现代发展要素，促进土地股份合作社与城市资本多元合作，形成良性互动的发展格局。

四是同步建立农村牧区产权数据库。在推进农村牧区承包地、宅基地和集体建设用地确权登记的同时，应整合国土、农牧业、住建等相关部门的数据资源，联合开发建立农村牧区产权数据库，为确权后农村牧区土地产权的流动和后续管理建立重要基础。

四、内蒙古土地草牧场制度改革现状

（一）全区土地草牧场制度改革现状

一是农牧区改革制度加快建设。在党的十八届三中全会全面深化改革精神的指引下，按照中央1号文件精神及《内蒙古自治区党委全面深化改革领导小组关于分类有序推进改革的方案》，我区加快推进农村牧区改革，于2014年9月份自治区政府制定并下发了《内蒙古自治区土地承包经营权确权登记颁证试点工作实施方案》、《内蒙古自治区完善牧区草原确权承包试点工作实施方案》和《内蒙古自治区基本草原划定工作实施方案》。按照自治区的总体部署,从2014年8月到2015年6月,在全区12个盟市中的每个盟市1个试点,除乌海市和阿拉善盟各确定1个镇外,其余10个盟市各确定1个旗县作为试点地区,开展家庭承包和其他方式承包的农村牧区土地经营权确权登记颁证工作。研究制定的《构建新型农牧业经营体系,完善土地草牧场承包经营权流转的意见》等4个改革意见、《健全农牧业信息服务体系和农畜产品市场预警体系工作方案》等4个工作方案,以及《内蒙古自治区农村牧区集体经济组织资金资产资源管理制度(试行)》和《草原生态保护监测评估制度》2项制度正在进一步征求意见。根据“改革农牧业补贴制度”的要求,正在开展完善农牧业补贴制度的调查研究,跟踪了解国家及农业部的相关政策和改革进展情况,并将适时研究制定我区完善农牧业补贴制度意见。

二是农牧区综合改革深入推进。在10个试点旗县和2个试点镇开展土地确权登记颁证工作进展顺利,其他非试点旗县前期工作积极推进。在开展耕地、草牧场确权登记颁证工作的同时,农牧区建设用地、宅基地、林地确权登记工作加快推进,2014年全区集体建设用地使用权、宅基地使用权确权登记发证率分别达到61%和67%,集体林权确权率达到99.8%。

三是农牧业经营方式不断转变。一方面,规模化、组织化程度进一步提高。全区各地家庭农牧场、专业大户、农牧民合作社等新兴规模经营主体大批涌现,目前全区工商登记注册的合作社达到3.7万家,出资总额839亿元,成员总数29万人;其中:160家合作社注册了商标,178家合作社通过了无公害、绿色、有机等产品质量认证,2家通过了农产品地理标志认证,300多家合作社以不同形式参与了“农超对接”、“农社对接”、“农校对接”。全区土地流转面积2885万亩,草牧场流转面积7000万亩,分别增长40%和10.7%。另一方面,产业化经营扎实推进。全区农畜产品加工企业实现销售收入3780亿元,增长9.4%,在整体经济下行的背景下,农畜产品加工业成为全区工业经济增长的一大亮点。

(二)全区土地草牧场制度改革面临的困境

当前推进的农村牧区土地制度改革对于有效解决农牧区土地产权不清,推动适度规模经营发展,建立农村牧区土地流转机制等都具有重要意义。但仍然面临着一些困境。

一是从产权经济学的视角看,农村牧区土地属于集体经济组织所有,具有公共产权性质,与私人产权相对立。私人产权边界清晰、归属明确、排他性强,因而该产权形态往往具有较高的效率;相反,公共产权则更有助于实现社会公平。也即让农牧民享有完整的土地所有权,将更有利于促进土地的优化配置和合理利用。但是,产权理论同时表明,土地资源作为一种特殊的自然资源,其利用过程与农村牧区有着错综复杂的联系,完全的私人产权安排可能因“市场失灵”而引发农村内部有限资源占有和分配不均的矛盾。因此,我区农村牧区土地制度改革不能超越土地公有制的底线,要提高土地产权的经济效率,只能在土地产权的分割上寻求突破。而在实践中,土地问题混乱复杂,如一些地方农地、草地、林地等认定混乱、证书重叠,开荒地、承包地边界不清、权限不明等,这使土地制度改革都将会面临产权困境。

二是从法治视角看,国家和自治区相关法律法规的改进已经整体滞后于农村牧区土地制度改革的实践,法律约束是当前农村牧区土地制度改革面临的最大约束。现行《农村土地承包法》中与促进土地流转相关的法规限制性太强,缺少自愿性的协调机制和利益激励机制,限制了集体经济组织和农牧民对土地产权的灵活有效运用,压缩了在农牧业生产经营活动中改善土地资源配置、提高个人和社会福利的空间;任何单位和个人不得直接与集体经济组织协商,通过直接的土地产权交易在集体土地上从事非农牧业建设和经营活动,这就使农牧民和集体经济组织无法通过农牧业产业和相关非农牧产业的协调发展来提高土地要素的配置效率;现行土地法规赋予政府对农牧用地转化为非农牧用地这一环节的绝对控制权,过分忽视农牧民作为土地产权主体所应有的权利,导致农牧民在土地利益分割中处于极其不利的地位,从而使农牧民和集体经济组织失去进一步改进土地利用效率的机会。

三是从确权登记的现状看,由于确权登记的方式不同,需要的工作费用相差较大,而且各级财政分摊的费用中旗县承担的比重较大,我区经济困难的旗县基本都是农牧业大县,土地确权登记的任务重、所支付的工作费用大,进一步加大了财政困难旗县的经济负担,甚至使这些旗县难以承受。

五、内蒙古土地草牧场制度改革思路及重点

(一)总体思路

一是调整政策。自治区应该针对目前土地征用政策紧张关系做出政策上的调整,主要包括:第一,权属明确、放活经营。加快确权登记颁证工作,明晰土地草牧场权属,积极推进土地所有权、承包权和经营权“三权分置”,有效放活经营权,既保证土地草牧场用于农牧业生产,也要保证土地草牧场生产率和生产效益得到切实提高,进一步保障农牧民合法的土地财产权益。第二,农区牧区土地草牧场改革要结合实际、区别对待。农区牧区生产方式和生活方式不同,土地草牧场制度改革要遵循客观实际,既要符合生产需要,也要符合生活需要,还要符合生态需要。第三,制度方面。可以鼓励盟市旗县政府在工业化、城市化过程中,根据实际情况尝试和创新征地制度,但要保证相关收益兼顾到国家、集体、农牧民三者。

具体而言,要考虑并处理好以下几个方面,一要建立自主的家庭经营制度;二要建立和推进明确的土地产权制度;三要建立合理规范的土地使用权流转市场;四要优化土地经营外部环境。通过这样的制度体系,达到降低综合成本,提高社会和经济效益的目的。

二是循序渐进。分区域、分层次是目前我区土地制度改革应当坚持的原则。从地理环境看,不同地区的农牧区情况有所不同。从经济发展看,近年来我区农牧民的阶层分化已经出现,对于城市周边的农牧民而言,他们越来越不依赖于土地,而更看重在城镇化进程中如何凭借土地分配获得巨额收益;而对于农牧业旗县的农牧民而言,农牧业基础设施建设能否到位则是他们更关心的问题。因此,坚持渐进式改革,要具体问题具体分析,分层次、分地域地进行。

三是性质不变。我区农村牧区土地所具有的特殊功能,决定了集体所有制是农村牧区土地制度在今后相当长一段时期内将继续保持的基本制度。国家和自治区的集体所有制一段时间内不会出现大的变化。

（二）基本原则

坚持保护农牧民利益的原则。这是农村牧区土地制度变革的根本原则。农村牧区土地产权不清晰是现行农村牧区土地制度改革存在的最大问题，农牧民不完整的产权，无法保证其正当的权益。如何从制度上明确农牧民的产权权益是农村牧区土地改革首要解决的问题，农牧民合法权益的有效保护是提高其生产积极性的基础和保障。

坚持公平与效率的统一。公平和效率的有机统一是当前农村牧区土地制度改革必须坚持的原则。一方面，没有效率的公平不是真正的公平，为了追求效率，要大力发展农牧业生产，提高土地的投入产出比，这同时也为实现公平提供了物质保证；另一方面，通过政府的宏观调控，以达到预期的社会公平目标和效果。因此，在农村牧区土地制度运行过程中，要调动土地管理者的积极性和创造性，就必须通过土地流转和适度的规模经营来改革土地产权关系。然而，公平与效率的有机统一，并不一定意味着没有主次之分。效率与公平比较而言，永远是第一性的，只有在生产力不断提高的前提下，才能兼顾到公平。

坚持稳定与创新的兼容。任何一种制度，都会经历一个由确立、完善、创新到新模式建立的过程。同样，农村牧区土地制度的选择与确立，必须在稳定基础上求创新，在不断的创新中求稳定。首先，要保证农村牧区土地制度的内部稳定，应该在该制度一经确立时通过是国家法律和其他有效手段使之合法化、规范化。其次，制度创新必须具有前瞻性和全局性。做好两个兼顾，既要立足现实，又着眼于为进一步改革创造条件。

坚持土地经营规模的适度性。为了追求效率，以获得最佳的投入产出比，一个重要的方法就是必须选择适当的规模来确定各种生产要素有效配置的适合度，这就是目前世界上大多数国家所探求的适度规模经营问题。为实现各种生产要素的最大经济潜力就要坚持各种生产要素配置规模的适度化，土地经营亦是如此，规模过小固然不利于土地制度应有的积极效应的释放，但并非意味着经营规模越大越好，而只能是适度规模经营。

综上分析，农村牧区土地制度改革不能采取一刀切的方法，实施具有普遍性的改革模式，在一个地区适用的农地草场制度模式并不能完全适应另一个地区的实际情况，因此农地草场制度变革要结合各地的实际，要因地制宜进行改革。

（三）改革重点

按照党的十八届三中全会决定和自治区关于推进农村牧区改革的相关部署，将加快土地草牧场经营体制改革和拓展土地草牧场金融空间作为改革重点。

农牧区土地草牧场经营体制改革方面，主要在于两个问题：怎样保障农牧户作为土地草牧场承包者的权利；怎样通过流转土地草牧场经营权使农牧业在现代化道路上更快发展。十八届三中全会决定提到加快构建新型农业经营体系。这不仅要培育从事农畜产品生产的多种经营主体，还要培育不直接提供农畜产品，但给其他农牧户提供经济技术服务的多种主体。这是我区农村牧区近年来发生的一个深刻变化。从目前以承包农牧户流转土地草牧场经营权、发展多种形式适度规模经营为主要形式的经营方式，可以在“种养关键环节靠社会化服务，日常管理靠经营主体成员”——这种靠扩大社会化服务的规模，弥补农牧户土地经营规模不足的经营形式，明显提高了农牧业生产的效率和效益，也符合现阶段大量农牧区劳动力在城乡之间徘徊的现实要求。

在拓展土地草牧场金融空间改革方面，主要是推进农牧民土地草牧场承包经营权的抵押、担保权能的有效实现，以及农牧民财产权益的切实保障。尽管土地草牧场承包经营权抵押、担保权能的实现仍有很多的环节需要突破，但在加快土地草牧场确权登记颁证、引导土地草牧场有序流转、发展适度规模经营的大背景下，推进农牧民土地草牧场承包经营权的抵押、担保权能既是十八届三中全会决定关于加快构建新型农业经营体系和赋予农民更多财产权利的重要内容，也是加快农牧区土地草牧场制度改革必须解决的关键环节。同时，这一权能的实现不仅会给现代农牧业发展带来巨大的发展空间，也一定会给金融业带来新的发展机遇和挑战。

六、对策建议

（一）共性建议

1. 构建更加明晰和稳定的农牧区土地产权思路

在确权的基础上明确行使集体土地所有权的代表——村民牧民代表大

会,而不是村民牧民委员会,防止村民牧民委员会掌控权力。此外,建立完备的成员权益制度。创新一种使农牧区基层共同体的个体成员能够行使其产权的土地集体所有制实现形式。十八届三中全会指出:“保障农民集体经济组织成员权利,积极发展农民股份合作,赋予农民对集体资产股份占有、收益、有偿退出及抵押、担保、继承权。”从集体土地实际流转各地的探索可以看出,农牧民土地股份合作制是目前比较普遍的土地产权实现形式,将承包经营权股份化,成立土地股份合作社。将农牧民承包经营权转变为农牧民持有的集体土地份额,由此集体土地所有权明确界定为农牧民“按份共有”制,真正赋予集体土地所有者拥有选择自己财产代理人的权利。通过土地股份化,创新一种使农牧区基层共同体的个体成员能够行使其产权的土地集体所有制实现形式。土地股份合作社作为集体土地所有权的产权代表和集体土地资产管理的代理人,应当是具有独立完整财产权利的法人实体,对外充当涉及土地问题的谈判代表,包括国家对土地的征、占以及与外界共同经营涉及土地的项目等,行使土地的所有权及其各项权能;对内充当土地产权交易的中介机构,做好地籍登记管理,将集体土地所有权利益以股份方式量化到该集体成员。这种集体产权新的实现形式能够明确而有效地保证农民在土地流转中的收益份额,减少传统的集体产权制度下讨价还价的成本。通过股份制和股份合作制改革,土地权利和资产的划分不断明晰,土地产权的所有者逐步具体化。

此外,应当借鉴英国的土地产权制度,强化使用权淡化所有权,英国国王名义上拥有全部土地所有权,是个内容空泛的所有权,现实情况则是个人实际拥有自己的一块土地的保有权,保有权在事实上相当于所有权。我们的改革在不需要修改宪法的基础上,不断强化土地承包经营权,弱化所有权,使得集体所有权名义化,最终把土地所有权真正交给农牧民实际拥有。

2. 积极有效地推动确权颁证工作进程

明晰土地草牧场生产经营权属,推动集体所有权、承包权、经营权三权分置,是保障农牧户对承包土地草场占有、使用、收益等各项权利,开展土地草牧场有序流转,调处矛盾纠纷、开展抵押担保、落实征地补偿等维护农牧民合法权益的重要基础。完成这项工作最重要、最基础的抓手就是开展土地草牧场确权登记颁证工作。一要宣传引导。土地草牧场制度改革离不开数千万农牧民和广大干部群众的直接参与。必须加强宣传引导,让广大农牧民和干部群众了解政策、消除顾虑、积极参与,为改革的顺利推进奠定群众基础。二要稳中有为。在保持土地草牧场承包关系基本稳定的基础上,如自然村、嘎查村内确需小幅调整的,应由农牧区集体经济组织通过民主协商或村民牧民代表大会的办法具体解决。在确权工作中,原则上要确权到户到地,在尊重农牧民意愿前提下,也可以确权确股不确地,在没有明确承包权的土地草牧场,可以先确定集体所有权,暂不确定承包权和经营权,或以股份形式代替承包经营权的确定,既可有效地推进确权登记颁证工作,也为壮大集体经济,实施公益项目等预留空间。三要调处纠纷。土地草牧场权属历史遗留多、矛盾纠纷多、细碎化问题多,旗县、苏木乡镇、嘎查村要严格按照法律法规和现行政策规定,并结合具体实际,通过协商、调解、仲裁等方式,积极稳妥调处矛盾纠纷。对一些难以处理的矛盾纠纷,采取暂缓确权的办法,始终坚持先解决矛盾纠纷,后登记确权的原则,确保确权登记颁证工作做细做实,经得起历史和实践检验。

3. 促进土地适度规模经营

一是规模经营要适度。明晰产权基础上,放活经营,实现农牧业生产经营的现代化和适度规模化。农牧业现代化既不等同于土地经营的规模化,也不等同于目前土地经营的分散化、细碎化。从日本、韩国和我国台湾的农牧业发展道路来看,在小规模经营的基础上,也完全能够建立起发达的现代农牧业。内蒙古区情决定了在较长时期内,农牧民数量不可能急剧减少,如果搞资本密集型的大规模生产经营,必将排斥劳动力,甚至会重新出现大地主、大牧主,以及“大鱼吃小鱼”的现象,与我国国情和我区区情相背离。所以,在发展规模经营过程中,不能片面追求经营规模,也不能盲目地推动资本下乡,应以追求土地产出率为首选目标,着重引导土地有序适度流转,引导和扶持农牧民组织起来搞合作经营,推动以农牧民为主体的专业合作组织发展,使土地流转规模与我区经济社会发展阶段相适应。

二是农地农用牧地牧用要保护。由于农地牧地法定估价原则的缺失、农牧业用地地价体系的不完整,农牧业土地价格的严重扭曲,加速了农牧业土地的非农化非牧化趋势,助长了耕地草牧场的锐减。必须要强化对耕地草牧场的保护，进一步完善土地利用规划和用途管制等法律制度，建立健全农牧业土地价格形成机制，推动农牧用地与非农牧用地同地同价。在逐步健全完善的规划、法律制度和严格有力的执行基础上，进一步开放农村牧区土地市场，显化农村牧区土地的资产价值，避免在土地改革过程，使耕地草牧场成为权力和资本的“圈地运动”。

三是土地流转要规范。土地草牧场流转和规模经营是客观趋势，也是转变经营方式，繁荣牧区经济的必然过程。既要顺应市场供求规律，尊重农牧民的主体地位，也要坚守流转底线，做好引导和服务。一要发挥市场在资源配置中的主导作用。资源的有效配置是解放和发展生产力，推动经济社会高质高效发展重要的基础和保证。不管从经济发展的历史看，还是从我国农牧业市场化改革的实践看，市场化是优化资源配置最有效的途径，是解决“效率”和“公平”问题最有效的方式。因此，我区在土地草牧场改革中，要坚定不移地破除一切束缚农牧民手脚不合理的限制和歧视，大力培育农牧区土地草牧场等要素市场，建立有形的农牧区土地草牧场产权交易市场，引导和规范农牧区承包土地草牧场和集体经营性建设用地入市流转，逐步形成公平合理的农牧区土地草牧场使用权、承包经营权、住房财产权等农牧区产权流转交易价格。对能够让市场调节的事务，政府应尽量退出，真正让市场在配置草牧场资源中起决定性作用。二要坚守土地草牧场流转底线。“底线”就是坚持土地草牧场集体所有，坚持依法自愿有偿，把保护农牧民土地草牧场权益放在第一位，不能以牺牲农牧民的土地草牧场利益为代价，让工商资本进入农村牧区，确保流转土地草牧场用于农牧业生产。工商资本进入农村牧区，租赁土地经营，对农牧业既存在有利的一面，也可能产生不利影响。从积极的方面看，可以发挥资金、技术和管理等方面的优势，向农牧业输入现代生产要素和经营模式，改善农牧业生产条件，发展设施农牧业，提升农牧业现代化水平。但工商企业长时间、大面积租赁农牧户承包地，也引起了一些人的担心，如加剧土地流转“非粮化”、“非农化”、“非牧化”，挤压农牧民就业空间等。随着工商资本进入农牧业、参与农牧业土地经营规模的扩大，迫切需要作出规范，趋利避害。工商企业租赁农牧民承包地，必须充分尊重农牧民的意愿，完全由企业与农牧民依法自主平等协商，不允许强行流转，不得改变土地农牧业用途。要在有关法律中制定相关的规定或条款,建立工商企业租赁农牧户承包地准入和监管制度。对工商资本租赁农牧户承包地超过一定规模的需要进行资格审查。审查的重点是企业经营范围、投资能力、技术资质、流转用途、流转期限、流转价格及支付方式等。三要尊重农牧民在流转中的主体地位。土地草牧场流转是一个渐进的历史过程,不能脱离区情实际,片面追求流转速度和超大规模,不能搞强迫命令和行政指令。要尊重农牧民在流转中的主体地位,嘎查村级组织只能在农牧户书面委托的前提下才能组织统一流转,禁止以少数服从多数的名义将整嘎查村农牧户承包土地草牧场集中对外招商经营。四要加快土地草牧场流转服务体系建设。土地草牧场流转服务体系建设是实现土地草牧场市场主导、规范有序、公平公正流转的关键环节。我区应加快各旗县、苏木乡镇土地草牧场流转服务体系建设,配备相应的专业人员、现代信息网络设备和必要的办公设备等。争取在 3—5 年内,每个农牧业旗县和苏木乡镇都能建成体系比较完备,服务比较到位的旗县级土地流转服务站和苏木乡镇级流转服务中心。既为土地草牧场流转提供信息收集、发布、项目对接和市场交易等服务,也为流转双方提供政策咨询、纠纷调解、法律援助等服务。

4. 探索建立土地抵押、担保权能

赋予并实现土地草牧场抵押、担保权能既是十八届三中全会决定的重要内容,也是对农牧民财产权益的有效保护。如果能够将土地承包经营权用于抵押担保,可以进一步充实农牧民对承包土地的处分权能,将在一定程度上拓宽农牧区信贷供给渠道。我区应加快探索建立土地草牧场抵押、担保权能,选择土地草牧场生产条件和产业基础好的旗县进行试点,在土地草牧场不随使用主体的转移和利用方式的变化而变更的基础上,以承包权为主体,经营权为客体,赋予土地经营权抵押担保权能。农牧民将承包土地一定年限的经营权抵押给金融机构或其他债权人,不影响农牧民和集体承发包关系。为防范农牧民因失去土地承包经营权而影响基本生计,应明确承包地抵押的限定条件,如规定农牧民只能将家庭一定比例的土地作为抵押担保等。如果农牧民到期不能偿还抵押债务,债权人并不能取代承包方成为集体新成员,但可以将农牧民原抵押担保的土地经营权赋予债权人,直到债务人还清抵债后,债权人将土地经营权返还给债务人。

（二）牧区改革建议

1. 体现牧区生产生活特点，推动草牧场制度改革

随着经济社会的快速发展，我区草原牧区生产生活面临的矛盾和问题日趋凸显，迫切需要加快改革，推动草原牧区持续健康发展。国家在20世纪50年代推行的“三不两利”和90年代草原“双权一制”两大牧区改革中，我区作为全国最大的牧区，均发挥着先行引领、示范带动的作用。在一定的历史时期，这些改革政策对于我国各大牧区稳定畜牧业生产，促进生态建设，改善牧民生活，推动牧区民主等发挥了重要的作用。当前，在党的十八届三中全会全面深化改革的精神指引下，我区仍需要坚持草原牧区实际，勇于先行先试，敢于突破禁区，加快改革进度，推动草原牧区经济社会发展与生态环境保护双赢，让我区在国家新一轮改革中继续发挥引领和示范作用。由于草原牧区生产基础、生产方式、生活方式不同于农区，而牧区改革长期沿用农区的模式，并且一直滞后于农区，对牧区特点、民族特点、生产生活特点等没有得到充分体现，草原上生产、生活和生态间的矛盾和问题不断凸显。实践证明，任何忽视或无视牧区特点，照搬照抄其他地区模式的做法，都是不可取的。因此，在新一轮草牧场制度改革中，不能一味地沿用农区的改革模式，在保持草牧场基本制度不变的基础上，更好地遵循草原牧区生产生活特点和规律，找出一条既充分体现人—畜—草共生共赢和生态平衡，也体现边疆安宁稳定和民族地区繁荣发展的适合我区实际的路子和办法。

2. 转变经营方式，推动“三生”共赢

“双权一制”和“草原奖补”政策在草原牧区实施以来，极大地带动了牧区畜牧业生产的积极性，对牧业发展、牧民生活改善，以及生态建设等起到了非常重要的作用。但受承包权属限制和网围栏分隔的影响，草原碎片化、生产经营分散化和生态保护消极化的现状导致了超载过牧难禁，生态退化无法遏制，牧民持续增收困难等牧区生产、生活和生态（三生）间的矛盾和问题日益凸显，迫切需要加快草牧场制度改革，转变经营方式，推动“三生”共赢。一是合作化的规模经营比较适合牧区的特点和发展趋势。随着改革的深入推进，草牧场所有权更加明确，承包权更加稳定，经营权更加放活，转变草牧场经营方式，实现规模经营是客观趋势。引导草牧场资源流向牧业合作社、联户经营、

集体经营等合作经营主体，使愿意从事牧业的人能够获得更多的草牧场经营权。同时，合作化的规模经营方式比较适合牧区的特点，一定程度上能够克服网围栏带来的弊端和困扰。特别是以嘎查村为单位，牧户入股、集体经营、开放草场的合作化规模经营模式更加适合草原自然规律和多数牧区的发展规律。这种模式有利于继承传统草原畜牧业生产的精华，将嘎查村内的草牧场分出夏营地、冬营地、打草场、接羔点等，根据牧草长势，确定时间，统一进行划区轮牧，使每片草原年年都有几个月休养生息的机会，促进草畜平衡和生态修复与保护；有利于增加现代畜牧业生产要素的投入，释放出更多的规模效益、科技效益等现代畜牧业发展的红利，不断提高劳动生产率，增加牧民收入；有利于适应时代需要，将一部分牧民从牧业中解放出来，从事草原牧业生产服务、产业化经营、商贸流通等配套产业，为草原畜牧业迈出新步伐创造更多的发展条件。二是创新经营管理模式。探索借鉴“董事会、监事会”的经营管理模式，推动草牧场合作化规模经营模式能够实现群策群力、公平分配、高效发展。三是转变政府资金投入方式。鼓励各牧业旗县整合涉牧资金优先投向牧业合作社、联户经营、集体经营等合作化规模经营组织。

建议自治区在全区每个牧业旗县以嘎查村为单位，先行试点一个“地权入股，集体经营，保障权益，收益共享”的合作化规模经营模式。为推动改革创新，壮大集体经济，提高牧民生活，逐步拆除网围栏，实现草原牧区“三生”共赢、开放和谐、繁荣稳定的新局面进行探索和实践。

第十五章

内蒙古推进"中蒙俄经济走廊"建设的思路和对策

2013 年 9 月和 10 月,中国国家主席习近平在出访哈萨克斯坦和印度尼西亚时,分别提出建设"丝绸之路经济带"和"21 世纪海上丝绸之路"合作倡议。"一带一路"合作倡议,是根据国际和地区形势深刻变化,以及我国发展面临的新形势、新任务,致力于维护全球自由贸易体系和开放型经济体系,促进沿线各国加强合作、共克时艰、共谋发展提出的战略构想,契合中国、沿线国家和本地区发展需要,顺应了地区和全球合作潮流,得到国际社会高度关注和有关国家积极响应。内蒙古作为"一带一路"特别是中蒙俄经济走廊的重要组成部分,深化与蒙古国、俄罗斯合作,不仅是内蒙古改革发展的需要,更是国家发展大局的需要。

一、"一带一路"提出的背景和意义

从近代历史来看,全球化已经经历了三波浪潮,分别是全球化 1.0 即大航海时代,全球化 2.0 即英国和英镑时代,全球化 3.0 美国和美元时代。二战后,美国执行大规模援助计划,西欧各国通过参加经济合作发展组织(OECD)接受了美国包括金融、技术、设备等各种形式的大量援助。这不仅消化了美国的产能,支持修复了欧洲和日本两个产业转移副中心,还迎来了战后长达 20 年的资本主义"黄金时代",奠定了市场经济牢不可破的世界格局和演进路径,正式开启了全球化 3.0 时代。

全球化 4.0 正在来临。在升级了的全球化 4.0 版本中,我国必然会有全新的对外利益交换格局和策略。2008 年以来，美国金融危机对全球化形成了巨大冲击。由于制造业回流和能源独立使美国需求总体内卷化，导致美国对全球其他经济体的滴涓效应下降，这是全球化停滞和世界经济复苏乏力的根本原因。与此同时，我国外汇储备已接近 4 万亿，约占世界外汇储备的三分之一。近年来，随着我国投资的边际报酬持续下降，投资增速下滑，过剩产能已经影响经济的增长。国内需求疲软，短期内消耗过剩产能较为困难，拓展海外需求却大有可为。在努力进行内部调整的同时，我国需要积极进行地缘布局来推动新兴经济体一体化和寻找全球发展的新动力。十八届三中全会以来，我国提出了适应经济全球化新形势，以开放促改革的战略规划。未来我国将通过不断扩大内陆沿边、外部沿海和远程飞地绿地投资，形成全方位开放新格局。“一带一路”贯穿整个欧亚大陆，涵盖中亚、南亚、东南亚和中东欧等国家和地区，沿线 60 多个国家。从我国连云港出发，到荷兰阿姆斯特丹闭合成一个圆环。沿线区域主要是新兴经济体和发展中国家，这些地区总人口约 44 亿，经济总量约 21 亿美元，分别约占全球的 63% 和 29%，是目前全球贸易和跨境投资增长最快的地区之一。

推进“一带一路”建设主要有三个层面的现实意义：一是我国扩大和深化对外开放的需要。当前，我国东部和中西部发展不平衡的问题比较突出。中西部要实现跨越式发展，加快东部产能向中西部的转移，发挥中西部地区与邻国交流合作的潜力。我国经济增长以往更多得益于东部沿海的率先开放，更多强调“引进来”，相对更重视发达市场，而今是全方位开放，“引进来”和“走出去”并重，与发达国家和发展中国家都加强经济合作。我国不仅要打造中国经济的升级版，也希望通过“一带一路”的途径打造中国对外开放的升级版，实现对外开放和改革发展的良性互动。二是加强和亚欧及世界各国互利合作的需要。当前，亚洲已成为世界经济增长的引擎，但也面临不少问题，比如亚洲的区域一体化水平与欧洲、北美相比还有不小的差距，特别是亚洲各自区域间发展水平不平衡，联系不紧密，交通基础设施或者不联不通，或者联而不通，或者通而不畅，对深化区域合作构成了不少障碍。“一带一路”将成为亚洲整体振兴的两大翅膀，有助于连接中亚、南亚、东南亚乃至欧洲的部分区域。三是促进世界和平与发展的需要。“丝绸之路”是和平之路、合作之路和友好之路，经过丝绸之路各国实现了商品、人员、技术和思想的交流，推动经济文化和社会的进步，促进了不同文明的对话与交融。进入21世纪，面对纷繁的国际和地区形势，继承和弘扬丝绸之路精神，“一带一路”倡议必将为其注入新的时代内涵，将为我国促进世界和平与发展做出独特的贡献。

二、内蒙古参与“中蒙俄经济走廊”建设的条件

（一）立足优势，把握合作机遇

习近平总书记在考察我区时指出，内蒙古地处“三北”，外接俄罗斯、蒙古，具有发展沿边开放的独特优势，是我国向北开放的前沿。我区具有参与中蒙俄经济走廊建设综合比较优势，进一步挖掘潜力巨大。

一是毗邻俄蒙优势突出。我区位于祖国北部边疆，边境线总长4261公里，占全国陆地边境线的19.4%，分别占我国与俄罗斯、蒙古国边境线的28.8%和68.7%，在我国向北开放中占有重要的战略地位。分布有19个边境旗市（15个旗、4个市）总土地面积61.9万平方公里，占全区土地面积的52.3%，这为借助国家推进“中蒙俄经济走廊”建设机遇，着力壮大沿边县域经济和服务贸易规模，改善沿边地区居民福祉水平，建成祖国北疆安全稳定屏障提供了重要的基础。

二是口岸陆海联运优势明显。截止到2015年，我区有对外开放口岸16个，其中陆路口岸13个，航空口岸3个；对俄罗斯开放口岸4个，对蒙古国开放口岸9个。中俄间陆路运输的65%和中蒙间货物运输的95%经过内蒙古口岸。2014年，口岸进出境货运量7085.67万吨，其中，对俄3038.7万吨，对蒙4047万吨。满洲里和二连浩特分别是我国最大的陆路口岸和我国对蒙古国的最大口岸，以满洲里、二连浩特为重要节点的两条欧亚大陆桥成为我国通往欧洲最便捷的运输通道。满洲里口岸已经形成了“苏满欧”、“鄂满欧”和大连、营口、天津发往欧洲等7条陆海联运过境班列。2014年满洲里口岸各类过境班列达到460列，运载进出口货物约120万吨，贸易额约100亿元。这为发展跨境物流和承接发达地区产业转移提供了重要的平台。

三是经济互补优势明显。我区与俄蒙在资源结构、产业结构、技术结构、

劳动力结构等方面具有较强互补性。从贸易结构看,我区从俄罗斯、蒙古国进口国家急需的煤炭、铁矿石、木材、铜矿砂等资源性商品,出口俄罗斯和蒙古国市场短缺的建材、机电、轻工、日用品、果菜等商品。2007—2012 年,我区累计在俄蒙境内投资建设项目 162 个,中方协议投资 46.9 亿美元,主要集中在电力、铝业开发、矿产开发、房地产开发、森林采伐加工、种植业、农畜产品加工、餐饮业、运输等领域。俄罗斯和蒙古国累计在我区设立企业 16 家,合同利用外资 1945 万美元,实际使用外资 1097 万美元,投资领域主要涉及木制品加工、制造、餐饮和进出口贸易,这为中蒙、中俄寻求产业合作提供了巨大潜力空间。

四是人文交流比较密切。目前,我区与俄罗斯缔结了 9 对友好地区关系,与蒙古国缔结了 10 对友好地区关系。有 30 所学校接收俄、蒙留学生,在校俄、蒙留学生近 3000 人。每年来二连浩特就医的蒙古国患者就有 4400 多人次。已连续举办十届的“满洲里中俄蒙科技展暨高新技术产品展览会”升格为“中国北方国际科技博览会”。在俄罗斯图瓦共和国举办了“俄罗斯中国文化节 · 内蒙古文化周”,与俄方合资建立了贝加尔有线电视信息网络公司。呼伦贝尔市境内居住着 42 个民族,鄂伦春、鄂温克、达斡尔等 3 个少数民族自治旗,俄罗斯、朝鲜、回族等 14 个民族乡,语言相通、习俗相近、血脉相连。从历史上看,我区与哈萨克斯坦、乌兹别克斯坦等国家在民俗、宗教、语言等方面有着深厚的历史渊源,这为深化与蒙古国、俄罗斯全方位合作奠定了坚实的民间基础。

五是与俄蒙合作机制日益完善。随着中俄、中蒙关系的不断深入,高层引领推动不断加强,2014 年 7 月,王君书记率团出访蒙古国,会见了蒙古国大呼拉尔主席、政府总理;2015 年 6 月,王君书记对俄罗斯联邦外贝加尔边疆区、布里亚特共和国和伊尔库茨克州进行了访问;8 月,巴特尔主席率团访问了蒙古国东方省,就我区与蒙古国推进资源能源合作开发、基础设施互联互通、跨境旅游合作、人文交流合作、完善合作交流机制达成了共识。呼伦贝尔市与俄联邦乌兰乌德市签订了发展友好合作的意向书,锡林郭勒盟、赤峰市、通辽市与蒙古国苏赫巴托省、肯特省、东方省举办了中国 · 内蒙古三盟市与蒙古国三省区域合作第一次会议。设立了内蒙古自治区人民政府与蒙古国贸易工业部贸易经济合作常设工作组会议，制定了《内蒙古自治区深化与蒙古国全面合作规划纲要》，这为我区进一步深化与俄蒙合作营造了良好的政治环境。

（二）认清发展差距，找准突破口

查找差距，破解制约是释放中蒙俄合作潜力的重要前提，必须加以改善，才能为顺利参与“中蒙俄经济走廊”建设提供支撑。从我区对俄罗斯和蒙古国的开放看，突出存在以下问题：

对外经济规模偏小。从进出口总额看，2014 年我区实现进出口总值 145.5 亿美元，仅相当于广西进出口总额的 36%，黑龙江的 37%、云南的 49%、新疆的 52%。作为沿边经济发展的主要载体之一，各类园区总体建设规模偏小，多数尚处在起步阶段，承载能力不足，产业集聚度较低。

经贸结构比较单一。主要表现在：一是从开放结构看，重经贸合作，轻社会人文交流。尽管我区与蒙古、俄罗斯在社会人文交流方面做了很多努力，取得了不少成效，但仍有较大距离。从国际经验看，社会人文交流是扩大国家和地区软实力的重要途径。发达国家一直把在全球范围内推广自身价值观作为提升软实力的重要手段。通过加强与俄蒙的文化交流合作，可以更好地宣传“中蒙俄经济走廊”建设的方向、重点，强化区域、民族文化和价值理念的认同。二是从经贸合作看，以资源进口为主，“走出去”力度不够。2014 年，我区对俄蒙贸易额仅为 71.5 亿美元，占全区外贸进出口总额的 49.1%。同时，双向相互投资规模小，合作领域局限于矿产资源开采、粮食、果菜种植栽培、森林采伐、木材加工等，与其他省区存在一定差距。以黑龙江省为例，近年来，黑龙江积极打造境外加工基地，深化与俄罗斯周边州区合作，参与当地基础设施建设，推进境内外互为原料供应基地、互为加工贸易基地、互为产品销售市场，先后辟建境外园区 11 个，累计完成投资 7.59 亿美元。

竞争存在“无序化”。口岸和产业布局不合理，各自为战、无序竞争现象突出，不利于形成对外开放的整体合力。部分边境地区对口岸开放的目的和作用缺乏深入细致的研究，为开口子而开口子，导致有的口岸开放多年仍然停留在较低发展水平上，拉动地方经济发展的能力和潜力明显不足。边境口岸和城镇发展缺乏准确定位，功能与模式雷同。如，策克、甘其毛都口岸均围绕进口煤炭发展落地加工，产业同质化趋向明显，竞争效应大于合作效应。

基础设施建设滞后。基础设施的互联互通是制约我区与蒙古国、俄罗斯深化合作的薄弱环节,已经成为制约三国资源开发、经贸往来和人文交流的瓶颈。总体上,我区向北开放的硬件和配套设施比较薄弱,滞后于对外开放形势发展的需要。口岸联检设施不完善,口岸现代化、信息化程度较低,配套性较差,管理服务还较为粗放,影响了通关速度和工作效率。外向型产业依托的城镇和开发区基础设施建设滞后,配套服务功能不足,制约了产业发展。腹地与边境口岸之间没有建立起高效的交通通道,难以有效发挥口岸的辐射带动作用。另一方面,与俄罗斯、蒙古国基础设施互联互通水平不高。蒙方口岸基础设施薄弱,接收能力低,客货通道未实现分流,导致车辆不能及时放行,降低了口岸通关效率。

三、立足于合作共赢,主动加强战略对接

中俄蒙三国发展战略高度契合。中方提出共建“丝绸之路经济带”倡议,获得俄方和蒙方积极响应。将“丝绸之路经济带”同俄罗斯跨欧亚大铁路、蒙古国草原之路倡议进行对接,打造中蒙俄经济走廊,这就需要我们在秉持“亲、诚、惠、容”理念的基础上,主动对接俄罗斯和蒙古国发展战略,找准基础设施互联互通节点,创新合作模式,实现互利共赢。

(一)主动对接俄罗斯欧亚经济联盟战略

实现欧亚经济联盟与“一带一路”战略对接是俄罗斯与我国关系的新起点。2015 年 5 月 8 日,国家主席习近平访问俄罗斯,与俄罗斯总统普京共同签署并发表了《关于丝绸之路经济带建设与欧亚经济联盟建设对接合作的联合声明》。双方努力将“丝绸之路经济带”建设和欧亚经济联盟建设相对接,确保地区经济持续稳定增长,加强区域经济一体化,维护地区和平与发展。双方支持启动中国与欧亚经济联盟对接“丝绸之路经济带”建设与欧亚经济一体化的对话机制,这为我们充分利用“两种资源、两个市场”,推动“走出去”和“引进来”,参与推动构建北京—莫斯科欧亚高速运输走廊,加快建立国内市场与欧洲发达市场联系提供重要支撑。

（二）主动对接俄罗斯跨欧亚铁路计划

俄罗斯计划建设实施的跨欧亚西伯利亚大铁路全长 9288 公里，跨越 8 个时区，是贯通西伯利亚的交通动脉。随着亚太国家特别是与我国经贸联系的发展，俄罗斯东部地区铁路网扩容的迫切性不断提高。我区作为我国向北开放的前沿，经满洲里和二连浩特分别有两条铁路与西伯利亚大铁路相连，在“中蒙俄经济走廊”建设与俄罗斯跨欧亚发展带对接中，承担着不可替代的大通道作用。这就需要我们考虑俄罗斯的战略诉求，加强与博尔贾、乌兰乌德、莫斯科、赤塔的道路联通，尽可能形成铁路、公路、航空综合立体网络。

（三）主动对接俄罗斯远东开发战略

2009 年俄罗斯出台了《2025 年前远东和贝加尔地区经济社会发展战略》，提出了“远东开发战略”，2012 年符拉迪沃斯托克亚太经合组织峰会前夕，普京总统指出“全面走向亚太地区是俄罗斯未来成功及西伯利亚和远东地区发展的重要保证”，这也集中体现了俄罗斯经济“向东转”的意图。2012 年 3 月俄罗斯制定《西伯利亚和远东发展法》，表明俄罗斯为促进东部地区的经济发展而在政策上给予大力支持。2013 年普京向联邦会议发表国情咨文时明确指出，发展西伯利亚和远东地区是俄罗斯 21 世纪的优先方向，这为我区“走出去”提供了广阔的市场空间。

（四）主动对接蒙古国“草原之路”计划

“草原之路”计划从阿尔坦布拉格开始，向乌兰巴托延伸，最后连接扎门乌德，全长 997 公里。“草原之路”计划完成后，从南戈壁省省会（达兰扎德嘎德）为起点，经塔旺陶勒盖煤矿、查干苏布拉格铜矿、宗巴音至东戈壁省，与连接中国和俄罗斯的纵向铁路相接，可直接通往俄罗斯港口符拉迪沃斯托克，并成为蒙古国的第二个出海口，为本国矿产品出口国际市场提供条件。这为我区推进中蒙跨境基础设施互联互通重要节点选择上提供重要依据，需要结合蒙古国南部铁路网计划，加强与达兰扎德嘎德、赛音山达、扎门乌德、宗巴音、乔巴山、乌兰巴托等重要城市的联通，完善与塔旺陶勒盖煤矿、查干苏布拉格铜矿、奥云陶勒盖铜矿等共同开发矿区的连接，形成两国共同合作的重要通道和支撑。

(五)与蒙古国、俄罗斯合作存在的风险和挑战

一是与俄蒙全面合作面临诸多不确定性。俄提出“欧亚联盟”战略,力图打造一个由俄罗斯主导的欧亚区域内的核心力量集团,但受到以美国为首的西方国家的阻挠与牵制。俄对中国在中亚的影响力持续扩大存有戒心,与中国在上合组织的合作可能有所保留。蒙古国采取大国平衡外交策略,积极发展与“第三邻国”的关系,以此平衡和牵制中俄,提高蒙古国的国际地位。蒙古国政治生态复杂,领导人更替频繁。俄蒙这种政治上的不确定性,使得中蒙、中俄的经贸合作发展受到越来越复杂的国际关系影响,制约双边合作的深度和广度。

二是俄蒙经济走低使我区与俄蒙经济合作受到一定制约。近年来,欧美发达经济体复苏乏力,新兴经济体增长放缓,致俄受出口低迷、投资不旺、内需不振等问题制约,经济增速持续走低,居民消费能力不足。据俄联邦统计局数据,俄 GDP 增长已连续四年持续走低,且放缓速度逐年增加,2010—2012 年分别为 4.5%、4.3%、3.4%,2013 年,俄 GDP 同比仅增长 1.3%,且呈逐季下滑趋势。2013 年以来蒙古国经济明显下滑,GDP 增长 11.7%,大大低于预期的 18.5%,除建筑业外其他领域全面下滑,44.4%的企业出现停工,新登记失业人数增加 78%。由于经济下滑,加上国际制裁、大量资本正在出逃俄罗斯,俄罗斯的金融风险逐步上升。在人民币与卢布实现直兑的情况下,卢布走势不稳,容易导致贸易损失,不利于我区对俄出口增长。同时,俄蒙居民的消费信心不足,市场低迷,一定程度上影响了我区外贸出口规模的扩大。

三是俄蒙转变经济发展方式对我区优化贸易经济结构提出了新要求。为了使俄罗斯经济摆脱“资源诅咒”、实现健康可持续发展,近年来俄罗斯重启经济现代化进程。普京强调俄须尽快改变经济增长模式,推动创新经济发展。为此,俄罗斯积极优化产业结构,改善进出口商品结构,转变经济增长模式,实现经济可持续发展,力争用 10 年时间改变俄罗斯严重依赖能源和原材料出口的经济结构,使其从资源依赖型经济逐步转向以高新技术和人力资本为基础的创新型经济,根据这一发展战略调整贸易政策,并对其与亚洲国家经济关系的未来走向产生深远影响。限制初级资源型产品出口、鼓励发展资源深加工产业和创新型经济,致力于提升出口商品的技术和附加值含量,将对我区木材加工、矿产品初级加工等依靠俄蒙资源的传统产业带来一定挑战。这要求我区进一步提高进出口资源加工产业层次，从以低附加值产品为主向更高知识技术密集型转变，加快贸易转型升级。

四是蒙古国和俄罗斯民众对中国并不是很了解。从蒙古国和俄罗斯民众对中国的了解程度来看，人们更多的是从自己的日常生活出发了解中国，对中国国家形象的认知并不深入，相当一部分观点还只是停留在最表层和对过去事物的了解上。大部分人提到中国首先会想起中国的商品和市场、众多的人口、国家的迅猛发展、质量低劣的商品和廉价的劳动力等方面，对中国的国家形象并没有明确的概念，更缺乏人文等深层次领域的分析。蒙古国有相当一部分民众认为中国对蒙古国的经济是最大的威胁，他们认为许多中国企业只是去那里抢夺他们的资源而没有很好地帮助蒙古国社会的发展，这都对我们的企业都产生了不利的影响，这也是推进“中蒙俄经济走廊”所面临的又一个阻碍因素。

四、明确发展思路，推进稳步实施

（一）在发展方向上，坚持“五个原则”

兼顾中蒙俄共同需求。充分考虑中蒙俄等各方利益和关切，寻求利益契合点和合作最大公约数，体现各方智慧和创意，各施所长，各尽所能，把各方优势和潜力充分发挥出来。

兼顾互利互惠和合作共赢。树立正确义利观，以中蒙、中俄共同利益为合作基础，更加注重带动当地经济发展、提高人民生活水平、保护生态环境，通过比较优势交换，推进双方经济社会共同发展，共享发展机遇和成果。

兼顾长期发展和近期计划。立足于中蒙俄经济发展阶段和水平的基础上，充分考虑中蒙俄三方发展战略的契合点，采取总体谋划，分阶段实施、分阶段推进，保障三方合作的顺利进行。

兼顾经济往来和人文交流。统筹国际国内两种资源、两个市场，做好顶层设计，加强部门与地方协调配合、官方与民间良性互动、口岸间分工协作，调动各方积极性，形成步调一致、协同推进的合作新局面。

兼顾机制创新和模式创新。在充分发挥市场决定性作用的基础上，强化政府协调、保障和政策支持，加强领事、法律、信息、金融保险等领域服务。加强与蒙俄地方政府间合作，建立双边合作机制，协调推动合作项目实施。

（二）在发展理念上，切实做好“四个转变”

一是实现由贸易为主向贸易加工并重转变。以加快转变经济发展方式为主线，坚持“引进来”与“走出去”相结合，逐步拓展经贸合作的广度和深度，形成商品贸易、服务贸易、进出口加工、跨境旅游、技术合作和对外投资相互促进的经济贸易技术合作新格局，提升开放型经济水平。

二是实现由单纯的口岸经济向口岸与经济腹地协同发展转变。加强口岸地区与自治区经济腹地多层次、宽领域的产业分工协作合作，在经济发达、要素集聚程度高的沿黄沿线经济带等腹地布局进出口加工项目，推动腹地资本、技术、信息等生产要素向沿边经济带延伸，加快形成优势互补、有效衔接、互为支撑的沿边腹地产业一体化发展新格局。建立我区与京津冀、东北老工业基地以及国内其他相邻重要经济区域在沿边开发开放方面的常态、长效的合作模式，推动形成联系蒙古、俄罗斯以及欧洲腹地与我国腹地和沿海的国际经济走廊。

三是实现由“大而全”、“小而全”的口岸发展模式向错位发展转变。坚持差异化发展，进一步明确各口岸功能定位。满洲里、二连浩特作为国家重点开发开放试验区要建设服务环渤海、京津冀的欧亚大陆桥重要节点，发挥口岸中心城市的综合功能，打造成区域性国际物流枢纽、中俄中蒙经贸合作中心、进出口加工集聚区。以策克、乌力吉和甘其毛都口岸为重点，建设面向蒙古国的能源资源战略通道、加工和储备基地。以满都拉、珠恩嘎达布其口岸为重点，打造集商贸流通、综合加工、国际物流、跨境旅游、人文交流于一体的对蒙经济合作示范区。以阿尔山、额布都格、阿日哈沙特口岸为重点，建设面向蒙古国的跨境旅游、人文交流合作带。以满洲里、黑山头、室韦口岸为重点，打造集商贸流通、综合加工、国际物流、现代农业、跨境旅游、人文交流于一体的对俄经济合作示范区。

四是实现由以经贸合作为主向经贸社会人文生态多领域全方位合作转变。秉承“睦邻、安邻、富邻”的理念，完善区域性人文社会领域的双边、多边合作机制，充实与俄蒙人文社会交流的内涵，推进交流合作项目化，形成包括教育、卫生、科技、文化、生态在内的宽领域、多层次、广覆盖的人文社会交流新格局。

（三）在发展定位上，突出六个方向

一是中蒙俄经济走廊的重要支点。强化内蒙古联通欧亚、对接俄蒙、横跨“三北”的战略枢纽地位，深化改革、开拓创新，坚持“引进来”与“走出去”相结合，以开放带动开发，以开发促进开放，提升与“一带一路”特别是中蒙俄经济走廊沿线国家和地区的合作层次，构筑国家向北开放的重要桥头堡和充满活力的沿边经济带。

二是建成我国“走出去、引进来”的服务基地，这是服务中蒙俄经济走廊建设的题中应有之义。我区具有得天独厚的区位、交通条件和外向型服务业发展基础，已经初步形成连接我国腹地与俄蒙的重要物流、客流通道，对外投资的信息平台，对外工程承包的重要后勤保障基地，成为国内企业开发利用对内、对外两种资源、两个市场的交汇点。把内蒙古建成我国企业“走出去、引进来”的服务基地，就是要进一步树立服务全国向北开放的理念，加快建设外接俄蒙及欧洲，内连京津冀、东北老工业基地以及其他经济腹地的便捷交通运输和信息通道，大力发展国际物流等特色服务业，承接能够有效满足俄蒙市场需求的产业转移，为我国企业投资俄蒙和俄蒙进口资源落地加工搭建服务平台，不断拓展服务功能和领域。

三是建成国家重要的进口资源加工基地，这是提高我国资源保障能力的重要支撑。从中长期需求来看，能源及矿产资源不足仍将是我国未来发展的瓶颈。我国已经成为煤炭净进口国，也是世界最大的煤炭进口国，2013 年进口煤炭高达 3.3 亿吨。俄罗斯煤炭资源可采储量 2000 亿吨以上，2013 年煤炭产量达到 3.52 亿吨，出口 1.43 亿吨。蒙古国矿业已成为国民经济的支柱，但作为内陆国家，由于毗邻的俄罗斯资源富集，只能通过与中国毗邻的各口岸出口能矿资源。2013 年，蒙古国向中国出口煤炭 1800 万吨。依托口岸和国家大通关优势，我区已成为国家重要的进口资源基地。2013 年进口煤炭 1808 万吨，占全国进口煤炭的 5.5%。如何使资源进口优势转变为加工优势，进一步拓展外向型产业发展空间，我区已做了一些尝试。以进口煤炭加工为例，策克口岸年洗选精煤近700万吨，阿拉善经济开发区和甘其毛都口岸加工园区以煤焦电化为主的特色产业得到了长足发展。把内蒙古建成国家重要的进口资源加工基地，就是要树立保障全国资源供给安全的理念，立足国内市场需求，以产业园区为载体，构建煤炭、黑色和有色金属、木材等进口矿产资源精深加工产业链，提高进口矿产资源转化增值水平，为我国经济社会发展提供稳定、可靠的资源保障。

四是建成我国重要的国际物流基地，这是为我国与周边国家贸易往来提供服务的平台。随着中俄、中蒙经贸活动的开展，我区口岸物流业发展规模日益壮大，陆续建成了呼和浩特出口加工区、满洲里市国际公路口岸物流园区、二连浩特国际物流园区、策克口岸物流园区、甘其毛都口岸物流园区等重点物流园区，多层次的口岸物流网络节点设施体系正逐步形成。呼和浩特出口加工区是内蒙古唯一的国家级出口加工区，随着国家赋予出口加工区拓展保税物流功能的实施，实现了加工区国际贸易、出口加工、跨国采购、保税仓储、中转分拨等功能，可以最大限度地满足企业需求。随着东北亚区域经济一体化进程加快，物流需求将持续扩大，有利于我区物流优势的进一步发挥。把内蒙古建成我国重要的国际物流基地，就是要充分发挥口岸优势，以综合物流为方向，大力发展陆路、空港和陆海物流产业，建设为国内外进出口企业提供中转分拨、进口保税仓储、运输配送和离岸加工等服务，积极承接国际物流外包服务的国际物流基地。

五是建成我国重要的跨境文化旅游基地，这是增强我区向北开放产业功能的重要选择。依托独特的旅游资源，我区旅游资源密集地区着力培育旅游业，旅游业得到迅速发展，主导地位日益凸显。特别是满洲里、二连浩特已成为中俄蒙区域性旅游集散地和目的地。我区沿边地区历史和民族文化积淀深厚，景观丰富，加之俄蒙与我区毗邻地区异域风情独特、旅游资源丰富，为发展跨境旅游提供了得天独厚的条件。把内蒙古建成我国重要跨境文化旅游基地，就是要按照境内外紧密联系，旅游景观与历史文化有机结合，观光与休闲度假融为一体的要求，推动跨境跨区域景区景点协作，共同打造具有国际化水平和地域文化特色的文化旅游品牌，建设我国体现草原文化、独具北疆特色的跨境文化旅游观光休闲度假基地。

六是建成国家重要的国际科技人文交流平台，这是我国向北开放的重要内容和纽带。我区与俄蒙山水相连，在民俗、文化等方面有许多相似和相同之处，历史渊源深厚，民间交往密切，为双方相互信任、和睦相处创造了良好氛围。我区在科技合作等方面与俄蒙具有互补性。例如，俄罗斯科技基础雄厚，通过与俄罗斯科技合作并掌握相关的先进技术，可使我国在一些重要领域的应用技术水平的研发时间大大缩短。把我区建成国家重要的国际科技人文交流平台，就是要积极开展形式多样的科技、教育、文化、卫生等领域交流，深化多层次人才与技术互惠合作，营造和谐友好、多元的区域交往氛围，成为加深区域联系、增进友好感情、促进我国与俄蒙深入合作的纽带。

（四）在发展路径上，妥善处理好“三个关系”

一是处理好开发与开放的关系。参与中蒙俄经济走廊建设，开发、开放都是题中应有之义；其中，开发是核心，开放是保障。坚持以开放带动开发，以开发促进开放，以对外合作带动对内合作，以对内合作支持对外合作。根据自治区实际，结合俄蒙国家战略、产业布局和发展现状，以互利共赢为基石，与俄蒙开展务实合作，促进内蒙古经济发展。

二是处理好“走出去”与“引进来”的关系。统筹引进来和走出去，形成内外联动、互利共赢的格局，既能有效发挥外资在推动自主创新等方面的积极作用，又能创新对外投资和合作方式，推动企业在研发、生产、销售等方面开展国际化经营，加快培育具有国际竞争力的龙头企业。针对内蒙古企业“走出去”水平不高的现状，应特别强调突出“走出去”的作用，通过“走出去”带动境内加工工业发展，并为进口资源落地加工创造良好条件。

三是处理好扩大开放与体制机制创新的关系。内蒙古外向型产业发展不足，体制机制不活是重要原因。通过创新体制机制，着力破解内蒙古向北开放的深层次、结构性难题，进一步增强开发开放活力。积极探索沿边地区县域经济发展、非公有制经济发展和跨境经济合作新模式。

（五）在合作方式上，实现两个“更加注重”

一是更加注重中蒙俄三国在重大规划和项目的对接。中蒙俄三国应加强三方协调的机制化，拓展融资渠道，从战略规划推向具体项目的实施。中蒙俄三国通过签署合作备忘录和协议，确定合作的领域、项目、投资主体等内容，共同推动合作项目实施。

二是更加注重内外联动。内蒙古处于“一带一路”向北和向西开放推进的国际经贸走廊连接点上,应坚持高速公路、干线公路、口岸公路“三路并举”,以交通运输的高水平互联互通,促进融入国家区域经济发展战略,促进“丝绸之路经济带”与“海上丝绸之路”的有效连接。全面提升内蒙古的通行能力和辐射水平,变交通末梢的区位劣势为欧亚大陆桥枢纽的区位优势。以干线公路动脉为对外开放轴,在关键通道、关键节点和重点工程上加强与俄蒙和周边省区合作,推动对俄蒙陆路口岸与京津冀、呼包榆、川渝等内地市场及辽宁、河北、天津等出海口的直连直通,实现中蒙俄经济走廊互联互通,实现内外联动。

五、立足于市场,开展全方位合作

《推动共建丝绸之路经济带和21世纪海上丝绸之路的愿景与行动》明确提出,共建“一带一路”旨在促进经济要素有序自由流动、资源高效配置和市场深度融合,推动沿线各国实现经济政策协调,开展更大范围、更高水平、更深层次的区域合作,共同打造开放、包容、均衡、普惠的区域经济合作架构。“一带一路”的互联互通项目将推动沿线各国发展战略的对接与耦合,发掘区域内市场的潜力,促进投资和消费,创造需求和就业,增进沿线各国人民的人文交流与文明互鉴,让各国人民相逢相知、互信互敬,共享和谐、安宁、富裕的生活。这既是对共同推进“一带一路”建设的客观市场需求,也是推进“中蒙俄经济走廊”建设的总体要求。这就要求我们分层次、分领域推进市场开发和建设。

(一)依托跨境(边境)经济合作区,加快推进沿边市场建设

按照“两国一区、境内关外、封闭运行、政策优惠”的运行模式,共同完善跨境交通、口岸和边境通道等基础设施,推动建立呼伦贝尔中俄合作加工园区、额尔古纳中俄边境经济合作区、满洲里市中俄跨境经济合作区、二连浩特中蒙跨境经济合作区、策克跨境中蒙创业园区、甘其毛都跨境经济合作区和阿尔山中蒙跨境旅游合作区,重点发展国际贸易、加工贸易、商务服务、现代会

展、现代物流、旅游及加工和进出口加工制造等，构建陆桥经济合作走廊，成为区域性国际综合经济和特色资源型产业集中度高的进出口加工型产业基地、区域性国际商贸物流中心、区域性国际现代化服务业合作平台。同时，借助“郑满欧”、“渝满欧”等班列开通运营机遇，发挥平台优势，积极承接发达地区产业转移，推动腹地资本、技术、信息等生产要素向沿边延伸，加快形成优势互补、有效衔接、互为支撑、良性互动的一体化发展新格局。

（二）依托呼伦贝尔中俄蒙合作先导区建设，着力构筑“海赤乔”国际合作金三角

呼伦贝尔市毗邻蒙古国东方省、肯特省、苏赫巴特省和毗邻俄罗斯后贝加尔边疆区、布里亚特共和国、伊尔库茨克州等东西伯利亚地区，要在已经缔结友好关系基础上，发挥交通运输通道网络、产业合作条件、人文交流基础和能源资源合作优势，以呼伦贝尔与俄罗斯和蒙古国的毗邻区域中心城市为主体，加强发展互动和密切交流，深化清洁能源、新型化工、新型建材、装备制造、商贸物流等领域合作，将呼伦贝尔市建设成为欧亚大陆桥的重要枢纽、沿边开放合作的重点发展区域、体制机制改革创新的先行区、睦邻友好的边疆稳定的示范区。

（三）依托“中蒙俄经济走廊”建设，形成连接亚洲市场和欧洲市场的重要通道

《推动共建丝绸之路经济带和21世纪海上丝绸之路的愿景与行动》明确提出，“一带一路”贯穿亚欧非大陆，一头是活跃的东亚经济圈，一头是发达的欧洲经济圈，中间广大腹地国家经济发展潜力巨大。同时，提出要坚持开放合作的共建原则，即“一带一路”相关的国家基于但不限于古代丝绸之路的范围，各国和国际、地区组织均可参与，让共建成果惠及更广泛的区域。这就需要我们在实施向北开放过程中登高望远，规划事业、谋求发展要跳出当地、跳出自然条件限制、跳出内蒙古，有宽广的世界眼光，有大局意识，才能真正找准市场、找准需求，谋划合作，实现共同发展。未来五年，我国将进口超过10万亿美元的商品，对外直接投资将超过5000亿美元，出境游客将超过5亿人次。建设“一带一路”将促进区域内要素有序自由流动、资源高效配置、市场深度融合，把经济互补性转化为发展推动力，产生“1+1>2”的叠加效应，形成互补互利互惠的良好局面。

六、立足于互补，拓宽合作领域

我区与俄罗斯、蒙古国等“丝绸之路经济带”沿线国家资源禀赋各异，经济互补性较强，人文交流密切，彼此合作潜力和空间巨大，加强政策沟通、设施联通、贸易畅通、资金融通、民心相通，找到利益契合点，能够最大限度实现经济发展战略的有效对接，逐步形成区域大合作的新格局。

一是推进基础设施互联互通。把基础设施互联互通作为我区参与“中蒙俄经济走廊”建设的优先领域，加强基础设施规划、技术标准体系的对接，抓好交通、能源、通信等基础设施的关键节点和重点工程，畅通陆海联运通道，逐步形成比较完善的区域基础设施网络。

二是积极搭建合作平台。“中蒙俄经济走廊”建设是一条合作共赢之路，是我国与俄罗斯、蒙古国实现战略对接、实现国家间战略协作的有效平台。发挥区位优势，建设好口岸、跨境合作区、重点开发开放试验区、贸易平台等开放开发合作平台，加快形成与俄罗斯、蒙古国大通道，促进产品、服务和生产要素的流动和聚集，才能全面提升与俄蒙经贸合作水平。

三是全面深化经贸合作。投资贸易合作是我区参与“中蒙俄经济走廊”建设的重点内容，也是加快区域经济一体化的基本要求。我区宜用好现有各种多双边经贸合作机制，明确重点合作领域和合作项目，提升贸易投资便利化水平，推进与俄罗斯和蒙古国探讨建设跨境经济合作区、自由贸易区，与沿线更多国家和地区发展自由贸易关系，促进经贸畅通，逐步形成立足于俄蒙、辐射“丝绸之路经济带”、面向全球的高标准自贸区网络。

四是加快产业合作开发。按照优势互补、互利共赢的原则，全方位、多层次发展我区与俄罗斯、蒙古国的产业合作，围绕农牧业合作、能矿和制造业合作、物流合作、跨境旅游合作、生态合作、金融合作等重点领域，推动上下游产业链和关联产业协同发展，扩大同各地区的利益汇合、互利共赢，形成更完善、更具活力的开放型经济体系。

五是加强人文交流。奉行“国之交在于民相亲”的理念，坚持正确义利观的价值导向，大力弘扬“和平合作、开放包容、互学互鉴、互利共赢”的丝路精神。加强与俄蒙教育、文化、旅游、卫生等领域交流合作，扩大人文合作领域，促进民间交流合作，为深化合作夯实民意基础和社会基础。

七、立足于创新，完善体制机制

《推动共建丝绸之路经济带和21世纪海上丝绸之路的愿景与行动》明确提出，需要坚持和谐包容、坚持市场运作、坚持互利共赢的原则，推进“一带一路”建设。这些无疑都需我们创新合作体制机制，为推动“中蒙俄经济走廊”建设注入活力和动力。

（一）充分利用现有双多边合作机制深化交流合作

强化多边合作机制作用，发挥上海合作组织（SCO）、中国—东盟“10+1”、亚太经合组织（APEC）、亚欧会议（ASEM）、亚洲合作对话（ACD）、亚信会议（CICA）、中阿合作论坛、中国—海合会战略对话、大湄公河次区域（GMS）经济合作、中亚区域经济合作（CAREC）等现有多边合作机制作用，加强与相关国家沟通，共同参与“中蒙俄经济走廊”建设。如，加强中俄、中蒙等在第三国的合作，共同投资参与产业、基础设施建设等领域建设。

（二）与俄罗斯、蒙古国共同推动建立友好地区关系

在中蒙全面战略伙伴关系和中俄全面战略协作伙伴关系的框架下，完善我区与蒙古国和俄罗斯地方政府、政府部门间合作机制，协商制定推进中蒙俄次区域合作规划。在中俄边境和地方经贸合作协调委员会机制下，共同推动建立与俄罗斯外贝加尔边疆区、布里亚特共和国、伊尔库茨克州、卡尔梅克共和国及图瓦共和国等联邦主体地方政府间定期会晤机制。发挥自治区人民政府与蒙古国经济发展主管部门“常设协商工作组”会议机制作用，推进双边经贸合作，重大事项提交两国高层会晤解决。推进自治区和各盟市与蒙古国、俄罗斯各共和国（区、省）和主要城市建立友好地区（城市）关系、沿边旗县与毗邻地区建立友好关系。

（三）共同推动建设“三互”机制

在实施好《落实“三互”推进大通关建设改革方案》的基础上，积极推进我区与东三省海关及其他地区区域通关一体化。深化中蒙俄海关联合监管合

作,进一步推动中蒙、中俄海关信息互通、监管互认、执法互助,全面提高投资贸易便利化水平。

(四)密切中俄蒙智库交流合作机制

以“中蒙俄发展研究院”为平台,联合区内外智库,设立对蒙俄的专门研究机构,构建中蒙俄智库交流合作机制,共同开展经济与能源、资源与环境、文化艺术与旅游、社会发展与意识形态等方面的系统研究,为推进“中蒙俄经济走廊”建设提供基础研究成果和咨询。

生态文明

第十六章

"十三五"时期内蒙古生态文明建设重点及对策

一直以来特别是十八大以来，内蒙古大力推进生态文明建设，在创新理念、制度建设、转变发展方式等方面取得很多成效，生产方式和生活方式绿色、低碳水平不断提升。"十三五"时期，把生态文明理念贯穿于经济社会发展全过程和各领域，发展绿色经济，推进绿色转型，建设资源节约型、环境友好型社会，形成人与自然和谐发展的现代化建设新格局，是内蒙古全面建成小康社会的重要内容。内蒙古应认真落实习近平总书记考察自治区时的"扎实抓好生态文明建设"的重要指示精神，积极把握发展机遇，科学应对困难挑战，坚持绿色富区、绿色惠民，探索建立可持续的生态环境保护制度，推进绿色生产方式和生活方式，推动生态文明和美丽内蒙古建设。

一、"十三五"时期内蒙古推进生态文明建设的机遇

面对保护地球家园的国际义务和共同责任，面对日益严峻的资源约束和环保形势，面对人民群众对良好环境、美丽家园的呼唤和期盼，"十三五"时期，全国乃至内蒙古正逐步由传统粗放的发展方式向新型集约集聚的发展方式转变，推进生态文明建设，内蒙古面临难得的发展条件和机遇。

（一）我国推进生态文明建设已成为必然趋势

1. 全国经济进入低碳绿色发展的新常态

党的十八届五中全会指出，坚持创新发展、协调发展、绿色发展、开放发展、共享发展，是关系我国发展全局的一场深刻变革。目前，我国经济发展已

进入新常态，经济发展由高速向中高速转变，发展方式由粗放向集约转型，产业结构向中高端迈进，为我国加快生态文明建设提供了重要的历史机遇。2000—2012 年，我国经济平均增速达到 10%以上的高速增长，经济总量由 2000 年的 99214.6 亿元增长到 2012 年的 519470.1 亿元，年均增长 10.2%，经济总量由 2000 年世界第 6 位 2010 年位居第二位。2010 年之后经济增速逐步放缓，2013 年以来保持 7%以上的中高速增速，产业结构逐步由高投入、高消耗、高污染的重化工为主向低消耗、低污染、高效益的资本和技术密集型产业转变，为我国产业向绿色化转型提供了良好时机。

2. 生态文明建设已上升为党和国家重要发展战略

党的十七大报告首次提出生态文明理念，并对生态文明建设的基本内涵和基本要求进行了科学界定，明确了建设的目标和基本路径，标志着生态文明建设已成为国家发展战略之一。党的十八大确立了经济建设、政治建设、文化建设、社会建设、生态文明建设“五位一体”中国特色社会主义的总体布局，首次把“美丽中国”作为我国生态文明建设的宏伟目标，把生态文明建设摆在总体布局的高度来论述，标志着生态文明建设已成为国家总体发展战略的重要内容之一。同时，生态文明建设被写入《中国共产党党章》，使生态文明建设在党和国家发展战略中的地位更加凸显，中国特色社会主义总体布局进一步拓展，中国特色社会主义理论体系得到进一步深化。至此，生态文明建设成为全党全国人民必须遵循的基本宗旨，上升为党和国家重要发展战略。

3. 生态文明建设目标进一步明确

2015 年 4 月，中共中央、国务院出台《关于加快推进生态文明建设的意见》（以下简称《意见》），围绕落实顶层设计和总体部署，强调生态文明建设是中国特色社会主义事业的重要内容，关系人民福祉，关乎民族未来，事关“两个一百年”奋斗目标和中华民族伟大复兴中国梦的实现。意见还进一步明确了加快推进生态文明建设的时间表和路线图，使生态文明建设与全面建成小康社会融为一体，具有很强的战略性、综合性、系统性和可操作性，成为我国当前和今后一个时期推动生态文明建设的纲领性文件。

4. 生态文明制度体系日臻完善

随着党的十八届三中全会的召开和《中共中央关于全面深化改革若干重

大问题的决定》（以下简称《决定》）的颁布，生态文明制度建设进入快速轨道。决定提出，紧紧围绕建设美丽中国，加快建立生态文明制度，健全国土空间开发、资源节约利用、生态环境保护的体制机制，推动形成人与自然和谐发展新格局。决定还就加快生态文明制度建设方面，从健全自然资源资产产权制度和用途管制制度、划定生态保护红线、实行资源有偿使用制度和生态补偿制度、改革生态环境保护管理体制等方面重点部署生态文明制度建设的改革任务。2015 年 9 月，为加快建立系统完整的生态文明制度体系，加快推进生态文明建设，增强生态文明体制改革的系统性、整体性、协同性，中共中央、国务院印发了《生态文明体制改革总体方案》（以下简称《方案》），进一步细化分解《决定》和《意见》，进一步明确了生态文明体制改革的理念、原则、目标和任务，为全国“十三五”生态文明制度建设和创新指明了方向。

5. 生态文明建设法律环境日趋改善

生态文明建设贯穿于国家经济、政治、社会、文化建设全过程，成为全面依法治国的重要范畴。十八届四中全会把生态文明建设纳入到全面依法治国范畴，在“加强重点领域立法”一段中指出：“用严格的法律制度保护生态环境，加快建立有效约束开发行为和促进绿色发展、循环发展、低碳发展的生态文明法律制度，强化生产者环境保护的法律责任，大幅度提高违法成本。建立健全自然资源产权法律制度，完善国土空间开发保护方面的法律制度，制定完善生态补偿和土壤、水、大气污染防治及海洋生态环境保护等法律法规，促进生态文明建设”。目前，国家在生态环境保护、绿色发展等方面已经制定和颁布了《环境保护法》、《土地法》等多项法律法规条款和措施，但是法律缺失或执法不严的现象仍较为普遍。《意见》提出，全面清理现行法律法规中与加快推进生态文明建设不相适应的内容，加强法律法规间的衔接。今后随着全面依法治国的持续推进，生态文明建设的法律环境将更加改善，有法可依成为生态文明建设的重要保障。

（二）内蒙古推进生态文明建设的条件日益成熟

1. 生态文明建设已成为内蒙古持续健康稳定发展的战略目标

内蒙古党委政府站在国家战略高度和内蒙古发展历史定位的视角提出“建成我国北方重要的生态安全屏障”和“建设生态文明亮丽风景线”，体现了内蒙古发展思路与党中央十八大、十八届三中、四中、五中全会精神的高度一致。建设美丽中国、美丽内蒙古是全区经济社会发展的重大目标。内蒙古正处于经济结构调整、转变发展方式、建设生态文明、实现永续发展的关键时期，在这关乎子孙后代可持续发展梦想的节点，生态文明建设为内蒙古推进发展方式转变，建设美丽内蒙古提供了难得的历史机遇。

2. 生态文明建设已成为内蒙古“十三五”发展的指导方向和重点任务

“五位一体”战略部署是内蒙古在“十三五”时期乃至更长阶段发展中必须遵循的基本原则，把生态文明建设融入到经济、政治、文化、社会建设是内蒙古“十三五”时期一切工作的指导方向。内蒙古按照国家战略部署，2014 年先行启动了“编制自然资源资产负债表、领导干部自然资源资产离任审计和生态环境损害赔偿与责任终身追究制度”三项生态文明制度改革创新试点工作，制定出台《关于加快生态文明制度建设和改革的意见》，以改革创新与健全制度为突破口，加快了生态文明建设步伐。2015 年，内蒙古党委政府按照中共中央、国务院《意见》精神，编制出台《关于生态文明建设的实施意见》（以下简称《实施意见》）。《实施意见》结合内蒙古实际，严格按照国家的发展目标和建设任务，落实中央和国务院的精神，以 2020 年为节点，明确了自治区“十三五”时期生态文明建设的基本目标和重点任务。

3. 内蒙古已具备生态文明建设的良好条件

内蒙古生态文化历史传统悠久，中华文化三大源头之一的草原文化，就以“崇尚自然”作为核心价值理念，在日常生产、生活中形成了敬畏自然、保护环境的良好习俗，并代代相传，延绵不绝，影响着内蒙古人的主体生态意识和行为模式。目前，内蒙古生态文明建设的理论、政策、法规，技术、人才等支撑体系正在逐步完善，生态文明建设已经启动，作为国家西部大开发生态建设的主战场和国家节能减排的重点省区，内蒙古正在积极探索建立生态补偿、水权置换、碳交易等生态保护制度。内蒙古以“产业发展生态化，生态建设产业化”的思路，已成功实践了循环经济、绿色农牧业、沙漠经济等美丽与发展双赢的发展路子，建立了草原、森林、湿地保护和环境监测、评价、奖惩、执法体系，生态文明建设环境日益得到改善。习近平总书记考察内蒙古时强调，内蒙古的生态状况如何，不仅关系内蒙古各族群众生存和发展，也关系华北、东北、西北乃至全国生态安全,要努力把内蒙古建成我国北方重要的生态安全屏障。以建设国家生态安全屏障为契机推进生态文明建设,无疑使内蒙古有了得天独厚的环境与政策条件。

二、“十三五”时期内蒙古生态文明建设存在的矛盾和问题

改革开放以来,特别是西部大开发十多年来,内蒙古依托资源,大力推进工业化、城镇化和农牧业产业化,实现了跨越式发展,在生态建设和环境保护上取得了有目共睹的成就,但站在生态文明建设的高度来看,所有这些成果都还是初步的、局部的,远没有达到一个文明体系的高度和广度,内蒙古生态文明建设总体上滞后于经济社会发展,资源环境已经成为全面建成小康社会的一个最紧的约束、最短的短板,是一个躲不开、绕不过、退不得、必须解决的紧要问题。

(一)经济发展方式粗放,资源利用效率不高

改革开放 36 年以来,内蒙古经济以可比价格年均 12.2%的速度高速增长,2015 年达到 18032.8 亿元,以当年价格计算是 1978 年的 310 倍。但在经济快速发展的同时,能源化工为主的单一经济结构和增长方式粗放、资源环境代价过高的问题仍存在,并短期内难以彻底转变。内蒙古的资源型产业和初级产品比重较大,非资源型产业发展不足,特别是技术水平和资源综合开发利用效率不高,发展的资源成本、环境代价和物质消耗比较大,经济生态社会综合效益较低。从能源产值效率看,我国单位能源的产出率是美国的 1/10、日本的 1/20,单位能耗是日本、法国和德国的 6 倍,是美国的 4 倍、印度的 1.3 倍。内蒙古单位能源消耗高于全国平均水平,初步核算,2014 年全社会能源消费量为 21663 万吨标准煤,单位 GDP 能耗为 1.219 吨标准煤/万元,比 2013 年下降 3.93%,而全国只有 0.702 吨标准煤/万元,比 2013 年下降 4.8%,内蒙古降速比全国低 0.87 个百分点,预计“十三五”期间我区能源消耗总量将持续增多,调结构、转方式任务较为艰巨。

（二）高耗能高污染产业占比高，环境治理难度较大

由于内蒙古煤炭、冶金、有色、化工、电力等高排放的重化工业占有很大的比重和发展的惯性，一些地区、部门在指导思想和实际行动上还没有调整到位，为单一保持发展速度而浪费资源、破坏生态、污染环境的事还时有发生。2015 年 4 月国务院办公厅印发《关于加强节能标准化工作的意见》，提出到 2020 年，建成指标先进、符合国情的节能标准体系，主要高耗能行业实现能耗限额标准全覆盖，80%以上的能效指标达到国际先进水平，标准国际化水平明显提升。2015 年是新修订的《中华人民共和国环境保护法》（以下简称《环保法》）和环保部按日计罚、查封扣押、限产停产、环境信息公开 4 个配套办法实施的第一年。6 月 2 日，自治区党委宣传部和自治区环境保护厅召开新闻发布会，对执行新《环保法》以来，违反《环保法》的 19 起典型违法案例及处罚情况予以通报。环保部通报的 21 件 2015 年上半年典型环境违法案件中内蒙古涉及 1 家企业。从整体看，“十二五”期间内蒙古化学需氧量、氨氮、二氧化硫、氮氧化物排放量均超额完成年度减排任务，但是各地区和企业减排压力依然较重。

（三）水资源短缺，生态系统较为脆弱

内蒙古地处祖国北疆，横跨东北、华北、西北，属于温带大陆性气候，降水少蒸发多，且降水的季节和年际变化大，各种自然灾害频繁，生态系统较为脆弱，中度以上生态脆弱区域占国土面积的 62. 5%，其中重度和极重度占 36. 7%。内蒙古 68. 18 万平方公里草原中约有 60%已经退化，并且退化趋势没有得到根本遏制。全区荒漠化土地面积为 61. 77 万平方公里，约占自治区国土面积的 52. 2%。根据内蒙古第一次水利普查公报，全区水土流失面积达 64. 95 万平方公里，占总土地面积的 55%；其中，水力侵蚀面积 10. 24 万平方公里，风力侵蚀面积 52. 66 万平方公里，冻融侵蚀面积 1. 45 万平方公里。同时，内蒙古水资源不仅数量少，而且时空分布不均，东部多，西部少，水资源短缺状况逐年加剧，全区现有水资源总量约 545. 95 亿立方米，用水缺口约为 10 亿立方米/年，未来十年将达到 30 亿立方米/年。

（四）绿色发展风尚还未形成，环境保护意识有待提高

内蒙古开发晚、建设迟，至今发展仍不充分，无论从城市到农村牧区，还是

人们的理念到各种社会行为,在生活、工作、消费、出行等方面生态文明意识还不足,绿色理念还比较淡薄。在生活、工作环境中人们对水、电等资源的节约意识较低,浪费现象较为普遍。消费方面仍存在一些铺张浪费、追求奢华、超前消费、攀比性消费、形象工程、政绩工程等等过度消费或不合理消费,导致资源浪费甚至给生态环境和社会造成损害。出行中比较普遍的是不文明行为,破坏生态、污染环境、浪费资源的现象时有发生。这些消极因素短期内仍难以消除,严重损害着社会形象,也阻碍了生态文明的建设。

三、“十三五”内蒙古生态文明建设重点

建设生态文明,关系人民福祉,关乎民族未来。生态文明建设不是简单的种树种草、污染防治的“末端治理”,而是一项系统工程,需要用系统思维、战略思维、底线思维对内蒙古经济、政治、社会、文化、生态等建设的每个方面和全过程进行统筹布局。“十三五”乃至一个较长时期,内蒙古必须按照国家《意见》、《方案》和自治区《实施意见》,遵循绿色、低碳、循环发展理念,打好生态文明建设的攻坚战。

(一)把生态文明融入到经济建设全过程

经济发展与生态环境保护与建设是生态文明建设中面临的重大的矛盾之一,特别是以资源型产业为主导的内蒙古更为突出。如何将生态文明建设融入经济建设各方面和全过程,实现既有绿水青山也有金山银山,是内蒙古“十三五”时期面临的重大课题。

1. 优化国土空间开发格局

加强国土空间开发保护。统筹国家和内蒙古主体功能区规划,突出主体功能区定位和发展方向,编制空间规划,加强空间管制,规范开发秩序,构建内蒙古国土空间开发“沿河、沿线”为主体的城市化、“两带两区”为主体的农牧业、“两屏四区”为主体的生态安全三大战略格局。加强各类主体功能区空间管制,实施最严格的源头保护制度。城镇空间,要严格控制开发强度,着力促进存量空间的优化调整,提高土地集约利用水平,提升单位国土面积的投资强度和产出效率。控制工矿建设空间和各类开发区用地比例,促进产城融合和

低效建设用地的再开发。农牧业空间，要强化耕地保护，对基本农田按禁止开发区域进行管制，加强对耕地占补平衡的监管。因地制宜、循序渐进，规范有序探索和推进土地草牧场流转，发展多种形式适度规模经营，提高土地草牧场使用效率。生态空间，要加强林地、草地、沙地、河流、湿地等生态空间的保护和修复，提升生态产品服务功能。树立生态的价值产品理念，探索重点生态功能区产业负面清单，实行严格的产业和环境准入制度，严控开发活动，控制开发强度。推进国家公园体制创新，依法对自然保护区、风景名胜区、文化自然遗产、地质公园、森林公园等实施强制性保护。

促进产业集聚集约发展。按照规模化、集群化、园区化发展模式，制定实施内蒙古重点产业生产力布局和调整指导意见，着力加快区域重点产业和特色优势产业发展，促进要素资源合理配置，推动企业集中、产业集聚、发展集约。进一步完善产业准入制度，引导限制开发区和禁止开发区内不符合主体功能定位的现有产业通过土地置换、共建开发园区和发展“飞地经济”等方式，向重点开发区域转移。充分发挥自治区国家级和省级开发区平台作用，实行工业布局向国家级和省级开发区以及工业集中区集中的产业引导政策，加快各类园区循环化改造，支持符合主体功能定位的适宜产业向园区集聚集约发展。

强化旗县主体功能定位。按照《国家发展改革委关于“十三五”市县经济社会发展规划改革创新的指导意见》，发挥旗县政府主体作用，结合“十三五”规划编制，制定本地区主体功能定位和具体空间落地实施方案，做好专项规划、重大项目布局与自治区主体功能区规划的衔接协调。改革创新旗县规划体制，以经济社会发展总体规划为依托，统筹城乡、土地利用、生态环境保护等规划，认真落实准格尔旗、杭锦后旗、扎兰屯市为试点，积极推进“多规合一”，建立定位清晰、功能互补、统一衔接的空间规划体系，逐步形成一个旗县一本规划、一张蓝图。探索建立不同类型主体功能区旗县的产业准入和土地利用等负面清单，建立和完善财政、产业、投资、人口流动、建设用地、资源开发、环境保护等配套政策和投入机制。

2. 促进产业转型升级

进一步优化资源型产业。改造升级资源型产业是内蒙古工业应对新常态的必然选择，转化增值和放大内蒙古优势产业是转变经济发展方式的基础。要立足煤炭资源优势和现有产业基础，坚持走依煤而电、依煤而化、依煤而冶的路子，打造全产业链模式。抓住国家进行能源和环保战略调整和批复内蒙古建设特高压电力外送通道的机遇，适应能源需求结构变化，加快建设一批大型煤电一体化坑口电站，建设大型清洁电力生产基地。大力发展现代煤化工，促进内蒙古由简单的输煤送电向输送油气醇醚转变；发挥电力充裕、成本较低的比较优势，大力推进铝电联营，推进铜、铅、锌等有色金属采选冶加一体化建设，重点发展下游产品和高附加值产品，推动产业向高端化、产品向终端化发展。

推进煤炭及相关产业转型升级。鼓励清洁煤技术的研发及应用，探索产学研结合的创新模式，提高洁净煤技术研发水平。成立推动清洁煤技术应用的专门机构，制定清洁煤技术推广计划并选择有条件的企业进行示范试点。筹集清洁煤技术推广专项基金，提供相应的财政补贴、提供贷款或税收减免等优惠政策支持示范项目建设并鼓励企业对成熟的清洁煤技术进行商业化运作。推动煤炭精深加工发展，提高煤炭利用和转化效率，通过气化、转化及分质利用，走精深加工路线，实现煤炭资源的最大化利用。鼓励煤化工企业积极探索进一步延长煤炭产业链条的路径，寻求比发电或燃烧更有经济效益和环境效益的煤炭转化路线。

加快发展战略性新兴产业。内蒙古发挥特色资源和产业优势，加快培育壮大新材料、先进装备制造业、生物、新能源、节能环保、电子信息等战略性新兴产业，积极实施创新能力提升、重大应用示范、重点产业创新发展、特色产业基地建设等重大工程，以产业基地和园区为依托，培育重点特色产业链，强化技术研发、成果转化、产业化示范、检验检测、标准体系建设等方面协同发展，促进集群化发展。

3. 大力发展绿色产业

加快绿色农畜产品生产、加工、输出基地建设。内蒙古在稳粮稳畜、夯实基础的前提下，以建设型畜牧业为抓手，做优做强草原畜牧业，做大做强农区畜牧业，农牧业种养结构由“以粮为主”向“粮畜并重”转变。加大无公害产品、绿色食品、有机食品、农产品地理标志产品建设力度，农牧业生产逐步由

“生产导向”向“消费导向”转变。在做强一产的同时,要做大农村牧区二产、做活三产,把产业链、价值链等现代产业组织方式引入农牧业,用工业化和绿色化理念促进农村牧区一二三产业融合互动,形成“第六产业”综合优势,使农牧业产业组织方式由“内部优化”向“内外联动”转变,形成绿色现代农牧业产业体系。

发展循环型工业体系。按照“减量化、再利用、资源化”的要求,以大型、高端、循环发展为方向,在电力、化工、冶金、建材等重点行业,培育国家级循环经济骨干企业,大力开展以节能、降耗、减污、增效为目标的清洁生产,抓好有色金属共伴生矿产资源综合利用,推进冶金和化工废渣及尾矿等工业废物利用。以不同行业的骨干企业为龙头,培育发展横向关联配套、纵向延伸拓展的产业网络,在主要工业行业重点形成一批循环经济产业链。推动园区循环化改造,加快重点开发区和工业园区改造提升,建设一批国家级和自治区级循环经济园区。

发展绿色服务业。重点围绕生态文化旅游、低碳服务业等,建立绿色服务产业体系。加强旅游观光、休闲度假基地建设,完善旅游景区基础设施建设,提升草原、沙漠、森林、湿地、地质奇观和冰雪、温泉等旅游区的档次和水平,打造体现草原文化独具北疆特色的旅游观光休闲度假基地。围绕新型城镇化和美丽乡村建设,以满足人民群众消费升级需求为导向,拓展新领域,不断丰富健康、家政、养老、体育等绿色服务产品供给。以产业转型升级需求为导向,加快发展绿色物流、商务、科技等领域生产性服务业发展,结合“互联网+”模式,促进服务业转型升级。

(二)把生态文明融入到社会建设全过程

生态文明建设关系各行各业、千家万户。要充分发挥人民群众的积极性、主动性、创造性,凝聚民心、集中民智、汇集民力,推进绿色社会建设。

1. 促进绿色生活方式

倡导低碳生活方式和消费模式。推动生活方式和消费模式加快向简约适度、绿色低碳、文明健康的方式转变,努力构建绿色社会。倡导绿色消费理念,引导消费者改善消费行为,改变不良消费模式。严格按照相关法律法规的规定、绿色标识制定、环保审核管理制度,规范绿色产品的市场管理,强化绿色消费市场监管力度。积极、及时、公平处理消费者在绿色消费中的投诉,加大对消费者的维权力度,增强消费者对绿色消费的信心,从而促进整个社会的绿色消费模式的推广。提倡低碳生活方式,通过新闻媒体、学校教育、印发低碳生活手册等方式,大力宣传低碳生活方式。有关部门为群众提供实现低碳生活的信息服务,进一步完善有关政策,引导人们在服饰、饮食、日用品、建筑、交通、行为等方面抵制旧有生活陋习和奢侈消费,把提高生活质量的需求引向正确的方向。鼓励城乡居民采用太阳能热水器和沼气等采暖方式、公共交通和非机动车等出行方式,大幅提高公共交通出行比例,在城乡全面推动绿色、低碳生活方式。

建设循环型城市与社区。以完善城市、社区再生资源回收利用、可持续消费体系为重点,鼓励循环型社会实践,建设再生资源回收利用系统,推进各城市和社区废纸、废塑料、废旧金属、废旧轮胎和废弃电子产品等大宗固体废弃物回收利用,推广车载桶装密闭式垃圾收运模式和密闭式垃圾自动收集系统,社区生活垃圾全部分类收集,不断提高主要再生资源回收利用率,充分开发利用“城市矿产”,发展再制造。推进可持续消费,倡导节约和循环型消费观念,在商场、酒店、机场、车站、公园和旅游景点等场所杜绝使用不可降解、不可循环使用的产品。推行政府绿色采购,提高政府采购中可循环使用的产品、再生产品以及节能、节水、绿色有机产品比例。

2. 大力推动科技创新

围绕培育壮大战略性新兴产业和改造提升传统优势产业,开展能源节约、资源循环利用、新能源开发、污染治理、生态修复等领域关键技术攻关和应用,支持生态文明领域工程技术类研究中心、实验室和实验基地建设,实施企业技术创新培育工程和创新平台建设,促进煤炭清洁高效利用、稀土功能材料、光伏、重型矿用机械、生物育种、现代中蒙医药等关键领域技术突破。完善技术创新体系,加快实施科技重大专项和创新能力提升工程,提高综合集成创新能力,加强工艺创新与试验。建立以企业为主体的技术创新体系,强化企业在技术创新决策、研发投入、科研组织和成果转化中的主体地位,支持企业联合高等院校、科研机构实施重大技术创新工程。加强生态文明基础研究、试验研发、工程应用和市场服务等科技人才队伍建设。

探索推进科技体制改革，建立符合生态文明建设领域科研活动特点的管理制度和运行机制。完善科技创新成果转化激励机制，形成一批成果转化平台、中介服务机构，加快成熟适用技术的示范和推广。加快科研院所“去行政化”改革，提高科研人员成果转化利益比例，更好调动科研人员积极性，营造科技成果转化应用的绿色环境。加强科研管理体制改革，创新科技项目形成机制，改进科研经费配置和审计、考核评价方式，建立主要由市场决定技术创新项目和经费分配、成果评价和传导扩散的新机制。

3. 鼓励公众积极参与

完善公众参与制度。及时准确披露各类环境信息，扩大公开范围，保障公众知情权，维护公众环境权益。扩展公众参与环境管理决策的途径和方式，健全公示、举报、听证、舆论和公众监督等制度，构建全民参与的社会行动体系。建立环境公益诉讼制度，提高建设项目立项、实施、后评价等环节公众参与度。

积极推动全区社会组织和民间团体参与生态文明建设和公益活动。引导生态文明建设领域各类社会组织健康有序发展，充分发挥民间组织和志愿者的积极作用，监督环境执法，参与政策建议。开展群众性生态文明建设活动，组织生态文明宣传，从倡导“节约一滴水、一度电、一粒粮、一张纸”开始，推动全民在衣、食、住、行、游等方面加快向勤俭节约、绿色低碳、文明健康的方式转变，使社会各界人士积极主动地投身于有益生态文明建设的活动中，共创生态文明建设的良好局面。

4. 建立生态扶贫新模式

“十三五”时期，扶贫开发仍是内蒙古全面建成小康社会的关键任务之一。扶贫开发重点在于产业扶贫，但产业扶贫不能以破坏生态环境、违背生态文明建设要求。因此，内蒙古 31 个国贫旗县和 26 个区贫旗县，要坚持扶贫开发与生态文明建设相结合，统筹规划重点开发区域、农产品主产区和重点生态功能区的人口发展与产业布局、就业、土地利用、城镇建设、生态环境和基础设施建设，优先将重点生态功能区纳入国家和自治区重点扶贫范围。创新扶贫工作机制，全面实施开发式扶贫和精准扶贫，使金融扶贫、教育扶贫、科技扶贫与产业扶贫紧密结合，努力培育集体经济，发展特色种养业、家庭旅游及民族用品等扶贫产业，提升贫困嘎查村产业支撑能力。按照建立生态保护长效机制的要求，探索改革现有生态建设和管护体制，吸纳当地贫困农牧民参与生态建设和管护，鼓励发展生态农业、绿色旅游、林下产业等绿色产业，不断提高农牧民收入水平。

（三）把生态文明融入到文化建设全过程

文化是文明的灵魂。文化作为一种观念、意识和价值取向，绿色文化不是游离于生态文明之外，而是自始至终地渗透贯穿并深刻影响着生态文明建设的方方面面，并在其中起到灵魂的作用。

1. 全面培育生态文明意识

推进全社会教育宣传活动。倡导尊重自然、顺应自然、保护自然的生态文明理念，加强生态文明科普宣传、公共教育和专业培训，适龄人群和适龄人口生态文明知识普及率达到100%，逐步形成提倡生态文明的主流价值观。深入开展生态文明宣传教育进校园、进机关、进企业、进军营、进社区、进村屯、进宗教活动场所等“七进”活动，切实把生态文明教育纳入公民道德教育全过程，特别是加强行政机关培训力度，党政干部参加生态文明培训的比例达到100%。每年定期开展政策法规宣传活动，紧密结合内蒙古传统文化广泛宣传生态文明理论和政策、生态文明法律法规。充分利用各类保护区和环境污染事例开展生态文明宣传教育。

加大新闻媒体宣传力度。新闻媒体在生态文明建设方面设置专栏专版，多视角、宽领域、全方位，精心组织生态文明建设的宣传报道，宣传内蒙古生态保护、环境治理方面取得的成就，宣传低碳绿色产业发展成效，宣传在生态文明建设中涌现出的先进典型，教育和引导广大干部群众进一步树立保护自然环境的意识。

建立一批宣传教育基地。通过培育和命名，建设一批生态文明先行示范教育基地，宣传教育要坚持常态化，多措并举，形式多样，扩大宣传教育的覆盖面和影响力，提高宣传教育的针对性和实效性。各盟市旗县、各行各业、各条战线都要命名一批级生态文明先行示范单位，推广先行示范经验，切实发挥示范带动、典型引路作用。

鼓励公众积极参与。完善公众参与制度，及时准确披露各类环境信息，扩大公开范围，保障公众知情权，维护公众环境权益。健全举报、听证、舆论和公众监督等制度,构建全民参与的社会行动体系。建立环境公益诉讼制度,对污染环境、破坏生态的行为,有关组织可提起公益诉讼。在建设项目立项、实施、后评价等环节,有序增强公众参与程度。引导生态文明建设领域各类社会组织健康有序发展,发挥民间组织和志愿者的积极作用。

2. 建立绿色文化体系

把绿色文化建设作为内蒙古生态文明的核心内容之一。建设生态文明,文化要先行。绿色文化建设是生态文明建设的重要组成部分,如果没有先进的绿色文化引导,生态文明建设就有可能成效不大,或美中不足,或半途而废。内蒙古保护生态既有良好的文化传统,又有现实的成功经验,在生态文明建设中有条件、有责任先行先试。只有建立起一套符合内蒙古实际的先进绿色文化体系,才能形成全区珍爱和保护生态环境的良好习惯与氛围,生态文明建设才能顺利实施,建设成果才能获得有效保障。绿色文化产业应是以精神产品为载体,视生态环保为最高意境,向消费者传递或传播生态、环保、健康、文明的信息与意识。

发展绿色文化产业。推进特色民族文化品牌传承和保护,加强对少数民族优秀文化遗产的挖掘和保护,抢救、整理、传承、利用和展示少数民族非物质文化遗产,加强非物质文化遗产基础设施建设,弘扬传统民族绿色文化。大力支持具有浓郁民族风情和地方民俗文化特色手工艺品、特色旅游纪念品开发,重点支持具有非物质文化遗产认证的手工艺发展,推进民族手工艺传承和创新,对非物质文化遗产传承人发展工艺品给予优惠政策和优先支持。大力扶持民族文化精品工程。扶持发展有地域特色的民族文化产业,培育一批文化骨干领军企业,打造具有国际影响力的原绿色文化旅游、休闲度假和冰雪运动为内容的特色文化产业带。建设民族文化产业园区和文化产业示范基地。加强民族文化设施建设。积极争取国家支持,各地区规划建设民族特色美术馆、民族歌舞团演艺厅、民族文化会展中心等文化基础设施。

(四)把生态文明融入到生态建设全过程

1. 提升生态建设效益

优化林业生态系统。全力实施好天然林资源保护二期、京津风沙源治理二期、三北防护林建设五期、退耕还林、重点区域绿化、森林生态效益补偿等工程，全面落实自然保护区建设、湿地保护与恢复、森林公园建设等项目，加强工程项目管理并跟踪检查，确保建设成效。完善集体林权制度，稳定承包权，拓展经营权能，健全林权抵押贷款和流转制度。严格实施自治区和旗县林地保护利用规划，落实林地用途管制制度。建立国家用材林储备制度。加快推进国有林区政企分开，完善以购买服务为主的国有林场公益林管护机制。加强森林防火、林业有害生物防治，提高应急处置能力。到2020年，森林资源总量显著增加，林分质量明显提高，全区森林覆盖率达到23.0%。

推进草原生态的保护与修复。稳定和完善草原承包经营制度，健全草原生态保护补奖机制，全面实现草原承包地块、面积、合同、证书“四到户”，规范草原经营权流转，实施禁牧、休牧、划区轮牧和草畜平衡等制度，积极探索建立适应草原生态保护的新的生产经营模式，坚决遏制畜牧业生产对草原生态的不利影响。实行基本草原保护制度，加强对草原征用使用审核审批的监管，严格控制草原非牧使用，确保基本草原面积不减少、质量不下降、用途不改变。继续实施天然草原退牧还草二期工程、京津风沙源治理二期、草原保护与建设、草原重点生态功能区建设、草原自然保护区建设等工程，加大草原防火和病虫鼠害防治力度，提高草原防灾减灾能力。到2020年，草原得到自我修复，植被明显恢复，草原植被盖度稳定在45%以上。

完善水生态系统。争取在国家支持下搞好黄河、嫩江、西辽河等重点流域和呼伦湖、乌梁素海、居延海等湖泊综合治理。积极探索通过留凌造湖、引水济湖等措施保持和扩大湖泊、湿地面积。将全区所有湿地纳入保护范围，禁止擅自征用占用国际重要湿地、国家重要湿地和湿地自然保护区，确定各类湿地功能，规范保护利用行为，探索建立湿地生态修复机制。争取开展水流和湿地产权确权试点，探索建立水权制度，开展水域等水生态空间确权试点，遵循水生态系统性、整体性原则，分清水资源所有权、使用权及使用量。加强河流、湖泊和地下水资源开发管理，建立节约、合理用水制度，控制用水总量，实行水位、水量双指标控制，全面缓解湖泊面积缩小和地下水下降趋势，逐步恢复湖泊水域面积和地下水位。加强水生生物资源保护和水产种质资源保护区建设，加大人工增殖放流力度，逐渐恢复水生生物资源。

保护好沙地生态系统。建立沙化土地封禁保护制度，实施沙化土地封禁保护区建设工程,在巴丹吉林沙漠、库布其沙漠、乌兰布和沙漠、腾格里沙漠、巴音温都尔沙漠等暂不具备治理条件的连片沙化土地划为沙化土地封禁保护区,加大锁边封沙建设力度,加强封禁和管护基础设施建设,防止沙漠扩大。浑善达克沙地、毛乌素沙地、科尔沁沙地、呼伦贝尔沙地、乌珠穆沁沙地等地区,开展防沙治沙综合治理,巩固和扩大治理效果。推进产业化治沙,合理发展沙产业。

2. 推进环境综合整治

加大水环境保护力度。加强流域环境综合治理和水环境安全监测,推进黄河、松花江、西辽河等重点流域水污染防治,全部取缔不符合国家产业政策的“十小”企业,流域国控断面达到Ⅲ类及以上标准。开展钢铁、焦化、有色金属、印染、农副产品加工、原料药制造、制革、农药、电镀等行业清洁生产审核,确保企业排污强度持续下降。加强城镇污水处理设施建设与提标改造,实现县县具备污水收集处理能力,实现工业排污、城镇生活排污集中处理,逐步提高城镇污水无害化处理率。加大对城乡集中饮用水水源的保护力度,科学调整并划定水源保护区,对重要水源地周围和输水通道两侧地区严格控制开发强度,中心城镇饮用水水源地取水水质达标率达到100%,开展农村牧区饮用水源和水源涵养地保护。加大额尔古纳河流域、哈拉哈河等跨界河流环境管理和污染防治力度。建立防汛抗洪预警预报系统和山洪地质灾害监测系统,完善群策群防体系。

加大大气污染治理力度。以煤烟型大气污染防治为导向,强化京津冀大气污染联防联控。推进乌海、包头、通辽等重点区域工业窑炉污染治理,开展托克托县生物发酵废气等县域典型污染综合整治。重点推进煤电节能减排升级改造,全部利用100%脱硫技术,淘汰落后生产工艺和技术,严格执行排污标准,加强监督和监管,实现工业大气污染全面达标排放。重点施行燃煤锅炉改造、清洁能源替代、油品升级计划、淘汰落后产能计划等大气染污综合防治措施。在城镇积极发展热电联产和集中供热项目,加强工业燃煤锅炉改造,全面淘汰城市建成区燃煤小锅炉,提高集中供热比重。推进火电、水泥、钢铁、有色等重点行业脱硫、脱硝、除尘改造工程建设,加快淘汰黄标车和老旧车辆。继续强化扬尘、机动车尾气、餐饮油烟、挥发性有机废气综合治理,控制工业烟尘、粉尘和城市扬尘的排放，提高城市使用清洁能源的比例。做好大气污染预警预控，积极防范重污染天气，城市空气质量好于二级标准的天数超过300天。

加大矿山环境保护力度。坚持矿山开发与治理同步，在矿山地质环境破坏严重、已严重威胁矿区居民的生产和生活安全、对经济社会发展影响大的地区实施矿山地质环境治理工程，加大地质灾害防治和矿山地质环境治理力度，到2020年矿山地质环境保护水平全面提高，矿山地质环境质量明显改善，治理率达到90%以上，矿山地质环境管理水平明显提高。有效解决历史问题，明确历史遗留的矿山地质环境问题治理期限，杜绝产生新的矿山环境问题。明确企业主体责任，完善矿山地质环境治理保证金制度，强化监管。在全区历史遗留的废弃居民点、工矿废弃地以及交通、水利等基础设施废弃地实施工矿废弃地复垦利用工程，改善生态环境，提升土地资源的综合承载能力。

控制农牧业面源污染。按照美丽乡村建设和生态农牧业发展的要求，推动生态农牧业和有机农牧业发展，加快制定和完善相关技术标准和规范，严格农业投入品管理，大力开展园艺作物标准园、畜禽规模化养殖、水产健康养殖等创建活动，引导农牧民使用生物农药和兽药或高效、低毒、低残留农药和兽药，农药和兽药包装应进行无害化处理。大力推进测土配方施肥，加强废弃农膜、秸秆等种植业生产废弃物资源化利用，严格控制化肥和农膜等种植业面源污染。加大畜禽养殖污染防治力度，提高畜禽粪便资源化水平。开展水产养殖污染调查，减少重点河流湖泊的水产养殖面积和投饵数量。完善农作物秸秆综合利用制度。健全化肥农药包装物、农膜回收贮运加工网络。采取政府购买服务等多种扶持措施，培育发展各种形式的农业面源污染治理、农村牧区污水垃圾处理市场主体。财政支农资金的使用要统筹考虑增强农牧业综合生产能力和防治农村牧区污染。

3. 全面促进资源节约

推进能源节约利用。坚持节约优先，强化能耗强度控制，健全节能目标责任制和奖励制。进一步完善能源统计制度，推动电力、钢铁、有色、化工、建材等重点行业和耗能大户节能管理，探索实行节能自愿承诺机制，关闭和淘汰污染严重的企业和生产工艺设备。完善节能标准体系，及时更新用能产品能效、高耗能行业能耗限额、建筑物能效等标准，鼓励建筑领域采用节能型建筑结构、材料和产品，全面推行分户供热和分户计量。加强公共机构节能，党政机关率先垂范，重点实施建筑物及采暖、空调、照明系统节能改造。设立节能专项资金，引进开发推广节能技术。通过加强能源生产、运输、消费各环节的制度建设和监管，实现管理节能。推行汽车燃油经济性标准，加快淘汰老旧运输设备。对能耗大户进行能源审计，推广合同能源管理，加强节能监察，严格控制能源消费总量。

推进水资源节约利用。按照建设节水型社会的要求，实行最严格水资源管理制度，落实水资源开发利用控制、用水效率控制、水功能区限制纳污三条红线，合理安排农牧业、工业、城镇和生态用水，将节约利用水资源的举措落实到各个领域和环节。完善盟市、旗县取用水总量控制指标体系，严格控制用水总量。逐步建立农业灌溉用水量控制和定额管理，大力推动农业高效节水，推进雨水集蓄，建设节水灌溉工程，逐步将农牧业用水比重降低到60%左右。逐步建立高耗水工业企业计划用水和定额管理制度，重点推进冶金、化工、电力、建材等高耗水行业节水技术改造，引导企业使用再生水，提高工业用水重复利用率和循环使用率。建设节水型城市，加快公共建筑和住宅节水改造，全面推广应用节水器具。鼓励机动车洗车等使用节水技术，强化耗水量大服务行业的节水管理。坚持先地上、后地下的原则，充分利用地表水，合理保护和利用地下水，依法控制工业企业使用地下水资源，遏制地下水超采。实行用水总量控制与定额管理相结合，积极推进阶梯式水价，完善取水许可和水资源有偿使用制度。进一步完善规划和建设项目水资源论证制度。完善水功能区监督管理，建立促进非常规水源利用制度。在严重缺水地区建立用水定额准入门槛，严格控制高耗水项目建设。

推进土地节约集约利用。加强土地用途管制，防止未批先用，严厉打击非法占用。完善基本农田保护制度，划定永久基本农田红线，按照面积不减少、质量不下降、用途不改变的要求，将基本农田落地到户、上图入库，实行严格保护，除法律规定的国家重点建设项目选址确实无法避让外，其他任何建设不得占用。完善耕地、草原占补平衡制度，对新增建设用地占用耕地、草原规模实行总量控制，严格实行耕地、草原占一补一、先补后占、占优补优。通过财税调节手段，推动废弃土地复垦利用，强化对存量建设用地的利用管理和处置，积极盘活闲置土地。实施建设用地总量控制和减量化管理，建立节约集约用地激励和约束机制，调整结构，盘活存量，合理安排土地利用年度计划。

强化矿产资源管理。进一步加强基础地质工作，扩大基础地质调查成果。完善重要矿产资源开采回采率、选矿回收率、综合利用率等标准，不断提高各类矿产资源开采回采率、选矿回收率，加强开采过程中共伴生资源和尾矿、碎石的综合利用，促进矿产资源的节约与综合利用。加强矿山储量动态管理，提高地质勘查、矿山开发准入门槛，制止“围而不探”，关闭达不到标准的矿山开采企业。推动市场优化配置资源，认真落实矿产资源有偿使用制度，建设矿业权交易平台。加大矿业权整合力度，建立矿产资源集约开发机制，提高矿区企业集中度，鼓励规模化开发。实施整装勘查、滚动勘查、勘查开发一体化。建立矿产资源开发利用水平调查评估制度，加强矿产资源查明登记和有偿计时占用登记管理。建立矿山企业高效和综合利用信息公示制度，建立矿业权人“黑名单”制度。完善重要矿产资源回收利用的产业化扶持机制。

4. 积极应对气候变化

加强灾害适应能力建设。着力完善防灾减灾工作机制，按照“以人为本、积极预防，统筹兼顾、综合减灾，强化基础、应急有备，落实责任”的防灾减灾工作原则，完善各类灾害监测网站，划定灾害重点防范区，增强灾害预警评估和风险防范管理能力。做好灾情监测预报工作。进一步加大对灾情监测预警能力建设的投入，提高监测预警科技装备水平。完善重大灾情预测预报体系，努力提高预报精确度。加强气象、水文、地质情况监测系统建设，提高灾情信息的收集、分析和处理水平。采取多种形式，大力宣传灾害科普知识，提高公众对灾害信息的判断能力，提高适应气候变化能力。

积极推动减缓气候变化行动。不断调整经济结构、优化能源结构、提高能源效率、增加森林草原碳汇，有效控制温室气体排放，实现发展经济与应对气候变化双赢的可持续发展。探索建立增加森林、草原、湿地碳汇的有效机制，继续推进植树造林，积极发展碳汇林业，增强森林碳汇能力，采取保护耕作，草原生态建设等措施，增加农田和草地碳汇。开展跨区域碳交易，推进呼和浩特市、鄂尔多斯市与北京市，包头市与深圳市开展跨区域交易，推动融入全国统一碳排放交易市场。整体区域发展规划布局上要充分考虑气候变化因素，加强应对气候变化跨地区合作，努力创建低碳、可持续发展的绿色内蒙古。

（五）把生态文明融入到政治建设全过程

1. 建立健全生态文明建设的法治保障体系

法律是生态文明建设中必须坚守的基本准则。在生态文明建设中，按照依法治区理念，建立和完善国土空间开发、生态环境保护、生态修复治理和应对气候变化等方面的自治区法律法规，以法律约束各种开发行为，禁止和制止不合法的建设活动，使法治在生态文明建设中发挥更加重要的作用。内蒙古党委和政府要广泛宣传和严格实施《环境保护法》、《森林法》、《草原法》、《水土保持法》、《防沙治沙法》等法律，有效实施《退耕还林条例》、《森林草原防火实施条例》、《征占用林地管理办法》等规章制度，积极推进自然资源资产产权、国土空间开发保护、国家公园、空间规划、应对气候变化、耕地质量保护、节水和地下水管理、草原保护、湿地保护、排污许可、生态环境损害赔偿等方面的法律法规的制定和完善，改善生态文明建设法律环境。

新环境保护法为生态文明建设划定了环境保护红线。十二届全国人大常委会第八次会议审议通过的新《环境保护法》于 2015 年 1 月 1 日正式施行。党的十八届四中全会《决定》为新《环境保护法》实施和环境保护法律法规体系的构建创造了良好条件。新修订的《环境保护法》被称为史上最严格环保法，在理念、制度、保障措施等方面都有许多重大突破，充分体现了建设美丽中国的新要求和环境管理体系现代化的新方向。内蒙古在经济社会发展中严格遵循新《环境保护法》，开展区域联合执法、跨盟市、旗县交叉执法，增强执法效能。加强日常监管和执法检查，对群众反映强烈的环境污染和生态破坏事件，严肃处理，尽快解决。继续开展整治违法排污企业保障群众健康环保专项行动。组织开展环境安全大检查，妥善处置突发环境事件。积极配合组织、监察等部门，扭转一些地方仍以国内生产总值挂帅、在发展中片面追求经济增长的现象，杜绝执法不作为、不合作、不协调、执法不严等问题。

严格实行生态环境损害赔偿制度。全面强化生产者环境保护法律责任，加大执法力度，大幅度提高违法成本。加强机构、机制、人才建设力度，健全环境损害赔偿方面的评估方法和实施机制，依法严惩重罚违反环保法律法规行为,以损害程度等因素依法确定造成生态环境损害的赔偿额度,造成严重后果者要依法追究的刑事责任。

2. 加强生态文明制度建设

健全自然资源资产产权制度。建立统一的确权登记系统,对水流、森林、山岭、草原、荒地、滩涂等所有自然生态空间统一进行确权登记,逐步划清全民所有和集体所有之间的边界,划清全民所有、不同层级政府行使所有权的边界。明确各类自然资源所有权与使用权,创新自然资源全民所有权和集体所有权的实现形式,明确占有、使用、收益、处分等权利归属关系和权责,适度扩大使用权的出让、转让、出租、抵押、担保、入股等权能。推进自然资源监管体制改革,探索整合分散的全民所有自然资源资产所有者职责,逐步统一到一个部门,统一行使所有国土空间的用途管制职责。

健全资源有偿使用制度。加快自然资源及其产品价格改革,建立自然资源开发使用成本评估机制,将资源所有者权益和生态环境损害等纳入自然资源及其产品价格形成机制。扩大国有土地有偿使用范围,改革完善工业用地供应方式,完善地价形成机制和评估制度,完善土地有偿使用制度。完善矿业权出让制度,理清有偿取得、占用和开采中所有者、投资者、使用者的产权关系,加大矿业权出让转让信息公开力度。加快推进资源税从价计征改革,逐步将资源税扩展到占用各种自然生态空间,争取开展地下水征收资源税改革试点。

健全生态补偿制度。探索建立多元化补偿机制,制定横向生态补偿机制办法,逐步增加对重点生态功能区转移支付。开展生态补偿试点,推进跨地区生态补偿试点。完善生态保护修复资金使用机制,加大黄土丘陵区、森林带、防沙带等重点生态功能区的保护修复。建立耕地草原河湖休养生息制度,编制耕地、草原、河湖休养生息规划,巩固退耕还林还草、退牧还草成果长效机制,开展退田、退牧、退工还湖还湿试点,优先在土默川、辽河流域推进地下水超采综合治理试点。

完善环境治理制度。开展环境保护管理体制创新试点,尽快探索统一公平、覆盖所有固定污染源的企业排放许可制,统一规划、统一标准、统一环评、统一监测、统一执法。完善突发环境事件应急机制,提高与环境风险程度、污染物种类等相匹配的突发环境事件应急处置能力。全面推进大气和水等环境信息公开、排污单位环境信息公开、监管部门环境信息公开,健全建设项目环境影响评价信息公开机制。建立和完善严格监管所有污染物排放的环境保护管理制度,逐步推进城乡环境保护工作由一个部门进行统一监管和行政执法的体制,充实执法队伍,加大环境执法强制力度。

3. 健全生态环境保护与建设市场体系

培育生态环境保护与建设市场主体。废止妨碍形成内蒙古统一市场和公平竞争的规定和做法,鼓励各类投资进入环保市场。组建或改组设立国有资本投资运营公司,推动国有资本加大对环境治理和生态保护等方面的投入。推进混合所有制,能由政府和社会资本合作开展的环境治理和生态保护事务,都可以吸引社会资本参与建设和运营。加快推进污水垃圾处理设施运营管理单位向独立核算、自主经营的企业转变。通过政府购买服务等方式,加大对环境污染第三方治理的支持力度。

推行用能、碳排放、排污和水权交易制度。逐步建立基于能源消费总量管理下的用能权交易制度,建立用能权交易系统、测量与核准体系。深化碳排放权交易试点,逐步建立内蒙古碳排放权交易市场和监管体系。逐步建立以企业为单元进行总量控制、通过排污权交易获得减排收益的机制。开展排污权有偿使用和交易试点,加强排污权交易平台建设。探索地区间、流域间、流域上下游、行业间、用水户间等水权交易方式。围绕可交易水权的范围和类型、交易主体和期限、交易价格形成机制、交易平台运作规则等,研究制定水权交易管理办法。

发展绿色产品。建立统一的绿色产品标准、认证、标识等体系,开发环保、节能、节水、循环、低碳、再生、有机、金融等绿色产品,完善对绿色产品研发生产、运输配送、购买使用的财税、金融、保险和政府采购等政策,建立统一的绿色产品体系。

4. 建立跨省区与国际合作机制

加强生态文明建设国际合作。建设生态文明是区域甚至是全球共同面临的重大挑战,需要各地区携手合作。内蒙古生态文明建设不能独立于周边地区和国家,而是要统筹周边地区和国家,以全局和全球视野加快推进生态文明建设,把绿色发展转化为新的综合动力、综合影响力和区域竞争新优势。发扬包容互鉴、合作共赢的精神,加强与蒙古国、俄罗斯在生态文明领域的务实合作,相互借鉴先进技术装备和管理经验,促进区域性生态安全建设。

加快生态文明建设周边省区合作。内蒙古内陆沿边的地理区位,决定了以生态文明为引领的内蒙古经济、社会、生态等各领域建设必然与周边省区产生密切的联系。以京津冀为核心的环渤海经济圈是我国“十三五”时期最为活跃的经济区之一,内蒙古作为主要组成部分,要围绕生态环境联防联控、绿色产业统筹提升等积极融入环渤海经济圈建设,促进环渤海经济圈生态文明建设。同时加强东北经济区、西北地区在生态文明建设领域的紧密合作,开展林区、沙漠地区等不同生态地区生态文明建设研究和实践,为国家生态文明建设探索有益的经验。

5. 建立和完善生态文明监督考核机制

创新生态文明目标体系。按照生态文明建设要求,研究制定可操作、可视化的绿色发展指标体系,结合小康建设目标,把资源消耗、环境损害、生态效益纳入经济社会发展评价体系,建立五位一体的绿色评价指标体系。制定生态文明建设目标评价考核办法,根据不同区域主体功能定位,以旗县为单位实行差异化绩效评价考核。把生态文明建设工作列入盟市、旗县市党政领导班子和各部门年度综合考核评价内容之一,作为年终评优、文明单位、综合治理先进单位及“五好”基层党组织等评选的重要指标,逐步提高生态文明建设占党政绩效考核中的比重。

建立资源环境承载能力监测预警机制和执法监督。研究制定全区资源环境承载能力监测预警指标体系和技术方法,整合国土、林业、农牧业、水利、环境等部门的资源和数据,建立自治区统一的资源环境监测预警数据库和信息技术平台,定期编制资源环境承载能力监测预警报告。

完善行政监督体系。承担重点工作任务的各级各责任单位要根据目标任务要求制定切实可行的详细方案,采取有力工作措施,确保圆满完成各自承担的工作任务。每年年中和年底向内蒙古党委政府考核组报送任务完成情况。重点工作任务有牵头单位的由牵头单位负责报送,多个部门共同负责的由多个部门分别报送各自完成情况,同时还要按照生态文明建设工作考评细则要求完成工作目标。未承担重点工作任务的部门要按照生态文明建设工作考评细则要求完成相关工作目标。各盟市和旗县制定生态建设方案,结合本地实际,抓好实施,按照生态文明建设工作考评细则要求完成工作目标。健全行政执法与刑事司法的衔接机制,强化对资源开发和交通建设、旅游开发等活动的生态环境监管,加大查处力度,强化对浪费能源资源、违法排污、破坏生态环境等行为的执法监察和专项督察。

建立领导干部自然资源资产离任审计和责任追究制度。积极推进呼伦贝尔市自然资源资产负债表编制试点和领导干部自然资源资产离任审计试点。实行地方党委和政府领导成员生态文明建设一岗双责制,以自然资源资产离任审计结果和生态环境损害情况为依据,明确对地方党委和政府领导班子主要负责人、有关领导人员、部门负责人的追责情形和认定程序,实行终身追责制。

第十七章

“十三五”时期内蒙古适应气候变化能力建设的思路及对策

我国一直是全球应对气候变化事业的积极参与者，目前已成为世界节能和利用新能源、可再生能源第一大国。“十三五”时期，我区将积极落实十八届五中全会指出的创新、协调、绿色、开放、共享的发展理念，通过绿色发展、广泛参与、行动保障、务实有效等主要路径，加快形成人与自然和谐发展现代化建设新格局。

一、内蒙古气候变化现状与适应进展

（一）内蒙古气候变化现状与趋势

内蒙古牧区主要分布在10个盟市的54个旗县（区、市），包括33个纯牧业旗市和21个半牧业旗县。天然草原面积7186.7万公顷，占内蒙古草原总面积的82.9%。草原分布广、类型多、牧草资源丰富，从东至西分布着草甸草原、典型草原、干旱草原、荒漠草原、荒漠五大草原生态类型气候区。

表1　内蒙古纯牧业和半牧业旗县市分布表

牧区	盟　市	旗　市
纯牧业旗县市（31个）	包头市	达尔罕茂明安联合旗
	呼伦贝尔市	鄂温克族自治旗、新巴尔虎右旗、新巴尔虎左旗、陈巴尔虎旗
	兴安盟	科尔沁右翼中旗。

续表

牧区	盟 市	旗 市
纯牧业旗县市（31个）	通辽市	扎鲁特旗。
	赤峰市	阿鲁科尔沁旗、巴林左旗、巴林右旗、克什克腾旗、翁牛特旗
	锡林郭勒盟	锡林浩特市、阿巴嘎旗、苏尼特左旗、苏尼特右旗、东乌珠穆沁旗、西乌珠穆沁旗、镶黄旗、正镶白旗、正蓝旗
	乌兰察布市	四子王旗
	鄂尔多斯市	鄂托克前旗、鄂托克旗、杭锦旗、乌审旗
	巴彦淖尔市	乌拉特中旗、乌拉特后旗
	阿拉善盟	阿拉善左旗、阿拉善右旗、额济纳旗。
半牧区旗县市（23个）	呼伦贝尔市	扎兰屯市、阿荣旗、莫力达瓦达斡尔族自治旗
	兴安盟	科尔沁右翼前旗、扎赉特旗、突泉县
	通辽市	科尔沁区、开鲁县、库伦旗、奈曼旗、科尔沁左翼中旗、科尔沁左翼后旗
	赤峰市	林西县、敖汉旗
	锡林郭勒盟	太仆寺旗
	乌兰察布市	察哈尔右翼中旗、察哈尔右翼后旗
	鄂尔多斯市	东胜区、达拉特旗、准格尔旗、伊金霍洛旗
	巴彦淖尔市	磴口县、乌拉特前旗

在全球气候变暖的大背景下，我区草原牧区同全国气候变化总趋势基本一致，近百年来气候发生了明显的变化，尤其是近50年来气候明显变暖，呈现出“暖干化”的气候特征，极端天气和气候事件也逐年增多。

（二）内蒙古气候变化的特征

平均气温升高，暖冬增加。内蒙古牧区气候属于温带大陆性气候，年平均气温-1℃—9℃（1981—2010），自东北向西南逐渐升高。极端最低气温-47℃—-33℃，极端最高气温43℃—44℃。从草原牧区历史时序分布看，1961至2010年，平平均气温上升了2.1℃，每10年上升了0.42℃。冬春季节的升温最为明显。自1961年以来，东部牧区和中部牧区分别上升了3℃和3.6℃，每10年平均气温分别上升了0.56℃和0.66℃。中部牧区升温较东部牧区明显，升温变化与北半球近100年来冬春季温度变化趋势一致。据世界气象组织2014年全球气候状况声明（WMO，2015）中指出，将2014年列为19世纪中叶现代仪器测量以来最热的年份，对内蒙古牧区而言，最热的年份东部区出现在2007年、西部牧区出现在2013年，只有中部牧区2014年是自1961年以来最热的年份。升温主要发生在20世纪80年代中后期，并在1987年有一次明显的年代际突变过程。自1987年以后气温显著升高，直到2007年达到了自1961年以来的最高值，随后冬季气温连续走低，2012年中部牧区遭遇了冷冬，2013年东部牧区出现了自1961年以来第三寒冷的冬季。冬季升温的特点还表现在平均最低温度的升温幅度大于平均最高温度的升温幅度。

降水明显减少。多年平均降水量空间分布格局为自东南向西北由500mm下降到50mm以下，自东向西依次形成了半干旱、干旱、严重干旱和极干旱区。从时空分布看，在过去的54年里，内蒙古东部牧区降水每10年减少5.8mm；中西部牧区，降水则每10年减少0.74mm。

极端天气与气候事件增多。一是内蒙古牧区近50年均表现出高温事件越来越多、低温事件越来越少的特点。自20世纪80年代以来，高温极端事件平均增加8.5天/年，占50年平均值的70%。极端低温事件平均减少了4天/年，是50年平均值的45%。从1961—2015年全区夏季极端高温事件看，90年代后期到2011年极端高温事件频发。极端高温事件主要出现在7月份，其次是6月份，连续出现高温日数最多的主要在7月份。特别明显的是，自1997年以后高温极端事件出现的频次进一步增加，导致了内蒙古中部牧区自1999年以来连续几年的草原干旱，使草地植被退化速度加快。2015年高温事件相对较少，强度偏弱。二是暖干化趋势更为明显，旱灾加重。近年来干旱发生面积和出现频率有逐年增加趋势，尤其是近10年降水的变幅加大，严重旱灾平均10年左右出现一次。近50年来牧区干旱发生频率为63.6%。三是季节性强降水增多。由于草原牧区降雨的格局发生了变化，以春夏季降雨的变化较大。在干旱事件增多的同时，也表现出季节性强降水事件、集中暴雨事件增多。四是大风沙尘天气次数减少，但强度增大。从20世纪后半叶以来大风沙尘天气发生次数总体呈上升趋势，60—70年代是沙尘暴高发期，每年强或特强沙尘暴达到9次之多。80—90年代沙尘暴波动明显减少，1996年降低到有记录以来的最低点,此后又呈逐年上升趋势。大风次数虽然呈减少的趋势,1999—2002年连续几年的干旱,使沙尘暴发生的强度增加,对中西部草原的影响尤其明显。五是雪灾发生频次变化不大。内蒙古牧区雪灾在20世纪70年代到90年代比较多发、频发,但90年代后虽然发生频次变化不大。由于政府及牧民都有了各种措施准备,抗灾能力也有了显著增强,白灾灾情对牧民生计的威胁有了很大程度的降低。

(三)内蒙古气候变化趋势

基于中国农业科学院农业环境与可持续发展研究所提供的PRECIS模型关于SRES A2、B2和A1B情景的预估结果,考虑中国和内蒙古实际,选择了A2、B2和A1B情景,对内蒙古锡林郭勒草原未来40年(2011—2050年)气候变化情景进行分析。从PRECIS气候模式模拟出的结果来看,内蒙古牧区2011—2050年40年间年平均气温将继续增高,而且,A1B情景下,2021—2040年的温度升温幅度还比较大,即使降水将有所增多,但降水的频度和强度也将发生很大的变化,极端降水事件将增多,干旱出现的概率将更大。

二、内蒙古适应气候变化能力建设进展与成效

随着气候变化的加剧,靠天养畜、粗放型草原畜牧业已不能适应可持续发展的需求。“十二五”以来,为了提升草原畜牧业适应气候变化能力,内蒙古开展了一系列富有成效的工作,适应能力有了很大提高。主要表现在:

加强牧区基础设施建设,为畜牧业生产抗御自然灾害提供了有效保障。一是以抓好以水、草、料、棚舍为重点,稳步推进草原牧区保护性建设。各地抓紧制定、完善和实施本地区草原建设工程规划,积极实施退牧还草和京津风沙源治理二期工程,加强饲草料储备设施建设、牧草良种补贴、高产优质苜蓿示范建设等草原保护建设和畜牧业基础设施重点工程。牧区牲畜棚圈条件、牲畜防疫条件和牧业机械化程度等适应能力建设方面得到明显改善,牧区畜牧业生产抗御自然灾害的能力有了进一步提高,也为畜牧业适应气候变化的综合能力的提升打下坚实基础。二是实施畜牧业防灾基地建设,加大监测预警和应急能力建设,启动农业保险、大灾风险资金投资、防灾抗灾能力建设,提高

了草原畜牧业防灾减灾能力。例如，在草原防火应急能力建设方面，建设草原火灾应急通信指挥系统，加强草原防火值班和火情监测预报工作，有效控制了重特大火灾的蔓延。在草原病虫鼠害防灾能力建设方面，重点加强草原鼠虫害和毒害草防治基础设施建设，在2012年和2015年局部鼠虫灾害防治严重地区防灾救灾中发挥了重要作用。2012年累计完成草原鼠害防治面积1929.42万亩，完成草原虫害防治面积2995.42万亩，防治效果均达到了90%以上。2015年全区草原蝗虫、草地螟、春尺蠖、夜蛾类、螽斯和天幕毛虫等草原虫害危害面积6653.82万亩，严重危害面积3162.75万亩，及时采用飞机防治与地面机械防治相结合，应用生物、化学、物理、生态等综合防治措施，对草原虫害进行了集中连片大面积综合防控，全区共完成草原虫害防治面积2068.68万亩。三是继续实施牧区人畜饮水设施建设等牧区各种水利工程建设。以流域为单位，实施水土保持工程，提高草原水源涵养能力，为流域地区降低旱灾影响起到了一定作用。

落实草原生态保护补助奖励机制。2011年开始实施的草原生态保护补助奖励机制，按照“四保一完善”（保生态、保收入、保稳定、保供给，完善草原保护各项法律法规、政策制度和队伍建设）的总体要求，从牧民最关心的具体问题入手，及时了解项目实施过程中的新问题、新困难、新情况，积极探索推进项目顺利实施的好思路、好措施、好方法，确保草原生态保护补助奖励机制顺利实施。2014年底，中央财政下达内蒙古草原生态补奖各类资金160多亿元，内蒙古本级财政配套资金40多亿元，政策实施覆盖全区31个牧业旗市和23个半牧业旗县，10.16亿亩草场纳入到草原生态保护补助奖励机制范围内，146万户、534万农牧民从中受益。草原生态保护补助奖励机制实施近5年来，内蒙古草原的一些禁牧区生态得到恢复，牧民收入增加，草原保护建设成效明显，总体推进水平走在了其他省区前面。据监测，2012年和2013年，31个牧业旗天然草原冷季可食牧草储量分别为93.79亿公斤和98.19亿公斤，冷季总适宜载畜量分别为2434.42万羊单位和2526.73万羊单位，草原平均植被盖度分别为40%和44.1%。2015年是草原补助奖励政策一期任务的最后一年，按照自治区印发的《内蒙古草原补奖区定位上图的工作方案》要求，将全面完成草原生态补奖区的定位绘图工作，并在总结前四年政策实施效果的基础上，积极争取国家进一步的支持，完善草原补奖机制实施后禁牧草原后续产业扶持政策，积极探索禁牧草原恢复后科学合理适度利用机制，提高草原可持续利用能力，力争草原植被盖度提高1个百分点达到45%。

构建草原保护建设的制度框架。一是结合草原生态保护补奖政策和我区进一步落实完善“双权一制”制度的要求，进一步完善牧区基本草原划定工作，建立完善基本草原保护制度。2012推动出台了《内蒙古自治区基本草原保护条例》和《内蒙古自治区草原植被恢复费征收使用管理办法及标准》两个地方性法规。2014自治区政府批转下发了《内蒙古自治区土地承包经营权确权登记颁证试点工作实施方案》、《内蒙古自治区完善牧区草原确权承包试点工作实施方案》、《内蒙古自治区基本草原划定工作实施方案》(内政办发〔2014〕98号)3项工作方案。在10个旗县和2个乡镇启动了农村土地承包经营权确权登记颁证试点工作，在10个旗县开展了草原确权承包试点，在半农半牧区和草原面积较大的城市郊区开展了基本草原划定工作，并在取得试点经验的基础上，加快推进农村牧区土地草牧场确权登记颁证工作。“十二五”期间，以草原保护法规建设和生态补奖机制实施为契机，加快了草原“双权一制”落实进度。全区落实草原权属面积11亿亩，草原承包面积新增了近1亿亩，达到10.4亿亩，占草原总面积的89.5%。发放草原经营权证1481521份，涉及农牧民1926822户。为草原保护工作的深入开展奠定了坚实的基础。二是先后研究制定了《农牧业信息服务体系和农畜产品市场预警体系工作方案》、《健全现代农牧业科技支撑工作方案》、《构建农牧业灾害防御体系工作方案》、《健全农畜产品质量安全监管体系工作方案》四个工作方案并经自治区政府批准下发(内政办发〔2014〕115号)。同期还研究制定了《构建新型农牧业经营体系，完善土地草牧场承包经营权流转的意见》、《关于扶持农牧民合作社发展的意见》2个意见和《内蒙古自治区农村牧区集体经济组织资金资产资源管理制度(试行)》和《草原生态保护监测评估制度》2项制度。三是根据“改革农牧业补贴制度”的要求，开展完善农牧业补贴制度的调查研究，跟踪了解国家及农业部的相关政策和改革进展情况，并将适时研究制定内蒙古完善农牧业补贴制度意见。四是强化草原执法监督工作力度。

推进建设型现代畜牧业发展，提高牧区对气候变化的自适应能力。“十二五”期间,内蒙古认真贯彻落实自治区党委、政府出台的《关于加大统筹城乡发展力度,进一步夯实农牧业和农村牧区发展基础的实施意见》、《关于促进牧民增加收入的实施意见》、《内蒙古自治区党委、内蒙古自治区人民政府关于加快推进农牧业科技创新持续增强农畜产品供给保障能力的实施意见》等文件精神,制定增加牧民收入、畜牧业和牧区基础建设、农牧业产业化、生态牧场标准等系列政策,积极推进畜禽良种工程、畜禽标准化规模养殖、高产优质苜蓿示范片区、标准化规模养殖小区建设、牧区草原畜牧业提质增效示范工程、农牧业综合信息服务体系建设等项目。加快实施税收优惠和财政补贴等扶持政策,支持发展牧民专业合作组织,积极创新经营主体和形式,提高草原畜牧业组织化程度。适应畜牧业现代化要求,按照创建500个生态家庭牧场和500个标准化规模养殖场的目标,大力推进草牧场规范流转,整合畜牧业生产资料,引导扶持养殖能手向专业大户、联户、合作社等形式的家庭牧场方向发展。到“十二五”中期,牧区不同组织形式的生态家庭牧场就已超过3.5万个。

提高畜牧业适应气候变化的科技支撑能力。“十二五”期间,内蒙古为了提高牧区适应干旱环境下的生产与生活环境,更加重视科技对适应气候变化能力建设的支撑,加快畜牧业科技服务体系建设步伐。一是以抓好畜牧业品种改良为重点的“双百千万高产创建工程”。国家和自治区畜牧良种补贴资金每年重点扶持50个种羊场建设,支持地方品种提纯复壮,加大人工授精站点建设,推行冬、春两季配种,提高优质冻精和优秀种公羊的利用率,有效提高了牲畜个体生产水平和畜产品综合生产能力。二是转变饲养方式,大力发展肉羊多胎品种。通过推进放牧加补饲、推动两年三胎、一胎多羔技术路线和提高两年三胎比重等措施,实现畜牧业生产高产高效。三是启动了“振兴奶业苜蓿发展行动”工程,推行人工草地标准化建设。重点发展多年生牧草,通过新增人工种草面积增加饲养量,进一步改变畜牧业发展过度依赖天然草原的现状,为畜牧业转型升级奠定了良好的物质基础。四是实施绒山羊提质工程。在内蒙古白绒山羊核心区划定保护区,加强保种场建设,开展绒山羊遗传资源动态监测评估,保护绒山羊优质资源。

加强对草原保护和建设的监管,强化草原执法监督工作力度。一是进一步完善法规、条例和制度。按照《草原法》和《内蒙古自治区基本草原保护条例》等法律法规规定制定实施细则，研究制定草原生态保护监测评估制度，制定禁牧、休牧、划区轮牧和草畜平衡工作监督管理办法，对基本草原实行比其他草原更为严格的保护措施。二是加强草原监管体系建设。健全牧区和半农半牧区旗县草原监督管理机构，重点牧区苏木设立草原监督管理派出机构或专职草原监理员，完善草原管护员制度。三是加强对征占用草原事前、事中和事后的监督和检查，进一步加大对非法开垦草原的查处力度，并依法对牧区毁草开垦的草原进行全面清理。截至目前，全区共办理征用草原审核事项30件。

二、气候变化的影响和挑战

内蒙古草原牧区特殊的地理位置、多样化的气候条件以及复杂的自然环境，加上人类对自然资源的不合理开发利用，使草原牧区对气候变化更加敏感。近年来，由于气候变化引发的干旱加剧，草原和土壤退化、沙化严重，沙尘暴、“白灾”（冬季雪灾）、“黑灾”（冬春季旱灾）频发多发，草原畜牧业发展和生态健康等问题面临前所未有的困难和挑战。

（一）气候变化对内蒙古草原畜牧业的影响

据观测和研究结果显示，内蒙古草原牧区对气候变化非常敏感，气候变化具有正面和负面双重作用，但以负面影响为主。

1. 有利影响

内蒙古牧区气候变化特征之一是冬春季节的明显升温，气候变暖对草原生态环境和草原畜牧业生产等一定程度带来有利影响。主要表现在：一是植物物候期发生变化，使植物可生长期延长，为牧草生长高度增加，草地生产量和覆盖度的提高提供了有利的温度环境和时间尺度，部分草地生产力呈现增长态势。二是暖冬有利于牲畜保膘、安全越冬和接羔保育，减少了牲畜冬季掉膘损失和“白灾”损失，同时牧区“白灾”也有所减少。三是牧区春季提前、秋季退后，缩短了牧区生态系统更加脆弱的冬季，有利于防范冬季寒冷、大风日数较多而易发沙尘、火灾等灾害。四是牧区河流汛期径流明显减少，成为地表径流减少的主要的自然因素，降低了洪水危害形成的可能，同时冬季径流出现增多趋势，有利于缓解冬季枯水期用水需求，牧民冬季放牧难度降低等。

表 2 内蒙古牧区部分草本植物候期变化表

物候变化 \ 草本植物	蒲公英（天/10 年）	车前（天/10 年）	马蔺（天/10 年）
春季返青期（提前）	1.7	1.9	0.7
开花期（提前）	0.2	2.5	3.8
黄枯期（推迟）	9	3	0.9

2. 不利影响

20 世纪以来，伴随着全球变暖，内蒙古暖干化趋势较为明显，对牧区生态系统产生重大影响，进而影响到牧区水资源持续利用、畜牧业可持续发展和牧民的生计与健康。

气候暖干化趋势加剧草原“三化”（退化、沙化、盐渍化）。地处中国北部的内蒙古草原区正处于东亚季风气候环流系统中，气候的年际间和年内波动很大。在正常的环境容量条件下，草地生态系统通过自身调节，与环境变化间可以维持一种有序的平衡状态。当草地正常的环境容量被破坏以后，草地生态系统不得不向下寻求支撑，以求达到新的平衡。但是，当一种破坏程度超过了生态系统能够容许的阈值以后，退化的生态系统便永不逆转了。草原生物在长期选择过程中形成了高度适应草原气候环境的自组织功能，气候不利年份生物种群间相互补偿，以实现其最高生产能力。多年来北方草原部分地区处于满负荷、超负荷的利用状态，不仅突破了草原生态系统自组织功能和水、土、生物循环再生机制的底限，甚至超越了草原丰年的上限，导致草原持续“三化”。据内蒙古有关部门调查，草原“三化”面积占草原面积比重由 20 世纪 60 年代的 18%发展到 20 世纪 80 年代的 39%，到 2003 年已达 62.68%。进入 21 世纪以来，随着国家和内蒙古草原生态保护力度加大，使草原“三化”速度逐渐减缓。但是随着气候变化的加剧和持续影响，加上人为干扰，内蒙古草原生态环境“三化”问题仍在缓慢持续。内陆高原区位和大陆性少雨气候条件使草原生态非常脆弱，在干旱加剧状态下一旦被破坏不易恢复。

草原病虫鼠害呈现加重趋势。近年来,随着气候变暖和异常现象的增多,许多病虫害的生存环境和方式发生了变化,导致影响内蒙古畜牧业生产的主要虫害有加重的趋势,特别是与草地生态环境恶化互为前提的虫、鼠害日益严重,这已引起各级政府和社会各界的高度重视。内蒙古多种草原生态类型为蝗虫和啮齿动物(鼠类)的生存提供了多样性的环境条件,使其成为内蒙古地区分布最广、数量最多、特化性最强的动物类群。据统计大约有139种蝗虫和50多种啮齿动物(鼠类)栖息、生存在内蒙古。在正常年份下,草原生产者(牧草)和消费者(牲畜、昆虫和啮齿动物)应处于相对稳定的动态平衡中。但是,近几年气候变化和草原沙化、退化为蝗卵越冬和孵化出土及鼠类生存提供了适宜的场所。研究表明,蝗虫喜欢产卵于植被盖度小于50%的草场中的裸地上。对草原危害严重的布氏田鼠生活在植被低矮几乎裸露的地方,长爪沙鼠适合在荒漠的环境中生存。草原害鼠不仅与家畜争食优良牧草,其猖獗的挖掘活动还会伤害牧草的地下根系,影响牧草的繁殖更新,从而引起草原的退化和沙化。退化草场和稀疏植被为害鼠种群和蝗虫提供了适宜的栖息环境,而鼠虫害的发生又进一步加速了草原的沙化和退化进程。

季节性、地域性差异增加了畜牧业生产的不稳定性。干旱是对草原畜牧业影响范围最广、影响程度最大且发生频率最高的气候事件,并且沙尘、鼠虫害等也与干旱密切相关。研究结果显示,影响草原畜牧业的气候事件主要是干旱(旱灾),其次是极端高温和沙尘暴,再次是物候期的改变。特别是冬季温度升高,使地表积雪减少,裸露期延长,春季回暖提前,土壤水分散失加快,土壤墒情下降,导致春季干旱增多,地域性牧草返青推迟,生长受限,产量降低,直接影响到受灾区草地载畜量。最近20年随着极端高温加剧和降水时空分布更加不均匀,加快了地域性干旱出现频率。从1961—2010年近50年的趋势性分析看,虽然内蒙古草原地上净初级生产力和草地载畜量总体上呈略增态势,但总体来看气候变化显著的地域差异导致净初级生产力和草地载畜量出现明显的区域性下降现象。从草地净初级生产力看,呼伦贝尔市西部、兴安盟大部、通辽市大部、锡林郭勒盟西部和东北部草原区地上净初级生产力也显著下降,其中呼伦贝尔市西部典型草原下降尤为显著,下降速率在5.0—6.0克/平方米·10年;在草原种类上,暖温型典型草原、中温型荒漠草原和沙地植被的地上净初级生产力呈下降趋势，下降速率分别为：0.16克/平方米·10年、1.88克/平方米·10年、1.04克/平方米·10年。从草地载畜量看，呼伦贝尔市西部、兴安盟西部偏北、通辽市、赤峰市大部、锡林郭勒盟、乌兰察布市东南部、巴彦淖尔市东南部以及鄂尔多斯市西部减少，减少速率在0.02—0.70羊单位/100公顷·年。

气候变化导致牲畜体质下降。首先，气候变化尤其冬季气温的升高使草原微生物生长季节延长，繁殖代数增加，种群增长率加快甚至安全过冬，导致家畜疾病加剧。其次，干旱和草原利用不当，可食饲草减少，水环境恶化，致使牲畜体质下降，皮、毛、绒质量降低，抵御灾害的能力减弱，牲畜遇灾死亡量增加。以锡林河流域研究区为例，据CNC-IHDP研究，气候变化将导致羊草草原和大针茅草原初级生产力和土壤有机质含量的显著下降，且羊草草原下降幅度略大于大针茅草原，从而对锡林河流域的畜牧业带来不利影响。

气候变化加剧了地表径流的减少、湖泊的萎缩干涸，可利用水资源的减少。以典型草原研究区的两条典型流域为例，近50年总体上径流深、径流量都呈下降趋势。其中，闪电河流域所属吐力根河、闪电河、黑风河三条河流年径流深自20世纪50—80年代均呈线性下降趋势，其中吐力根河、闪电河平均径流深分别由50年代的96.73mm、69.84mm下降到80年代的53.8mm、41.99mm，黑风河则在30多年间减少了12.87mm。近10年比90年代减少了27.98mm、18.15mm、3.18mm。近50年来年径流呈显著减少趋势，吐力根河、闪电河、黑风河三条河流分别减少了51.45mm、33.37mm、11.26mm，平均每年减少1.03mm、0.67mm、0.23mm。锡林河流域年径流深60—80年代呈均匀下降趋势，径流深由60年代的147.98mm下降到80年代的104.68mm；到90年代径流量骤增到190.68mm，与80年代相比增加了86mm；而进入21世纪后，近10年是径流最少的年代，为91.18mm，与20世纪90年代相比下降了99.5mm，波动较大。总体来讲，近50年来年径流也呈显著减少趋势。但是，河川径流变化是由气候变化等自然因素和人类社会经济活动等人为因素共同作用的结果，气候变化对径流减少的贡献率为34.9%。

极端气候天气变化影响牧民的生产、生活和健康。气候变化加剧、极端气候和天气频现，对牧民的健康影响较大。首先，气候干旱、沙尘天气容易引发老年人肺病的发作，以及肺气肿病情的加重。其次，老年人和儿童是气候异常引发疾病最脆弱的群体。牧区夏季高温容易导致老年人中暑、感冒、肠胃等疾病发作，同时冬季少雪、温暖也易滋生引起上呼吸道感染等的致病菌，并广泛流行。再次，牧区饮水难度较大，干旱缺水会加大打水劳动强度，同时减少用水量，降低卫生条件，容易引发各种疾病。最后，逐年增多的极端天气可能增加牧民的精神压力。

气候灾害减少了牧民收入，同时增加了牧民支出。气候变化对牧民收入的影响主要来自各种自然灾害。首先自然灾害增加牲畜死亡数量或加快掉膘速度，给牧民造成直接经济损失。以 2015 年内蒙古遭受严重旱灾为例，干旱面积占到内蒙古全区总面积一半以上，64 个旗县 361.8 万人受灾，直接经济损失达 65 亿元人民币。旱灾同时还伴随发生了严重的蝗虫灾害。其次，为了应对各种自然灾害，牧民会加大生产、生活投入。例如，在牧区实施围封、舍饲、圈牧、休牧等政策后，牧民棚圈、饲料地建设等生产经营性支出增加，牧民生产成本增加，牧业比较效益降低，导致牧民实际收入不断减少。

生产、生活方式的改变，使传统文化受到一定程度冲击。为了改善牧民生产、生活条件，也为了提高牧民适应气候变化的能力，各级政府加大了牧民定居、草场网围栏等方面的投入，使牧民传统的生产、生活环境和条件发生根本性改变。

（二）内蒙古适应气候变化能力建设面临的挑战

适应气候变化难度将进一步加大。目前，我们仍处在工业化、城镇化快速发展阶段，能源、资源需求和碳排放还将保持刚性的有约束的增长，应对气候变化仍将面临艰巨挑战。11 月 20 日发布的《第三次气候变化国家评估报告》指出，未来中国区域气温将继续上升，到 21 世纪末，可能增温 1.3℃至 5.0℃。根据国际耦合模式比较计划第五阶段（CMIP5）的气候变化预估试验，考虑未来 4 种可能的温室气体排放情景，无论在何种情景下，中国区域的增温幅度都将比全球平均的增温幅度大。报告认为，21 世纪总体上中国寒潮天气趋于减弱，北方极端降雪事件增多，干旱发生频次减少，但极端干旱事件增加，高温热浪天数显著增加。内蒙古牧区是对干旱气候极为敏感区域，随着极端干旱事件增加，遭受破坏的牧区自然生态系统和牧区社会经济系统数量有所增加，其地理范围也将增加，对牧区影响深度和广度将继续扩大，适应难度也将进一步加大。

对气候变化缺乏系统风险认识。气候变化放大了自然和社会经济系统面临的风险并产生各种新的风险，人类社会将置于更加不确定和更难以控制的气候风险之中。意识指导行动，只有系统地认知气候变化，才能正确适应气候变化。在我们的参与式评估研究和抽样调查中看到，因为不同群体关注问题的角度不同或不同人的知识水平、思考问题的差距和气候变化问题的复杂性等原因，从内蒙古牧区来看行政管理人员、学者、牧民等不同群体对气候变化及其影响和适应都有不同的认识，体现了人类群体差别和个体差异。但是，我们同时也发现，无论是行政管理人员、学者还是牧民都对气候变化缺乏系统认知，这可能或已经影响他们适应气候变化行动的正确性或效应。例如，气候变化对草地及草地畜牧业的影响人们还缺乏足够的认识，因为不论是草地生态系统还是畜牧业生产系统，对气候变化的响应过程是复杂的，既有渐变，又有突变，既有正面的响应，又有负面的响应，所以很难通过个别例证去解释一般性的问题，也很难运用普遍性的规律去解释越来越多的极端现象。

应对极端气候事件的能力需要进一步提高。首先，对极端气候事件的监测预测能力较弱，自然灾害的监测、预测、预报、预警和预评估等防御系统不完善，很难提前有效应对极端气候事件或自然灾害。其次，灾害应急联动平台不完善，特别是全区应急平台技术、牧区应急联动技术、突发气象灾害事件的异构网络系统技术、应急决策支持系统技术等有待进一步开发。再次，牧区抗灾避灾设施建设欠账仍较多。包括饲草料基地建设，草库伦建设，棚圈建设，水利工程建设，道路建设，电力设施建设，通信设施建设，住房建设，教育医疗水平建设等方面需要继续加大投入力度。最后，需要完善气候变化和气象灾害的保险制度，提升灾后救助管理水平。

基层气象服务体系建设亟待加强。直通式气象服务是使气象更好服务于农牧户的直接有效手段，但是承担基层气象灾害监测预报预警服务任务的县级气象机构人员严重不足、技术水平不高，导致气象灾害监测预报预警能力不强；气象协理员、气象信息员队伍缺乏必要的培训和投入，队伍不稳定，自身防灾减灾知识有限导致其作用难以充分发挥；气象防灾减灾信息传播不畅，多部门信息发布手段有待整合共享。近年来,中国气象局通过气象为农服务“两个体系”建设,农村牧区基层气象防灾减灾组织体系建设取得很大进展。内蒙古气象部门针对三农三牧也开展了大量的工作,两个体系建设在部分旗县进行并完成,还有大部分旗县没有完成这项工作。内蒙古受地域广、气象台站站点稀的影响,监测能力不够,监测能力及服务能力都有待提高。同时农村基层气象防灾减灾组织体系建设任务还十分艰巨,还需要动员组织多方力量。通过行之有效的渠道和手段,建立起以预警信息为先导的防灾减灾体系和工作机制,提高牧区气象灾害风险管理和防御能力。

科技支撑能力亟待进一步加强。适应气候变化是一项多部门、多学科、跨行业的综合性系统工程,必须在研究和实践方面密切联系,依靠科技进步,增强科技意识和科技含量,促使大批科研成果在实践中转化为现实能力。目前,内蒙古在适应气候变化的科技投入严重不足,草原畜牧业的产学研一体化机制还没有形成,适应气候变化的科研、技术研发、推广及应用、人才培养明显滞后,科研适应气候变化支撑能力比较弱。

三、内蒙古适应气候变化能力建设重点领域

在对内蒙古草原牧区适应能力评估中,采用参与式评估和行为影响矩阵的方法,对草原牧区适应气候变化的重点领域从不同维度进行分析,构建了草原畜牧业对旱灾脆弱性的多指标综合评估模型。根据对草原畜牧业的气候灾害影响分析,确定气候变化对草原畜牧业的重点领域、重点区域和影响因素,为未来草原畜牧业适应气候变化提供适应政策依据。

(一)草原畜牧业对气候灾害适应的重点领域

从分析结果看,所有利益相关方在影响草原畜牧业的主要气候事件上,具有高度一致性,均认为典型区草原畜牧业对于干旱(旱灾)是最脆弱的。但在其他气候事件上存在一定差异,自治区级管理者认为沙尘暴是仅次于旱灾的气候事件,其次是雪灾。自治区级专家认为风灾第二位,其次是沙尘暴。盟市级管理者认为极端温度是仅次于旱灾的气候事件,其次是沙尘暴。而牧民代表认为沙尘暴和极端高温是仅次于旱灾的气候事件,其次是物候期的改变。

《第三次气候变化国家评估报告》进一步明确,在未来全球增暖背景下,高温热浪明显增加,极端干旱事件也将增加。从气候灾害适应角度,未来一个时期,提高牧区、牧民对暖干化气候,特别是极端高温和极端干旱的适应能力将是气候灾害适应的重点领域。

(二)草原畜牧业系统对适应气候变化的重点领域

从分析结果看,干旱通过对草原生态、牲畜和水资源的影响,最终影响草原畜牧业系统中的牧民的生计。在草原畜牧业系统中牧民是脆弱的。人类的适应方式、措施和手段等比植物和动物要多得多,但是气候变化对草原植被和牲畜造成的影响最终要作用于牧民,即草原畜牧业系统中牧民受到气候变化的影响是最多的。因此,我们考虑的气候变化对草原畜牧业系统中的人、草、畜、水产生影响,应该说对人的影响是最关键的。在对牧民适应性评估中,通过入户访谈和参与式评估结果显示,无论是各级行政管理者、专家学者,还是牧民本身,现阶段更多关注的是牧民生计问题,而不是牧民的生活质量,忽略了气候变化对牧民本身,如健康等方面的影响。同时也说明,目前内蒙古草原畜牧业发展还处于比较低级的发展阶段。草原畜牧业应对气候变化的适应对策中主要关注了牧民的生存问题,未充分关注牧民生活和生存质量问题。从草原畜牧业系统适应角度,未来一个时期,以牧民生计和生活质量适应为导向的草原生态、畜牧业、水资源将是草原畜牧业系统适应气候变化的重点领域。

(三)适应气候变化脆弱性评估及适应能力建设重点领域

研究基于IPCC第四次评估报告中脆弱性定义,构建了脆弱性评估模型。其中:脆弱性评估中的暴露度指系统可能遭受到的气候变异性质和程度;敏感性指系统在何种程度上受气候变化影响;适应能力指适应气候变化,包括气候变异和极端事件,减轻潜在的损失,利用时机应对气候变化带来的后果,转变策略并作出选择和响应。脆弱性评估结果显示,对脆弱性贡献最大的是适应能力,其次是暴露度和敏感性。对暴露度贡献最大的是干燥度及降水相对变率,其次是人均牲畜拥有量、可利用草原面积和牧民人口数。对敏感性贡献最大的是可食牧草产量,其次是牧民收入结构、草场载畜量和母畜比重,而年中存栏数和畜牧业产值比重的贡献较低。对适应能力贡献最大的是天然草地生产力和牧民人均纯收入，其次是人工草地生产力、每千羊单位拥有井数、棚圈面积和网围栏草场面积，而良种畜比重和社会经济指标（GDP、公路里程和人均交通通信费用）的贡献率稍低。

综上所述，加强水资源管理、增强草地生产力、提高牧民收入以及饲草储备、打井、棚圈建设等抗灾基础设施建设，将是未来一个时期适应气候变化能力建设的重点领域。

（四）对气候变化脆弱的重点区域

以“务实有效”为目标应对气候变化，促进经济向绿色、可持续的方向转型。分析结果显示，草原畜牧业对旱灾脆弱性有较强的空间异质性，主要受草原自然禀赋、畜牧业基础设施和气候因子影响。草原自然禀赋好的地区对于干旱的脆弱性要高于自然禀赋差的地区。草原自然禀赋好的地区，畜牧业（棚圈等）基础设施的建设和（储草等）配套设施的建设较薄弱，在气候变化引起草地生产力剧烈波动的情况下，更容易遭受气候变化的影响，使得气候变化下草原畜牧业比自然禀赋差的地区更脆弱。但同时草原畜牧业对旱灾的脆弱性随时间推移在降低。但仍维持在高敏感性水平的背景下，适应能力的大幅提高对于降低草原畜牧业对旱灾等的脆弱性有很重要的作用。

四、内蒙古适应气候变化能力建设总体思路

（一）总体目标及分阶段路线图

以我区区情为基础，依据未来不确定性和IPCC排放情景，构建内蒙古典型草原区的A1B、A2和B2三种气候情景、水资源情景、草地生产力情景和社会经济情景分析模型。A1B为经济快速增长情景，A2经济较慢增长情景，B2为经济低速稳定增长情景。在未来2015—2020年时间段内，A1B、A2和B2三种情景下牧区人口、GDP总量、牧民人均收入、草地净初级增长率ANPP（不考虑极端气候事件影响）都将会增长或提高，其中A2情景略低；未来可利用草场面积变化不大，但载畜量、饲草需求和人畜饮水量也将会增大。参考情景分析，确定内蒙古未来适应能力建设路线图将分为两个目标时段，为绘制未来草原畜牧业适应气候变化能力建设的路线图提供科学依据。

第一阶段(2015—2020)

重在解决草原畜牧业应对气候变化中牧民的生存(生计)问题和改善牧民生活质量。以提高牧民生计和改善牧民生活质量为适应能力建设目标,旨在提高牧民自适应能力。继续实施“以草定畜,草畜平衡”,提高牧民收入,丰富收入结构,加大政府补贴和补偿等转移支付力度,提升牧民组织化程度,加强饲草储备制度建设,提高牧区牧民综合适应能力,建设适应气候变化的综合保障服务体系。

第二阶段(2021—2050)

重在解决草原畜牧业应对气候变化中牧民生活质量问题。以全面提高牧民生活水平和质量,以创新现代游牧文化引导和改善牧民生产生活方式为适应能力建设目标,旨在提高牧区整体适应能力。实施“以水定畜,水草畜平衡”,推进技术革命。加强水资源管理,完善水利设施,突破引水节水技术。完善牧区合作组织制度、牧业保险制度和饲草储备制度。稳定提升牧区整体综合适应能力,完善适应气候变化的综合保障服务体系。

各阶段适应能力建设和政策重点如下图。

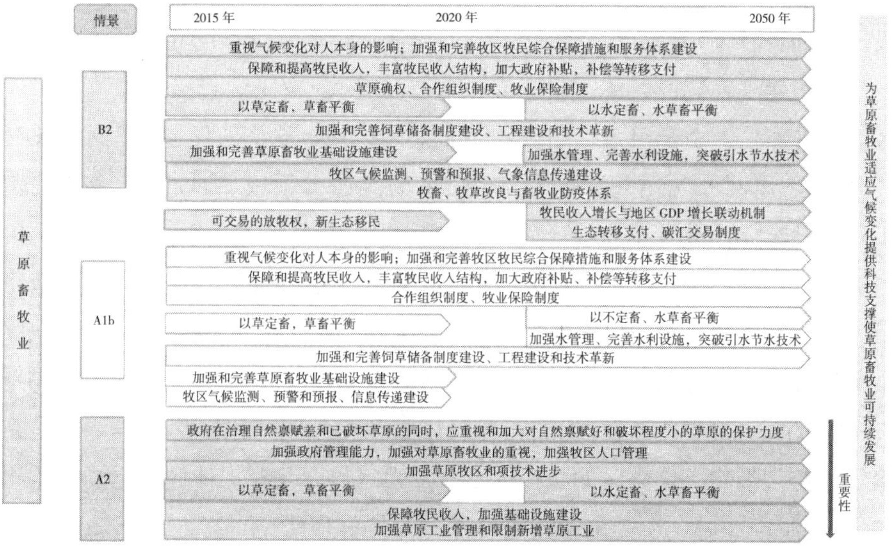

图1　草原畜牧业各阶段适应能力建设和政策重点

(二)内蒙古适应气候变化能力建设的重点任务

1. 牧民及牧民社区

提升牧民家庭及个人适应气候变化能力。一是继续巩固、完善和提升游牧民定居工程、牧区危房改造、沼气建设工程、农村牧区改厕、农村牧区安全饮水工程的实施以及家庭天气预报收音机,家庭小药箱等措施,改善草原牧区生活环境和条件。二是建立新型牧区合作医疗体系和牧区医疗救助制度,减少并及时防治地方病、人畜共患病等,同时建立并完善牧区最低生活保障制度、牧区五保户供养制度、新型牧区社会养老保险等机制,提高牧民健康水平和就医、养老保障水平。三是在抓好畜牧业生产同时,鼓励牧民多途径创收,促进牧民生计多元化,提高牧民收入水平,从而增强牧民适应气候变化能力的支出支撑。四是提升牧民应对气候变化的智力支撑能力。进行贫困学生“两免一补”、农村牧区中小学校舍维修、中等职业学校国家助学政策、普通高中学校国家助学政策、高等学校学生资助政策、文化信息资源共享工程、苏木乡镇综合文化站项目建设、草原书屋工程、农村牧区电影公益放映工程项目的实施,提高牧民受教育和认知水平。

提升牧民社区适应气候变化的能力。一是建设绿色社区。加大节水科技投入,提倡牧户节能、节水、节约资源,加快建立垃圾分类和废弃物回收利用制度。保护并改善牧民居住区周边草原生态环境,减少风沙直接危害牧民居住区。二是加强十个全覆盖基础设施建设。“十个全覆盖工程建设”覆盖农村牧区交通、电网、广播电视、通信、储备、市场流通等领域。通过“十个全覆盖工程建设”,全面改善草原牧区交通、电网、通信和物流网络条件,提升牧民生产、生活以及应对气候变化的物质保障水平。三是加强牧区公共卫生设施建设。针对气候变化对牧民可能造成的健康危害,进行脆弱人群的评估,建立健全突发公共卫生应急机制、疾病预防控制体系和卫生监督执法体系。加快嘎查、镇卫生室、卫生所建设,提供就近医疗服务和马队药箱医疗服务。四是完善气候变化影响人体健康的防控体系。加强气候变化对人体健康影响的监测与评估,制定针对气候变化和极端事件对人体健康影响的应急方案。对牧区主要流行病开展气候风险评估,确定不同季节各地区的传染病防治重点,提升应对对策的实施效果。

加强对牧区气候变化较为敏感和脆弱地区的扶贫与适应。牧民是适应气候变化的弱势群体。确定现有贫困地区中的气候变化敏感脆弱区域,根据各地区气候变化特点因地制宜分类指导,制定适应气候变化的可行扶贫措施,继续实施区域推进政策、产业化扶贫政策、移民扶贫、区域协作扶贫,定点帮扶、特殊群体扶贫、革命老区扶贫等多种扶贫措施,对草原牧区特殊区域、特殊人群给予扶持,促进他们生产力的发展和生活条件的改善。

2. 生态领域

完善生态保护区域布局,加强综合治理。按照国家和内蒙古主体功能区布局,加强呼伦贝尔草原沙地防治区、乌珠穆沁典型草原保护区、科尔沁沙地防治区、浑善达克沙地防治区、毛乌素—库不齐沙漠化防治区、阿拉善沙漠化防治区等“六区”生态综合治理力度。

继续加大草原生态保护工程建设力度,加快草原生态功能修复。草原生态保护与建设是公益性事业,需要中央和各级政府的高度重视和政策扶持。工程设计中坚持重点治理与全面保护、工程措施与自然修复有机结合,避免边治理、边破坏,全面推进草原生态建设。启动以适应气候变化为导向的新一轮草原生态保护工程,完善建设内容,加大财政投入力度。加强沙地沙漠综合治理,实施工程治理与生物治理双重措施,推广实用技术和模式,促进草原生态建设产业化发展。

加快草原生态保护制度建设,推进草原科学合理利用。进一步落实和完善草原“双权一制”,保障承包到户的基础上,加快草牧场流转及合作经营制度建设,维护牧民保护草原的积极性和创造性。全面落实草畜平衡制度,定时跟从监测与调整牲畜饲养量,鼓励牧民少养精养。继续推行禁牧、休牧、轮牧制度,根据草场情况,因地制宜采取禁牧、休牧、轮牧,合理利用草牧场。全面落实基本草原保护制度,有效防止滥垦草原、随意征占草原和其他破坏草原的行为。

完善草原生态保护补偿机制,保障牧民合法权益。完善草原生态保护补助奖励机制,坚持保护草原生态和促进牧民增收相合。实施禁牧补助和草畜平衡奖励,保障牧民减畜不减收,充分调动牧民保护草原的积极性。完善牧区人口转移机制,提高补偿标准,保障转移牧民合法权益和后续生活稳定、生产发展,降低草原地区人口压力。建立健全自然资源有偿使用制度,试点先行逐步实施对矿产、土地、水、旅游、草牧场等开发利用项目征收生态补偿费。

3. 水资源领域

加强水利基础设施建设。首先,加强牧区水利基础设施,提高水库调蓄和河道堤防防洪能力,对不能充分发挥防洪、灌溉、供水等效益的水库和堤防进行除险加固工程建设,有效应对暴雨灾害。特别是加强牧区小型水利工程建设,推广节水工程技术,同时建立干旱风险管理机制,提高综合抗旱减灾能力。

实行最严格的水资源管理制度。在牧区以旗县为单位,实行用水总量控制制度。建立不同区域、行业的用水效率控制指标体系,确立用水效率控制红线,利用价格杠杆促进各行业节约用水。加强宣传,提高全民对水资源的认识。建立旗县级以上地方政府的水资源管理和保护责任制,实行水资源管理考核制度。

继续加大牧区水土流失治理力度,提高水资源自然补给能力。内蒙古牧区特别是中西部牧区地表径流稀少,但是稀少分散的河流及其流域地区成为干旱牧区的主要水源地之一。生态工程建设应以保护地下水为首要目标,有效利用天然降水和采取人工增雨技术。随着暴雨等极端天气的增多,牧区水土流失治理将纳入有效适应和应对气候变化的重要任务清单。加大牧区水土流失治理力度,完善水土保持工作制度,提高水土保持管理和决策能力,减少暴雨等极端灾害危害,提高牧区水源涵养能力。

加大解决牧区人畜安全饮水问题力度。目前牧区饮水安全问题主要表现为氟超标、苦咸水、缺水等方面。继续实施农村牧区安全饮水工程,结合牧民定居等工程,加大牧民社区通水工程建设力度,提高牧民社区自来水普及率。对于分散居住,无安全饮水水源的地区,发放药物、过滤设备等措施通过物理或化学方法提取饮用水超标物质,并加强后期跟从服务,满足边远牧区人畜安全饮水问题。

开展跨流域调水。牧区特别是内蒙古中西部牧区普遍缺水,暖干化日益加剧的背景下,跨流域调水是提高牧区应对或适应气候变化的重要措施之一。首先,积极争取国家"南水北调"西线工程,缓解内蒙古中西部牧区水资源紧张问题。其次,实施锡林郭勒供水工程,满足锡林郭勒东部草原牧区用水需求。最后,实施"引绰济辽"工程,改善科尔沁草原生态环境,保障农牧业用水需求。

实施水资源保护和管理计划。按照“以水定牧,以水定发展”,建立牧区水功能区管理制度,划定水功能区,加强水资源动态监测站网建设,加强地下水监督和管理。首先在地下水超采区实施保护计划,关闭不合理开采井,控制总开采井数。其次,在地下水集中供水水源区实施保护行动计划,逐步使水位监测和水质监测全覆盖。

加强水利队伍建设。适应水利改革发展要求,全面提升水利管理人员素质,切实增强水文、水利勘测设计、建设管理、技术推广和依法行政能力。注重专业技术人才、高技能人才和基层水利人才队伍建设,鼓励水利科技人员服务牧区基层。

4. 畜牧业领域

发展现代草原畜牧业。优化生产布局和畜群结构,提高科学饲养和经营水平,加快牲畜周转出栏,增加生产效益。继续巩固和壮大肉、绒加工企业,发展培育皮毛深加工企业,培育草原绿色品牌,提升草原畜牧业产业化水平。发展适度规模经营,支持标准化生态牧场建设,建立高效畜牧业生产基地,提高规模化、专业化水平。积极发展牧区合作组织,提高畜牧业生产组织化水平。加强棚圈、节水饲草基地等草原畜牧业基础设施建设,提高抗灾能力。发挥内蒙古农村牧区并存的优势,加强农牧结合,按照2015年中央一号文件《关于加大改革创新力度加快农业现代化建设的若干意见》文件精神,开展草牧业试点工程和粮改饲和种养结合模式试点工程,支持青贮玉米和苜蓿等饲草料种植,促进粮食、经济作物、饲草料三元种植结构协调发展,条件允许的地区逐步形成牧区繁育、农区育肥的协作生产格局,加快牧区出栏速度,尽量减少牧区牲畜压力。

加强科技与市场服务体系建设。首先,强化科技支撑。以加快科技成果转化为重点,实施科技入户工程,建立产学研结合的草原畜牧业科研和推广体系。加强草原畜牧业科研队伍建设,加大科研投入力度,提高草原畜牧业科技研发水平。其次,强化信息化支撑。结合“金农”、“三电合一”、农牧业信息化示范等工程,开展草原畜牧业信息化专项工程,建立草原畜牧业信息化补贴机制,开通牧民“牧信通”手机短信平台,建立多渠道的草原畜牧业信息服务体系。再次,完善牧区市场服务体系。继续推进千村万乡市场工程,全面发展双百市场和农超对接，支持牧区畜产品批发市场建设和升级改造，完善畜产品物流配送体系。最后，强化疾病防御服务。加强动物疫病防控，落实动物防疫和疫畜扑杀补贴政策，有效控制布病、包虫病、结核病等人畜共患病和口蹄疫等重大传染性疾病。

提高畜牧业防灾减灾能力。健全和完善草原防灾减灾体系，设立针对气象灾害、极端气候事件、偶发及突发灾害事件的应急机构，增强防灾减灾应急预案的制定和细化工作。支持雪灾易灾旗县建设饲草料储备库，建立饲草料储备制度。建设草原火灾应急通信指挥系统、防火物资储备库、防火站和边境防火隔离带，建立专业半专业防扑火队伍，实施无人机草原应急救火示范项目，开展技能培训和应急演练，提高草原防扑火能力。加强草原鼠虫害和毒害草防治基础设施建设，扩大防治面积，增加生物防治比例，加强草原外来物种入侵防控工作。加强防灾减灾指挥系统和队伍的建设，加强灾后重建的规范技术研究与应用，开发灾后援建和防灾工程的适用技术与设备。各领域重点建设工程详见下表。

表 3　适应气候变化能力建设的重点工程

退牧还草工程	继续实施退牧还草二期工程，启动实施呼伦贝尔草甸草原、科尔沁草原、阴山北麓草原等重点生态功能区保护与建设工程和草原自然保护区建设工程，加快重点治理区草原生态修复、牧民生产发展。
沙地沙漠治理工程	继续实施京津风沙源治理工程，重点推进实施防沙治沙专项治理工程和沙化土地封禁保护区建设，发展沙产业，实现生态保护与生产发展双赢。在沙地草地植被恢复重建中，应以适应性强、可饲用或经济利用的草本植物及灌木为主，少用乔木，以控制地下水过度消耗。在适宜种植乔木的地方，要提倡疏植、斑块状造林，禁止大规模集中连片造林，防止对环境形成新的压力。
牧区节水工程	结合内蒙古 1000 万亩牧区饲草地节水灌溉工程，建立节水灌溉实验基地，加快牧区现有饲草地节水改造，同时在适宜的地区合理发展人工饲草地，大力推广使用喷灌、渗灌、浸灌、滴灌、膜上灌等高效节水技术。针对以重点工业为主的园区和经济开发区，加强工业节水管理和技术普及，减缓牧区工业、畜牧业和牧民用水矛盾。在牧区城镇积极推广生活节水工程技术，加强重点行业和部门的用水管理。加强城镇、工业园区污水管理，加快小城镇、园区污水处理厂建设，建立严谨的污水管理机制，防止牧区水污染。

续表

草原畜牧业现代化示范工程	重点选择具有地方优势和发展潜力的地区,结合地区特色,建立多种形式的示范基地,促进粗放型畜牧业向现代畜牧业转变。
标准化草原生态牧场建设工程	在具备节水饲草地建设条件的地区,结合自然放牧与舍饲圈养,加大科技投入力度,引进科学化、标准化管理经验,发展绿色草原生态养殖场。
实施游牧民城镇定居与走场放牧畜牧业生产模式创新示范工程	加大对现代化游牧走场设施性工具投入支持力度,推进移动设施建设,将牧民基本生产、生活设施以及水、电、通信等纳入游牧走场设施性工具建设内容,引导游牧民城镇定居与走场放牧相结合的现代游牧畜牧业工程建设。
实施气候变化敏感脆弱区扶贫开发工程	选择典型气候变化敏感脆弱地区,制定并实施生态修复与产业结构调整方案,制定扶贫开发规划,普及适应技术,加快居民适应能力建设。
分类推进牧区人口转移工程	在草原生态极度恶化牧区实施禁牧区移民,完善移民的社会保障,提高移居补贴,后续产业扶持和再就业跟从服务,使移民真正“迁得出、稳定住、富起来”。在适宜地区努力推动牧民集中定居与大范围划区轮牧。在大范围划区轮牧区实施草畜平衡补助的基础上,实施划区轮牧、网围栏拆除和牧民棚车(移动房车)等补偿,鼓励分散的牧民转移集中,减少分散居民点对草场的破坏,尽量传承传统游牧文化优势,提高草原畜牧业和牧民的适应气候变化能力。

五、内蒙古适应气候变化能力建设的政策措施

国际上,发达国家通过资金支持和相关技术转让帮助发展中国家应对气候变化。对于内蒙古而言,牧区或牧民已受到气候变化影响并且适应能力较弱,需要全社会高度关注和支持。为此,需要推动政府和社会广泛参与,通过强化政策措施、资金支持和相关技术转让等行动保障,提高内蒙古适应气候变化的能力。

(一)将综合风险防范体系理念纳入适应规划

最初开展的适应活动可包括建立适当的立法和法规框架,以推广有利于适应的措施。面对社会生态系统的高风险新常态,必须在综合风险防范的理念指导下,针对社会经济系统的复杂性和全球气候变化的不确定性,从制定涉及多领域、多利益集团、多时空尺度的发展规划中,从更高层次上加以应对,并

通过合理规划，将社会生态系统演变过程中的风险加以转化利用，在推进适应目标的同时，形成新的经济生长点，实现“人口、资源、环境、发展”的动态平衡，对取得国家可持续发展目标进程起到催化作用。

（二）加强适应极端气候事件的能力体系建设

极端气候和天气是气候变化的突出事件，影响范围涉及人类社会经济和自然生态环境的每个领域，需要内蒙古牧区采取综合适应措施。首先，加强极端天气气候事件监测预测、气候变化影响评估、气象灾害风险科研和管理能力建设及气候变化基础数据集建设，有针对性地建立地面生态气象监测网和服务体系。利用和发挥地面监测和卫星遥感监测技术，对内蒙古生态气象环境进行动态监测，并作变化评估和发布预警信息。以气象灾害综合监测系统为基础，建立高时空分辨率的网格化降水实时监测分析系统和草原、森林火险气象服务支持系统，建立现代化的生态气象服务网络系统。其次，建设灾害应急联动平台，发展全区应急平台技术、牧区应急联动技术、突发气象灾害事件的异构网络系统技术、应急决策支持系统技术等。最后，建立各级气候变化对人体健康影响的监测预警系统。在牧区针对气候变化影响健康的关键问题，建立气候变化对人体健康影响的旗县级预警系统，建立气候变化影响健康的中长期预报制度与评估制度。

（三）完善气象服务能力体系

加强农牧业气象业务服务平台建设，强化气象服务是适应气候变化的主要前提条件。完善的气象服务体系可直接提高牧区水资源保护、畜牧业生产和牧民生活适应气候变化能力。首先，加强气象服务网络、基础数据库建设，提高信息化水平，及时有效地对气候变化作出应对。其次，完善气候预警预报体系，建立应对气候变化的预警机制。目前，重大灾害的监测预警在时间、空间的精度及预警信息发布的及时性、可到达性方面仍然还不能完全满足牧区防灾减灾的需求。必须加大防灾减灾监测预警体系建设力度，提高科技投入和人员配置，加强对灾害性天气的监测和预报服务，提升防御气象灾害的能力。发挥政府主导协调作用，确保灾害预报预警信息在第一时间进苏木（乡）嘎查（村）、进学校、进社区，各旗县都要做灾害风险区划，各乡（镇）都要制定灾害应急预案，在灾害来临时，做到科学防灾、抗灾、减灾，避害趋利，准确应对气候变化和突发气候事件,避免或降低损害。再次,加大农牧业气象适用技术示范推广力度,开展由基层政府主导的旗县、苏木(乡)、嘎查(村)三级气象防灾减灾指挥动员体系。建立由专、兼职结合的应急责任人、气象协理员、气象信息员等基层气象防灾减灾骨干队伍,“横向到边、纵向到底”的基层气象灾害应急预案体系。制定与基层水利、国土、民政、农业等涉灾、涉农部门的信息共享和应急联动机制,切实提高农村气象灾害防御能力和水平。最后,加强对公众的气象培训服务。建立气象灾害防御知识科普宣传及气象防灾减灾法制宣传教育体系,使公众充分了解气候变化的危害、减缓或适应措施及注意事项,提升人们应对气候变化的日常预防、心理承受和自救能力。

(四)加强草原牧区水资源管理

一是坚持“合理开发、优化配置、以水定草、以草定畜”的原则,做好草原牧区的水资源管理工作。因地制宜、统筹规划生活、生产和生态用水,节约保护水资源。重点保证生活用水需求,优先利用地表水,谨慎开发地下水,在地下水资源紧缺的地区和超采区,划定禁采区和限采区,在地下水资源严重短缺的西部地区和其他区域,严格禁止工矿企业对地下水的开采和破坏。根据各地自然条件和水资源特征,深入分析水资源承载能力,坚持开源与节流并重,节约优先,高效利用水资源。二是加大草原牧区水资源的监测力度,特别是草原上的工矿企业对水资源影响的监测。在充分利用现有地表、地下水监测网点的基础上,增加资金、技术和管理投入,新建的水文站网和地下水监测站网,对草原牧区的水资源进行常规监测。加强项目实施过程中的地下水资源动态监测,发现问题及时修正。三是提高水资源利用效率。农牧业灌溉用水全部实现节水灌溉,地表水、地下水灌溉水有效利用系数分别达到65%和85%以上;工业企业加快节水改造,提高工业用水重复利用率,使工业用水重复利用率达到95%以上;在城区建立完善节水和用水配水制度,水表入户,调整水价,遏止浪费,因地制宜地建立地下水回灌系统,提高雨水利用率。以支持牧区引水工程建设为重点,启动实施一批重点水利工程,提高草原牧区水资源供给能力。四是加强专项研究工作。重点开展:(1)牧区水草资源承载能力和水利宏观发展战略研究,研究牧区水、土、草资源综合承载能力及可持续利用模式优化、动态平衡决策理论;水资源优化配置模型、宏观决策支持系统;(2)

草原生态需水研究，研究各类草原主要植被群落和饲草料作物生态耗水机理，探索节水综合高产栽培模式；(3)新能源提水技术和微水源节水灌溉技术研究，牧区风能、太阳能资源的开发，微水源滴灌技术的开发利用，小流量高扬程提水机具的研制；(4)草原生态建设与水土保持技术研究，研究半干旱区水利、农、林、牧以及生态用水优化配置和决策管理技术；乔、灌、草、农田种植结构比例及模式；立体草牧场的建设模式。

（五）继续实施草原生态保护补助奖励机制

草原生态补奖是国家为了缓解和解决草畜矛盾，同时保障牧民稳定增收和促进现代草原畜牧业发展而采取的新的政策措施。补奖资金为牧民家庭改善生产条件、提高生活水平起到了积极的作用。内蒙古牧区在补奖政策的实施过程中，及时开展政策实施评估，发现并解决问题，科学引导牧民合理使用补奖资金。

（六）探讨适应推进现代畜牧业生产方式的草场流转制度

应对气候变化，减少温室气体排放，并不是限制经济发展，而是要以“务实有效”为目标应对气候变化，促使经济向绿色、可持续的方向转型。为此，我区正努力推动畜牧业生产方式向低碳发展和绿色增长。草牧场是牧民赖以生存的基本保障，依法规范草场经营权流转，是加强草原保护、实现畜牧业规模经营、推动劳动力转移、增加牧民收入，提升适应气候变化能力的重要途径。在加强调查研究基础上，积极探讨牧民草牧场流转机制与制度，通过市场机制有序推进草场向有能力的牧民手中流转，探讨因地制宜的多种流转方式，加快牧区劳动力向外转移或转产。在有条件的牧区探讨建立现代草原畜牧业生产方式试点，通过推进现代化牧场建设，增强草原畜牧业适应变化的能力。同时探讨牧区人口城市化进程的途径，推进牧区人口城市化与生态环境协调发展进程。

（七）加大草原牧区抗灾减灾金融和保险服务能力建设

一是提高牧区适应气候变化的金融扶持力度。良好的金融服务是提高牧民适应气候变化能力的资金保障。牧民生产生活支出远高于农民，借贷比较普遍。各级政府在牧民住房、节水灌溉饲草地、棚圈建设和牧业机械、牧业饲料购置等方面鼓励金融组织开展信贷服务，采取财政贴息、优惠贷款、建立担保机构等措施,使金融机构放宽贷款条件,支持广大牧民进行基础设施投资,提高适应气候变化能力。二是稳步推进畜牧业保险体系建设。草原畜牧业生产受外部环境影响较大,是“高风险、低收益”的弱势行业。加快发展畜牧业保险,是减轻畜牧业灾害损失、保障农牧民收入、完善政府调控手段的重要举措,是现代畜牧业发展的内在要求。草原畜牧业存在承保率较低、保障补偿作用小,承包品种少且不符合地方实际、勘查定损难度大、缺乏推广激励机制等问题。要抓住中央重视农业保险发展的重要历史机遇,在稳步扩大政策性畜牧业保险范围同时,开展草原畜牧业商业再保险试点,通过发展再保险、扩大保险范围、细化保险种类、提高保费补贴等措施,尽快形成和完善草原畜牧业针对气候变化和气象灾害设立的保险体系,提升畜牧业商业保险对适应气候变化的支撑能力。

(八)鼓励牧区低碳行动,发挥草地生态功能

草原、森林和海洋并称为地球的三大碳库。牧区水资源和畜牧业与草原地区碳循环密切相关,它们的低碳行动可促进草原碳汇,也可提升草原地区适应气候变化的能力。在牧区成立专门碳汇机构,设立专项碳汇基金,支持牧区水资源和畜牧业的低碳行动,使牧区水资源得到合理保护和利用,使低碳草原畜牧业得到快速发展。内蒙古牧区实施的草畜平衡、禁牧、休牧制度都有利于草原生态恢复及草原碳汇。各级政府通过政策协调,把增加的碳通过统一的交易市场进行交易,用于草原畜牧业的草畜平衡、禁牧、休牧补贴,使牧民通过增加草原碳汇而提高收入。

(九)开展提高牧区适应气候变化能力培训

提升牧区水资源和草原畜牧业领域适应气候变化能力,不仅涉及牧民群体,同时关系到所有利益相关方。除了牧民还包括各级行政人员、各类专业技术人员、企事业团体人员等,各层次、各领域人员对气候变化及其适应的理解各不相同,也存在很多误区。因此,要在牧区普遍开展牧民在内的利益相关方的气候变化及其适应培训,使利益相关方形成准确认识,在生产与生活、工作与服务中正确适应气候变化。

参考文献

[1]杨臣华:《以创新增长路径谋划“十三五”发展》,《内蒙古日报》(汉)2015 年 12 月 18 日。

[2]初海英:《内蒙古战略性新兴产业发展的科技金融支持策略研究》,《区域创新研究》2014 年第 4 期。

[3]韩风永:《内蒙古战略性新兴产业发展现状分析》,《区域经济》2013 年第 11 期。

[4]陈爱雪、彭晓辉:《内蒙古战略性新兴产业发展现状及对策》,《经济学研究》2012 年第 3 期。

[5]刘红霞:《新兴产业发展》,《现代经济信息》2014 年第 7 期。

[6]冯志:《辽宁省战略性新兴产业发展的几点建议》,《现代经济信息》2013 年第 2 期。

[7]赵鸿雁:《战略性新兴产业安徽发展机遇和对策研究》,《蚌埠学院学报》2012 年第 1 期。

[8]段明林:《大力培育发展战略性新兴产业》,《北方经贸》2012 年第 3 期。

[9]朱敏:《我国战略性新兴产业发展现状分析及趋势》,《中国经贸导刊》2012 年第 18 期。

[10]王刚:《〈“十二五”国家战略性新兴产业发展规划〉解读》,《物联网技术》2012 年第 6 期。

[11]曾宪冬:《战略性新兴产业加快发展的金融支持策略探索——基于湖南的调查》,《武汉金融》2012 年第 8 期。

[12]陈志、刘峰:《战略性新兴产业发展中的“有形之手”》,《中国科技论坛》2013 年第 2 期。

[13]陈海平:《战略性新兴产业发展与创新型人才培养研究》,《经济研究导刊》2012 年第 15 期。

[14]韦永宣、张锦鹏:《云南发展战略性新兴产业问题研究》,《中共云南省委党校学报》2012 年第 1 期。

[15]李强:《山西省战略性新兴产业选择实证研究》,《山西大同大学学报》(社会科学

版)2015 年第 6 期。

[16]陈颖:《内蒙古资源型产业转型与升级问题研究》,中央民族大学,2012 年。

[17]崔庆云:《内蒙古煤炭产业转型实施的资源条件》,《西部资源》2011 年第 3 期。

[18]朱丽萍、曲宏飞、田晓燕、夏飞龙、张欣:《资源型经济地区的"挤出效应"与中小产业的发展》,《高等财经教育研究》2015 年第 4 期。

[19]张丹丹、陈坤:《新常态下云南省产业结构转型升级路径探究》,《经济视角》(上旬刊)2015 年第 9 期。

[20]武健鹏:《产业融合:资源型地区产业转型路径》,《理论探索》2012 年第 2 期。

[21]边境祥:《乌海市资源型产业转型战略研究》,内蒙古大学,2013 年。

[22]甘魁民:《对加强我国煤炭经济又好又快发展的探究》,《内蒙古煤炭经济》2013 年第 2 期。

[23]苗芳、陈景辉、刘秀玲:《承接"二个转移"推进内蒙古优势特色产业升级的思考》,《特区经济》2011 年第 8 期。

[24]赵文善:《技术创新推动资源型城市产业转型的路径及政策研究》,《改革与战略》2015 年第 10 期。

[25]程元生:《珠三角地区产业转型升级的金融支持研究》,暨南大学,2015 年。

[26]李龙:《新疆资源型产业转型升级的金融支持研究》,石河子大学,2015 年。

[27]马丽:《环境规制对西部地区资源型产业竞争力影响研究》,兰州大学,2015 年。

[28]范伟勇、吴磊琦:《科研院所创新能力提升评价研究——以浙江省为例》,《科技进步与对策》2011 年第 22 期。

[29]张宏:《创新型人力资本对资源型城市产业转型升级作用及支撑能力研究》,安徽理工大学,2015 年。

[30]戴宏伟:《从非均衡到均衡:改革开放 30 年区域经济发展战略的转变》,《党政干部学刊》2008 年第 12 期。

[31]余建群:《论中国特色区域经济新发展》,福建师范大学,2012 年。

[32]刘颖:《政产学研结合推进区城协同创新的机制研究——以武汉光谷为例》,华中师范大学,2013 年。

[33]陆艺涵:《内蒙古区域协调发展研究》,中共吉林省委党校,2012 年。

[34]闫春萍:《西部大开发十年内蒙古区域经济差异及协调发展研究》,辽宁大学,2011 年。

[35]中国人民银行乌兰察布市中心支行课题组:《蒙晋冀长城金三角合作区域经济一体化战略发展研究》,《北方金融》2015 年第 9 期。

[36]《"乌大张"抱团融入京津冀经济圈》,《中国交通报》2014 年 8 月 25 日。

[37]赵云平、韩淑梅、冯玉龙:《锡赤通区域经济协调发展的总体战略》,《北方经济》2010 年第 23 期。

[38]赵云平、韩淑梅、冯玉龙:《锡赤通区域一体化发展的可行性评价》,《北方经济》

2010 年第 23 期。

[39]杭栓柱、赵云平:《以乌海为核心整合“小三角”打造自治区西部增长极》,《内蒙古日报》(汉)2010 年 11 月 9 日。

[40]巴音、李文慧、江北岸、乌日恒:《关于加快推进乌海及周边区域大气污染治理的建议》,《环境与发展》2015 年第 2 期。

[41]赵云平、司咏梅:《推动城市转型和产业转型　提升乌海市整合周边发展的能力》,《实践》(思想理论版)2011 年第 1 期。

[42]魏海娜:《“呼包鄂”区域产业集群与区域经济协调发展研究》,内蒙古科技大学,2011 年。

[43]张冉:《“呼包鄂”经济圈产业协调发展研究》,内蒙古大学,2011 年。

[44]内蒙古自治区统计局。内蒙古自治区 2010 年第六次人口普查数据。

[45]内蒙古自治区统计局。内蒙古自治区 2000 年第五次人口普查数据。

[46]内蒙古自治区统计局。内蒙古自治区 2014 年统计年鉴。

[47]内蒙古自治区卫计委。2013 年内蒙古自治区流动人口监测报告。

[48]王桂新、陈冠春:《中国人口变动与经济增长》,《人口学刊》2009 年第 5 期。

[49]毕其格、宝音、李百岁:《内蒙古人口结构与区域经济耦合的关联分析》,《地理研究》2007 年第 9 期。

[50]魏君英、何蒲明:《城乡居民收入差距对农村居民消费影响的实证研究》,《农业技术经济》2015 年第 3 期。

[51]唐吉洪、张秀琦、闵晓莹:《收入来源对城乡居民消费影响差异的实证研究》,《河南科学》2015 年第 4 期。

[52]张立群:《“十三五”期间中国需要什么样的发展?》,《观察评论・热点观察》2015 年第 43 期。

[53]景跃军、李雪:《我国城乡居民收入区域差异分析与对策》,《经济与管理》2014 年第 2 期。

[54]高晓霞、侯智惠、薛玉梅、乌云德吉:《内蒙古农牧民收入水平及结构变化分析》,《内蒙古科技与经济》2014 年第 8 期。

[55]裘品姬、钱娟:《新疆城镇居民收入结构变化及存在的问题分析》,《市场论坛・改革发展综合市场》2014 年第 8 期。

[56]陈雪娟:《2012 年以来政治经济学重大问题研究综述——党的十八大与十八届三中全会有关经济领域改革问题的理论探索》,《河北经贸大学学报》2014 年第 6 期。

[57]权衡:《从十八届三中全会看收入分配制度改革》,《理论参考》2014 年第 3 期。

[58]赵元笃:《地方财政支出对农村居民消费的影响研究》,《财政研究》2013 年第 5 期。

[59]国家发改委社会发展研究所课题组:《我国国民收入分配格局研究》,《经济研究参考》2012 年第 21 期。

[60]黄天柱、李景霖:《现阶段城乡收入差距的成因与对策》,《山西财经大学学报》2011年第S3期。

[61]贾康、刘微:《提高国民收入分配"两个比重"遏制收入差距扩大的财税思考与建议》,《财政研究》2010年第12期。

[62]巴殿君、朱振恺:《论"一带一路"战略内涵、风险及前景——以国际关系为视角》,《湖北社会科学》2015年第10期。

[63]裴长洪、于燕:《"一带一路"建设与我国扩大开放》,《国际经贸探索》2015年第10期。

[64]杨臣华:《"一带一路"建设中的内蒙古机遇》,《内蒙古日报》(汉)2015年6月19日。

[65]王卫星:《全球视野下的"一带一路":风险与挑战》,《人民论坛·学术前沿》2015年第5期。

[66]张红力:《中国金融业前瞻:沿着"一带一路"走出去》,《人民论坛·学术前沿》2015年第5期。

[67]付晓东:《从区域经济学视角看"一带一路"方略——兼论五大支撑平台的建立和完善》,《中国流通经济》2015年第12期。

[68]于洪洋、欧德卡、巴殿君:《试论"中蒙俄经济走廊"的基础与障碍》,《东北亚论坛》2015年第1期。

[69]柴国君、李丹:《内蒙古陆路口岸物流集聚区发展研究》,《财经理论研究》2014年第2期。

[70]刘清才、赵轩:《中俄推动建立亚太地区安全与合作架构的战略思考》,《东北亚论坛》2014年第3期。

[71]杨学峰:《内蒙古对俄罗斯口岸物流分析》,《对外经贸》2013年第12期。

[72]王悦歆:《内蒙古口岸物流发展现状及对策研究》,《内蒙古科技与经济》2013年第22期。

[73]宋兰旗:《亚太区域经济一体化的进程与影响因素》,《经济纵横》2012年第12期。

[74]吴贵生:《技术创新管理》,清华大学出版社2000年版。

[75]高健:《中国企业技术创新分析》,清华大学出版社1997年版。

[76]连燕华:《试论企业是技术创新的主体》,《科学理论研究》1994年第5期。

[77]杨红燕、陈光:《企业家技术创新主体现状分析》,《科学学与科学技术管理》2003年第9期。

[78]吴锋刚、沈克慧:《中国特色的创新驱动发展战略研究》,《企业经济》2013年第6期。

[79]刘志彪:《从后发到先发:关于实施创新驱动战略的理论思考》,《产业经济研究》2011年第4期。

[80]清风：《让“创新驱动”引领转型升级》，《无锡日报》2010 年。

[81]徐亚华：《深化行政执法体制改革　推进治理体系和治理能力现代化》，《南通日报》2015 年 12 月 30 日。

[82]樊纲：《下一轮经济增长要依靠创新和体制改革》，《企业家日报》2015 年 12 月 27 日。

[83]杨兆华：《信息化支撑简政放权是行政审批体制改革的必由之路》，《银川日报》2015 年 12 月 25 日。

[84]韩璐：《努力实现体制机制改革新突破》，《健康报》2015 年 12 月 23 日。

[85]宋宇辰、闫昱洁、王贺：《呼包鄂能源—经济—环境系统协调发展评价》，《国土资源科技管理》2015 年第 12 期。

[86]刘阳、李琪：《呼包鄂产业竞争力研究》，《内蒙古财经大学学报》2015 年第 8 期。

[87]刘燕：《呼包鄂文化旅游产业集群化发展研究》，《财经理论研究》2015 年第 8 期。

[88]史主生：《基于产城融合的呼包鄂工业园区优化研究》，《呼和浩特：内蒙古师范大学》2015 年第 6 期。

[89]李楚君：《国网蒙东电力服务文化体系建设研究》，华北电力大学，2015 年。

[90]李文华：《蒙东电力建设“五位一体”协同机制》，《中国能源报》2014 年 10 月 27 日。

[91]王君：《建设“五大基地”打造内蒙古经济“升级版”》，《北京日报》2014 年 1 月 6 日

[92]赵岩、张宇佳、赵剑峰：《互联网促进内蒙古产业转型升级研究》，《北方经济》2015 年第 10 期。

[93]李婷：《内蒙古自治区产业结构转型升级研究——基于产业结构与经济增长的关系视角》，《经济论坛》2015 年第 9 期。

[94]陈颖：《内蒙古资源型产业转型与升级问题研究》，中央民族大学，2012 年。

[95]王珊、吕君：《内蒙古旅游产业转型升级初探》，《经济论坛》2012 年 11 月。

[96]杭栓柱、单平、王明玖：《内蒙古适应气候变化战略评估——以草原畜牧业和水资源为例》，科技文献出版社 2013 年版。

后　记

“十三五”时期,是我国全面建成小康社会的决胜阶段,也是推进经济社会转型发展的重要时期。以习近平同志为总书记的党中央提出创新、协调、绿色、开放、共享的全新发展理念,这是“十三五”乃至更长时期我国发展思路、发展方向、发展着力点的集中体现。“十二五”时期,内蒙古面对错综复杂的国际环境和艰巨繁重的改革发展稳定任务,积极进取,胜利完成了“十二五”规划确定的主要目标和任务。本书在总结“十二五”取得的成就和经验的基础上,从经济、社会、改革、开放、生态等重点领域,提出了“十三五”时期发展路径和对策。

内蒙古自治区发展研究中心高度重视本课题研究并予以大力支持。内蒙古自治区发展研究中心主任杨臣华研究员设计全书大纲研究思路,并在写作过程中给予精心指导。自治区发展研究中心党委书记蔡常青研究员、副主任包思勤研究员、总经济师赵云平研究员,从课题讨论到协调撰稿,付出了大量辛勤劳动。中心科研处的同志作了大量协调联络工作。

本书是内蒙古自治区发展研究中心、内蒙古自治区经济信息中心研究人员的集体劳动成果。各篇章的任务分工是:内蒙古“十二五”时期发展的成就和经验由康磊、祁婧、张永军执笔;内蒙古“十三五”增长潜力和动力由杨臣华、付东梅、田晓明、刘军、田洁、徐盼、杜勇锋执笔;内蒙古“十三五”时期发展环境和总体思路由付东梅、刘军、杜勇锋、田晓明、徐盼执笔;内蒙古促进资源型产业转型升级的路径由赵云平、司咏梅、程利霞执笔;内蒙古培育发展战略新兴产业的路径和策略由赵云平、司永梅、张捷执笔;内蒙古农村牧区一二三产业融合发展由刘兴波、宝鲁执笔;内蒙古“十三五”能源经济发展形式及对策由那艳茹、单平、杨玉峰、司永梅、周利光、刘业斌、长青、孟莉、高鸿雁、赵景志、李景昆执笔;内蒙古云计算产业发展现状、趋势及对策由赵云平、冯玉龙、刘文广执笔;内蒙古“十三五”区域协同发展的思路及对策由司咏梅、吴露露执笔;“十三五”时期内蒙古人口变动趋势、影响及对策由李文杰、曹永萍、宝智红、苏和执笔;内蒙古“十三五”基本公共服务建设的重点由李文杰、曹永萍、宝智红、苏和执笔;内蒙古城乡居民收入的影响因素及对策由祁婧、张永军执笔;内蒙古改革创新驱动发展的路径选择由黄占兵执笔;国内外土地草牧场制度改革的经验做法及对内蒙古的启示由包思勤、张志栋执笔;内蒙古推进“中蒙俄经济走廊”建设的思路和对策由赵秀清、张永军执笔;“十三五”时期内蒙古生态文明建设重点及对策由宝鲁执笔;“十三五”时期内蒙古适应气候变化能力建设的思路及对策由单平、宝鲁、周利光、魏玉荣、王明玖、朱仲元执笔。全书由张永军、付东梅、佟成元修改和统稿,由杨臣华审定。

在相关内容研究和该书的写作过程中,中心研究人员参考了学术界已有的研究成果,并尽量将相关内容用注脚和参考文献予以标注,再次对原创作者曾经付出的艰辛劳动表示衷心的感谢。

图书在版编目(CIP)数据

决胜“十三五”:增长与创新发展/内蒙古自治区发展研究中心,内蒙古自治区经济信息中心 著. —北京:人民出版社,2016.9

ISBN 978－7－01－016762－6

Ⅰ.①决… Ⅱ.①内…②内… Ⅲ.①国民经济计划-五年计划-内蒙古-2016-2020②社会发展-五年计划-内蒙古-2016-2020 Ⅳ.①F127.26

中国版本图书馆 CIP 数据核字(2016)第 232603 号

决胜“十三五”:增长与创新发展

JUESHENG SHISANWU ZENGZHANG YU CHUANGXIN FAZHAN

内蒙古自治区发展研究中心 内蒙古自治区经济信息中心 著

人民出版社 出版发行

(100706 北京市东城区隆福寺街 99 号)

北京明恒达印务有限公司印刷 新华书店经销

2016 年 9 月第 1 版 2016 年 9 月北京第 1 次印刷

开本:710 毫米×1000 毫米 1/16 印张:29

字数:460 千字

ISBN 978－7－01－016762－6 定价:70.00 元

邮购地址 100706 北京市东城区隆福寺街 99 号

人民东方图书销售中心 电话 (010)65250042 65289539